U0123724

中华文
rtrererts

让我们一起追寻

代号"孤儿"

剑桥间谍 之谜

A
SPY
NAMED
ORPHAN

THE ENIGMA OF DONALD MACLEAN

〔英〕罗兰·菲利普斯（Roland Philipps） 著

李桂春　译

社会科学文献出版社
SOCIAL SCIENCES ACADEMIC PRESS (CHINA)

献给费莉西蒂

目 录

序　言

　　1951 年 5 月 25 日清晨，在坦茨菲尔德宁静的肯特村，唐　
纳德·麦克林（Donald Maclean）在家中醒来，当时天气转好，
迎接他的是晚春明媚的阳光。这个星期五的早晨将是他在英国
度过的最后一个早晨，今天也是他 38 岁的生日。和往常一样，
他匆匆吃了个早饭，咸肉配鸡蛋，饭后喝了两杯茶。儿子弗格
斯（Fergus）和小唐纳德（Donald，绰号"比尼"，Beany）的
管家兼保姆走进这座舒适的维多利亚式别墅，看到唐纳德正快
步上楼去和他的美国妻子梅琳达（Melinda）匆匆吻别。要知
道，他们刚刚经历了痛苦的一年，而现在梅琳达已经怀孕八个
月，即将迎来他们的第三个孩子。唐纳德走下楼，迅速地给梅
琳达为他买的仙客来浇了水，然后钻进车里，动身前往奥克斯
特德车站，之后乘坐通勤列车赶往伦敦维多利亚。[1]到达伦敦后，
唐纳德从车里下来，展示给人们的是身材颀长、穿着优雅细条
纹衫、系着标志性蝴蝶结的外交官形象。他的满头金发略显斑
白，这使他原本英俊的外表显得更加与众不同。唐纳德轻快地
从车站离开，穿过鲜花盛开的圣詹姆斯公园，来到外交部。那
个在他后面跟踪他的男人戴着软毡帽，穿着一件略显多余的雨
衣，为了不跟丢麦克林，不得不一路小跑，表现得一点也不优
雅，仿佛是被高个子的唐纳德戏弄了。麦克林 10 点之前就坐在
了办公桌前，他现在担任外交部美洲司司长一职。像他这样如
此年轻就身居要职的实属少见。这也是迄今为止他职业生涯中

最成功的一次晋升，尽管其中经历了一次挫折。他即将走向职业生涯的巅峰，下一步他还有继续晋升的空间，可能会担任重要国家大使职务，甚至还可能成为英国外交部常务次官。朋友们都很认可他的工作成绩，已经开始称呼他"尊敬的唐纳德·麦克林爵士"。对外，他是一个有教养、说话言简意赅的政界要员，但他另外一个鲜为人知的身份是一位经验丰富的苏联特工。英国国内情报机构军情五处已经开始注意他了。

麦克林的上司非常器重他，去年冬天把他带回来，并且给他安排现在这个非常有影响力的新职位。几个月前，他曾饱受偏执型酗酒之苦，差点影响英国外交的形象。当时，麦克林决定去威尔特郡住一阵子，他在威尔特郡的一个老朋友到车站接他时，着实被他的样子吓了一跳。这位老朋友决定先带麦克林到自己的花园里休息放松一下，打算等他醒酒之后再开车送他回家。麦克林在一棵山毛榉树下堆起来的垫子上躺着，突然震颤性谵妄发作，跳起来一直击打他头上方的树枝。[2]不久之后，一位熟人看到了他，感觉他"就像在隧道里坐了一夜"[3]。但是一年后的生日当天，麦克林在苏豪区（Soho）优雅地品尝着美味的午餐，这似乎是庆祝他的生日和康复的最好方式。

*

19 世纪 60 年代中期，奢华的英国外交部大楼建成，完美体现了大英帝国的威严。实际上，当时的英国已经开始走向衰落，尽管政治家和外交家可能还没有透露出这样的信号。20 世纪共产主义和资本主义之间的意识形态斗争，主要体现在美国和苏联两大超级大国之间的冷战。随着第二次世界大战的结束，英国对这场斗争的贡献正式终结，当时唐纳德·麦克林在华盛顿特区扮演着非常重要的角色。白厅大楼里最大的办公室是外交大臣办公室，赫伯特·莫里森（Herbert Morrison）前一天就在这间办公室签署了一项申请审讯麦克林的命令。虽然当时人们还不了解麦克林的背叛程度，但是作为20世纪最有影响力的间谍之一，他的背叛行径即将终结。

*

　　这一天，要和麦克林共进午餐的正是去年帮助他度过危机的那个朋友。快到中午时，她开着吉普车进入富丽堂皇的外交部大楼院内。她注意到麦克林系着一个活泼的领结，看起来状态不错。这表明他精神很好，不再是去年夏天那种颓废的状态。他们在惠勒鱼餐厅吃了餐前牡蛎，喝了半瓶香槟，聊了些家人的情况。然后他们穿过喧嚣而明媚的苏豪区来到施密特餐厅，和这位老朋友的丈夫一起吃了一顿异常丰盛的德式午餐。在路上，他们还碰见了一位作家朋友。作家说麦克林看上去"冷静而亲切"[4]，这是一个可喜的变化。这和几周前深夜，在摄政公园他家门外碰见的那次完全不一样，当时麦克林醉倒后昏睡在走廊里，晚餐结束后客人不得不从他身上跨过。

　　午餐后，麦克林坚持自己买单。他需要换点现金，于是他决定步行回办公室，而监视他的人就在不远处小跑跟着。他在蓓尔美尔街旅行者俱乐部兑现了一张10英镑的支票。下午3点，他回到办公室，参加了当天唯一的计划会议。这又是一次枯燥乏味的会议，他像往常一样高效地处理了会议的事情。他当天最后离开办公室的时间大约在下午5点45分，离开前，他告知身边的一位同事，第二天上午，也就是星期六，他不来上班。走出办公室后，他在铺有大理石和拱形柱廊的院子里遇到了他的上司罗杰·梅金斯爵士（Sir Roger Makins）。梅金斯对麦克林评价很高，二战后他们在华盛顿一起处理过绝密的原子弹问题，当时麦克林给他留下了深刻的印象，之后他就把当时手头的工作交给了麦克林。当梅金斯得知麦克林的叛国行径时，他和外交部的所有其他高级官员一样感到非常震惊，但他认为麦克林暂时还无法离开英国，所以梅金斯以正常的态度友好相待。监视的人一直跟着麦克林到了维多利亚，看到他带着一个纸箱和几个小包裹上了 6 点 10 分的火车，但没有拿公文包。梅金斯是英国外交部最后一个见到他的政府官员。此后，再没有公职人员见到过唐纳德·麦克林。

*

4　　同一天下午，在新邦德街的一座公寓里，盖伊·伯吉斯（Guy Burgess）正在准备外出旅行，他是麦克林在剑桥时认识的朋友，过去的几个星期里两人曾多次见面。他小心翼翼地打包了一套粗花呢套装，几件衬衫、几双鞋子和袜子，一件晚礼服、剃须刀、300 英镑的现金和一册合集版简·奥斯汀（Jane Austen）小说（他后来说"我每次旅行都带着它"），然后把箱子放进了当天下午租来的奥斯汀 A40 的后备厢里。[5]在国王绘画鉴定人、考陶德学院院长安东尼·布朗特（Anthony Blunt，他很快将被授予爵士头衔）的建议下，盖伊·伯吉斯已经订好了"法莱斯号"夜间班次的船票。布朗特、伯吉斯和麦克林都是剑桥间谍圈的成员，他们被苏联间谍负责人称为"剑桥五杰"。这些人在过去数十年开展的大规模间谍活动，使得英国政府成为有史以来唯一被全方位渗透的机构，而如今这一间谍圈即将瓦解。

*

梅琳达·麦克林后来回忆说，她花了一天的时间为丈夫烘焙生日蛋糕，并且准备了一顿"特别晚餐"[6]，可麦克林回来时跟她说，罗杰·斯泰尔斯（Roger Styles）——一位她从来没有见过的朋友，要来家里和他们一起共用晚餐，而且两人晚餐后还得马上出门去办点事，甚至可能一夜不归，这让她感到十分失望。他上楼收拾行李时，夫妻二人争吵了起来。争吵的原因不仅仅是麦克林邀请了一位"不速之客"到家里过生日，打扰了他们一家人的聚会，还有一个原因是两个孩子都得了荨麻疹，卧病在床，而他却选择这个时候出差，不能陪着妻子和孩子们。更要命的是麦克林那非常难伺候的妹妹南希和她的新婚丈夫第二天要来家里，梅琳达还得为他们收拾房间。梅琳达希望麦克林不要走，可他坚持离开。争执声吵醒了7岁的儿子弗格斯，他问："爸爸，你为什么要走？我能站在窗前看着你走吗？"麦克林答道："回到床上去，小家伙；我又不会离开很久；我很快就回来。"[7]

罗杰·斯泰尔斯身材魁梧，有一头深色的头发，他比原定的时间晚到了半个小时。麦克林把他介绍给梅琳达，梅琳达对他的印象是"很迷人，容易相处"[8]。当晚的生日聚餐最后成了一顿闲聊的"普通"晚餐，没有人表现出任何异常。晚饭后，麦克林说他们得赶紧出发了，然后出去给炉子加了点燃料，斯泰尔斯和梅琳聊了一会儿。他们确实得抓紧时间，因为他们要驱车行驶90英里到南安普敦，赶晚上11：45的船。最后他们按时赶到，把车停在码头后，他们上了船。"我们星期一回来取车！"[9]他们冲岸上的一个水手喊道。

他们在船上待了很久，途中一直喝着啤酒，第二天上午，他们在圣马洛下船，把行李和一些"杂物"留在了他们共用的船舱里。[10]几天前，虽然英国警方和护照管理局发布了通令，要求监视麦克林，但为了避免泄密，并没有通知大陆警方和港口。因此，两人可以悠闲地享用一顿早餐。不料这竟让他们错过了上午11：20开往巴黎的港口联运列车，最后他们只得上了一辆出租车来到43英里外的雷恩，在这里赶上了火车。

*

周六下午到周一上午是外交部的休息时间，和英国其他地方一样。所以，正如梅琳达后来所说的，直到周一上午10点她才给麦克林的单位打电话，说自己联系不上丈夫了。因为梅金斯当天准了麦克林的假，所以他并未在意，直到梅琳达再次打来电话，提到麦克林和罗杰·斯泰尔斯匆匆离开，大家才开始担心起来。但是大家都极力克制，表现出政界要员应有的镇定，实则他们已经惊慌失措。消息立刻传到了英国本土所有外交和领事机构，要他们注意这两个人，并且如果"消息确定"可直接向首相汇报。[11]

*

6　　唐纳德·麦克林人脉极广，才华横溢，他能做出这样的选择很让人捉摸不透。那一天，两人的叛逃在英国政体内部引起了轩然大波，破坏了英美之间精心构建的信任体系，损害了全世界对大英帝国的看法。在那之后，冷战也愈演愈烈。这一丑闻至今仍有人提及，而且到目前为止，这一故事的核心人物在很大程度上仍然是个谜。

第1章 思想纯粹

　　不管拿什么标准来衡量，唐纳德·麦克林都称得上模范学生：在学校军官训练团中获得最高头衔，同时担任班长、学校杂志编辑以及校国家联盟社团秘书长。此外，麦克林还是一名全能型运动员，在板球、橄榄球和曲棍球运动上均表现出色。在同龄人的眼中，麦克林的表现"遥遥领先于其他人"[1]，在当时，这些"其他人"包括了后来英国政治、社会和知识教育领域中的那些领军人物。麦克林以优异的成绩从拥有几百年历史的学校毕业，随后进入剑桥学习。作为麦克林家族第一代大学生的榜样，父母和老师都对他寄予厚望。毫无疑问，他的前途一片光明。在向外交部提交推荐资料时，剑桥大学的推荐人对麦克林赞不绝口。推荐材料中不仅列举了他的成就，而且称赞他在"品德"方面表现"非常好"[2]。在学校里，他是个不折不扣的优秀学生，思想开明却不浮夸，成绩优秀但不呆板。

　　麦克林成长中接受了传统的家庭教育和独特的学校纪律准则，这使他看起来像一个"正直可靠的人……不会让人失望"[3]，但在道义上，这位年轻的榜样人物早已经准备做一个"特立独行的人"[4]，一个"可以背叛自己的朋友的人"[5]，甚至是一个"可以背叛自己的国家的人"，即便他是国家最忠诚的公仆。他需要的，是找到一份属于自己的事业，寻找一个契机。

*

8 　　唐纳德·麦克林出生于 1913 年，彼时正值大英帝国鼎盛时期，也恰是一战和俄国革命打破资本主义设想的前夕。唐纳德·麦克林的父亲老唐纳德是一位颇有影响力的下院议员（Member of Parliament，MP），同时也是为帝国发展做出卓越贡献的主要成员之一。老唐纳德忧国奉公，不墨守成规。他一共有五个孩子，性情最像他的就是和他同名的唐纳德，但这个孩子也和麦克林家族的信仰最格格不入。他们的信仰根植于荒芜多风的泰里岛赫布里底群岛（Hebridean island of Tiree）的那片土壤。

　　1912 年 8 月 24 日，麦克林家族第 26 任族长菲茨罗伊·麦克林爵士（Sir Fitzroy Maclean）召集生活在世界各地的族人前往杜阿尔特城堡（Duart Castle，世界著名城堡）。杜阿尔特城堡所处的马尔岛是一座北方的小岛，位于泰里岛附近。麦克林家族一直是阿盖尔郡和赫布里底群岛历史最悠久、性格最勇猛的家族。在 19 世纪的高地清洗运动中，为了扩大羊群的放养领域，地主们驱逐了在这片土地上生存的牧民，自此大部分家族开始分散开来。父辈们原来主要靠着这片土地维持生计，偶尔靠打鱼或是在家制鞋赚取微薄的收入。出自这种家族的麦克林勤勉忠诚，最终成为一名自由党议员。麦克林爵士无疑是家族的荣耀。他一直以作为这个大家族的一员而感到骄傲，始终遵从家族的安排。麦克林家族原是有着几百年艰苦奋斗历史的赫布里底家族，后来逐渐成长为爱德华七世时代的中产阶级家族。他们生活条件优越，社会地位颇高。麦克林爵士曾受邀参加杜阿尔特城堡的聚会，当时的请柬他后来夹在文件中，保存至今。[6]为了纪念这一重要时刻，九个月后，当他的第三个儿子在 5 月 25 日出生时，他给孩子取名唐纳德·杜阿尔特（Donald Duart），以此把这个孩子与他的成功和新获得的家庭地位联系在了一起。从那时起，杜阿尔特便成了麦克林家族所有男性子孙的中间名。

在老唐纳德的教育下，几个孩子受他的道德观念的影响颇深，特别是小唐纳德。老唐纳德去世时，斯坦利·鲍德温（Stanley Baldwin）曾在下议院致悼词："老唐纳德·麦克林的灵魂像西风一样干净澄澈，吹过他的故乡泰里岛。"[7]事实上，老唐纳德于 1868 年出生于兰开夏郡，当时他的父亲约翰（John）正和妻子艾格尼丝·麦克梅林（Agnes Macmellin）南下找工作。约翰在英格兰北部的工作并不顺利，他决定继续南下，直抵威尔士西南部的哈弗福德韦斯特。后来，他又去了喀麦登附近，在那里以制鞋为生。前任首相曾准确描述老唐纳德最典型的特点——灵魂纯洁、行事磊落，一生都在凭良心做事，不图私利，始终秉承自己的宗教信仰，对外施以善举。

唐纳德和弟弟埃文（Ewen）都是在南威尔士的文法学校接受的教育。19 岁时，唐纳德来到加的夫，在那里接受了律师执业培训，不久便与一位合伙人成立了自己的律师事务所。威尔士不信奉英国国教的基督教徒以抵制英国国教而著称，他们被当地人称为"卫理公会派"教徒。卫理公会派结合个人的教育情况来坚定其宗教信念，这一信念就是：人们要遵从上帝的旨意，免遭天谴，我们必须帮助别人走上正确的道路。麦克林家族内部对这一教派的态度存在巨大分歧。他们所信仰的宗教要求禁酒：老唐纳德一生滴酒不沾，在家里从不吸烟或者喝酒。虽说这样，但他的朋友兼邻居——《彼得·潘》的作者、苏格兰人詹姆斯·马修·巴利（Scot J. M. Barrie）曾说：
"有时为了让我高兴，他会点上一支烟，而当他把烟扔掉时，
我也同样会觉得他高尚。在某个特殊的场合，我还曾看到他手
里拿着一瓶姜汁啤酒。"[8] 在职业生涯早期，麦克林曾担任英国
节制和普通公积金协会（the United Kingdom Temperance and
General Providew Institution，一家人寿保险公司）的董事，同
时，他还是全国防止虐待儿童协会的创始人、加的夫商会秘书
长和加的夫自由教会理事会的副主席。他提倡在良知和自由贸
易辩论中包容一切信仰。[9]《曼彻斯特卫报》的查尔斯·普雷
斯特维奇·斯科特（C. P. Scott）在日记中写道，麦克林"骨
10 子里有自由主义"[10]。凭借在威尔士自由党核心圈层中的名气，
麦克林引起了自由党领袖赫伯特·阿斯奎斯（Herbert
Asquith）的注意。1906 年，麦克林连任巴斯的议员（Mp for
Bath），并顺利进入议会。麦克林很乐于拥护赫伯特·阿斯奎
斯这位"所欣赏之人少之又少"[11]的新任首相。

唐纳德·麦克林工作很努力，"并凭借谦虚、真诚和勤奋的
行事作风迅速在议会里成名"[12]，他专注于解决国内各类问题，
通过劳务交换、养老金和国民保险等手段改善在职人员和失业
人员的境况。1907 年，麦克林在伦敦开设了一家办事处，同年
他娶了格温德伦·德维特（Gwendolen Devitt）为妻。格温德
伦·德维特是一位萨里郡地方法官和殖民地橡胶代理商的女儿。

在格温德伦唯一的女儿南希（Nancy）眼中，母亲是一个
"非常漂亮但很难相处的女人"[13]，格温德伦常常用一种不太合
理的《圣经》式说教对孩子们严加管教。她的教育方式对孩
子们影响较大且不合乎道德规范，甚至在现代看来是错误的。
他们的家庭医生将这种行为描述为"在偶尔酗酒的父母身上

可能会表现出的特征"[14]——也是在这一时期，小唐纳德发现自己不可能坚持父亲的温和路线。格温德伦的成长历程和她所处的时代造就了她的个性。像她那个时代大多数的女孩一样，她没有受过良好的教育，但她从不害怕说出自己的想法。随着年龄的增长，她的想法也越来越多。格温德伦盛气凌人，她的家人给她起了一个亲切的绰号——蜂后，在谈话和信件中会直接称呼她"女王"。麦克林家族夫妇二人很是般配：老唐纳德面色红润，不过在即将步入而立之年时，头发已显斑白。妻子格温德伦面容姣好，举止活泼。当阿斯奎斯邀请他们共进晚餐并拜见威尔士亲王时，他形容格温德伦"年轻，长得相当漂亮……面颊红润，眼睛炯炯有神"[15]。小唐纳德一生都非常依恋母亲，但和其他很多母亲一样，格温德伦并不真正了解小唐纳德。不过，她仍然深爱着自己的儿子，遵从丈夫的思想和行事作风。当小唐纳德的新闻占据各家报纸的头版时，恰是劳埃德·乔治（Lloyd George）成为分裂自由党的"叛徒"[16]达半个世纪的时候。在格温德伦看来，"坚持"是老唐纳德和小唐纳德共同拥有的一项特质。

11

1908 年，伊恩·麦克林（Ian Maclean）出生。1910 年，安德鲁（Andrew）出生。1913 年，唐纳德·杜阿尔特［父母称他为"小唐"（Teento），意为唐纳德之子］出生。1918 年，女儿南希出生。1924 年，唐纳德爵士（第一次世界大战期间，他因在下议院的出色工作而获得爵士头衔）56 岁，麦克林夫人 44 岁，他们的四子艾伦·杜阿尔特（Alan Duart）出生了。随着孩子的出生，再加上厨师、客厅女佣、女仆、保姆、育婴女佣的不断增加，家庭成员越来越多。[17]后来，他们一起搬到了位于贝斯沃特索斯威克广场 6 号的一座五层的灰泥房子里。

房子大门带有门廊，里面则是昏暗的。这里是海德公园的北边，靠近帕丁顿车站。从这里唐纳德爵士可以坐车去加的夫做生意，也可以去往他当时所在的北康沃尔选区。

麦克林夫妇还在白金汉郡奇尔特恩山的佩恩村购买了一套埃尔姆度假屋。这是一栋 18 世纪的房子，占地约 0.75 英亩（0.3 公顷），有一个果园、一个菜园以及一个玫瑰园。孩子们周末时会在玫瑰园里除草剪枝。佩恩村距离伦敦大约 25 英里，这里是贵格会的发展基地，17 世纪时，威廉·佩恩（William Penn）就是从这里去往北美新大陆建立了宾夕法尼亚；不管麦克林夫妇选择购买这栋乡村度假屋是否考虑了威廉·佩恩的因素，在这里丝毫没有改变唐纳德爵士的宗教虔诚度。每当他们家举行一场自行车比赛，公布比赛结果的时候，唐纳德爵士都要在墙上写"上帝第一"，这让伊恩觉得非常气愤，他为此和父亲闹得很不愉快。整个暑假，他们一家都待在康沃尔，每天都进行同样的祈祷和一些常规活动。

唐纳德爵士的母亲主要说盖尔语，在 1924 年去世之前一直与老麦克林夫妇生活在一起。他们生活上一直诚实不虚伪，行为也无可指摘。唐纳德爵士在议会的政绩还不错，他推行自由贸易，改善了许多贫苦百姓的生活。[18] 即便后来离开了议会，他也是一位勤奋的律师、慈善活动家以及委员会成员，是一名世俗布道者。

12　　宗教信仰活动始终是唐纳德爵士家庭生活的中心，但对他的孩子们来说，这更像是幽闭惩罚。每逢星期天，唐纳德爵士都要身着长礼服，头戴灰色的丝绸帽，带着全家去马里波恩的长老会教堂，聆听教义感受上帝的恩典。唐纳德爵士去世后，詹姆斯·马修·巴利在《泰晤士报》上写道："如果你不了解他的宗教信仰，你根本就不了解他。他似乎从未离开过故乡泰里，在伦敦他也是苏格兰长老会的教徒。唐纳德爵士属于教会长老级别的成员，在家中他也会组织在苏格兰家庭比较受欢迎的'家庭祷告'。"[19]这些祷告活动成了小唐纳德最深刻的记忆之一：当一个人拥有自己的思想时，强迫他每天信奉一个他不相信的神，这是一种折磨。[20]

在小唐纳德看来，父亲是一个"严于律己[21]又严以待人[22]的中年男人"。他为人呆板、举止文雅、思想坚定，始终坚持最高最纯粹的刚直准则。他很清楚，拥有如此优越的出身，他的几个儿子只要努力工作，恪守自己的道德准则，就能轻而易举地获得很好的工作。伊恩和安德鲁有一次参加派对，直到深夜才回家，唐纳德爵士知道后非常生气。[23]在唐纳德爵士眼里，喝酒是一种极大的耻辱。他的二儿子在青春期就学会了喝酒，随后不得不努力控制自己的生活开销，虽然最终证明这只是徒劳，喝酒的恶习已经使他的生活变得一塌糊涂，最终一事无成。唐纳德爵士的事业到达顶峰时，他也变得年老力衰。这时的他，成了一位对两个最小的孩子百依百顺的"老父亲"。[24]小唐纳德在家里排行老三，上有两个哥哥，下有一个妹妹、一个弟弟，他既不是女孩，也不是家里最小最受宠的那个，但是夹在两个哥哥和弟弟妹妹中间的他也有独特的优势：家人不会特别关注他，也不会注意他的信仰；小唐纳德很聪明，家人不必为他担心，他小心翼翼地摸索前进，不引人注意，一边继承着父辈的道德意识，一边寻找自己的发展之路。令人难以置信的是，虽然小唐纳德发现父亲本人和其准则令他畏惧，但同时，他依然坚信"要不惜一切代价做你认为正确的事情"，以至于他最终也成了"一个真正的政治动物"。[25]

13　　　　唐纳德父子都有一种"强烈的正义感"。[26]他们都以明确的确定性来看待这个世界，并且一直秉持这一原则。小时候艾伦和小唐纳德共用一间卧室，有一次他们同时患上了流感。康复后，他们两人在房间的地板上一起玩了好几个小时的士兵游戏。五岁的艾伦扮演光荣的高地军人，他总想把那些衣衫褴褛的印度兵打得落花流水，十几岁的小唐纳德则扮演印度兵全力奋战，希望获胜。当艾伦抱怨这似乎与现实情况不符时，他的哥哥小唐纳德却说："为什么印度人不能赢？毕竟，他们也是代表自己的国家啊。"[27]后来，作为外交使团的支柱人物，小唐纳德也曾因为他人发表不当言论而激起自己的愤怒，他认为这些言论违反了他个人的道德准则，并侵犯了那些没有发言权的人的权利。在小唐纳德的余生，父亲的道德观都深深烙印于他的心中。

*

　　麦克林在伦敦家中附近的兰开斯特门圣玛丽学院上了几年学后，十岁时去了霍尔特的格瑞萨姆中学（Gresham's School），学校就在英格兰东部风景如画的佐治亚小镇外。当时很多鼎鼎有名、培养了众多英国精英的"公立学校"校址都在伦敦附近，比如伊顿公学、哈罗公学、温彻斯特公学、马尔堡公学，在这一点上，格瑞萨姆中学可谓与众不同。除了地理上的差异之外，格瑞萨姆中学还形成了一种独特的思潮，拉开了与其他学校之间的差距，成为新手间谍的完美心理训练场。

　　威斯坦·休·奥登（W. H. Auden）在离开格瑞萨姆中学不久后写道，他认为学校的纪律守则是把这里的同学变得

"孤僻内向"的"最强动力","使那些本来要被纠正的性格缺陷永久存续下去"的"最强诱因"。这意味着"我们的整个道德生活都是建立在恐惧的基础之上,建立在对社群的恐惧之上,这对天生的告密者诱惑巨大。而恐惧并不是一个健康的基础"。[28]如果说麦克林已经从家庭生活中学到了要遵循他的内心,而不是大众的普遍信仰,那么格瑞萨姆中学的教育则使他把自己封闭起来,逐渐成长为他所热爱的国家和他所渴望的体制所需要的杰出人物。事实证明,他本人是一个天生的保密者和告密者,他能够使自己的这两种角色保持平衡几十年,直到这两种角色产生了严重分歧,纠缠到一起难以辨别,他才变得无法忍受。

*

在当时,大多数学校都注重体育和古典文学教育,宣扬英国圣公会式的基督教,培养男性管理国家和帝国的能力,这些都是从父辈继承下来的东西。但这与老麦克林夫妇的激进观点并不相符,所以在为他们的长子伊恩选择学校的时候,他们接受了马里波恩长老会牧师吉利博士(Dr Gillie)的建议,把孩子送到了格瑞萨姆中学。1900 年之前,这所始建于16 世纪的学校主要招收东安格利亚地区富有的牧师和商人家庭的孩子。学校的座右铭是"上帝是最至高无上的神"。在1858 年至 1900 年,24 名学生从这里升入剑桥,3 名学生后来到了更顶尖的牛津,据此也可以看出这所学校的学术地位。1900 年,学校学生人数下降到了 50 人,运营难以为继,而且学校的建筑物也年久失修。后来,新校长乔治·豪森(G. W. S. Howson)接手了这个烂摊子。

1919 年，豪森和他的继任者詹姆斯·罗纳德·埃克尔斯（J. R. Eccles）将格瑞萨姆改造成了一所颇具前瞻性的学校，吸引了当时一批思想先进的自由主义分子将孩子送到这里就读，其中就包括《卫报》的查尔斯·普雷斯特维奇·斯科特，《经济学人》的沃尔特·莱顿（Walter Layton），长老会的约翰·瑞斯（John Reith），自由派议员、英国广播公司的首位负责人和后来的主席欧内斯特·西蒙（Ernest Simon），被处决的爱尔兰民族主义者和《沙岸之谜》的作者厄斯金·奇尔德斯（Erskine Childers），以及议员唐纳德·麦克林爵士的子女。这一时期，学校还培养了一批出色的毕业生，其中包括斯蒂芬·斯彭德（Stephen Spender）和汉弗莱·斯彭德（Humphrey Spender）、威斯坦·休·奥登和本杰明·布里顿（Benjamin Britten）；还有一些著名的科学家和工程师，比如诺贝尔奖获得者艾伦·霍奇金（Alan Hodgkin）和气垫船的发明者克里斯托弗·科克雷尔（Christopher Cockerell）。仅在 1932 年，也就是唐纳德·麦克林离开学校的那一年，就有 57 名学生去了剑桥，21 名学生去了牛津。[29] 1923 年，唐纳德来到格瑞萨姆中学时，这里已成为那些具有进步主义观点的人士的首选之地，这些人都意识到，在这个不断变化的世界中教育的重要性。唐纳德的大哥伊恩在学校里一直是优等生，后来以优异的成绩毕业，去了剑桥。毕业后在父亲的律师事务所上班，但是他并不热爱这份工作。二哥安迪（安德鲁的昵称）很难适应学校的生活，后来患了肺炎，然后退学了。此时，小他三岁的唐纳德开始崭露头角。

此时学校的课程已经转向现代化教育，主要集中在科学和现代语言学科，而不是古典文学。希腊语也被完全抛弃。在大多数学校，棍棒教育早已被废除，惩罚手段也变成了那些更有益身心健康的抄写、体力劳动或跑上三四英里。[30]第一次世界大战后，格瑞萨姆中学成为第一批加入国际联盟的公立学校，这也反映了学校走向现代化的趋势，即重视谈判而不是冲突，重视辩论而不是流血——这些准则也是未来的外交官需要牢记于心的。格瑞萨姆中学塑造了一种与传统学校的等级观念迥然不同的文化。实际上，它营造了一种环境，在这种环境下学生能够形成自己的信仰，更倾向于从事某种职业，或成为忠诚的公务员，这对思想开明的学生家长来说吸引力很大。1924 年，第一位劳工教育部长查尔斯·特里维廉（Charles Trevelyan）在一年一度的授奖演讲日上致辞。剑桥大学莫德林学院一位保守的教授阿瑟·克里斯托弗·本森（A. C. Benson）评价他说："他粗俗地抨击了旧式公立学校——并为拥有土地的贵族学校现在所表现出的没落感到高兴……他讲得很理想化，口若悬河，充满激情，给孩子们留下了深刻的印象……"[31]

　　但真正使格瑞萨姆中学有别于其他学校的地方并不是它的地理位置，而是"信誉制"。校长教育新到校的学生要"诚实守信，坦率真诚，荣誉至上；思想纯洁，言行一致；努力工作，踏实做人"。[32]然后，每个男孩要私下对校长做出承诺，也要向他们的舍监承诺： 16

1. 一直保持纯洁。
2. 始终向校长坦白真相。
3. 永远不抽烟。[33]

　　在这里，"不纯洁"意味着"说脏话或手淫"[34]，这在一所全是十几岁的男孩待的学校里根本行不通，尤其是对于那些在努力压制酒精和烟草等"恶习"的僵化环境中长大的男孩来说更行不通。为了保证孩子们的纯洁，学校把他们的裤子口袋都缝上了；而思想的纯洁又完全是另外一回事了。这一制度背后的理念是"基于忠诚的自由或基于信任的自由"[35]，但誓言中最令人不安的附加条款却根本没有鼓励忠诚和信任：如果你没有坦白，或者你的同学不能说服你坦白，那他们中的某一个人可以帮你坦白。

格瑞萨姆中学为其信誉制感到自豪。由于教育制度的限制，它的欺凌和同性恋（可能还有骂人、抽烟和淫秽行为）现象比其他公立学校少，但正如奥登所说的那样，实施这种制度的后果在心理上令人不安——尤其是在鼓励背叛同学这方面。学校规则和男孩们实际生活方式之间的差距意味着官方理论行不通。这导致了学生高度焦虑、精神崩溃、封闭自己、埋葬真我、压抑情感。但是小唐纳德是个例外，他在家里排行老三，上面有两个哥哥"压迫"着，他从小就学会了既要委曲求全，又不忘本心。学校的体制对他来说不过是他父亲领导下的家庭生活的另一种延续：他可以不认同这些规则，但会做到遵守这些规则，表面遵从这些纪律，然后把对规则的不满成功地隐藏起来。就这样，他很轻松地度过了寄宿学校的过渡期。

17　　学校对学生的早期心理教育中，忽视了压制学生对性的探索可能带来的严重后果，而且仅仅是在"信誉制"体系下，通过讲故事的方式向学生灌输性思想。这对于那些在思想易受影响的阶段、从传统的家庭来到这所不同寻常的学校的孩子来说，这种后果更为严重。对性和偷偷喝酒产生的这种羞耻和困惑深深根植于麦克林的学生时代，也根植于他的家庭生活。

埃里克·伯绍德比麦克林早一些就读于格瑞萨姆中学。后来成为著名大使和爵士的他特意提到了信誉制对成长期的男孩的危害。伯绍德说到，20 世纪 50 年代的那些恐惧、怀疑的权势集团认为"麦克林最终出现精神问题是因为心理状态方面的原因"，但他认为，"应该从他的学校教育中找原因……也许有必要和学校里像詹姆斯·罗纳德·埃克尔斯等观念古板的单身男性讨论麦克林的变化"。伯绍德描述了他曾因为违背"信任"和荣誉而在全校师生面前被殴打的过程，这件事在他看似成功的一生中留下了深刻的伤疤。[36]伯绍德的学长约翰·瑞斯说，这种制度"在随后的很多年一直影响着他与女性的关系"[37]。他学会掩饰，隐藏自己的自然冲动，这只会对以后的生活产生不利影响。

*

麦克林学生时代最激动人心的政治事件是 1926 年的大罢工，这一事件表现出了左派对革命的激情和希望，以及右派对革命的恐惧和担忧。矿主提议进一步降低矿工的工资（在过去七年中已经减少了近一半）并延长工时，这一提议引发了政府与工会之间漫长的谈判；当时有一篇文章谴责"罢工是一场革命运动，目的是给广大无辜者带来苦难，从而对政府施加压力"，《每日邮报》的印刷商拒绝刊登这种社论，最终谈判正式破裂。支持矿工的工会联盟发起了这次"大罢工"。整整九天交通瘫痪，新闻报纸停刊；地方工会委员会控制了食品和电力的分配。军队在街上巡逻，装甲车停在伦敦购物区的主路——牛津街上。一些高年级的志愿者申请去梅菲尔区的俱乐部帮忙，有人在施粥所工作，有人在码头上帮助特别警官。这些被称为"圣詹姆斯街暴民"的人中包括一些"年轻人，和

18

一些平时头戴钢盔的公子哥"[39]，在他们看到大多数和他们同龄的人所处的工作条件后，他们中的一些人开始转而信仰共产主义。这其中就包括艺术家沃根·菲利普斯（Wogan Philipps）。他在伦敦码头担任特别警官时看到了罢工者的困境，这让他开始信仰共产主义。唐纳德爵士作为思想自由和贸易自由的坚定倡导者，在下议院极力反对罢工，就像他一贯投票反对向苏联提供贷款一样。[40]他的大儿子和二儿子当时还在格瑞萨姆中学上学，他们也加入了志愿者的行列：伊恩·麦克林做了铁路搬运工，安德鲁做了送货工。

共产党认为这次大罢工虽然只是维持了现状，清除了英国布尔什维克党中的部分叛徒，削弱了英国布尔什维克革命的影响，但它是"自宪章运动以来英国最大的革命进步，是通往新革命时代的必经之路"[41]。罢工者的言论，国内罢工地区的令人震惊的新闻报道，以及雇员和雇主之间的分歧都给那些好奇的年轻人留下了深刻的印象。这为共产主义在即将到来的激进政治年代中蓬勃发展做了铺垫。对于一个正在寻找思想旗帜的男孩来说，大罢工打响了号召武装抵抗的第一枪。

*

麦克林在校期间建立起的最亲密的友谊关系，并不是凭借着他超强的比赛能力或对异性的吸引力，而是凭借他自己在学业上的优异表现。最重要的一点是，他最初从父亲那里沿袭了一定的道德意识，随后发现学校的信誉制在道德上行不通，这样他就需要为自身的道德准则寻找一个立身之所。麦克林一直不是一个很善于交朋友的人，12岁的时候，他已经可以独立生活了，虽然那时他又瘦又笨，也不是很帅气。他身材挺拔、形态羞怯，这有时使他在别人面前显得有点"高冷"[42]。他与詹姆斯·克鲁格曼（James Klugmann）在学校时建立的友谊对他的一生影响最大，虽然这段友谊持续了不到十年，但这是他第一次感觉到一种意识形态上的志趣相投。

在大罢工时，诺曼·约翰·克鲁格曼（年少时，人们称他"詹姆斯"）在汉普斯特德的霍尔中学上了最后一个学期的课，第二年9月他去了格瑞萨姆中学。他写了一首名为《论底层第四辩论社》的诗来讽刺那些反对工会的人：

> 一个矮小的小孩
> 在罢工的时候
> 挺身出来说话。
> 他还会冲着
> 工会联盟高谈阔论
> 在号召罢工时——
> 鲍德温先生说，
> 他只是首相。
> 他并不邪恶。
> 但是拉姆齐·麦克唐纳
> 他绝不喜欢这场罢工。[43]

鲍德温是保守党首相，麦克唐纳是工党领袖。克鲁格曼家族是犹太汉普斯特德自由主义者的领军人物：詹姆斯的父亲塞缪尔出生在巴伐利亚，当时正管理伦敦市克鲁格曼绳线公司。与唐纳德爵士一样，"他的自由主义根植于自我完善和个人责任的理念……这种自由主义通过寻求更广泛的公民

20 责任，利用特权的优势来得到公共利益"。[44]詹姆斯作为格瑞萨姆中学的天选之子，获得了入学奖学金。在 13 岁时，詹姆斯就引起了苏联方面间谍招募员的注意，他身上的很多特征都符合待培养的间谍候选人条件。他"沉默寡言、深思熟虑、谦虚谨慎、认真严肃、勤奋上进"，最重要的是，"他有很大的群众影响力"。[45]后来，当剑桥社会党人需要在示威游行中取得优势地位时，他出色的口才发挥了重要作用。[46]詹姆斯无疑对唐纳德·麦克林的思想和政治发展产生了深远影响：唐纳德这个在家庭信仰和信誉制的重压之下的稚嫩男孩，将在青春期破茧成蝶。

*

弗兰克·麦凯克兰（Frank McEachran）是年轻的斯文加利式法国教授，负责教导格瑞萨姆中学里富有探索精神、认真学习的年轻人。麦克林和克鲁格曼是他当时最得意的门生。在这所学校就读过的奥登"像尊敬父亲一样尊敬他……"[47]，麦凯克兰鼓励每一个新学生"在格瑞萨姆中学求学期间，就要了解自己毕生研究的文学和哲学基本框架"[48]。他的研究范围远远超出了自己的学科范围，涵盖文学、历史、哲学和诗歌。对于一个渴求知识的年轻人来说，这既激动人心，又备受鼓舞。* 他坚信通过共同的文化可以实现欧洲及其人民的团结。他还写了两本书来分析大萧条后的经济衰退和德国法西斯主义情绪日益高涨后所带来的日益黑暗的局势。1932 年，麦凯克

---

* 在艾伦·班尼特（Alan Bennett）的戏剧《历史男孩》中，麦凯克兰是赫克托尔的榜样。赫克托尔是一位古怪的老师，他不是一味循规蹈矩地教课，而是向学生灌输各种各样令人兴奋的知识。

兰发文称："现在席卷全球的民族主义热潮不仅粉碎了它曾经建立起的仅有的一点共识，而且几乎摧毁了欧洲的统一，而欧洲是现代人类文明的中心。"[49]

克鲁格曼称赞麦凯克兰有能力"洞察新的思想领域、找到新的兴奋点，激发在书籍、理论、自由主义和语言文字中的想象力"[50]。麦凯克兰本人虽然不是马克思主义者，但他敦促麦克林和克鲁格曼阅读马克思的作品，吸收"关于国家、阶级斗争和历史唯物主义的核心思想"[51]。这两个男孩成为图书馆委员会的成员，并且定期在麦凯克兰于 1930 年成立的辩论社里发表演讲。1931 年 2 月，麦克林反对"议院在理论和实践上都谴责社会主义"的议案，用他自己的话来说，他"痛惜公共道德和私人道德之间存在区别。社会主义将把服务、自由和正义的生活美德带进更广阔的领域"[52]后来这项议案以微弱劣势被否决了。

1929 年，麦凯克兰创办《蝗虫》杂志，这是他在学校进行的另一项创举。麦克林在 1931 年为该杂志写了一篇朦胧短篇小说。"三明治人"（Sandwichman）正在伦敦西区穿梭，"他们衣衫褴褛，戴着摇摇欲坠的圆顶硬礼帽，披着青黑色的大衣，他们顺着排水渠游荡，裤子松松垮垮，靴子沾满泥浆。他们的脸上满是痛苦；脏兮兮的头发披散在他们的衣领上"。这是大罢工和早期绝食游行留下的阴影。在这种堕落的状态下，三明治人甚至连名字都不配拥有。"七号""兴趣索然地"看着温坡街的一座房子。然后我们走进一间手术室，手术室里正在准备给一位"有名的贵夫人"做夜间急诊手术。那位被抓去做手术的外科医生是"城里一个很受欢迎的年轻人，凭借自己杰出的人格魅力和令人倍感放松的笑容，他结交了许多朋友；他不仅在圈内广受欢迎，而且在整个医学界都享有很高的威望，这不仅是因为他才华横溢，还因为他愿意毫无保留地施展自己的才能"。他来自"马沙姆夫人的接待处"，"他的脸涨得通红，眼睛炯炯有神，行为举止带有一点攻击性"。他的刀滑了下去，血液从病人致命的伤口中喷涌而出，"他混乱的大脑现在一片清明，他看得太清楚了"。外科医生带着"七号"消失在温坡街的夜色中。[53] 从一个才华横溢的年轻人沦落为三明治人是件非常痛苦的事儿，正如麦克林想象的名誉和成功之间的狭窄鸿沟一样。麦克林内心里对饮酒的罪恶感来自他加入戒酒协会的父亲的影响，以及宗教和家庭的布道。在这位青少年作家的一生中，欲望和责任在相互拉扯，对阶级差异的痛苦意识和被剥夺权利的穷人之间也在相互纠缠。小说中对人物形象的细节刻画与文中近乎冷酷无情的笔触形成鲜明对比，这些笔触让人联想到上流社会，也让人联想到手术室明亮干净的环境。

《三明治人》预示了麦克林一生中的许多经历，着实令人毛骨悚然。他一一列举了我们外表和身份之间的差距，以及社会生活中的平等与"现实生活"的差距。在小说中，他下意识地以虚构的形式描述了自己的一些成熟的观点，包括他父亲灌输给他的饮酒的影响及其潜在的伤害。

假期期间，麦克林和克鲁格曼在伦敦相遇。麦克林见到了克鲁格曼的家人，克鲁格曼的家庭氛围非常轻松，大家畅所欲言，麦克林在家里也很受欢迎。但是他依然小心翼翼，极力劝阻克鲁格曼这个自称"聪明古怪的家伙"不要在索斯威克广场肆意宣讲，因为他担心自己的父亲唐纳德爵士发现他正在宣扬的政治理论。之后他们选择去看一些社会主义电影或前卫电影，或者一起逛酒吧。这两个男孩的学校经历在许多方面反映了他们后来对世界的想法。克鲁格曼还在格瑞萨姆中学的时候就很得意地自称"共产主义者"，后来他成为英国政党最公开、最活跃的党员之一。克鲁格曼"胖乎乎的，戴着眼镜，非常不擅长运动"[55]。他讨厌军官训练团这个奇葩的主意，所以当时表现也不好。相比之下，麦克林在这些方面做得很好，当时他已经成长为一个英俊的年轻人，虽然他厚厚的嘴唇和高高的颧骨下呈现的是一副光滑的脸庞，略显矫揉造作的走路姿势和天生的高亢嗓音使他在青少年时显得有点娘娘腔，但是20多岁后他正式成为一名青年才俊。

23

*

1930 年 11 月，也就是小唐纳德在校的最后一年，唐纳德爵士来到这所学校，发表了关于国际联盟的演讲，不久后他在内阁获得了一个职位。他从小农场佃农和鞋匠的儿子成长为一个公众人物，这是他辛勤工作、信仰上帝和恪守自身准则的结果。他选择把大儿子、二儿子和三儿子送到格瑞萨姆中学就是为了让他们学习学校的自由主义思想和校风，培养对他们有益的品质。但是，他最聪明、最成功的孩子却和奥登一样，公开憎恶由信誉制所创造的"法西斯主义国家"[56]，认为这是"制造悲伤和愤怒的处方"[57]*，他背叛了毫无意义的规则，而不是坚持所谓真正的道德准则——麦克林就做了这样一个掩饰自己

　＊　这位诗人在 1936 年与路易斯·麦克尼斯共同创作的诗歌《最后的遗嘱》中，违背了格瑞萨姆中学的誓言。麦克尼斯给学校留下的是"我给马尔堡学院留了一个卫生间，里面有铬制的小玩意和帕台农神庙的镶边"，奥登阴郁地用一个抽象的遗赠完成了这一诗节："霍尔特也曾三次违背对我的承诺。"

的悲伤和愤怒的两面派[58]。在父亲来访的几个星期前，小唐纳德在一次学校辩论中说："人类终于开始'认识自己'了……并意识到真正的自由存在于社会服务中。"[59]这位由长老会教义和学校规范塑造的模范生需要找到"真正自由"的表达方式，以满足他的成长需求和由此产生的内心渴望。他经历了一个道德上具有挑战性的童年和青春期，他的品格没有丝毫的污点；他是父母和老师的骄傲。

最重要的是，他学会了间谍最基本的技能——隐藏自己的本性，同时保持平易近人的榜样形象。他也正好是一个即将就读一所合适的大学的合适的人才，是一个在合适的时间出现的合适的人，一切都刚刚好。

第 2 章　敢于质疑

唐纳德·麦克林表现出了两个截然不同的自我，这既使他 24
声名鹊起，也使他几近走向崩溃。1933 年 10 月，也是唐纳德·
麦克林在剑桥大学最后一个学年的第一个月，当时学生杂志
《格兰塔》（*Granta*）开设了一个新专栏"证人席上的大学生"，
采取问答形式来探讨受采访大学生的信仰和个性。首先接受测
试的是鲁阿莱恩·卡明 – 布鲁斯（Roualeyn Cumming-Bruce），
他对自己的政治立场非常清楚且坦诚："我是一个共产主义
者……在对共产主义理论进行了全面了解后，我便离开工党，
加入了共产党。"[1]卡明 – 布鲁斯直截了当地回答了所有提问。
早先的政治背景并未对卡明 – 布鲁斯产生影响，他一直从事法
律行业，最终成为上诉法院常任法官。接下来几期《格兰塔》
中的"证人"也同样坦率：第二个接受测试的人谈论了他对
艺术的观点，而这一观点颇具争议；第三个人谈论了数学，她
对数学的兴趣甚至超越了她对成为女大学生的兴趣，尽管当时
女大学生少之又少。

第四个出现在"证人席"上的人是麦克林，他的加入使
这场采访的基调发生了戏剧性的变化。提问者问麦克林，如果
考查他的"大学生品格"，他是否会感到尴尬，麦克林回答
说："丝毫不会。不过你想问哪一个人格？我有三个'可爱的
小家伙'（三重人格）。现在是塞西尔（Cecil）。也许你想先从

他说起。"塞西尔是一个营地美学家，听到有人叫他时他有点
吃惊，他这样解释道："我刚穿上天鹅绒裤子，就听到你喊我
了……下次我举办聚会你一定要来。那里有盛开的花朵，每个
人都将盛装出席，如诗般美好。"20世纪30年代的剑桥大学
更加简朴高尚，是新一代理性的现代布鲁姆斯伯里团体的首选
之地，相比于这一时期的剑桥大学，他可能更适合伊夫林·沃
（Evelyn Waugh）在《旧地重游》中所描绘的牛津大学，在那
里，安东尼·布兰奇（Anthony Blanche）对着窗外用扩音器大
声朗诵诗歌，而地位不高的学生则肆意在大学的喷泉旁戏水。

麦克林不仅能提出问题，还能用不同的人格来回答这些问
题。他随后换掉了塞西尔（对塞西尔说：你可以继续做你的
工作了），然后喊来了热情的杰克（Jack）。杰克说："我只是
来这儿随便逛逛。买几条俱乐部的领带，再到那儿打几杆球，
这简直太棒了。"然后杰克被罚去"给他的橄榄球鞋上油"了
（麦克林去年曾代表学校参加橄榄球比赛），然后书呆子弗雷
德（Fred）出现了。"每个人都应该工作。我来这儿就是想说
这个。现在，我想继续工作了。我们来讨论莎士比亚或亨利·
福特吧，他们知道事情的真相。"弗雷德加入了"11个社团和
3个午餐俱乐部"，他曾在其中一个社团朗读莱辛（Lessing）
的《拉奥孔》（当然是德文版）。他希望第二年毕业时可以获
得一级学位，麦克林就实现了这个目标。

成年后，麦克林一直努力调解他不同人格间的矛盾。即使杰
克或者塞西尔这两个人格不像其他人格那样真实，但他们仍是一
种有效的模糊手段，一种巧妙的逃避手段。然而，欢快的部分过
去后，营地美学家塞西尔和热情的杰克都消失不见。取而代之的，
我们体会到的是一个直接的、略带恼怒、略显浮夸的呼吁，呼吁

这些人格共存，呼吁把这三个人格视为一个整体："他们几个我都一样喜欢。我认为不需要用什么标准来衡量他们，也不用把他们分为三六九等——他们对我来说都具有同样的价值……剑桥大学希望只存在一个人，要么是塞西尔，要么是杰克，要么是弗雷德。要是做不到，校方会很生气。"[2]麦克林在表达自己的社会主义观点时非常直言不讳，且常常言辞激烈，那时他正在剑桥大学社会主义协会（Cambridge University Socialist Society, CUSS）任职。在麦克林向公众展示他的所有人格时，他努力避免别人刺探他的内心。他公开宣布了一种将贯穿他一生的模式：他希望作为一个局外人，寻求与自己正直的社会和职业地位相悖的角色和姿态，同时隐藏着自己最珍视的信念。

26

然而，大学毕业不久后，他就学会了如何将不同的人格结合起来，并让别人觉得他是一个自信、健全的人。而剑桥是他个性和政治立场的试验地。

*

麦克林在剑桥就读时正值一个关键的时期，自奥利弗·克伦威尔（Oliver Cromwell）时代起，剑桥大学就开始反对建制且拒绝墨守成规。20 世纪 20 年代，剑桥大学并没有明显迹象表明它将成为政治家培养器，相反，它属于坚定的保守派。英国直到 1924 年才在外交上承认苏联政府（10 年后美国才在苏联设立大使馆），当时（20 世纪 20 年代）大学生们的"主要政治倾向是敌视布尔什维克主义，怀疑工会和工党政治家的政治动机，相信大英帝国持续的影响力和政治美德"。[3]剑桥学生在大罢工时期为国家分忧，半数以上的剑桥大学生在火车、电车、公共汽车和救济站等地方担任紧急职位，而非站在罢工队伍一方，袖手旁观。[4]同年，尼亚萨兰主教 T. C. 费舍尔（T. C. Fisher）牧师在大学教堂布道时告诉听众："几年前，一位作家饱受批评，因为他说想像训练自己的狗那样训练非洲原始居民，但我本人觉得不应该如此尖锐地批评这句话，因为我既了解这个作者，也了解那条狗。"[5]（当时的大学生听到这个观点很吃惊）在"以战止战"之后崛起的学生们坚持着这一旧秩序，当时的工会辩论和学生政治态度也一直反映着这一观点。

朱利安·贝尔（Julian Bell）是诗人，属于布鲁姆斯伯里文化圈，后因左翼信仰被判死刑，他曾写道，1930 年他第一次知道剑桥大学时，"大家谈论的话题都是围绕着诗歌。在我的记忆中，我们很少谈论或思考政治。我们几乎都对梅纳德·凯恩斯（Maynard Keynes）关于资本主义日益繁荣的乐观预言抱有盲目的信心"。随着世界形势的变化，到 1933 年底，"大家讨论的话题几乎全部是当代政治，其中，绝大多数比较聪明的大学生都是，或者大部分是共产主义者"。[6]

安东尼·布朗特当时是三一学院（Trinity College）一个懒散但很有品位的研究员，他也发现了同样的变化："1933 年秋季学期开始的时候，马克思主义突然传到了剑桥……我休了一个学期的假，1 月回来的时候，我发现我的朋友中几乎所有的年轻人都成了马克思主义者，并加入了共产党；剑桥在一夜之间发生了翻天覆地的变化。"[7]

政治上的变革成了消除时代绝望情绪的唯一办法。大卫·本苏珊－巴特（David Bensusan-Butt）比在格瑞萨姆中学和剑桥大学读书的麦克林小一岁，他是凯恩斯的徒弟。大卫发现，20 世纪 30 年代初"非常令人沮丧……整个社会有数百万失业者，他们的厌倦和痛苦情绪不断增加……在过去的 10 至 15 年中，政府表现得非常无能和愚蠢"。更糟糕的是，"和平文明的普通礼仪这一维持欧洲社会秩序的基础，似乎正在瓦解。"现在唯一的希望是："虽然仍处于文明社会的国家在不断减少，但依然有一些新的办法可以解决这些顽疾，拯救垂死的资本主义。"[8]

1934 年 1 月的《剑桥评论》指出："苏联共产主义的尝试引起了广泛关注……人们认为它大胆且极具建设性，年轻人常常会对长辈们行动上的拖延和阻挠失去耐心并表示同情……这是一种建立新社会和政治秩序的努力。"[9]共产主义对那些渴望社会变革的维多利亚时代的人来说有巨大的号召力。在维多利亚时代，战争、大萧条、大规模失业和贫困使一代人陷入了困境，从而促成了法西斯主义在欧洲的崛起。1933 年 1 月，希特勒当选德国总理，这一事态的发展加强了墨索里尼对意大利的法西斯式控制，对头脑清醒的人来说，向左翼靠拢成了唯一的出路。利顿（Lytton）的侄子约翰·斯特拉奇（John Strachey）夸张地表述了当时许多人的观点，他从英国年轻人的角度将共产主义描述为从野蛮转变为代表"人类文化、科学和文明的永恒进程"。[10]

最著名的共产主义者是梅纳德·凯恩斯的学生、三一学院的莫里斯·多布（Maurice Dobb）。多布比麦克林大十岁，1920 年共产党成立后入党，成了中央委员会的一员。他有着"金色的头发，红润的脸庞和富有感染力的、温和的性格"[11]，他和麦克林一起接受了长老会的教育。战后不久，还是大学生的多布成了一名热忱的马克思主义者。不过，他经常遭受保守派同学的欺负，保守派成员不爱学习，精力旺盛，大多是来自私立学校的运动员，他们对获得学校的奖学金不感兴趣，也不

28

怎么爱听课。他们经常把多布抓住扔到康河里去。多布有一种"独特的能力，能够讲通共产主义的矛盾之处，并使深奥的马克思主义奥秘显得合乎逻辑"。[12]他时常去莫斯科，并在苏联公开表达自己的观点，那里是政治辩论的公众空间；1925 年 11 月，他在那里宣称："一流的人才在苏联实现统治的可能性比在其他任何国家都大，在苏联，科学和艺术比以往任何时候都繁荣。"[13]这种思想上的相合性使多布能够在别人提出质疑时捍卫自己的观点。当时，伦敦警署向英国国王乔治五世提交了有关各类英国破坏活动的年度报告，国王看后大发雷霆。1925 年，他还写信给学校的校长，要求查清为何允许如此有影响力的马克思主义者向大学生灌输共产主义思想。[14]不过实际情况是，直到 1938 年，剑桥才举办了一次关于马克思主义理论的讲座。

*

1931 年 10 月，麦克林来到剑桥圣三一学院（Trinity Hall）学习。他发现剑桥当下正处于这场政治动乱中，正如克鲁格曼所说，这场政治骚动似乎表明了"资本主义制度的彻底瓦解"，并唤起了"一种非常强烈的厄运感，而厄运已近在眼前"[15]。相比之下，斯大林的五年计划似乎给处在社会最底层的苏联人民带来了希望，还建立了一个没有阶级的社会，至少对部分人来说是这样的。当时有些人受邀到苏联参观，他们享受了一场精心策划的旅行，在苏联参观了示范农场和工厂。住在莫斯科的马尔科姆·马格里奇（Malcolm Muggeridge）认为，这些崇拜者"从他们看到的、听到的一切中所获得的'快乐'，以及他们对这种快乐的表达，无疑构成了这个时代的一大奇迹"。[16]

克鲁格曼早就与这所大学的政治生活建立了密切的联系，因为他有一个大他五岁的姐姐，是格顿的学生，后来她嫁给了莫里斯·康福思（Maurice Cornforth），此人曾是哲学家路德维希·维特根斯坦（Ludwig Wittgenstein）在三一学院的学生。维特根斯坦反对马克思主义，但支持苏联。他在当时比较有名气。维特根斯坦的另一个学生是来自三一学院的大卫·哈登·格斯特（David Haden Guest）。1931 年，由于参加了三一学院的一次共产主义示威活动，格斯特被关进不伦瑞克的一个纳粹牢房里两个星期，之后就搬到了一个远离左翼的地方。在牢房里，他以绝食为威胁才被释放。回到三一学院后，他戴着有镰刀锤子的徽章走进了大学礼堂，讲述纳粹主义及其反犹太主义的恐怖，并宣扬只有共产党人才理解纳粹造成的真正威胁。格斯特和康福思都是在 1931 年夏天加入共产党，时间恰好是在麦克林和克鲁格曼加入之前。

凯恩斯的"乐观预言"认为，在第一次世界大战结束后的 10 年里，西方经济在重建过程中将继续增长。然而这一预言随着 1929 年华尔街崩盘和全球经济大萧条的触发而破灭。事实是，失业人数激增，1933 年 1 月失业人数达到峰值 300 万人。[17] 在一些群体中，失业比例高达 70%，贫富差距、南北差距巨大。英国共产党的党员人数持续增长，1920 年时是 2500 人，1930 年增加到 6000 人；到 1939 年，达到 1.6 万人的峰值。[18] 工党在 1929 年普选之后赢得了第一次全民公决。不过除非工党在下议院中占多数席位，否则很难在这场席卷资本主义世界的危机中生存下来。1931 年 8 月 24 日，新一轮大选之后，工党在拉姆齐·麦克唐纳（Ramsay MacDonald）的领导下成立了第一个全国多党联合政府，以期应对不利局势。虽然

30

工党仅获得了 52 个席位，创下了历史新低，但它仍处于在野党位置。最后，唐纳德·麦克林爵士被任命为内阁教育委员会主席，成为大部分保守派自由党成员的代表。而此时，他的野心达到了顶峰。

*

剑桥大学包含 26 所学院，这些学院规模不一，涵盖的学科门类齐全，建筑风格各异，有中世纪风格，也有维多利亚时代风格，大门均由戴圆顶礼帽的守门人把守。除了两所学院外，其他所有的学院都只招收男性，不论社会地位如何，本科生一律戴着学院统一的领巾，穿着粗花呢夹克和阔腿裤，骑着自行车往返于各学院和城镇之间。每个学院都由数个四方院（当时人们称之为"庭院"）组成，每个庭院都有一个修剪整齐的草坪，四周有一些楼梯通往各个教学楼。东英格兰气候严寒，学生们要去卫生间常常得绕着庭院的边缘走一圈；每个楼梯都安排一个"佣工"照看，负责跟在年轻的学生后面打扫卫生。

报考大学时，麦克林的第一选择是三一学院，其次是圣三一学院，但是规模较小的圣三一学院为他提供了奖学金，每年 40 英镑，因此他最终决定选择圣三一学院。他选择的专业是现代语言，这是他在格瑞萨姆中学的强项，或许这也预示着他将成为世界舞台上的一个隐藏行家。圣三一学院是与剑桥关系最密切的学院之一，位于三一学院和国王学院的礼拜堂之间。20 世纪 30 年代，这里每年招收大约 100 名本科生。麦克林头两年住在靠近康河的莱瑟姆庭院。庭院里整整齐齐地种着春季球茎植物，飞燕草和毛地黄，还有美丽的木兰和紫色的山毛榉树。这里一片祥和，学院已有 600 多年的历史，麦克林便是在这样的环境下学习成长的。

克鲁格曼凭借着"敏捷的头脑和行事风格"[19]也考入了附近比较有名的三一学院，后来在新学院的楼梯上他结识了安东尼·布朗特。布朗特一直交往的恋人盖伊·伯吉斯也在三一学院。还有一个人物是金·菲尔比（Kim Philby），比麦克林大两岁，也在三一学院读书。麦克林来到剑桥大学时，这个后来被称为剑桥间谍圈的组织已经基本形成，只剩另一个三一学院的人——约翰·凯恩克罗斯（John Cairncross）——还没有到达。

*

入学第一年，麦克林没太在意法语和德语的学习。1932年夏天，他的法语和德语成绩只拿到了 2.2 和 2.1 学分，受到了严重警告。如果他想继续拿奖学金，就必须好好学习。此时的麦克林，不管是出于对父亲及其内阁职位的敬畏与忠诚，还是出于害怕父亲知道他的无神论信仰后会做出干涉，他都一直保持沉默，没有对新兴的政治观点发表任何看法。唐纳德爵士在世时，对小唐纳德来说，做一个模范儿子和循规蹈矩的人比在那个时代脱颖而出更重要，因为当时即使是带有保守主义偏见的国民政府也难免遭到鄙视。麦克林"痛斥工党领袖的背信弃义，痛斥他们背叛了工党的普通民众"[20]，但他从不在剑桥社交圈之外透露这些感受。这个圈子的人认为，左派需要采取更激进的行动，"似乎只有苏联能够实现他们所有的想法"[21]，因此，剑桥成立了一个活跃的共产党支部。

这个共产主义组织始于三一学院。1931 年 6 月，克莱门斯·帕尔梅·达特（Clemens Palme Dutt）拜访了多布。多布曾在巴黎和印度的共产国际任职，是一位宣传共产主义信仰的理论家。格斯特和康福思都参加了这次会面，此后这个共产主义组织诞生。共产国际（第三国际）是一个倡导世界共产主义的组织，提倡"以包括武力在内的一切可能的手段，推翻国际资产阶级"[22]，但不提倡直接为苏联服务。格斯特宣布愿意承担组建共产主义组织的责任，这让多布和在场的另外两个人松了口气，因为公开领导这个有争议的组织，会损害他们作为教员（teaching fellow）的地位；而当时的社会允许年轻的本科生改变狂热的信仰。克鲁格曼从妹妹基蒂和她的未婚夫那里得知了共产主义组织的事，并与麦克林进行了讨论。麦克林对他这位同学兼人生导师在政治上的先进性表示非常认同："真的，詹姆斯·克鲁格曼，你简直就是全才。"[23]在麦克唐纳执政一年后，麦克林对其希望破灭，于是加入了剑桥大学社会主义协会，协会的前身是工党俱乐部。麦克林和克鲁格曼很快就加入了委员会，克鲁格曼善于用他的"机敏聪慧和温文尔雅"[24]来影响和改变那些摇摆不定的人，因此他负责宣传工作。麦克林在一次会议上正式当选为委员会委员，那次会议激动人心，会上"成员们高唱《国际歌》和其他歌曲，这在剑桥开创了一个先例"[25]。朝气蓬勃的剑桥青年呈现一派乘风破浪之势。

到了 1934 年，剑桥大学社会主义协会的成员已达 200 多人，其中约四分之一是共产党的正式党员。[26]集会通常在三一学院的教室里举行，房间里只有"几个家具和一个光秃秃的灯泡"，本科生们抽着烟斗，桌子上放着"几杯浓茶和大块的面包和果酱"[27]；有时他们会在星期天下午聚集在镇上的咖啡馆里。这些活动看起来乱七八糟但令人激情澎湃。成员们大谈特谈"世界形势……显示出资本主义制度日益腐朽"[28]，但未能对此采取什么实质性的行动。社会主义协会积极地为自身的发展征集请愿书并给各方写信。他们会写信给日本政府，谈论自己关于日本对中国的政策的看法。他们也会关注身边发生的事。比如，协会成员会在员工的工资遭到削减时，向剑桥公共汽车公司请愿。另外，协会还以较低的价格从大学电影协会租屏幕放映左翼电影，并为一些其他活动筹集资金。它最成功的活动就是说服学生参加伦敦的游行，如反对削减教育开支的游行，尤其是支持英格兰北部的失业者的反饥饿游行。这些失业者来到伦敦对他们所经受的痛苦提出抗议。

1932 年春天，麦克林参加了海德公园附近的游行并与警察发生了冲突。麦克林"反戴头盔"[29]，身材高大一头金发，在一群戴着帽子、矮小老态，或是衣衫褴褛的游行者中特别显眼；麦克林被带到了附近的警察局。后来，他的母亲赶了过来，才使他免于被起诉。他重新回到了公园边上的索斯威克广场，发现父亲因议会事务而未前来，这才松了一口气。

在学校的第一年里，麦克林没有公开表达自己的政治观点，只在工会展示过一次自己的辩论能力。1932 年 5 月大家讨论的议案是"莫斯科的议会比底特律的议会更能给人带来希望"，底特律是美国工业化和资本主义的中心，如今，底特律的汽车业因经济萧条而遭到重创。多布作为一方代表发言，称美国是一个"令人绝望的国度，对它未来的发展毫无希望和信心，这里机械僵化、罪犯横行、生产过剩"。相比而言，苏联并没有衰落；"它没有经历世界危机，没有失业，生产力还在不断增强"。文化和国际主义正在不断扩展，"打破了种

33

族和语言的界限"。苏联树立起了"一种新的信仰,一种新的精神希望"。麦克林在发言时说:"无论是帝国主义战争还是共产主义革命,流血是不可避免的。"他认为"唯一的解决办法是无产阶级的胜利"。[30]与多布不同,麦克林后来放弃了"信仰"和"精神希望"这两个词,而这正是他少年时代的特征,也是他一生的主题和他后来一些行为的核心:渴望不惜一切代价避免战争。共产主义是实现和平的唯一途径。麦克林对知识的探索和对事业的渴望,使他在大学生中率先意识到了这一点。《格兰塔》在回顾那场辩论(议案获得通过)时指出:"麦克林先生【原文如此】应该更频繁地进行一些发言。"然而他没有这样做,两年后他离开剑桥时,他的政治观点已经形成并根深蒂固,这一点众所周知。

*

34　　通过剑桥大学社会主义协会,麦克林遇到了两个人,其中一个在他后来遇到人生最关键、最隐秘的两个转折点时,决定了他的人生轨迹;而另一个人的名字则永远与他联系在一起。

　　哈罗德·亚德利安·罗素·金·菲尔比在印度出生时就被称为金(Kim),这与吉卜林(Kipling)在同名小说中塑造的人物同名,这部小说描写了英俄之间的大博弈。金是三一学院的经济学家,在多布的指导下学习,深受多布的影响。金的父亲是圣约翰·菲尔比(St John Philby),后者是一位著名的阿拉伯语言学者和执着的探险家,由于父亲常年旅行在外(最终定居在中东),父子俩很少见面。金是一个独裁主义者,他直到死时还都留着一堆桦树枝。在威斯敏斯特学校担任学生会主席时,他经常用这些树枝鞭打小男孩。圣约翰和他的儿子一样，也是分裂型人格：他穷尽一生谴责英国的"背信弃义、欺诈蒙骗和道德沦丧"[31]，他放弃了基督教，成了一名穆斯林，娶了一位沙特女性为第二任妻子；同时，圣约翰还是蓓尔美尔街雅典娜俱乐部的成员，且从未错过任何一场测试赛，还两次竞选下院议员。金本人英俊潇洒、魅力四射、老于世故又愤世嫉俗，一双柔和的蓝眼睛掩饰着他冷酷无情的内心。他比较独立，警惕心很高，喜欢异性。相反，他那位三一学院的朋友盖伊·弗朗西斯·德蒙西·伯吉斯则放浪形骸，不谙世事，喜欢同性。他们的共同点是毫无道德感可言，这也正是他们与麦克林的不同之处。

伯吉斯"蛮横、聒噪、健谈、无礼、桀骜不驯"[32]。两人第一次见面时，麦克林在各方面的表现都恰恰与其相反。伯吉斯外表天真可爱，令人着迷，且能言善辩，而麦克林的魅力则表现为他更加内敛。伯吉斯还曾在达特茅斯海军学院和伊顿公学受过教育，后来获得历史一级学位。乍一看，伯吉斯似乎是上帝的宠儿，拥有极大的魅力和充沛的精力。不过他酗酒——酒精开始成为他和麦克林的一种娱乐方式——伯吉斯毫不避讳地沉溺其中。他"像拉伯雷式的酗酒者一样……喝多少都不够"。相比之下，麦克林"内向、缺乏自信，是一个理想主义者，一个梦想家，喜欢突然爆发出的攻击力"。他总感觉自己比不上三一学院的学生，并靠酗酒这种"不负责任的幼稚"[33]行为来掩盖自己的不自信。这两个人的另一个不同之处是他们的性取向。

正如伯吉斯的密友戈伦韦·里斯（Goronwy Rees）所说，伯吉斯"过着非常放荡、非常淫乱，甚至有点糜烂的性生活"[34]。"他对同性很有吸引力，且不会为此感到心情压抑，而

35

与他同龄和成长环境类似的年轻人常常因自己的同性恋性取向
而备受心里折磨。"麦克林也深受其害。伯吉斯和"所有有同
性恋性倾向的男人上床，他并不排斥他们，反而通过这种方式
使自己从遭遇的挫折和压抑中获得解脱"。[35]伯吉斯一生都在宣
扬自己的魅力，他在剑桥大学期间最津津乐道的一件事就是他
曾诱惑过麦克林；他当然也把这件事告诉了里斯。后来，他
又否认了这一行为，说一想到要触摸麦克林"宽厚、柔软、
白皙、像鲸鱼一样的身体"[36]，他就感到恶心。无可否认，麦
克林当时很胖；但也不可否认，他很有魅力，有着女人一样
美丽的外表和腼腆的性格。由于他们的政治观点相同，伯吉
斯似乎勇敢地接受了挑战，成功地征服了麦克林，麦克林发
现迈向成年的最后一步既困难又令人困惑。在他的三重人格
里，塞西尔和杰克出现了冲突，而麦克林似乎只对头脑简单
的弗雷德有信心，弗雷德只是努力工作，从未暴露自己。麦
克林的性取向一直让他感到困惑，这也是他性格中最复杂的
方面之一，他努力让这一点与自己循规蹈矩的一面保持一
致。麦克林具体是哪一天被引诱并发生了关系，我们不得而
知，但可能就是同一天，他许下了一个专一笃定的政治承
诺。但无论这是否发生在他就读剑桥大学的第一年，那年年
底，他的生活都发生了巨大的变化，并且在很大程度上使他
的压抑情绪得以释放。

*

1932 年 5 月，第一次长假开始时，议会正在开会，当时
国民政府主要由"强硬的保守党和一些叛变的社会主义者"[37]
组成，这样的环境对于像唐纳德爵士这样坚持原则的自由主义

者来说，并不是什么好事。这时候经济仍处于低迷状态，内阁在推行自由贸易还是征收关税的问题上存在分歧。为解决这些问题，英联邦会议计划于 9 月在渥太华召开，届时将决定"因忧虑和过度劳累而衰老的唐纳德爵士"[38]是该继续留在政府还是辞职。作为一个"固执的自由贸易者"[39]，他准备牺牲自己的职业生涯，为一些他儿子认为"庸俗和毫无意义"[40]的事情辩护。也许在后来的生活中，麦克林也曾和他父亲一样面临良心拷问。然而在当时，麦克林一如既往地向这位辛勤工作的重要部长父亲隐瞒了自己的观点：他放弃了自己的坦率和诚实，表达了对家族的忠诚，此外他也不希望惹恼一个他既钦佩，又在许多方面让他心存畏惧的人。

最后，在经历了短期的病痛之后，唐纳德爵士于 6 月 15 日死于突发心脏病，享年 68 岁。小唐纳德从此摆脱了老父亲的控制，不再受他的僵化思想左右，这一两难困境迎刃而解。唐纳德爵士的葬礼在佩恩（Penn）举行，那场葬礼近乎闹剧，为了避免看到棺材从狭窄的楼梯上抬下来的场景和听到抬棺材的声音，当时住在伦敦房子里的家人在关门时，一不小心把他们自己锁在了餐厅里。他们不得不求助伦敦消防队把他们救出来，后来送葬队伍才前往奇尔特恩。[41]

吉利博士在葬礼上致悼词，描述了唐纳德爵士年轻时曾有一段时间遭遇信仰危机：

　　　　他把自己锁在书房里，整夜坐在书桌旁，苦苦思索着心中的疑虑。过了一会，他站起来，在房间中央画了一条假想的线，然后在房间里踱来踱去，他对自己说："在这一边，我将继续与基督同行。只要跨过这条线一

37

步，我就要永远背离他。"他在线的右侧继续踱步，一直走到天亮。经过这痛苦的一夜挣扎之后，他再也没有动摇或迷茫过，而是坚定不移地坚持着他所看到的真理。[42]

唐纳德爵士年轻时可能是从加尔文身上获得了启发，400年前加尔文也曾经历内心的挣扎。当然，作为一个在教堂或小礼拜堂之外坚定自己世俗信仰的人，正像吉利所说的那样，唐纳德始终坚定信念，忠于自己的价值体系，不让怀疑的种子潜入他骨子里孕育任何挑衅。在他的整个仕途生涯中，唐纳德的其他品质也让他受益匪浅，他通情达理、尽职尽责、关注细节且兢兢业业。现在，他可以自由地走向远方，沉醉于自己的事业和哲学，不再有负罪感，也不再因所谓的忠诚而心烦意乱。

斯坦利·鲍德温在下议院发表的吊唁词与吉利博士的悼词如出一辙。他说，他从唐纳德爵士身上看到了"勇气和对正义的热爱"，以及"一个不会偏离正道的灵魂"。[43]坚持正道的能力深深地植根于他的家庭。父亲在世时，小唐纳德可能对拒绝父亲的宗教信仰心存负罪感，但是现在他可以公开地表达自己坚持社会主义信仰。

唐纳德爵士的去世使得他的儿子小唐纳德"愉快地公开表达了自己对共产主义事业毫无保留的忠诚"[44]。10月，他回到剑桥。这个从父亲的压迫下解放出来的人，全身心投入了政治活动中（可能还有性生活方面的尝试）。父亲去世后他性情大变。乔瑟琳·西蒙（Jocelyn Simon）和唐纳德爵士的儿女们从小就是朋友，他们曾一起在荷兰公园玩板球、溜冰。西蒙比唐纳德大两岁，也在圣三一学院学习。在西蒙的印象里，唐纳德是一个"非常普通的本科生",他第一年在校队打板球,第二年成为校队的秘书。但后来,当西蒙回来探望他时,麦克林辞去了秘书的职务,"不再是一名普通的本科生,成了一名共产主义者",这种转变"是基于对弱者的真正的人道主义关怀"。麦克林"将自己和人民大众紧密联系在一起,他卖掉了所有的衣服,穿着买来的二手衣服,从头到脚都很邋遢,尤其是他的指甲"[45]。盖伊·伯吉斯的指甲更脏,这一点在他的一生中一直格外引人关注(早餐时,他经常把大蒜拌到粥里,然后一整天嘴里都是大蒜的臭味);其他地方似乎都没有提到麦克林的角质层,或许,角质层是他其中一个人格隐藏自己的隐喻,而另一个人格则把自己暴露得过于肮脏。

　　麦克林这种全新的状态让他变得更加引人注目,有时他甚至还会大声喧哗。可以说,正是因为他之前过度节制,现在才会觉得格外自由。这是一种预兆,预示着在未来的岁月里,当他面临压力的时候,他会动摇。

*

　　麦克林在学校就读的第二年和第三年,世界风云变幻,波谲云诡。1933 年 12 月,加入剑桥大学社会主义协会的人数达到了 90 人,创历史新高,这些成员也许下了自己的政治诺言。纳粹党上台后,希特勒迅速提出了授权法案,这意味着他可以根据宪法行使独裁权力:后来一度非常强大的德国共产党人[包括一位名叫克劳斯·福克斯(Klaus Fuchs)的年轻科学家]遭到了追捕并受到了政治迫害,这促使麦克林在同年春天加入了共产党;克鲁格曼也加入了。据安东尼·布朗特说,盖伊·伯吉斯在冬天也加入了共产党。布朗特是三一学院的学

38

生，与伯吉斯关系密切，不仅因为他们上过床，而且还因为他们同为精英对话协会——使徒会的成员，当时协会的成员包括历史学家特里维廉（G. M. Trevelyan）、小说家爱德华·摩根·福斯特（E. M. Forster）、经济学家约翰·梅纳德·凯恩斯、路德维希·维特根斯坦、维克多·罗斯柴尔德（Victor Rothschild），以及布朗特的另一个情人朱利安·贝尔。

在麦克林逐渐成为政治人物的过程中，剑桥大学社会主义协会帮忙组织的一场示威活动对他意义重大。《格兰塔》杂志的报道将麦克林的三重人格——塞西尔、杰克和弗雷德暴露在公众视野中，文章发表的同一周内，剑桥大学的左翼学生和传统主义者之间发生了多起冲突。第一起冲突是因为社会主义信仰者在蒂沃利电影院提前离场，拒绝观看《我们好战的海军》。他们认为这部电影里充斥着"军国主义宣传"。一群"爱国"学生站在外面等着，"拿着英国国旗，带着军乐队"打算等到他们出来时"收拾这帮垃圾"，在随后的混战中，幸亏双方穿得完全一样，否则受伤的就绝对不止一名左派分子了。最后，"乐队开始演奏，剑桥大学的'硬汉们'以这种老套的方式戏弄了他们的对手，然后离开了"。[46]蒂沃利的管理层最终撤下了这部电影。

这场混战促使更多左翼学生参加了几天后——11 月 11 日停战日举行的反战游行。这次游行是由剑桥大学社会主义协会和学生基督教运动协会共同组织的，目的是抗议伦敦纪念碑庆祝活动中日益盛行的军国主义。剑桥大学社会主义协会在给该镇的战争纪念碑前敬献的花圈上写了一行字："致伟大战争的受害者，致那些决心防止帝国主义犯下类似罪行的人。"[47]

当时，反战的和平主义者喊着"反对战争和帝国主义"的口号在街上游行，并往车站附近的纪念碑方向走去，与此同时，蒂沃利拳击俱乐部的热心人士召集了他们大学橄榄球俱乐部和船艇俱乐部的朋友来阻止和平主义者在帕克广场上的游行。帕克广场恰好位于纪念碑和剑桥大学之间。在接下来的冲突中，警方不得不动用警棍维持治安，朱利安·贝尔和盖伊·伯吉斯都在其中扮演了重要角色：他们开着贝尔那辆破旧不堪的莫里斯汽车一直往前冲，冲破了彼得学院外的路障。[48]两边的人向他们扔西红柿、鸡蛋和面粉，但贝尔还是成功地驾车绕过人群从另一个方向到达了纪念碑，并敬献了花圈。

麦克林在那天的表现并不像贝尔或伯吉斯那么引人注目，他在圣三一学院杂志《银新月》（*Silver Crescent*）上发表了一首言辞激烈的诗，表达了自己的感情。

（打油诗）敢

40

11 月 11 日

橄榄球高手和船艇俱乐部的家伙，

穿着棕色的小外套，打着母校领带。

发着脾气，露出前臂，

胆敢和那些勇敢的人叫板。

那些勇敢的人：

敢于思考战争的起因，

敢于了解呼喊的内容，

敢于离开憎恨的人，

敢于质疑教会和国家，

敢于询问罂粟的用途，

敢于说出我们拒绝战争。

我们只为我们了解的事业而战，

而不是为了维持现状。

不是为了阿姆斯特朗·维克斯，

不是为了卡其色短裤，

而是为了被剥削的阶级，

为了每天的面包。

橄榄球高手和船艇俱乐部的家伙，

惊慌失措，眼神惊恐，

像涨潮时被浸湿的稻草，

他们知道他们选择了注定失败的一方。[49]

　　诗中透露出的愤怒与"戴眼镜、声音柔和"、谦虚机智的克鲁格曼形成了鲜明的对比，克鲁格曼过着他的"修道院生活"[50]，静静地阐述着他极具说服力的哲学思想。短短几个月时间里，这位内阁部长的儿子从一个沉默寡言的人变成了公众谴责的中心，变化之大令人唏嘘。

　　1933 年夏，《剑桥左翼》杂志出版发行，杂志捕捉到了新的政治声音，麦克林也在这本杂志上发表了自己的第二部作品。他对这本杂志的唯一贡献是对 R. D. 查奎斯（R. D. Charques）的《当代文学》和《社会革命》的评论，这一次，他又开始了激烈的谩骂，并表示自己此前一直都在控制情绪，如今在新的自由生活中，他可以肆无忌惮地表达自己的愤怒。"经济低迷、失业增多、电影低俗、期刊垃圾、公立学校腐朽、民风势利、战舰增多、工资降低"都令人无法忍受，"愚蠢的经济混乱"很快就会崩溃。然后，他用更加慎重但同样犀利的语调，驳斥了高尔斯华绥（Galsworthy）、赫胥黎（Huxley）、艾略特（Eliot）、沃（Waugh）、乔伊斯（Joyce）和伍尔夫（Woolf）

的作品，甚至诋毁了那些和他的政治立场不同的伟大现代作家，同时对查奎斯的书中没有收录奥登和多斯帕索斯（Dos Passos）的作品表示遗憾。这二人在政治见地上十分令人敬佩。他高度评价了戴维·赫伯特·劳伦斯（D. H. Lawrence）的《儿子与情人》和爱德华·摩根·福斯特的《印度之行》中的性解放观点，并称赞查奎斯表达了"马克思的文学观念"，说文学"在无意识中宣传了统治阶级文化"[51]。这本杂志在剑桥没有存续太长时间，和麦克林在剑桥就读的时间相差无几。这一时期正好是他决定自己政治倾向的关键期。

1934 年（麦克林在校的最后一年）的大斋节期间，麦克林担任了《银新月》杂志的编辑。在发生"停战日暴动"事件后，他写了一篇社论，题目为《学生与外界和与当局关系的总体问题》。麦克林呼吁，在资本主义世界陷入萧条之际，大学生们应该全面、积极地参与政治："这个学生发现，他的大学学费太高了……好工作太难找了，他的演讲毫无意义，他面临着在一场新的帝国主义战争中被杀害的风险……【那些说学生不应该参与的人】完全脱离了这个学生在资本主义衰落阶段的真实处境，这种衰退的特征是'新一轮革命和战争'。"[52]同一期杂志在其八卦页面上刊登了"剑桥红人"的一个片段，还有插图配文"集市广场上唐纳德·麦克林的红漆木墓碑"。麦克林的共产主义形象得以暂时公之于众。在繁忙的下半学期，期末考试临近，职业选择迫在眉睫，他开始约束自己，并代表剑桥大学社会主义协会给《格兰塔》写了一封信。这封信措辞谨慎、政治上合理，信中阐明了成立学生会的必要性。他的十项"对剑桥的具体且直接的要求"包括："思想和行动上的完全自由""在课堂上进行公开讨论的权利"和"学费的部分控制

42

权"[53]。这位理智的左翼人士似乎正在取代煽动者，因为麦克林目前正努力成为他父亲最有特权、最聪明的儿子。

＊

麦克林的一生既表现出非凡的智力，也显示了对工作的无限努力。然而，除了投身政治和研究之外，他几乎无暇维持人际关系。他的朋友克里斯托弗·吉利（Christopher Gillie）是马里波恩长老教会牧师的儿子，麦克林经常听他布道，吉利这样形容麦克林在剑桥大学的最后一段时光："麦克林经常打板球和网球，而且打得很好，总能稳操胜券，他的节奏调整得'恰到好处'。"吉利接受了麦克林与生俱来的孤独和羞怯，尤其是在女性周围，因为这种孤独和羞怯和他坚定的政治话语相比就不值一提了。"我不记得他有过女朋友……有一次他给我看了一张明信片，邀请一两名纽纳姆学院或格顿学院的大学生参加聚会。卡片上写着日期和地点，然后引用了莎士比亚的《奥赛罗》中的几句话：'这是为了这一个原因，只是为了这一个原因，我的灵魂！纯洁的星星啊，让我不要向你们说出它的名字！只是为了这一个原因！'"[54]

在麦克林毕业前的那一年，他的房间"一角挂着巨大的红色横幅，上面写着口号，还有许多马克思主义书籍和小册子"[55]。也许这不足为奇。麦克林痴迷政治，这意味着在有很多重要的事情要考虑的时候，他无暇闲聊，无论是与同性还是异性朋友。他几乎没有什么真正的朋友可以进行非政治层面的交谈。他的导师注意到，这个年轻人警惕心很强，几乎没有和他关系很亲密的人。并注意到他"虽然有很多熟人，但没有朋友"。他"想不到任何一个对他来说有特别意义的人"[56]。当一个人沉迷某事的时候，他就需要避免和他人有过度亲密的关系。才华横溢的麦克林从本质上就是孤独的，他寡居的母亲也注意到了这点："他完全不合群，从不喜欢社交。"[57] 当他在剑桥大学的时光接近尾声时，这位无比坦诚的本科生退回到自己的世界。美学家塞西尔和热心人杰克都已离开，这在麦克林心中留下了一个缺口，因此他需要找一个更适合他的灵魂伴侣来填补它。

43

*

1934 年 6 月初，文学学士唐纳德·麦克林以优异的成绩从剑桥毕业，并获得了法语和德语一级双学位。他坚信社会主义是对抗资本主义的唯一途径，而资本主义现在正将欧洲推向另一场危机，但这场危机是可以避免的。比阿特丽斯（Beatrice）和西德尼·韦伯（Sidney Webb）的最后一部重要著作《苏维埃共产主义：一种新文明？》在第二版中去掉了问号，这是一个生动的时代象征。麦克林在北威尔士的霍华登城堡与格莱斯顿家族一起度过了最后一个圣诞假期。格莱斯顿家族是维多利亚时代最伟大的自由主义者威廉·格莱斯顿的后代，威廉曾担任财政大臣和首相各四次。麦克林坐在家里读米哈伊尔·波克罗夫斯基（Mikhail Pokrovsky）的《俄国历史概要》，书的前言出自列宁的赞美之词。他在一段话下面划了线，并在页边空白处签上了自己的名字和日期，写着"1933年 12 月 25 日，霍华登城堡"，以此纪念他政治生涯中的一个重要时刻：

因为我们要重申，知识分子和资产阶级一样，都是靠从农民和工人那里强行榨取的剩余产品为生的。共产主义革命意味着它必须放弃一切优势，放弃一切特权，加入体力劳动者的行列。只有少数最诚恳、最忠诚的知识分子革命家能够接受这一点。[58]

作为资产阶级知识分子的典范，麦克林打算毕业后到苏联当英语老师。为了最接近"体力劳动"，他放弃了作为英国人的"特权"。他确信"世界革命将用英语完成"，所以"苏联人必须懂英语"。[59]他的母亲知道他在剑桥大学"进入了一个推崇共产主义的圈子"[60]，她感到很困惑，但口头上赞同了他的决定。如果他鼓吹公共服务和人格力量的父亲还在世，麦克林可能就不能这么轻易地信仰共产主义了。除了在苏联教书，麦克林还想攻读博士学位。他想以马克思主义视角分析加尔文和资产阶级崛起，而这恰恰在他的政治观点和严格的宗教教育之间划清了界限。

1934 年 7 月，托尼·布莱克（Tony Blake）在法国北部海岸的圣雅屈（Saint Jacut）租了一间小房子。布莱克曾是剑桥大学社会主义协会的秘书，他邀请了麦克林和卡明－布鲁斯加入剑桥大学社会主义协会。卡明－布鲁斯自称首位参加《格兰塔》"证人席上的大学生"的共产党员。老麦克林夫人希望她最喜欢的儿子能有一份相对传统的职业。凭着母亲对自己的充分信任[61]，麦克林告诉母亲他要和一些左翼朋友去度假，"说服他们理解自己的新信条同时也看看他们对共产主义的态度"[62]。根据她对左翼政治的看法，她希望麦克林能"解决自己的困难"，"因为大家一直希望他能进入外交部"[63]。

然而，正如布莱克后来所报道的那样，虽然这三个人受到意识形态的束缚，但节日期间他们并没有谈论政治；相反，

"他们只是在沙滩上打板球，懒懒散散，做着假期里应该做的事"。[64] 卡明－布鲁斯的叙述就没那么谨慎了。麦克林爱上了当地一个叫玛丽（Marie）的已婚妇女，那段时间她的丈夫和机动警卫队（Garde Mobile）一起外出了。与此同时，卡明－布鲁斯也在和女子的妹妹弗朗辛谈恋爱。对卡明－布鲁斯来说，这是一次"度假消遣"，但麦克林"真心爱上了这个已婚的女人"[65]。麦克林一生感情经历并不多，但每一段他都全心投入。几乎可以肯定的是，他把自己的异性恋初夜献给了玛丽。

对白天活动的记忆，卡明－布鲁斯和布莱克差不多，他们去看望他们的女朋友，然后将大部分时间用在午饭喝酒上。和布莱克一样，卡明－布鲁斯也不记得有过任何关于政治的"生动讨论"，这并不奇怪，因为白天这些活动已占满了他们的时间。还有弗朗辛和玛丽那"痴呆"的弟弟，女孩们过去常常带着他"到处乱跑"，这使他们更加心烦意乱。他会"经常陷入癫痫状态，有时令大家非常尴尬，但女孩们会说，'别在意，他总是那样'"。[66] 傍晚时分，大家会开怀畅饮，当村民去钓龙虾和螃蟹时，度假的人也会加入他们的行列。当他们到达钓鱼的礁石时，唐纳德和玛丽就会跑到礁石后面做爱，而卡明－布鲁斯和弗朗辛则会找别的地方。[67] 不幸的是，玛丽的丈夫听说了妻子的风流韵事，于是回家"寻求解释，也许是为了寻求赔偿"[68]。不得已，这几个英国人提早结束了假期，渡过海峡回了家。这是麦克林第一次感到需要在背叛行为被发现之前逃走。

45

*

在毕业之后，大概 8 月，也就是在那个骄奢淫逸的假期过后不久，一想到要放弃舒适安逸的家庭生活，许多大学社会学家在毕业后被打回了原形，麦克林则决定既不去苏联，也不回剑桥读博研究他之前设想的关于加尔文主义和马克思主义的论文。他打算申请进入外交部。他给欧文·旺斯伯勒－琼斯（Owen Wansbrough-Jones）写信，说他不想继续读博了，琼斯是他在圣三一学院的同学，也曾就读于格瑞萨姆中学。琼斯回复说，他认为这个决定"是明智的。乍一看，外交部的工作似乎有点乏味，但从我所接触的那些到外交部工作的人来看，他们似乎工作得很开心，我不确定你是否会发现你在这方面的天赋"。[69]

麦克林的母亲搬到了肯辛顿的一所小房子里，在那里开了一家以她在家的昵称命名的针织店，叫作"蜜蜂"（家人称她为"蜂后"）。麦克林从法国回来后，她开心地发现，麦克林同意从事传统的、自己熟悉的公职工作，正如他父亲希望的那般。她对唐纳德寄予厚望，他是她所有孩子中最聪明的一个，也是最像他已故父亲的一个。正如她后来所述，他"有点脸红地向她承认自己改变了主意，觉得她会指责他连自己到底想做什么都不知道"。[70]然而她回答道，大学的全部目的是"认清自己的想法"。唐纳德曾在布列塔尼同自己的信仰做过斗争，正如唐纳德爵士在威尔士学习时那样，他们最终做出了相似的决定。当唐纳德夫人直截了当地问儿子，对他来说现在已经背弃的共产主义观点是否会影响他申请外交部时，他回答说："你一定认为我变得像个随风倒的人；但事实是，我最近已经完全不想那些了。"[71]然后，实际情况是，麦克林现在对自己的未来非常专注，一点也不像随风倒的人。不管他是否想从事间谍活动，如果他的申请获批，他将会从一开始就在外交部度过一段"非常有趣的时光"，因为他将继续在一个动荡的世界中争取和平。

第3章 孤儿

1934年8月中旬，在艾克街的一间公寓里，两名刚刚毕业的年轻人正在吃晚饭。艾克街位于圣约翰伍德与汉普斯特德的交会处，也是基尔本一条安静的居民区街道。晚餐并非事先约好的，金·菲尔比和唐纳德·麦克林当时正好偶遇，两人相识于剑桥大学社会主义协会，而这场相遇彻底改变了唐纳德·麦克林的生活。

菲尔比精于算计，非常有魅力却有些口吃。他自称，在申请去外交部前，他曾于前年夏天去了维也纳，想提高一下自己的德语水平。实际上他的真正目的是为国际工人救济会工作，并观察针对反对独裁者陶尔斐斯（Dollfuss）不遵守宪法、镇压社会主义者的行为，以及左翼反对派的动向。他宣布从此以后"我的一生必须献给共产主义"[1]。在维也纳时，菲尔比爱上了一个"性感无比的女人"[2]——丽兹·科尔曼（Litzi Kohlmann），是他房东的女儿；当他们在雪地里散步时，他把自己的第一次给了她，听起来这似乎是"不可能的，但一旦你习惯了雪的温度，它实际上是非常温暖的"[3]。为了帮助丽兹获得签证，两人于1934年2月结婚，然后离开了丽兹的祖国，因为当时该国右倾严重，这对她愈加不利。丽兹已经通过朋友伊迪丝·苏希茨基（Edith Suschitzky）与苏联情报局取得了联系。伊迪丝·苏希茨基也是维也纳人，早年搬到伦敦，嫁给了亚历克斯·都铎－哈特（Alex Tudor-Hart）。身为苏联特工，哈特夫妇共用同一个代号——"阿罗"（Arrow，"箭"）。伊迪丝婚前的代号是"伊迪丝"，这个代号既无趣又存在安全风险）。夫妻俩听命于阿诺德·多伊奇（Arnold Deutsch）。多伊奇是天才间谍招募人，是剑桥间谍圈第一位成员，同时也是最有影响力的导师。6月的一天，新婚不久的菲尔比在摄政公园的长凳上坐着。他发觉自己非常崇拜能力和魅力兼备的多伊奇——尽管他和其他剑桥人一样，对多伊奇的了解仅限于他那散发自由气息的间谍代号"奥托"（Otto）。在了解苏联特工的传奇故事及其伟大抱负后，菲尔比毫不犹豫地报名加入了这一队伍；毕竟，"没有人不想加入精英部队"。[4]

48

*

阿诺德·多伊奇当时32岁，"身材魁梧，蓝眼睛，浅色卷发"。[5]他在维也纳度过了辉煌的学术生涯后来到了英国，在短短五年的时间里，就从本科读到了博士：他知识广博，涉猎广泛，博士时攻读化学，也学过哲学和心理学。他的博学多识加上冷静的分析能力和深切的同理心，让其成为特工招募者以及新手导师的不二人选。另外，他还是一位造诣很深的语言学家，会说德语、法语、意大利语、荷兰语、俄语和英语。[6]多伊奇是一个犹太人，善于观察，但他的宗教热情早已被共产国际"创建一个让人类免于剥削和异化的新世界秩序"[7]的愿景所取代。

离开维也纳后，多伊奇开始充当共产国际的信使，主要在罗马尼亚、希腊、巴勒斯坦和叙利亚地区活动。后来，多伊奇开始与德国心理学家威廉·赖希（Wilhelm Reich）合作。威廉·赖希一直试图将马克思和弗洛伊德的工作结合起来，他也被誉为"性高潮的先知"[8]。众所周知，"性政治"运动认为，如果婚姻和家庭这一社会的资产阶级基石被打破，所有的禁忌都将被释放，革命必将随之发生。赖希提出了一个令人吃惊的理论："一个人的不良性行为会导致他走向法西斯主义。"[9]赖希经营着一家明斯特出版社（Münster Verlag），出版了多伊奇的作品和其他"性政治"文学；可能也正是出于这个原因，在 1934 年 4 月，维也纳刑警队把多伊奇看作色情文学作家，并开始监视他。后来多伊奇便离开了维也纳。

49

　　阿诺德·多伊奇的表弟奥斯卡（Oscar）当时住在伦敦。奥斯卡这位百万富翁是国际知名连锁影院 Odeon（Oscar Deutsch Entertains Our Nation，"奥斯卡·多伊奇为我们的国家带来欢乐"首字母缩写）的创始人，他资助多伊奇攻读伦敦大学学院语音学和心理学学位。就这样，多伊奇融入了英国人的生活，在汉普斯特德现代化的草坪路公寓区租了一套公寓，与沃尔特·格罗皮乌斯（Walter Gropius）和阿加莎·克里斯蒂（Agatha Christie）成了邻居。草坪路公寓区是第一个带有室外走道和楼梯的建筑，不过多伊奇的前门恰好被楼梯间遮住，这样外人就看不见来往的访客。刚安顿好，他就开始了一项重要工作，这项工作将使他成为苏联有史以来最成功的间谍招募者：他的克格勃档案中有 20 名特工，其中最厉害的也任职最久的，就是那五个来自剑桥的特工，莫斯科中心称其为"剑桥五杰"[10]。多伊奇激发了这些人的忠贞之心，这在麦克林身上尤为明显。多伊奇在麦克林的生活中发挥了核心作用，他取代了已故的唐纳德爵士，成为麦克林的良师益友，同时也是他在政治和道德上的导师。

多伊奇想出了一个策略，那就是在大学里挑选年轻的激进分子，然后让他们在自己希望他们进入的职业领域中发挥影响力：

> 在大学里，共产主义运动规模大，学生流动性强。因此，我们从党内选拔出来的共产党人，无论对于共产党本身还是对于外界，都不会引起人们注意。人们不会记得他们。即便人们在未来某一天记起了他们曾是共产主义者，也只会觉得那是年轻人（尤其是那些资产阶级的后代）一时头脑发热而已。[11]

50　　1937年，苏格兰马克思主义者约翰·凯恩克罗斯被前任导师安东尼·布朗特招募进该组织。他提到，多伊奇是一个精明的人：如果多伊奇没有采取"技巧性、灵活性和国际性的方式"[12]，他"永远不会如此成功"。一旦这些学生离开了剑桥这个娇生惯养、自私自利的环境，他们就必须做出选择，是待在集体农庄开拖拉机，还是当个公务员过舒服日子。在大多数情况下，学生对社会主义的"一时头脑发热"都是在这个时候产生的。这是一个不错的机会。多伊奇通过建立有史以来最有效的间谍网络证明了自己挑选年轻人才的非凡能力。

他纯粹的个性和敏锐的心理赋予他压倒性的优势。金·菲尔比在谈到他们的第一次会面时说：

> 这是一次非常令人难忘的谈话。他是个了不起的人。简直太棒了……我立刻感觉到……他非常了解马克思和列

宁……他热情洋溢地谈论革命……你可以和他谈论任何话题……他首先让你注意到的就是他的眼睛。他看着你的时候，好像在他眼里没有什么比你和跟你说话的那一刻更重要的了。[13]

菲尔比的代号是"宝贝"（Söhnchen，俄语是"Synok"）。他的第一项任务是断绝与信仰共产主义的朋友的一切联系，亲近那些有亲德观点的人，了解他们所知道的事情。他采取的措施十分大胆，这是虚张声势之徒做不出来的：他成为《英德贸易公报》（纳粹政府资助）的副编辑，并加入了被温斯顿·丘吉尔称为"希特勒万岁旅"（Heil Hitler Brigade）[14]的英德联谊会。多伊奇为这些特工安排的另一项任务是监视自己的父亲，这是对受训特工忠诚度的一种有效的心理测试；此外，他还通过为自己遇到的名人和同时期的人物画素描来锻炼自己的观察技巧，并始终留意招募新一代的精英。

菲尔比最看重的是当时刚毕业的唐纳德·麦克林。唐纳德·麦克林是他在剑桥遇到的"最严肃的人"，"深信着社会主义的正义"[15]。更令他看重的是，麦克林很有可能通过严格的外交部考试，成为苏联在英国外交部急需的人才。菲尔比没能成功申请外交部考试，因为他的推荐人是三一学院的一位研究员，该研究员拒绝给"一个激进的社会主义者"写推荐信。这位研究员认为，激进的社会主义者不应该成为公务员。[16]在接下来的 25 年里，麦克林很少与金·菲尔比联系，但他与金·菲尔比到死都在相互纠缠，菲尔比深深影响着他的婚姻和间谍生涯。

51

*

大约 1934 年 6 月底、7 月初，麦克林第一次提出在外交部工作的想法，但他仍然坦率公开自己的政治倾向，尤其是在醉酒之后。菲茨罗伊·麦克林当时刚工作一年。在一个派对上，有人介绍他跟一个同姓的人认识，那个人"也想当外交官"。姓氏只是家族联系的一种形式罢了。"我跟这个年轻人一起聊天，他系着白领结，身穿燕尾服，身材魁梧，精神颓废，长相俊俏，头发金黄。他一上来就跟我说他是共产党人，我顿时很是吃惊。"[17]尽管是在派对上，唐纳德也紧挨着母亲。他那"对自己的儿子表露了无尽的爱的"母亲此时正听着他们的谈话，他说："唐纳德比他爸那会儿还要激进。"[18]对麦克林夫人来说，她的丈夫在世时总是和她谈论自由主义，而现在麦克林所说的共产主义不过是它的延伸而已。

英国外交部对麦克林和莫斯科中心都有着明显的吸引力。在申请失败后，菲尔比告诉莫斯科中心："外交部很难找到拒绝麦克林的官方理由。"麦克林的申请表中政治俱乐部和社团一栏直接留白，没有填任何内容，而旺斯伯勒·琼斯博士作为麦克林的推荐人，也不像菲尔比的推荐人那样有顾虑，因为他要么是出于偶然（在一位著名科学家身上不太可能），要么是出于对麦克林的不了解（在一所如此小的学院里也不太可能），要么是出于精心设计（可能是应麦克林的要求），在 1935 年 3 月的推荐信中，他美化了麦克林大学生活的政治部分：

> 我毫不犹豫地说，就智力、性格和能力而言，【麦克林先生】完全适合在外交部和驻外部门任职。他既有非

同寻常的个人魅力，又有与众不同的头脑……他总是在学院和大学事务中扮演重要角色，尤其是在最后一年，他的政治观点相当鲜明。在不影响学业的情况下，他花了大量的时间协助剑桥（我想还有其他地方）的各种政治团体。我一直认为他是一个有勇气相信自己信念的人，能够在听到各种观点后果断地做出自己的决定。[19]

1935 年 5 月底，旺斯伯勒·琼斯博士又写了一封表扬麦克林的推荐信，以提高麦克林成功的概率。他说，麦克林在橄榄球、板球和曲棍球方面为学校和学院赢得了荣誉。[20]麦克林本人在选择第二推荐人时毫不犹豫：他首先择了格莱斯顿勋爵（Lord Gladstone）——其父曾在维多利亚时期担任英国首相。这位老勋爵于耄耋之年薨逝后（享年 83 岁），麦克林攀上了另一个高枝——比格莱斯顿勋爵年轻 10 岁的自由党勋贵，赖厄德勋爵（Lord Rhayader）。在一个名字比品格和过去更重要的时代，推荐人所要做的就是保证申请人的健康和诚实，并声明申请人不存在"经济上的窘迫"[21]。这是麦克林生平第一次经历"一个人的背景和模棱两可的话语可以比官方的审查更重要"的情形。

*

在艾克街"寒酸的餐桌"[22]旁，麦克林告诉了菲尔比他的打算。菲尔比对麦克林很有信心，听到这个消息时，他直截了当地说："如果你在外交部只是干干像卖《工人日报》这样的杂活，那你估计在那待不长。但你可以在那里为我们做些特殊的工作。"[23]一股对情报和归属感的渴望涌上心头，麦克林坦率地迅速做出了回应，他似乎就希望晚餐邀请会是这样的结果。

53

他要为苏联情报局工作，还是为共产国际工作？这二者是不一样的：自愿为外国政府当间谍是一回事；为致力于建立"国际苏维埃共和国"[24]的国际组织效力又是另外一件事。麦克林是一位爱国者，他所坚持的意识形态允许他基于自己的基本道德准则行事。共产国际对于那些在剑桥烟雾弥漫的房间里"陶醉于国际无产阶级革命的言论"[25]的人来说，是非常舒服的；当时，在他们还不知道"斯大林大清洗事件"，他们仍然相信，虽然斯大林宣布要用武力来实现目标，但共产国际代表着和平进步。詹姆斯·克鲁格曼当时在巴黎担任学者，他已经是共产国际阵线组织——世界教育联盟的秘书处成员（1936年起担任该组织的主席）。加入共产国际似乎圆了麦克林的一个梦想——虽说他并不打算公开表示自己加入这一组织。

麦克林的迅速回应也让菲尔比大为惊讶。菲尔比"还有大量的论据和方法没有派上用场。弃之不用太遗憾了"。他没有直接答复麦克林。"我要向你介绍的人都非常严肃，他们在一个非常严格的反法西斯组织工作，这个组织可能与莫斯科有联系。"[26]麦克林有点天真地问，他能否与他在共产主义世界的向导克鲁格曼讨论这件事，菲尔比说，如果他这样做了，就当晚餐时的讨论从来没有发生过。把信息传播的范围尽可能地缩小是间谍必不可少的情报技术。8月26日，苏联内务人民委员部联络人兼伦敦间谍站站长伊格纳茨·雷夫（Ignace Reif）给他在莫斯科的上司发了一封电报[*27]："宝贝已经联系了他的

---

　　* 到1934年，苏联情报机构契卡已演变为苏联内务人民委员部，后来又演变为国家安全人民委员部（1941年2月），重新变为苏联内务人民委员部（1941年7月）、国家安全人民委员部（1943年）、苏联国家安全部（1946年）、苏联内务部（1953年）和克格勃（1954年）。

朋友，他的朋友同意为我们工作，并希望与我们直接联系。"[28]
金·菲尔比——未来的间谍大师，慧眼识珠发现了麦克林，并
轻松带领着热切的麦克林跨越了最初的招募障碍。

两天后，唐纳德·麦克林带着一本书走进了伦敦北部的一
家咖啡馆。书的封面是鲜黄色，大概是维克多·格兰茨
（Victor Gollancz）的左翼书友会写的。鲜黄色是当时政治言论
的一个强有力的视觉象征，是他与阿诺德·多伊奇（代号
"奥托"）第一次会面的暗号，当然这都是预先安排好的。即
使没有菲尔比不可抗拒的个人魅力，麦克林也会全心全意地致
力于这一事业并保守秘密。菲尔比的第一份推荐信到了。在剑
桥，他一直在宣扬年轻时的理想主义。离开剑桥几个月后，麦
克林开始了一种新生活，一方面，他需要为了坚持自己的信念
而做出某些背叛行为，另一方面，他需要作为家族的一员继续
服务于公共事业，他必须在这二者之间取得平衡。这是一种双
重归属感。他的早期训练对他的两种职业生涯都弥足珍贵。

*

唐纳德·麦克林的德语代号是"Waise"，俄语代号是
"Sirota"，这两个词的意思都是"孤儿"，这不仅突显了麦克
林无父的现实，也体现了他本质上的孤独。这再一次有力见证
了多伊奇卓越的心理洞察力。他发现了一个优秀间谍最重要的
四个特点："与生俱来的阶级怨恨，对情报的偏爱，对归属的
渴望，以及对赞美和安心的最终追求。"[29]会面后，多伊奇向莫
斯科方面做了汇报。从汇报中可以看出，麦克林具备这四个
特点。

55

"孤儿"和"宝贝"（菲尔比）完全不同。"孤儿"简单得多，而且对自己也更有信心。他是一个高大英俊的小伙子，外表引人注目。他知道这一点，但并不太在意，因为他太认真了……他来我们这里动机真诚，即，他反感资产阶级的思想空虚和漫无目的，虽然他自己就属于资产阶级。他博览群书，聪明伶俐，但不如"宝贝"学识渊博。他很诚实，在家里也习惯了节俭，虽然他的父亲曾官至部长，但他不是个有钱人。他衣着随便，生活中有种……波希米亚式的放荡不羁。他喜欢绘画和音乐，总是沉默寡言，很少流露热情和钦佩之色，这点跟"宝贝"很像。在很大程度上，这跟他在英国资产阶级世界里的成长有关——英国资产阶级世界的首要条件是始终保持一种镇定的外表。他没有妻子，虽然对他来说找个老婆绝非难事。他向我解释说，他讨厌资产阶级的女人，所以只想跟志同道合的女共产党员共度余生……"孤儿"雄心勃勃，不喜欢别人给他指错……喜欢受到表扬，因为这让他觉得他正在为我们做一些有用的事情。[30]

虽然这位反复无常的大学生专注、严肃、沉默寡言，但与深思熟虑和"学识渊博"的菲尔比相比，他还不成熟。多伊奇指出，在新招募的剑桥五人的恋爱或婚姻生活中，政治立场至关重要。

菲尔比在第一次与多伊奇的会面中也感受到了直接的关注，这对于之前在剑桥毫无头绪的麦克林来说是一个新的体验。"剑桥五杰"成员与他们父亲的关系，解释了多伊奇总结的"对赞美和安心的最终追求"。麦克林对自己"威严但疏远"[31]的父亲既崇拜又失望。伯吉斯的父亲在他年轻的时候就去世了，所以没能为他树立榜样。圣约翰·菲尔比是个古怪而又难对付的人。凯恩克罗斯的父亲"年长到可以做我的祖父"。就像麦克林一样，"苏格兰人特有的克制让我们之间缺乏亲密感。"[32] * [33]凯恩克罗斯具有严格的加尔文主义教养。安东尼·布朗特是一位牧师的小儿子，他是一名不可知论者，但他父亲"一直持有维多利亚时代呆板的价值观"[34]。麦克林已故的父亲十分严厉，没能让儿子对自己做出的选择感到安心。这一点从多伊奇对麦克林的评价中也能看出来。人们认为麦克林是忠实的资产阶级成员，但他父亲出身并不高贵，麦克林自己又没有收入，所以他不可能真正属于这一阶级。在阶级意识明显的英国，他对此感触颇深。对自己的儿子满是崇拜的母亲们在这些间谍的养成中扮演了自己的角色，虽然她们的初衷与苏联间谍招募者迥然不同：老麦克林夫人至死都不相信自己的儿子唐纳德做了什么错事；盖伊·伯吉斯的母亲不明白为什么她的儿子不能回家。

虽然只见过一次面，多伊奇对麦克林的品格和能力也是赞赏有加。麦克林随时准备开始自己的间谍活动。两个角色都扮演得好，意味着没有意识形态上的问题，没有对合法性的疑虑，也没有良心上的不安。回望这段历史时，人们不禁会想，如果招募他做间谍的上司没有如此天赋异禀，麦克林的人生和事业一定与此大不相同，20 世纪中叶的国际关系应该也是另一番景象。麦克林本来差点就做了外交大臣——这可以说是政

---

* 凯恩克罗斯在自己的文章中体现出的"性政客"特征比他实际表现出来的要强烈得多，他写了一部关于一夫多妻制的历史，他的朋友格雷厄姆·格林评论说："这是一本对所有一夫多妻者极具吸引力的书。"

治家的人生巅峰了。他本可以光荣地退休，成为第二位唐纳德

57 爵士，成为历史上的一个人物——但不如他最终成为的那种人物那么显赫。当然，在当时，谁也无法预测后来将在他身上发生的事；苏联人做梦也想不到，他们抓住机会毫不费力地招进来的人是多么大的一个宝藏。

*

虽然麦克林的学历很不错，他仍然不得不为应对外交部的考试突击补习。像 60 年来备考的所有的年轻人一样，他去了斯库恩斯（Scoones）学校，那是一所位于大英博物馆附近阴暗联排别墅里的学校。斯库恩斯学校校长是安德烈·图尔凯（André Turquet），"身材矮小，脸色红润……他常因别人法语语法上的错误大发雷霆"。他是学校创始人的女婿，"他认为只有了解过去至少 300 年历史的人才有资格当外交官"[35]，另外还要会至少两种语言。除了麦克林精通的法语和德语外，斯库恩斯学校还教授现代史和经济学。麦克林非常钦佩学校里的经济学导师，因为他"详细阐述了资本主义制度的弱点，让听的人觉得资本主义制度必将灭亡"。[36]

晚上，在斯库恩斯以外的世界，"娱乐项目"正如火如荼地进行着，晚宴和舞会期间，一大批出身高贵的成年人彼此自我介绍，并被介绍给社会上的其他人。麦克林遵从了多伊奇的指示，从那时起不再对自己的政治观点高谈阔论。他系着符合要求的白领结，穿着燕尾服，身披丝质歌剧斗篷，护送阿斯奎斯的孙女劳拉（Laura）和克雷西达［Cressida，他父亲的老朋友维奥莱特·伯翰·卡特夫人（Lady Violet Bonham Carter）的女儿］去舞会。他结识了两位受过牛津大学教育的大使的儿

子——托尼·兰博尔德［Tony Rumbold，后来的安东尼爵士
（Sir Anthony）］和罗宾·坎贝尔（Robin Campbell）。1937 年
托尼·兰博尔德结婚时，麦克林是他的伴郎；罗宾·坎贝尔的
父亲后来曾带着麦克林到国外工作。麦克林对知识类问题很有
信心，但眼下"还没有完全摆脱自己的学生气"[37]。他未能交
上几个女性朋友：虽然他身材高大，富有魅力，"幽默又不失
文雅"[38]，但仍然略显得愚拙。人们经常说他"优柔寡断"
（伯吉斯的原话），或者用类似的词描述他。人们经常看到他
在舞池边上徘徊，但不去跳舞，有时还会见到他跟他母亲聊
天。文学批评家西里尔·康诺利（Cyril Connolly）看出了麦克
林身上的"谦虚谨慎但软弱无能"。康诺利说："他是一个体
型壮硕的天使，热切渴望恋爱经历却又囿于腼腆笨拙……迷
人、聪明又深情，他只是太不成熟了。"[39]他认为年纪稍大的异
性可以"调教"好麦克林。虽然康诺利对别人的性生活很有
兴趣，不过他大概还没有听说前一年夏天麦克林在布列塔尼和
玛丽的婚外情，也没理会伯吉斯的吹嘘。

　　盖伊·伯吉斯继续在伦敦到处寻找同性恋伴侣。与此同时
麦克林却徒劳地向哈莱克勋爵（Lord Harlech）的女儿——思
想独立、面容甜美的玛丽·奥姆斯比 - 格尔（Mary Ormsby-
Gore）献殷勤。有一段时间他整日陪她参加各种晚宴和舞会。
即便如此，他从来没有向她求过婚，她也早就说过不会嫁给
他，因为这些政治高官是"强硬的保守派"，而他又是"自由
主义者"[40]；奥姆斯比 - 格尔后来嫁给了罗宾·坎贝尔，而麦
克林却因潜心求爱没能通过外交部考试。后来玛丽的二婚对象
也是个外交官，而且新郎还是麦克林的密友。这时的她震惊地
目睹了这位昔日爱慕者悲剧性的堕落之途，庆幸自己当初没有

58

嫁给麦克林。

麦克林另一个爱慕的对象是他经常护送的伯翰·卡特家的小姐——聪明有趣的劳拉。麦克林和劳拉一直是朋友，劳拉肤色白皙，笑容甜美。这掩盖了她"爱嘲弄人"的名声。一个认真追求她的人——杰里米·哈钦森（Jeremy Hutchinson）说她"爱取笑人，给所有人都起了外号"。和麦克林一样，她是"一个让人琢磨不透的人……非常独立"[41]。她并未对哈钦森的迷恋做出任何回应，对他在出租车上尝试接吻的举动也没有做出任何反应。即使她对麦克林有好感，她那强势的母亲也不会同意，因为她"渴望她的女儿们能嫁得门当户对"[42]。而麦克林作为一个苏格兰鞋匠的孙子（虽然他父亲是个自由党人），在"很难相处"[43]的维奥莱特夫人看来，他们并不门当户对。哈钦森后来成了一位著名律师，他觉得自己被拒绝了是因为不够富有。劳拉后来嫁给了一个后起之秀——乔·格里蒙德（Jo Grimond），他符合维奥莱特夫人的标准，即"聪明、富有、英俊，是自由党人"[44]。

*

这一时期，麦克林遇到了他最亲近的男性知己菲利普·汤因比（Philip Toynbee），一个在以后的日子里成为在他生命中最伤感的时刻陪伴在他身边的人。汤因比"身材高大，肌肉发达，脸色苍白，下巴很长，嘴角常略带嘲讽"，他既"狂野又热情"[45]。他是牛津联盟的第一位共产主义主席，也是激进的罗米利（Romilly）兄弟的密友。罗米利兄弟曾在伦敦示威反对奥斯瓦尔德·莫斯利爵士（Sir Oswald Mosley）的法西斯主义黑衫军。汤因比和男人女人都上过床，最近的一次是和利顿·斯特拉奇的侄女朱莉娅·斯特拉奇（Julia Strachey）。他也迷上了劳拉·伯翰·卡特，并用受伤的口吻写道："小心翼翼地试图牵劳拉的手，但总是被拒绝。这令我很生气。"[46]

1936 年，汤因比第一次参加舞会，对"唐纳德·麦克林一见倾心【原文如此】。他衣着华丽，似乎是个十足的资产阶级。我喝得烂醉，起初以为他对我粗鲁无礼，于是我就走了"。后来，他（麦克林）可能对我的共产主义背景和他从伯翰·卡特家听到的消息所吸引："他拉住了我，然后我们坐在了一起。他爱着劳拉！他从维奥莱特夫人（我们都认为她是个坏女人）那里听说了我的一切，并对我评价很高……很高兴认识一个欣赏劳拉的人……他真的是一个很好的人。"尽管他（麦克林）在对一个坚定的共产主义者讲话（根据汤因比的说法，共产主义给"人类带来了幸福的可能"[47]），麦克林说自己已经不再信仰共产主义了："他赞同马克思主义的思想，但毅然决然地选择了资本主义这一注定失败的一方。这简直无可救药，我没有争辩。"[48]麦克林告诉他："我现在的利益与统治阶级一致"。[49]

当乐队演奏《烟熏眼睛》和《肉体与灵魂》时，这两个人就坐在舞池边上，后来喝得酩酊大醉。汤因比回忆说，麦克林向他吐露说他可能也会爱上（贾斯帕·里德利，Jasper Ridley），我鼓励他这样做。说起里德利，他更为人熟知的名字是"泡泡"，他后来很快就和克雷西达·伯翰·卡特结了婚，这让他们的关系变得非常亲密。后来里德利不幸死于战争。麦克林仍然愿意向一个志同道合的人表现出他的性矛盾；在这种情况下，这种矛盾与渴望在一小群人中得到爱护的愿望混杂在一起。随着放荡的夜晚的消逝，汤因比和麦克林"醉醺醺地坐着出租车去了一家叫'鸟巢'的夜总会。麦克林点了一瓶杜松子酒，他一个人喝了大半瓶；黑人们跳舞了，我想抱抱他【原文如此】，但我并没有这么做……"之后，"又来了更多的出租车……我叫醒了埃斯蒙德·罗米利（Esmond Romilly），试图说服他来蛇形湖洗澡。他不肯，但我们去了。洗澡时他们穿的衣服太紧了，不仅'太紧'，而且他们都还穿着社交舞会的礼服，系着白领结，穿着燕尾服"。他们去了麦克林的家，汤因比终于昏睡过去了，"可怜的"[50]麦克林去上班了，这不是最后一次他和新朋友彻夜狂欢之后再去上班。汤因比"被这个聪明的怪物震惊，为之着迷，也为之倾倒。但最主要的是，他懒惰的智慧和成熟的幽默使他着迷"[51]，他没有意识到这个"愚蠢的怪物"在掩盖比这更深层的政治热情。

麦克林遵照多伊奇的指示，从没提过伯吉斯或菲尔比，也从不跟他们说话，虽然他们难得在聚会上碰面一次。彼得·波洛克（Peter Pollock）是伯吉斯在 20 世纪 30 年代末和 40 年代一位非常亲密的朋友，但他却从来没听伯吉斯提过麦克林的名字。[52]特工人员之间进行社交联系是违反苏联特工情报规定的。1950 年，伯吉斯和菲尔比违反规定同居了。他们同居造成的后果证明了这一规定是十分正确的。1955 年 11 月，菲尔比在他母亲的公寓里召开记者招待会，短暂恢复了他的名誉。他在记者会最后说道："我最后一次和一个共产党人交谈，知道他是共产党人，是在 1934 年的某个时候。"如今，他的这种行为被英国海外情报机构军情六处用作培训素材，被称为"大师级谎言"[53]。

61　　　　除了抛弃朋友，"奥托"还像曾经要求菲尔比一样要求麦克林，要求他摆脱和否认他过去信奉的共产主义。如果他继续像在剑桥的最后一年那样，那么他的外交部申请肯定会有问题，特别是在当下法西斯主义势力逐渐在欧洲抬头的特殊时期。麦克林会说出一些令人费解的话，比如"我的未来在于压迫，而不是被压迫"。[54]汤因比"会觉得为苏联服务是最高荣誉"[55]，从理论上看，他似乎是这份工作的理想人选，但他并没成为间谍，也许是因为他有父亲的关爱和健全的自尊心，他不符合多伊奇要求的心理特征。麦克林对劳拉·伯翰·卡特说："我现在跟你的信仰一致。"这让她感到非常宽慰，因为他在学生时代对马克思主义政治的"狂热""让我觉得跟他在一起如此乏味"[56]，这进一步降低了他们在一起的可能性。乔瑟琳·西蒙认为，麦克林的共产主义思想导致他辞去了圣三一学院板球俱乐部秘书一职。在麦克林加入外交部后不久，西蒙在梅菲尔区与他共进午餐，讨论了他的政治观点。"麦克林说，他不再是共产主义者了，因为他发现自己再不能接受共产主义学说。让人印象深刻的是，他现在在政治上处于中立地位，即沿袭了他父母的传统。"[57]玛丽·奥姆斯比-格尔和她的妹妹们在父母家见到麦克林时，她们认为他"只是自由党的左翼分子"[58]。

艾伦·麦克林是麦克林家里五个孩子中最小的，比唐纳德小 11 岁，他还记得那个时候哥哥变得更加温柔——多伊奇给了唐纳德满足感和使命感。唐纳德"温柔、宽容、风趣、善解人意"，"他放弃共产主义的事实似乎并不让人感到惊讶"。他们的母亲说，"当时她并不介意他成为共产主义者，但在她看来，这并不是很'有用'……她很高兴他改变了主意，并对他成为外交官而不是共产主义者感到高兴。她只是没有想到他可以同时有两种身份"[59]。唐纳德没对家人和朋友露出蛛丝

62

马迹，用行动和谎言掩盖得天衣无缝，这对他以后的生活都有很大的帮助。

*

唐纳德·麦克林现在是一名苏联特工。但是现在他还不懂间谍情报技术，没有全面了解这一角色，也没有与联络人定期接触。他仍在等待之中。现在对苏联方面来说，伯吉斯的危险性更大，因为他性格外向。但正是因为他爱聊天，他才明显地感觉到以往言辞尖锐的麦克林现在变得安静寡言，而且在有意地疏远自己。1934 年底，麦克林加入苏联间谍圈几个月后，菲尔比把他的担心转告了多伊奇，他担心这个前程远大的间谍圈可能还没发挥作用就破裂了：

> 【伯吉斯】确信我和麦克林并不是突然改变对共产主义的看法，他还认为自己被排除在一些机密而激动人心的事情之外。于是他开始纠缠我们，这一点没人比伯吉斯更在行了。他去找麦克林，他去找我……奥托越来越担心，如果他达不到目的，他可能会耍些花招——也许会把我们的事告诉圈外的人。还不如招他进来，不然可能更危险。所以决定招募他。他是自己强行加入苏维埃特殊服务组织的。[60]

伯吉斯一如既往随性地制造着麻烦，因此被赋予代号"Mädchen"（"小女孩"）。他作为特工的第一个行动是编制一份潜在的联络人名单：这份名单"近乎疯狂且热情……长达四页，几乎囊括了他所见过的每一个人，从乔治·麦考利·特

里维廉（剑桥大学历史系讲座教授）到梅纳德·凯恩斯，再
到伦敦的妓女”。[61]其中还包括他的前情人安东尼·布朗特，他
很有可能在 1937 年被聘为在剑桥大学的人才物色员（令人费解
和失望的是，他的代号是“托尼”，Tony）。和菲尔比一样，伯
吉斯改变了自己的政治倾向，辞去了共产党职务，这让他原来
的剑桥同志们非常地不满，他们认为他是“一个叛徒，因为他
一下台就大肆宣扬右翼观点”[62]。人们说他步了麦克林的后尘，
是“剑桥五杰”中最松散的一个，而现在，他加入了组织。

63

*

　　1935 年 4 月，英国外交部的考试在皮卡迪利皇家艺术学
院后面的伯灵顿花园举行，地点是一个“阴暗的机库（有清
漆、橡胶和新鲜的墨水的气味），铺着难看的管道”[63]。考试的
目的是测试考生总结和重新组织信息的能力、随机应变能力
（所有考生均为男性）、正确认识给定情境的能力以及语言功
底。麦克林的外交部同僚瓦伦丁·劳福德（Valentine Lawford）
描述了他们几个月来一直在死记硬背一些备考题：“评估笛卡
尔的影响或詹森主义的重要性……即使是《每日科学》的文
章也老生常谈地讲到污水处理——这是每个人生来就会的，人
们了解如何处理污水，就像了解王室雇员需要具备的先决条件
一样。这家英国报纸刊登了一封《致年轻友人的一封信——
商业思考》，以测试求职者提炼信息的能力；对于其余的人来
说，“要么解读威尔士锡盘数据，要么为新建成的 250 英尺储
气罐向汽灯和煤焦公司写颂词”[64]。竞争非常激烈，每年在
75~100 名牛津剑桥毕业生中，只有 6~7 名最优秀、最合适
的毕业生能进入外交部。

面试环节至关重要，而麦克林幸运地碰到了一个对他印象
不错并且打算录用他的专家小组。小组成员包括霍勒斯爵士
[Sir Horace（托尼·兰博尔德的父亲，希特勒上台时的驻柏林
反纳粹大使），维奥莱特·伯翰·卡特夫人，克莱门特·艾德礼
（Clement Attlee，后来的工党首相），约翰·卡德曼爵士（Sir
John Cadman）和埃德加·格兰维尔（Edgar Granville）议员，
其余三人是外交部的代表。在20世纪30年代外交部相对排外
的氛围中，安全问题没有引起任何人的注意。其实，麦克林私
下认识其中两个面试官，其他面试官也曾与他的父亲共事，甚
至所有面试官都对已故部长很敬重，但他们不需要避嫌，因为
要组成一个所有面试官都不认识候选人的面试小组是相当困难
的。麦克林的政治观点不可避免地会被提出来；即使旺斯伯
勒·琼斯的推荐信没有表达麦克林的政治立场，专家组也很可
能听说了他在剑桥大学的高谈阔论。事后他和朋友们说：

> 当时一切顺利，我和考官沟通得很好。我以为到这就
> 结束了，但有个人突然说："顺便说一下，麦克林先生，
> 据我们所知，你和其他年轻人一样，在剑桥时持有强烈的
> 共产主义观点。你现在仍持这种观点吗？"我当时一时没
> 反应过来。我是否认事实，还是实话实说？我决定讲真
> 话。"是的，"我说，"我确实有过这样的观点——我现在
> 也不是完全否定这种观点。"我想他们一定很欣赏我诚
> 实，因为他们点点头，看着对方，微笑着。然后主席说：
> "谢谢配合，就这些了，麦克林先生。"[65]

在那个社交范围狭隘的时代，在进行任何更深入的调查之

前，甚至是他最终面临的"正面审查"之前，身份比能力更重要。唐纳德·麦克林的自信，使得天真的面试官放下了防备。最终，他突破最后一道防线（他本可以借此自我救赎），进入了外交部。约翰·凯恩克罗斯没有麦克林家族所拥有的社会和政治优势；毫无疑问，要是他将自己的左翼史写进了两年后他向外交部提交的申请中，他就不会因为他的坦率而得到同样的"赦免"了；他的"学生活动将被视为一种糟糕的行为"。他认为，这其中本质的区别在于，麦克林是"上流社会的一员，而我是一个贫苦的苏格兰店主的儿子"[66]。当年外交部共录用五人，麦克林在英语和基础经济学方面的得分最高，而在法语和德语方面的得分很低，是第四名。但口试中，满分300，他得了一个285的高分，另一个主考官给了他220分。[67]当时小组讨论非常激烈，当时仅存的两份对他的评价分别是"讨人喜欢、性格安静、有吸引力"[68]，以及评分"B+。面色疲惫"[69]。一个在考试中得分很高但给人留下疲惫（弱势）印象的候选人在外交部似乎很吃香，这里就需要那种头脑灵活、听话、人脉广的公职人员。

　　唐纳德·麦克林从剑桥毕业才刚过一年，他即将开始他作为公务员的传统职业生涯，同时也将开始他另一项非传统的、隐蔽的职业生涯。他终于以局内人的身份开始了自己的间谍生涯，同时也以一个局外人的身份将自己的外交官事业做得风生水起。"孤儿"（麦克林代号）已经准备好接受菲尔比在餐桌上向他提到的"特殊工作"。才华横溢的麦克林过去一直不知道自己的本心是什么，现在他变得明确，一方面完成别人对他的期望，另一方面保持自己的理想。他不知道过去一年的选择会把他引向何方，也不知道要过多久才会开始或圆满完成这一秘密生涯。

第4章 诗人

　　麦克林在外交部的整个职业生涯可以用"背信弃义"与勤勤恳恳二词以蔽之。他受招成为"休眠者"[1]，专门学习间谍情报技术。不过，现在麦克林只是国际联盟和西方事务部的一个三等秘书，没人期望他能传递任何情报。多伊奇明白，麦克林爬得越高，知晓的秘密也就越多，他对莫斯科当局的作用就越大。1935年10月11日，麦克林第一天上任，他感到兴奋不已。但是，这股兴奋劲儿并非因为自己可以开始执行秘密任务，而是因为可以对日益恶化的世界形势一探究竟。然而，唐纳德·麦克林的外交官生涯注定不平凡。上任不久，他就因为思维敏锐、桀骜不驯、左右逢源，成了一匹情报搜集的黑马。他给莫斯科中心苏联内务人民委员部留下了非常深刻的印象，以至于他的间谍生涯还没开始就险些惨遭扼杀。委员部甚至专门为他指派一位联络人，他还很快就爱上了这个人。

*

　　上任第一天，这位三等秘书身穿"黑外套、条纹裤"[2]踌躇满志地来到自己的办公室。办公地点一点也没让他失望。这座意式建筑规模宏大，是白厅里最为壮观的。从此处向外望去，视线可以越过禁卫骑兵团，直至圣詹姆斯公园，那里距离
威斯敏斯特宫仅有几步之遥。英国外交部完成了向全世界展示

英国实力的使命，使得大英帝国在 20 世纪 30 年代的不稳定局面中得以独善其身。这座建筑最显眼的部分应该就是杜尔巴庭，前身为印度事务部的中庭。那是一栋由花岗岩和大理石建造而成的三层建筑，配有庭院，还装饰着石柱与拱门。

麦克林自己的办公室则朴素一些，要穿过几段装修得异常简洁的长廊。西方事务部由三个房间组成。一个供部长使用，一个小一点儿的分给了部长秘书，还有一个较大的办公室由三四个普通职员共用。据瓦伦丁·劳福德说，普通职员共用的房间办公环境极差：

> 办公室里，桃花心木帽架上挂着无人认领的雨伞和难看的"工装"，"工装"的手肘处还沾着糖渍；屏风上贴着希姆莱（Himmler）、施特莱彻（Streicher）和罗姆（Roehm）的阴森画像；墙壁泛着难看的黄疸色；灯泡挂在罩子里；破旧不堪的地毯混合着灰、蓝、褐三种颜色，可能是某个私立学校废弃的，因为它"大概是囚犯们用安达曼群岛的椰棕丝做成的"。[3]

虽然入职之初只是学着如何应付潮水一般涌进来的电报，但麦克林意识到，在这个特殊时期，这个部门以及身处其中的自己对于欧洲乃至世界是多么重要。他上任时恰逢国际联盟自 1920 年成立以来的第一次重大考验。此时，贝尼托·墨索里尼正在建立帝国，并在 1935 年 10 月 3 日入侵了阿比西尼亚（埃塞俄比亚），企图以此重铸意大利的辉煌。国际联盟对意大利提出了制裁，但由于担心墨索里尼领导下的意大利会攻击英国在非洲的殖民地，英国阻止了制裁中对意大利的石油禁运政策。

上个月举行的最新一次纽伦堡党代会展现了纳粹党的坚决。一战后，德国把重要产煤区萨尔赔偿给了法国，而现在，德国以压倒性优势投票要求萨尔重回祖国。希特勒认为，国际联盟对阿比西尼亚危机的反应证明了联盟的软弱无能。他因此备受鼓舞，决定于 1936 年 3 月入侵莱茵兰。但在伦敦举行的联盟理事会会议上，只有苏联代表马克西姆·李维诺夫（Maxim Litvinov）提议对德国实施制裁，却遭到拒绝。作为反击，希特勒在欧洲提出了"二十五年互不侵犯条约"，但并没有说明此举的意义何在。[4]对手们把希望寄托在联盟身上，墨索里尼则用一句话就总结了自己对联盟的蔑视："能断麻雀之声，却未禁老鹰之鸣。"

电报进进出出，而法西斯独裁者们正在国际事务中横行霸道，麦克林看着这一切，痛苦地意识到，他自己、他父亲乃至整个英国政界寄予厚望的国际联盟其实毫无用处。他对共产主义的信仰丝毫没有动摇，而且在这个不大可能产生这种信仰的外交部变得更加坚定。国王乔治五世曾对他的前战时首相劳埃德·乔治说，如果阿比西尼亚危机可能引发战争，他"将亲自前往特拉法尔加广场挥舞红旗"以示抗议。[5]但他还未来得及兑现诺言，就于次年去世了。20 世纪 30 年代中期，安东尼·布朗特为自己即将进行的招募活动宣讲时说，"共产党和苏联是反对法西斯主义唯一的坚固堡垒"，因为"西方民主国家对德国的态度模棱两可，带有妥协意味"。20 世纪 30 年代发生的"黑暗谷"（指大萧条等社会问题）系列事件也同样刺激着麦克林，让他采取行动，这些行动不太像是叛国，因为他在帮助英国的反法西斯斗争，这也缓解了他对政府的愤懑之情。这位休眠者早早地被风云变幻的外交活动惊醒了，然后开始参与其中。唐纳德·麦克林才 22 岁，间谍生涯就开始蒸蒸日上了。

*

这位三等秘书检查了大使馆发来的所有电报，然后将其递交二等秘书进行筛选，最后再将重要的电报递交高层。部门主管的保险箱很少上锁，职员甚至无须登记就能把那些标有"机密"字样的文件带回家。在第二次世界大战爆发之前，安保对各个国家来说是个陌生的话题，即便到了二战爆发时，保密工作通常也只是指派一名官员负责，而没有专门的安保部门。1937 年罗马大使馆发生重大泄密事件时，军情六处的瓦伦廷·维维安（Valentine Vivian）上校接受了传唤。他很快就找到了泄密的源头，是一位名叫塞孔多·康斯坦丁尼（Secondo Constantini）的大使馆官邸（Chancery）侍从，但大使拒不相信此事，而且还在同年晚些时候邀请康斯坦丁尼夫妇出席了国王乔治六世的加冕典礼，作为对他长久以来工作的奖赏。*6

麦克林工作刻苦，因此就算晚上带文件回家继续工作，也没人怀疑。他的小公寓位于奥克利街，在切尔西国王大道和泰晤士河之间。对瞬息万变的西欧局势及英国的应对策略了解得越多，他的工作效率就越高。他的焦虑情绪随着国际形势的恶化与日俱增，每晚带回去的文件也越来越多。多伊奇在回家的路上与他见面，拿到文件转交给自己的摄影师，最后于深夜在

69

---

* 后来发现，仅 1935 年一年就有一百多起康斯坦丁尼的泄密事件，它们被认为重要到需要"交给斯大林同志"亲自处理。

切尔西与麦克林再次见面，好让麦克林可以在次日把文件放回办公室。[7]

除了每天例行的会面之外，每星期麦克林和多伊奇偶尔也会促膝长谈。多伊奇是个"非法移民"，他的名字不在任何外交代表团或贸易代表团的名单上，他可以随意使用别名。但如果他的行动出了差错（比如与外交部职员交谈时暴露了身份），他也无法通过外交赦免来免于被起诉。他有时会坐在汉普斯特德希思（Hampstead Heath）这种伦敦"荒郊野地"[8]的长椅上与麦克林会面，有时则会请麦克林到他位于草坪路的公寓里去，那样会方便很多。多伊奇的准备工作极花心思，而且颇有苏联内务人民委员部风范：他得找人载他出城，和司机一起时刻提防被人跟踪。会面结束后，他还得换乘两次公交才能回来。他必须小心整理手提箱，将文件照片藏在刷子、盒子等寻常物件之下。这些照片以及隐形墨水写就的信件都会通过哥本哈根外交邮件的形式寄往莫斯科。[9]

就这样，麦克林这个年纪轻轻的剑桥毕业生成了唯一渗透进权力堡垒的人，提供了数不尽的资料。与此同时，多伊奇、菲尔比、伯吉斯也在继续行动（与布朗特、凯恩克罗斯组成"剑桥五杰"前，莫斯科将他们称作"三个火枪手"[10]）。多伊奇和麦克林商议放慢节奏，平时少带些材料，周五晚上多带些。这样，他那昼夜工作的摄影师就能在周末带走材料，找一个更方便的地方来好好拍摄。

多伊奇向莫斯科寄了一封信，希望派人分担这份重负："考虑到上述材料的重要性……以及其他培训和人员招募的重要性……我认为外交部应该指派一名经验丰富又天赋不凡的伪装者来领导不列颠群岛外勤站的紧急事务。"[11]虽然莫斯科派来的人既没有头衔保护，又没有外交豁免，却是莫斯科最厉害的"法外之徒"之一：西奥多·马利（Teodor Maly）。

*

马利生于 1894 年，身高大约为 1.93 米，与麦克林一样身材高大；他"上唇比较短""下巴略微分成两半"，金门牙在黑胡子间闪闪发光；他还像"一些典型的俄国人和德国人，有着富有光泽的灰色皮肤"[12]。见过他的人大都会对他印象深刻。所以，如果不是自己人对他钟爱有加，他可能早就不能逍遥法外了，也不能随心所欲地指挥外交部那个充满热情的年轻特工了。马利的代号为"男人"（Man）。对他而言，共产主义是一个关乎灵魂的重要问题。像多伊奇一样，他对政治立场的坚定来源于他的宗教信仰。虽然写在护照上的出生地是奥地利，但他实际上是个匈牙利人，而且在毕业后进入天主教修道院，成了神父。后来。他应召成为奥匈帝国军队的牧师，于 1916 年 6 月在俄国前线喀尔巴阡山脉被俘。他目睹了战争的恐怖，又深受俄国人的熏陶，最终摒弃了之前的信仰，从战俘变成了共产主义者。后来，他还在 1921 年苏俄内战中为布尔什维克而战。

马利和妻子莉迪亚（Lydia）在克里米亚和莫斯科开展了一系列情报工作后来到伦敦，成了加达（Gada）公司的代表人保罗和莉迪亚·哈特。[13]加达公司是一家在阿姆斯特丹注册成立的纺织公司，专门向波兰出口布匹。这项业务覆盖范围极小，尤其是与加达公司 18 个月内流入英国的资金总额相比更是如此。加达公司仅一个账户一次就流入了 4700 英镑，而当时外交部三等秘书的年薪才 144 英镑。在马利离开英国很久以

71

后，加达公司接受了调查，"所有接受调查者都表示哈特对生意一窍不通……或者说对布匹生意的烦琐程度一无所知……1936 年 2 月之前，没有一家公司听说过'加达'这个词"[14]。除了这个狡猾又成功的贸易伎俩，在离开英国之前，马利就已经想好了后路，"他买通了一些法国、比利时以及荷兰的渔夫，保障了苏联在战争中的无线电通信"[15]。

马利的到来不仅安抚了麦克林偶起波澜的情绪，而且教会了这个狂躁的外交官如何"忍耐"[16]，这使麦克林享誉莫斯科。他努力跟上麦克林高效的工作步伐，1936 年 5 月，他疲惫不堪地报道说："今晚'孤儿'带来了大量资料……胶卷不够了，又是周日晚上，所以我们只拍下来一部分。我们想要'孤儿'弄出一份军情简报来，但他没成功。"[17]这些资料胶片在莫斯科显影时着实令人欣喜，因为"孤儿"提供了"德国军械工厂的状况以及每个工厂生产军械的确切数字"，另一份资料则"描述了德、意、法和苏联的动员计划"。[18]

帝国国防委员会是英国政府制定战备政策的核心。麦克林早期最大的贡献是提供了委员会的会议记录，记录中总结了这个依然庞大的帝国及其前殖民地的应急计划。麦克林因为提供了这些宝贵情报而在苏联内务人民委员部中声名大噪。

鲍德温首相频繁出席委员会会议。在议及欧洲问题时，委员会讨论了"建立应对战争的英国工业组织……针对政府武器库和工厂的采购，对私营工业企业和运输公司进行调整，方便在战时顺利移交国家"的计划；他们甚至还制定了应对英苏战时的英军采购策略。在 1936 年 12 月 20 日的会议中，委员会审议了战时广播、政府大楼的保卫以及英澳两国海军缺乏石油等问题。委员会强调这些审议内容要保密：审议决定，

"燃料短缺应绝对保密，因为披露这一问题将导致一系列严重而复杂的政治问题"[19]，但委员会没有采取任何其他措施，保密与否仅仅依靠与会人员的自觉。不过燃料短缺可能不是大问题，因为"可供使用的巡洋舰……可能在几年内……低于所需数量"[20]。莫斯科还有一份特别关注的文件，这份文件记录了希特勒和英国驻柏林大使之间的对话，内容涉及英、德、法之间关于交换空军技术数据的秘密协议。这份报告表明，希特勒坚持不与法国分享这些资料，因为"如果信任法国，给他们资料，那这些资料将立即落入苏联人之手"[21]。送往莫斯科的文件中满是关于德国和英国战备状态的说明，指出了时间的紧迫性，其中还包括 1937 年帝国防务会议的详尽记录，"用来审查现存的问题和债务"[22]。关于羽翼未丰的政府密码学校（也就是后来的英国政府通讯总部）的说明也在其中，彼时，该学校正在破解海外无线电密码，尤其是苏联的密码，这预示着一场阴谋即将到来。但那时候，人们想不到消息会从内部泄露。这种信任同样意味着，麦克林·唐纳德间谍生涯的第一段毫无风险的时光很快就要结束了。

73

*

如果说在麦克林来到英国外交部时，政治局势已经十分紧迫，那么西班牙内战的爆发就是压死骆驼的最后一根稻草。这是一场始于 1939 年的预谋，也是一场让所有人噩梦成真的闹剧。奥斯瓦尔德·莫斯利领导的英国法西斯联盟，即所谓的黑衫军逐渐获得支持，这无疑让左翼人士都站在了"正派"的一边。而麦克林正好就在负责西班牙战争事务的部门任职。这场战争与苏联的利益息息相关。因此，麦克林对苏联来说是非常重要的。上任几个月后，他第一次在"政策规定"与"信仰"之间摇摆。政府政策要求他必须恪守规定，做不偏不倚的观察者。他内心的分歧越来越大，而这也正是对他的考验。

二战爆发的缘由早已根深蒂固，它与全球危机以及很多地方问题密切相关，如西班牙的贫困问题、神职人员的权力问题——他们有时甚至禁止学校教阅读课，以防止儿童被马克思主义文章"腐蚀"[23]。1936 年 7 月，佛朗哥将军领导右翼民族主义起义反对左派政府，这场本该迅速结束的政变成了一场持续三年的血腥斗争。世界各地的左派理想主义者蜂拥而至，代表共和派加入国际纵队，其中包括麦克林所熟知的许多剑桥共产党人。大卫·哈登·格斯特、约翰·康福德（John Cornford）和朱利安·贝尔等 500 名英国志愿者遇难，其中既有来自牛津和剑桥的知识分子，也有普通矿工。据估计有 2500 名英国人加入国际纵队，5000 多名美国人也以亚伯拉罕·林肯营成员的名义加入，来自世界各地的加入者共计 3.2 万人。他们对这一事业的热情超越了一战时的爱国主义；他们要为子孙后代的自由去拯救世界。负责为共和派人开救护车的沃根·菲利普斯（Wogan Philipps）把妻子和两个年幼的孩子留在了英国，他写信给妻子，说他正在做"一件让世界更美好的小事"。"如果你像我一样，每晚目睹妇女儿童被炸成碎片，你就会和我一样愤怒，和我有一样的想法。如果你能看到这些西班牙年轻人为自由而战——他们年轻快乐、活泼善良——他们还是一群孩子呀。"[24]1937 年 1 月，金·菲尔比以记者的身份（曾是自由记者，后成为《泰晤士报》记者）前往西班牙。彼时他在右翼的掩护下去执行一项莫斯科方面的命令——试图刺杀佛朗哥。不过他在 5 月归来时沮丧不已，因为这一自杀式任务彻底失败了。

这场战争在英国引起了政治辩论：出版商维克多·格兰茨的左翼图书俱乐部很快就吸纳了 5.7 万名会员，组成了 1500 个讨论小组，分布在各个办公区、工厂以及社区中心。[25]乔治·奥威尔的《通往威根码头之路》、亚瑟·凯斯特勒（Arthur Koestler）的《西班牙自白书》和安德烈·马尔罗（André Malraux）的《藐视法庭的日子》都带着醒目的黄色涂装标题出版了。无论身在何处，麦克林都紧跟着最新的文学运动，所以他也注册加入了这个俱乐部。在极右翼一边，1937 年伦敦郡议会选举中，英国法西斯联盟在其候选人所在选区赢得了四分之一的选票。但政治辩论爆发后，当权者一直在努力引导话题走向消极方向，不是为了彰显贵族式的谦虚，而是为维持到目前为止一直为其服务的价值体系。沃尔特·格林伍德（Walter Greenwood）所著小说《救济中的爱》广为人知，书里描写了在 1926 年至 1931 年的总罢工期间，曼彻斯特外索尔福德的失业情况。这部小说在 1934 年被改编成了舞台剧，但英国电影审查委员会两次以道德问题（含有咒骂台词）和政治问题（含有失业者与警察对抗的场景）为由拒绝放映该影片。他们说这是"一个肮脏大环境下的肮脏故事"[26]。直到 1941 年，法西斯主义愈演愈烈，这部电影才得以上映。

正如麦克林在外交部的同辈罗伯特·塞西尔所说，西班牙是"在欧洲遏制法西斯主义的最后机会……意大利和德国已经没有希望了；但在西班牙，我们有机会共同创造这段历史"[27]。南希·麦克林是唐纳德·麦克林的妹妹，她没有像哥哥一样饱受父母道德和政治思想的灌输，所以当她 1936 年 7 月从德累斯顿回来被哥哥盘问其所见所闻时，她感到惊讶不已。她去德国是为了享受生活，"而不是为了事无巨细地记录经济状况和军队规模"[28]，她的哥哥在锤炼自己以政为纲的头脑时，也在锻炼着自己的间谍水平。"美丽而无药可救的异性恋"[29]路易斯·麦克尼斯（Louis MacNeice）在他的《秋天日志》中这样写道：

> 西班牙即将成为一个标志
> 代表着我们的悲伤和愿望；
>
> 我们的率直理想将在磨刀石上面一试锋芒……
> 我们的雄心壮志会在西班牙前线找到方向……[30]

英国政府决心作壁上观，并成立了不干预委员会，拉拢法国人。不干预委员会极力劝说德国、意大利和苏联不要插手西班牙的冲突，因为这种冲突辜负了英国为维持欧洲权力平衡而付出的努力。奥姆·萨金特爵士（Sir Orme Sargent）是西方事务部主管，他曾写道："如果打破不干涉西班牙事务这一原则……欧洲可能马上就会分裂成两个意识形态对立的集团……向着可怕的方向发展。"[31]奥姆爵士一语成谶，只不过，这两个集团是在不干预原则失败之后分裂出来的。当时，只有被誉为战争预言家和重新武装的拥护者（两种说法都已过时）的丘吉尔认清了委员会的真面目："一个煞费苦心的官场骗局。"[32]彼时外交大臣伊登（Eden）正在度假，他认为这场危机不值得他早日回国。代替他工作的哈利法克斯勋爵（Lord Halifax）一语道出了英国针对西班牙的图谋：政府的策略是"将骚乱控制在国内……防止因为外部因素导致战争时间延长"[33]。鲍德温厌恶所有极端行为，而且"极度害怕各种主义"[34]，他总结了政府的鸵鸟立场，并表明了自己的信念：在英国价值观的影响下，这种情况将在世界各地接连出现。鲍德温说："虽然我们英国人讨厌法西斯主义，但我们同样讨厌布尔什维克。所以，如果法西斯分子和布尔什维克分子能互相残杀，那就太好了。"[35]

在麦克林意义重大的双重职业生涯中，讽刺比比皆是。1936 年 11 月，不干预委员会委托他汇编"一份苏联违反《不干预协定》的摘要"[36]，查明苏联是否有意向西班牙提供资源，进而采取相应的预防措施。当时，英国皇家海军正奉命通过直布罗陀海峡向民族主义者运送物资，而美国的壳牌标准石油公司巧妙地规避了罗斯福总统颁发的武器禁运令，向民族主义者赊购石油和各种原材料。佛朗哥称罗斯福"是一位正人君子"[37]。但麦克林后来私下表示，在西班牙内战期间，罗斯福的"地下工作"做得远比"明面工作"多得多。麦克林觉得自己在传达英国的政策时，是"为我在国际纵队战斗的朋友们充当情报人员，尽管他们并不知情"。[38]

麦克林与同时代同样从事间谍工作的人不同，他不是为了赢得个人荣誉或制造混乱而从事间谍活动，他是一支思想的利箭，因此他有时也无法承受双面工作带来的巨大压力。因为"过度谨慎"，他无法全身心地投入办公室的工作。上司们觉得他"或许可以通过增加自信心来解决这个问题"[39]。一位同事称，他的上司认为处理西班牙难民是"令人厌烦的、棘手的工作"[40]，麦克林就会"经常极度紧张……烟灰缸里的烟头堆得老高"[41]。这也侧面反映出了巨大压力对他造成的负面影响。麦克林很早就看到了英国大使发给外交部的电报，电报上说，在他参加 1937 年 5 月在伦敦举行的帝国会议之前，纳粹德国空军"将'巴斯克精神之都'格尔尼卡轰炸成了废墟"。在会议上，德国似乎还对不干预协定"忠心耿耿、一直践行、十分拥护"[42]。为了缓解焦虑，他只能吸烟，或是寄望于他尽全力传递出去的消息，希望这些消息能帮到陷入困境的共和派人。

剑桥的马克思主义"血十字"约翰·凯恩克罗斯在不久后接受了多伊奇的招募，于 1936 年底进入外交部。在具体为苏联方面做事的过程中，他不知道麦克林已经在为莫斯科工作，而是把麦克林看作他在西班牙事务上的"新同事和直接上司"，他认为麦克林是"一个高大、温和的人……工作高效、称职，待人友善，尽管他从未在谈话中或者书面上表达过任何激烈的观点"。麦克林说凯恩克罗斯"给人的印象很一般"，其实是在向这个同样信仰共产主义的人发出警告，让他保持克制，假装冷漠，因为他"举止太过随心所欲：与其说是思想的问题，不如说是背景的问题"[43]。在这种社会傲慢的背后，有一种令人不寒而栗的认识，那就是必须压抑真实的情感。这就是麦克林从自己"正确的背景"中学到的。几个月后，凯恩克罗斯已经在外交部站稳脚跟，他的培养人报告称，虽然"'孤儿'现在已成为一个彻底的'势利眼'，但在工作中还保有'底线'，这表示他在潜意识中仍保留着马克思主义原则。更重要的是，他认为'孤儿'是外交部最有头脑的人"[44]。凯恩克罗斯"性格乖张，不懂礼仪"[45]，也没接受过格瑞萨姆中学的训练，很难伪装自己。1938 年 12 月，他被调到满是精英的财政部，这不仅让他这个不善社交的人松了一口气，也实现了莫斯科方面希望将线人分散到整个权力机构的愿望。

曾经年轻笨拙的麦克林现在离舞池中央更近了一步，他成长为现在的样子，目标更加明确，身份也更加重要。他的身上早已不见了康诺利说过的"稚嫩和软弱"[46]，在为两位上级工作后，他"似乎突然在精神和肉体上都挺直了腰杆"[47]。他在阐述自己的马克思主义理念时总有些"自命不凡"，但在切尔西波希米亚风情的大小酒馆里，当与马克·卡尔姆－西摩（Mark Culme-Seymour）这些好友在一起时，他至少能在酒过三巡后稍微摆脱工作上的束缚。他也能切换回自己的工作状态："他可以随时为张伯伦的外交政策辩护，好像还能够同时持有两种截然不同的观点。"[48]他依旧能够在坚持自己的思想路线的同时不丢掉原则，这一点一直非常重要。

*

麦克林的应付自如得到嘉奖，不知是不是有意为之，他被赋予了新的代号"诗人"（Lyric）。对于这样一个带着秘密生活的人，孤独是必不可少的。但"孤儿"的确将他执行的任务演绎成了优美的诗歌。根据外交部的职业规划，他本来应该在 1937 年底被派往国外工作，但因为他工作效率很高，而且明白自己对外交部和苏联方面都很有用处，所以他 6 月写信给人事部说："我希望能一直在这里工作。希望贵部可以满足我的愿望……"[49]事实上，他的上司们巴不得这么做。他的直属上司称赞他"记忆力好，对细节把握得当"，并补充道，"他工作效率高……乐于助人且性格和善"。这与苏联人对他的称赞不谋而合。他已经显示出"逐渐成形的良好政治判断力"[50]，同时他的信心与日俱增，这有利于他爬上英国外交的最上层，如果未来战争爆发，他一定能成为一个合格的苏联内务人民委员部线人、向导和翻译。

但是，就在"诗人"达到才华巅峰的时候，他却差点被抛弃，不再被人们称颂，也无法继续间谍工作。战争一触即发，斯大林加快了清洗计划，目的是清除那些布尔什维克主义的潜在敌人。苦心建起的苏联间谍大厦正处于被摧毁边缘。在这场大清洗中，受到怀疑的主要目标之一就是国家安全机关，即苏联内务人民委员部本身。[51] 1936 年，苏联内务人民委员部约有 2.45 万名工作人员；到 1938 年 1 月，委员部中有 1373人被捕，3048 人被开除，1324 人转调至其他部门，还有 153人被令人闻风丧胆的特别行动组织处决。[52] 托洛茨基派事件之后，所有海外工作者都受到了怀疑，而根据政治清洗的扭曲逻辑，任何参与情报工作的人都可能了解了太多的信息，进而用这些信息反过来对付祖国。而且，他们越是否认，就越是有罪。斯大林给审讯者的指示是"多给他们点颜色看看，直到他们趴在地上忏悔"[53]。仿佛白昼时光也笼罩在黑暗下，一位拒接莫斯科电话的苏联内务人民委员部将军说过这样的话："那个苏联人吓得要死，急着签认罪书……他人已经傻了。"[54]

麦克林的联络人马利在早期就受到了怀疑，因为他的宗教背景意味着他曾一度拥有"不一样"的信仰。他在 1937 年 6月被召回莫斯科时就觉得自己完了："我知道，就因为我曾经是个牧师，所以没希望了。但我决定回去，这样就没人会议论：'那个神父说不定真是个间谍。'"[55] 就这样，这位教徒成了自己政治理想的殉道者。酷刑最终击溃了所有受害者：那些被指控的人受到审讯和殴打，一刻不"招供"，就一刻没有水喝；睡觉时，他会条件反射般地惊醒。这样的过程不断地重复着，到最后，他唯一的愿望就是受到审判，即使是被处决；至少，他可以睡个安心觉。[56]在秘密警察总部卢比扬卡的地窖里，马利承认自己是一名德国特工，并被处以枪决，后颈中弹身亡。马利和苏联内务人民委员部不知道的是，军情五处早已开始追踪他，并准备立刻在伦敦逮捕他。如果安全局在逮捕计划前仔细观察，就会吃惊地发现，马利曾经见过他们的外交部新星。

自 1926 年大规模罢工以来，政府就一直在担心发生破坏性或煽动性运动；1931 年在因弗戈登发生了短暂的海军兵变，革命进一步逼近。军情五处通过渗透英国共产党来与"红色威胁"做斗争，最厉害的秘密武器之一就是一位《每日邮报》夜间编辑的女儿，25 岁的曼彻斯特人"X 小姐"。"X 小姐"名叫奥尔加·格雷（Olga Gray），由传奇人物麦克斯韦尔·奈特（Maxwell Knight）招募，是共产国际和英国共产党的重要秘书。1934 年，她奉命担任信使，将钱和指示带给了印度共产党领导人。英国共产党面临的难题是如何布局，让她在雨季到达目的地。麦克斯韦尔·奈特在特殊的处境下，不得不秘密安排自己带领的人继续活动，因为共产党人"没有意识到，一位年轻的英国女性只身前往印度，又没有很好的理由，很可能被当作妓女遣返"。他"面对一个特殊的情况，即'X 小姐'必须得到协助，需要编造一个能掩护她的故事，这个故事既要合情合理，又不能引起怀疑。这不是一件容易的事，但最后我们用一个'印度朋友发出邀请，医生建议海上旅行'的小故事解决了这个问题"[57]。

1937 年，"X 小姐"仍然保持潜伏。反帝共产主义联盟的官员珀西·格拉丁（Percy Glading）希望"X 小姐"以自己的名义、由英国共产党出资租下一套公寓，方便后期开会使用。

后来"X 小姐"在肯辛顿荷兰路找到了合适之处。4 月，格拉丁带着两个人去看了那套公寓。这两人其中一个叫彼得斯（Peters），但"X 小姐"根据他的口音判断这是个假名，对他的描述也马上暴露了这个人的身份：他身高一米九多，留着小胡子，"灰色的皮肤富有光泽"，几颗金牙非常显眼，毫无疑问，这个人是马利，跟着马利一起的另一个人身材矮小，"举止有些傲慢"[58]。多伊奇的魅力令"剑桥五杰"折服，但还是不能与"X 小姐"相提并论。多伊奇和马利那时正在伍利奇兵工厂搭建间谍网络，那个兵工厂是英国设计和生产武器的核心之地，格拉丁曾在那里工作过，几年前才被解雇。他从以前在兵工厂待过的同事那里拿到文件，想在这个公寓里进行拍摄。多伊奇和马利通常把麦克林和格拉丁的"存货"放在同一个外交邮袋里寄到莫斯科，注明："我们寄来的是'李瑞克'（Lirik）的胶卷和'格'（G）的弹片样本。"[59]直到有一天，有人跟踪格拉丁来到查令十字车站，并以"从兵工厂员工那里接收公文包"为由逮捕了他。在搜查他的公寓时，搜查者发现了《爆炸品手册》的照片副本和飞机设计蓝图。他因此被判处六年有期徒刑。奥尔加·格雷（"X 小姐"）这时才显露卧底特工身份，并且因为在该行动中的出色表现受到了法官的夸奖。然而，她被这段卧底经历击垮了，去加拿大开始了新生活。这时候，马利已经去莫斯科面对残酷的命运了，他的不幸对剑桥间谍来说如同一个暂时的赦免令，因为战前唯一的大规模反间谍行动从此停止了。

　　在被召回之前，马利曾写信给莫斯科中心，说"诗人""是一个理想主义者，我们必须小心，不要摧毁他的理想"[60]。在迎接未来数年的巨大发展的前夕，苏联一直处在不作为和大清洗状态，但"诗人"仍然对苏联制度里的正义坚信不疑。麦克林晚年的朋友乔治·布莱克（George Blake）是一个有着强烈加尔文主义道德感的战后间谍，他为那些真正的理论家以意识形态名义发起的大清洗，以及其犯下的其他可怕罪行给出了自己的解释："这些行为并不属于共产主义信仰。共产主义信条本身代表了人类最崇高的目标，它在方方面面都试图将基督教美德付诸实践。"[61]麦克林在整个童年时期都受宗教信条影响，这种信仰无疑与他产生了共鸣。

作为一个奥地利犹太人，又有"性政治"事件前科，多伊奇显然也成了大清洗的目标。他的学生签证即将到期，虽然他能靠他的表弟——影视大亨奥斯卡延长签证有效期，但他留在英国的目的还是引起了苏联人的怀疑，因为奥斯卡是他们当地犹太教堂的主教。1937 年 11 月，几乎是在英国秘密情报局调查他之前，多伊奇被召回，如果英国秘密情报局要审问他，那他受过的心理训练就派上用场了。他的命运仍然是个谜：他有可能被斯大林清洗了；有可能在返回故乡奥地利后被纳粹处决了；也有可能在 1942 年乘坐运输船"顿巴斯号"时溺水身亡了。"顿巴斯号"从冰岛前往美国时被德国飞机击沉，他当时可能要乘船去拉丁美洲担任一个新职务。

到 1937 年底，麦克林与他的招募者——魅力十足、才华横溢的阿诺德·多伊奇，以及激情洋溢的思想家西奥多·马利失去了联系。第一份递交到外交部的有关斯大林清洗运动的报告给了他重要线索，让他猜到了他的联络人的遭遇。他不用再在每周五晚和他们会面，也不用再带上鼓鼓的公文包了。他的间谍生涯似乎要在开始之前就画上句号，但同时，他变得比以往更重要了。

83

*

就在麦克林的秘密生活结束之时，可以彻底终结它的那些证据也即将浮出水面。

沃尔特·格尔曼诺维奇·克里维茨基（Walter Germanovich Krivitsky）1899 年出生，原名是塞缪尔·金斯伯格（Samuel Ginsberg）。1917 年加入布尔什维克时，克里维茨基换了个新名字，这个新名字在斯拉夫语中表示"弯曲"或"扭曲"。工作狂克里维茨基在荷兰是个法外之徒，他伪装成海牙的一个古董艺术书商，在北欧各地指挥间谍活动。他本身是个矿业工程师、士兵和职业间谍，但"对艺术一无所知"。因此这个伪装并不太合适。克里维茨基深知他同事们的命运如何，所以选择违抗回国命令，转而叛逃到巴黎。1937 年 12 月，他在《泰晤士报》上给出了富有说服力的理由："我很清楚审判是如何进行的，也知道无辜的人们是如何遭到杀害的。我希望能留在国外，帮助那些所谓的间谍，这些人其实都是工人阶级的忠诚战士。"[62]

克里维茨基在访问莫斯科安全局之前，早已听说过那位大名鼎鼎年轻特工麦克林。克里维茨基本可以终止麦克林的间谍生涯，但那时候他并没有那么受信任。战争已经势不可挡之时，他去了美国，直到 1940 年才被带回英国。与此同时，没有了马利和多伊奇，苏联也就失去了与麦克林的联系。值此风暴酝酿之际，苏联在伦敦却没有线人，因而损失了大量宝贵的情报资源。

84 莫斯科方面还担心麦克林会转而支持英国，成为双重间谍：他们认为，如果克里维茨基不能找到他，那么马利的情报线（其中包括"诗人"）算是因经历伍利奇兵工厂事件而彻底瓦解了。他们想知道，失去了与马利和多伊奇频繁接触，麦克林是否会受到自己良心的谴责。"我们可能已经失去他了，因为我们一直没有与他联系"。但"诗人"依旧一如往常地努力自己窥探秘密，而莫斯科方面没想到的是，他还有一个动机——为了爱情。这种奇怪组合显得离经叛道，但当谍报技术规则被改写时，这种组合却大获成功。

*

直到 1938 年 4 月，新成员格里戈里·格拉夫潘（Grigori Grafpen，代号"山姆"，Sam）才抵达伦敦，重建间谍网络。在格拉夫潘早期的一封电报里可以很清楚地发现，间谍工作的水平已经无法和马利、多伊奇在的时候相比了：他指出，"大使馆旁边有一个公园（肯辛顿花园），外交官与特工在那里见面很方便，因为在那里可以营造一种出来散步的假象"[63]，他不明白的是，一个穿着不合身西装的苏联人从大使馆出来去见一位身材高大、衣着考究的英国外交官，是一件多么引人怀疑的事情。幸运的是，他没机会进行尝试，因为格拉夫潘一到，就接到电报说有一名纽约来的助手，将作为"诗人"的全职联络人。4 月 10 日，"诗人"和年轻漂亮但缺乏经验（特工经验，不是生活经验）的"诺玛"（Norma）在莱斯特广场的帝国影院开始了第一次约会。他们事先已经约定好了："诺玛"会假装打错电话，打给"诗人"询问"威尔逊医生的手术时间。"[64]她会拿着阿奇博尔德·约瑟夫·克朗宁（A. J. Cronin）的《城堡》，麦克林则会拿着一本《时代》杂志，从一只手换到另一只手。他会问她是否见过他的朋友卡尔，而她会回答说在 1 月 7 日见过。[65]然后行动就可以开始了。

"诺玛"的真名是基蒂·哈里斯（Kitty Harris）。她于 1899 年出生于伦敦东部边缘贫困的怀特查佩尔，父母都是比亚维斯托克人。后来，他们全家移民到了加拿大。12 岁时，她开始在一家卷烟厂工作，这段经历坚定了她为被剥削工人维权的信念，促使她于 1923 年加入共产党。烟草厂的工作经历和她独特的气质［她有着与《卡门》（作家比才的悲剧歌剧）中女主人公相似的气质］，再加上她的一头黑发、明亮的眼睛和标致健康的身材，帮助她赢得了第一个代号"吉普赛人"（Gypsy）。到达芝加哥后，基蒂与美国共产党书记厄尔·白劳德（Earl Browder）结了婚（他在苏联有妻儿，因此是重婚）。基蒂和白劳德一起去了苏联，还在上海为他做情报员。后来，基蒂离开了白劳德去莫斯科接受训练，为的是去伦敦让"诗人"迅速回到正轨。

当基蒂和"诗人"取得联系时，麦克林抓住了再次发挥作用的机会。[66]他通过基蒂写信给莫斯科，说他"很高兴能再次进行联系，接受任务"。他试着消除莫斯科方面对他的疑虑，并表示他很渴望继续完成发送材料的任务："正如你们听说的那样，我没有理由认为自己立场有问题，或者我们的工作安排有问题……我将一如既往地给你们传达我所能得到的一切，包括纸质的快讯和电报，以及重要文件。"但是，这份表明为莫斯科竭诚服务的声明也暴露了他与基蒂从职业关系到个人关系的转变。他们的新关系在麦克林往莫斯科方面寄送的信中的签名处暴露了，那是麦克林接受基蒂领导后写的第一封信。他向"奥托"和"西奥多"致以"最真诚的问候"，并用自己的代号"诗人"署名，可是他是不应该知道这个代号的。[67]这件事在莫斯科方面引起了恐慌。因为莫斯科方面认为有必要让每一个特工尽可能与高级别的特工网络相隔离，所以麦克林知道自己"诗人"的代号这件事无疑加重了莫斯科中心卢比扬卡大楼内的怀疑气氛。若不是因为他是个明星特工，他的间谍生涯可能就到此为止了，基蒂也会因此丧命。最后基蒂说出了真相，救了他们俩：她在床上告诉了他"诗人"这个名字，还说出了她自己的代号"诺玛"。她还告诉他，她爱他。[68]

86

*

"诺玛"最初在贝斯沃特租了一套底层公寓，格拉夫潘为了显示自己在谍报方面的专业性，指手画脚说这个公寓不合适，比如白天拉窗帘会引起注意，或者有人站在外面能偷听谈话，于是她搬到了楼上的一套公寓里。在他们刚刚开始一起工作时，麦克林每周都会有两次在晚上离开他奥克利街的公寓。尽管格拉丁事件后外交部发出了警告："绿色"（机密）文件"尽可能"不要带出办公室，"红色"（绝密）文件绝不要带出办公室，但麦克林的公文包还是会塞满文件。[69]没有人会检查他，因为他们觉得每个人都会遵守规定。麦克林会先打出租车走一段距离，在街角下车，再走一小段路，然后叫另一辆出租车，最后在目的地前的拐角处付钱下车。[70]基蒂会先给这些文件拍照，并记录下麦克林凭超凡的记忆力所记下的东西。莫斯科方面之所以认为女性适合做麦克林的联络人，一是因为麦克林情报丰富，所以他们必须经常见面，而对此，情侣是一个很好的伪装；二是因为这样能刺激麦克林更努力地工作，这无疑是个好主意。正如斯大林手下的间谍大师亚历山大·奥尔洛夫（Alexander Orlov）将军在他的《反情报和游击战手册》中所写的那样，成为特工联络人的"理想主义女青年"对那些在私立学校里没有女伴的上层英国青年"起到了有力的刺激作用"。[71]但是，所有安全手册都没说过，联络人和特工之间应该摩擦出爱情的火花。

87 　　1938年5月的一个晚上，麦克林在他们会面时，带来了一束玫瑰、一瓶红酒和一个装着金项链的项链盒，这是一个大胆的举动，既有些莽撞，又体现了他对爱情的渴望。他们在一家本地餐馆点了晚餐派送，基蒂还做了她童年时最爱的枫糖薄煎饼。他们一边用晚餐，一边听着收音机里格伦·米勒（Glenn Miller）的歌。然后，他们就去卧室上床了。[72]对于一个训练有素的联络人来说，这样的进展着实令人讶异。几个月没人联系他工作，也没人褒奖他的工作了，而且基蒂比他第一个情人更加成熟、经验更丰富。那个夜晚点燃了麦克林心中的激情，满足了他潜意识里想拥有秘密生活的愿望，也释放了他间谍活动的紧张情绪。他曾经向多伊奇倾诉，他"厌恶同一阶级的女孩们"[73]，他一生极少向人展露真实的自我。他发现基蒂是一个成熟的女人，她既没有上流社会僵硬的繁文缛节，也没有下层社会的庸俗聒噪，当麦克林开始举足轻重的双重职业生涯时，基蒂也使他变得更加自信。

　　基蒂能活下来不仅归功于她说了实话，也归功于莫斯科方面对麦克林的重视。他犯下的这个灾难性的错误反而证明了自己的忠心和清白。轻易泄露自己的代号是任何双重间谍都不会犯的错误。但无论如何，现在两人都需要新的名字了：麦克林的代号换成了平淡无奇的"斯图尔特"（Stuart），基蒂则换成了"艾达"（Ada）。

*

　　对麦克林来说，他的新情人就是他的安全阀，在他因为辛勤工作和欧洲局势变化不定而倍感压力时，帮助他放松。她至少了解他的政治观点，他可以向她表现藏在面具下的真实自我。他现在的这副样子帮他赢得了"花花公子"（Fancy Pants）麦克林的绰号，以便和另一个"小胡子"（Fitz Whiskers）麦克林区分开来。[74] "小胡子"麦克林原名菲茨罗伊·麦克林，长相英俊，在莫斯科大使馆工作，负责观察那里的袋鼠法庭（私设的、不公正的非法法庭）的审判秀。"花花公子"在外交部的工作如此踏实，以至于外交秘书助理的私人秘书弗雷德里克·霍耶·米勒（Frederick Hoyer Millar）在给驻巴黎大使埃里克·菲普斯爵士（Sir Eric Phipps）的信中建议，既然要从现任三等秘书中调一个到莫斯科去（"相当奇怪的想法"[75]），那就由麦克林来替代他，麦克林在这里的头两年表现非常出色，是西方事务部的中流砥柱之一。他确实是一个很不错的人，头脑聪明，思维敏捷。此外，他长相也相当英俊。"我们认为，从社交和工作的双重角度来看，他都可以在巴黎取得成功。"[76]这些都是政界新星必备的素质。麦克林得知自己将在 9 月的最后一个星期进行调动，职务升迁、履行新职时，"自然很高兴"[77]，并向莫斯科提出了一个非常规的要求，那就是要基蒂陪同他一起去。他的秘密恋情大大增强了他对双重角色的信心。

　　在登上开往巴黎的火车的前几周，麦克林和罗宾、玛丽·坎贝尔（奥姆斯比－格尔）以及玛丽的父亲（殖民地事务大臣威廉）一起去了苏格兰钓鱼度假。每天活动结束时，奥姆斯比－格尔都会谈论欧洲日益恶化的局势，透露一些政府的观点和计划，当然，他并没有意识到，只要他这位友人一回到伦敦，任何有点价值的闲话都会被直接传到莫斯科。[78]当月底，军情五处第一任负责人，同时也是20世纪任职时间最长的政府部门领导弗农·凯尔爵士（Sir Vernon Kell）自信地宣称，苏联"在英国没有活动"[79]，而正是此时，苏联的英国间谍新星把他的间谍技艺和他的爱人兼联络人带到了正经历风云变幻的欧洲。

第 5 章　光之城

　　唐纳德·麦克林曾写过一本书，在书的开头他写道："外交政策是一个关乎情感的话题。"[1]在纳粹党即将抵达巴黎时，他匆忙地离开了这里，因为他觉察到在世界风云变幻的表面之下，潜藏着一种强烈的情绪涌动。1938 年 9 月，当他抵达巴黎时，他感到由衷的自豪，因为他作为一个崭露头角的外交官，首次驻外工作就能来到巴黎这个英国最重要盟友国家的首都。正如与他同时代的外交家瓦伦丁·劳福德所说："这里是唯一能使怀揣理想的年轻外交官在外交界华丽亮相的地方"。[2]毫无疑问，麦克林对自己的间谍生涯感到兴奋，这既因为间谍生活激发了他的内在潜力，也因为他和联络人之间的风流韵事。但对于接下来几个月的生活他也的确感到了紧张，他想知道自己如何才能坦然接受自己的双面生活，也想知道面对希特勒扩张领土的野心，外交政策将如何变化。

　　法国总理爱德华·达拉第（Edouard Daladier）曾对英国首相张伯伦说，希特勒的目标是"实现对欧洲大陆的统治，相比之下，拿破仑的野心都相形见绌"[3]，但迫于张伯伦和国内选民舆论的压力，达拉第还是选择加入了对德国和意大利独裁者们的绥靖行动，拒绝了与苏联结盟，共同对抗希特勒。麦克林抵达的前几天，红军派出了 60 个步兵师、16 个骑兵师、3 个坦克军、22 个坦克旅和 17 个空军旅[4]，

90　前往捷克斯洛伐克实施与捷克斯洛伐克的协定，但苏联的外交官强调："如果法国不加入共同行动，那么苏联将不会向捷克斯洛伐克提供任何军事援助。"[5]先前在德国服过役的英国驻巴黎大使菲普斯发回报告说"接踵而来的派遣军队正像酸性物质一样腐蚀着纳粹领导人"[6]，法国不愿再与德国对战了。在同一天，他写信给伦敦，说身穿制服的首席大使馆官邸侍从——欧内斯特·斯普尔金（Ernest Spurgeon）在巴黎北站遇到了麦克林："法国认为最好的办法就是避免战争，我们谁都不希望发生战争，但是他们拒绝为此做出准备；他们愿意不惜任何代价地避免战争。"[7]

捷克斯洛伐克的谈判和西班牙不断恶化的局势使欧洲前景黯淡。首相内维尔·张伯伦实行绥靖政策的一部分原因是他想要为英国重整军备争取时间，事实上很早就有人提议他这么做。但张伯伦的绥靖政策最终导致了 1938 年 9 月的《慕尼黑协定》的签订。就在协议签署之前，赫尔曼·戈林（Hermann Göring）谴责捷克人是"一个没有任何文化的卑鄙的侏儒种族"[8]：他们把讲德语的捷克斯洛伐克苏台德地区割让给了不断扩张领土的、暴虐的纳粹种族主义政权。

危机激起了一股艺术与文学热潮，路易斯·麦克尼斯（Louis MacNeice）的诗就体现出了《慕尼黑协定》的短期主义和不人道之处：

> 上帝保佑慕尼黑，
>
> 股票涨了又跌，
>
> 政客的名声恢复了，
>
> 像仙豆上的杰克一样向上爬；只有捷克人，

不战而甘愿屈身。[9]

　　左翼人士对《慕尼黑协定》的签订感到不可思议，他们同意斯大林的看法，认为这只会"增大侵略者的胃口"[10]。麦克林说他给苏联政府提供的情报一定程度上协助苏联"避免了捷克斯洛伐克的分裂"[11]，这实际上是麦克林的自我安慰，他是在为自己的间谍行为进行辩解。但斯大林本人没有受邀参加会议，据现任外交大臣哈利法克斯勋爵的说法，是因为当时没有时间发出邀请。在接下来的一年里，斯大林试图与希特勒讲和，剑桥大学的许多年轻理想主义者对此感到震惊，如果得知"月球的另一面是斯大林主义的腐败"[12]，他们恐怕都想远离了。这种自我反省对于"剑桥五杰"来说有着难以预料的灾难性后果。在此起彼伏的战争之下，沃尔特·克里维茨基决定不再对英国有所隐瞒，他把自己所了解的关于外交部间谍的信息都透露给了英国。麦克林只在巴黎待了很短的时间，但这一经历给麦克林的工作留下无穷后患，而他在重压之下的行为模式也已形成，其后会愈加严重，几乎将他击垮。

91

＊

　　麦克林的办公室在大使馆官邸的办公楼里，那是一座位于巴黎郊区圣奥诺雷的漂亮小楼，其中几间曾经被波利娜·博尔盖塞（Pauline Borghese，即波利娜·波拿巴）当作马厩，威灵顿（Wellington）在滑铁卢战役中战胜拿破仑后，又把它从拿破仑的妹妹那里买过来，改为英国大使馆。9 月 30 日，麦克林在窗边探身朝外看，从慕尼黑回来的达拉第正朝爱丽舍宫缓缓走去，群众向着他发出阵阵欢呼。同一天，张伯伦回到伦敦，相当低调地宣布这不仅是"光荣的和平"，而且是与希特勒先生共同拥有的"我们这个时代的和平"。一位军情六处特工十分沮丧地总结道："希特勒本人正处于'拿破仑时代'的开端，正企图扩大德国的权力。"[13]

麦克林看着欣喜若狂的人群，感觉自己内心深处有两股力量在较量，一股是政府所做的决定（他渐渐看透了其背后的隐情），另一股是他认为有利于世界和平应该做的任务。这种失望与挫败感常常令他烦恼不已，甚至让他几近崩溃。张伯伦从德国返回时在赫斯顿机场挥舞着"希特勒签名的纸片"，而这恰如其分地体现出了《慕尼黑协定》中英国的软弱无能，就如同那张纸片一样脆弱不堪。《慕尼黑协定》允许德国向东扩张，这使得苏联在西班牙内战的最后几个月里面对法西斯主义势力孤军奋战。对人们来说，《慕尼黑协定》令全世界震惊：在谈判中禁止捷克人进入会议室，并且要求苏台德人"离开时只能净身出户；房屋、家具、牲畜都不能带走。"[14]有两位英国外交官辞去了在慕尼黑的外交职务，虽然麦克林对他们的辞职表示钦佩，但这对他来说并不可行，因为麦克林有他自己的秘密渠道可以排忧解难。

对于自己的焦虑，麦克林通常通过卖力工作来排解，他尽自己最大的努力为伦敦和莫斯科工作，以此化解良心上的不安。然而，由于外交工作高度公开透明，他的日常工作对于克里姆林宫来说几乎没有什么价值。苏联需要衡量英国和法国是否有意愿反抗希特勒，是否能读懂《慕尼黑协定》中的深意。大使馆所有信件的复印件麦克林几乎都看过，他的同事在接受采访时说道："他总是愿意接手相对来说无聊的工作。如果我临时有约，或者想早点离开，他从不会拒绝帮忙。"麦克林不喜欢那些官方活动，总是积极地埋头工作，并且希望尽可能地多收集一些资料，对于这样的人来说，错过任何正式的约会都不会觉得遗憾。

在基蒂到来前后一小段时间里，麦克林曾通过公认的视觉识别计划协议和暗号向一名苏联非法移民传递信息。正如菲尔比所说的那样，战争开始后，这种情报传送可能就发生在那些在玛德莲广场托马斯库克办公室附近站着读《每日邮报》的人之间。当一个间谍向拿着相同报纸的人走近后，会问："这附近的亨利咖啡馆在哪里？"那人答道："在共和国广场附近。"[15]然后间谍就可以给对方情报了。

目前，像这样的见面形式已经过时了，这对麦克林来说，至少是在行动上得到了解脱，而同年 12 月，当他期待的联络人抵达巴黎后，他的内心也得到了解脱。基蒂在格拉夫潘的陪同下来到了巴黎，而格拉夫潘还要回苏联受审，他在国外的工作换来的却是劳改营五年半的服刑。在卢森堡花园的一家露天咖啡馆里，有情人终于得以团聚。基蒂之所以选择这个地方，是因为她担心在拉丁街区见面会碰见经常去那儿的剑桥老朋友。她也很清楚他肯定看到了信中说的"必须尽量避免与我们在英国的其他成员见面或交谈……你要告诉他们，自己与组织已经没有任何关系了"[16]。这算是在大清洗和叛逃运动中最基本的自我保护方式了，尤其是当她在伦敦犯下大错之后更是如此。

基蒂很快就发现她没有可向莫斯科汇报的情报，虽然麦克林一直在努力工作，经常整宿地搜寻资料，也浏览了大量文件，但他没有发现任何新鲜的东西。外交活动也都是公之于世的。莫斯科中心，于公，渴望能满足斯大林对于情报偏执的需求；于私，希望保住他们的颜面，不想贸然询问是否是因他们的关系而妨碍了间谍活动的顺利进行。"这种情况对'斯图尔特'【麦克林】是不利的。他们二人的情侣关系合理吗？'艾达'【基蒂·哈里斯】向组织汇报斯图尔特的事了吗？'艾达'对'斯图尔特'的监督够不够客观？有没有注意到他对组织的忠诚是否发生了变化？"[17]如果精通心理学的多伊奇在这里，他可能会指明这种关系将会提高工作效率，但莫斯科中心不会允许特工和联络人之间产生感情。

基蒂 1938 年的年终报告描绘了麦克林惨淡消沉的精神状态："在伦敦时，他可以想做什么就做什么，他有朋友，也有机会读大量的书。在巴黎的情况就不一样了，他有着完全不同的社交圈子，他必须参加各种晚宴、招待会……然而他并不喜欢那种场合。"[18]她说"斯图尔特"下班后的大部分时间都待在波希米亚左岸，和一群信奉马克思主义的知识分子喝酒，也许这会使莫斯科满意吧。"斯图尔特"本人也曾向莫斯科方面表示，1938 年末开始，他在《慕尼黑协定》的阴霾笼罩下"无所事事"[19]，也因此难过不已。他变得沉默寡言、性格孤僻，远离了外交生活，而外交生活曾经对这位对外有声望的人是多么重要。他内心的欲望也因他外交生活中的秘密手段而得到满足。苏联内务人民委员部向来是在出事后先责备联络人，然后才考虑间谍或政治现实，再加上与麦克林的关系，基蒂必然会选择独自承担责任。帕维尔·苏多普拉托夫（Pavel Sudoplatov）是 20 世纪 30 年代执行"特别行动"的"敢死队"队长，被人们称为"苏联最邪恶的人"[20]，他评价基蒂是"一个思想灵活、才能兼备、纪律严明、热爱工作，但缺乏专注力、对技术问题一窍不通的特工"[21]。

基蒂在伦敦的表现也确实说明了她并不精通技术：她曾因

发送了空白胶卷而受到责备，而她解释说，这是因为紧张和急躁导致自己无法在 22 秒的曝光时间内拍到照片。在她和麦克林的婚外情曝光之前，她是幸福的。起初，基蒂在巴黎没有公寓，所以他们都在咖啡馆或街头散步时会面，麦克林会告诉她大使馆发生了什么事。他们私下便在基蒂住的宾馆里见面。当基蒂找到租住的地方后，他们可以像在伦敦时那样见面，甚至常常在床上约会。当基蒂拍完那些不需要归还的文件后，他们两个人会把文件撕成小块，放进一个大搪瓷碗里，在上面撒上洗衣粉，再加上热水，麦克林负责搅拌，基蒂则负责"把它揉成看起来像粥一样的东西"，最后他们把这些东西都搅拌成糊状，这样就可以冲入马桶又不会堵塞下水道。[22]

特工联络人和特工要始终忠于苏联政府，即使是正处于间谍活动低潮的特工也是如此，虽然奥尔洛夫或任何其他王牌间谍的间谍守则中对此并没有具体要求，但所有的特工都这么做。苏联政府承认麦克林的外交能力日益提高，并准备在确保基蒂向他简略介绍完苏联在各种问题上的立场之后，让他进行重要情报的传递工作。他不仅能知道什么情报对苏联最重要，而且还能在日常工作中对外交事务略施影响。这种反向外交对一个政治影响力日益增长的人来说很重要，尤其是苏联人坚信，自慕尼黑事件以来，英国媒体一直被反苏联绥靖者控制。

基蒂让麦克林减少社交活动确实有她的道理，正如霍耶·米勒在把麦克林推荐给菲普斯时所强调的那样，当时不管你处在什么职位，社交生活方面都被看作外交工作的关键，如今在巴黎大使馆更是如此。作为一个单身的三等秘书，麦克林本就没有太多的休闲时间进行社交，不过他理应参加大使馆的社交活动。他在贝勒切斯街 11 号的荣军院附近租了一间"宽敞但十分阴暗的公寓"[23]，与其他外交俱乐部的外交官同事不同，麦克林只有微薄的收入，而且对经济和阶级差异很敏感。他的公寓中家具很少，访客只能坐在"橙色板条箱做成的折叠沙发上"[24]；他没打算把自己的那些政治读物藏起来，"书架上放着一些马克思主义著作，一些德国文学出版社的平装书，以及来自维克多·格兰茨左派读书俱乐部的橙色护封版书籍【原文如此】"[25]；"吃的东西很简单，喝的是很普通的法国红酒"[26]，当时与麦克林共事的一位外交官回忆道。有时麦克林的母亲来看望儿子，觉得他的住处实在不舒服，就只好到别处去住。虽然知道麦克林不像其他同事那样富裕，但他们无法想象麦克林的生活究竟有多么穷困潦倒，1939 年 1 月帕特里克·赖利（Patrick Reilly）从国际联盟理事会会议回来的路上经过巴黎，麦克林竟然告诉他自己从没有坐过巴黎地铁[27]。

*

大使馆的工作人员总共只有 12 人，大家都注意到了麦克林的变化，为了掩饰自己的情绪，他喝酒越来越多。玛丽和罗宾·坎贝尔去贝勒切斯街吃饭时，惊奇地发现每个人的胳膊肘旁都有一整瓶红葡萄酒。还有一次，罗伯特·塞西尔和他的妻子带麦克林去看了一部阴郁的电影——《衣冠禽兽》，该片改编自左拉写的一个谋杀故事，讲的是一个已婚女子与"酗酒堕落"的情人之间的故事。他们"设法带麦克林回家好好睡一觉，好让他尽快振作起来；但麦克林没精打采地消失在黑暗中，甚至都没有与他们道别"[28]。

在剑桥时，麦克林对于政治的一丝不苟，甚至说是吹毛求疵，曾给塞西尔留下极为深刻的印象。而当初那个"自信、有威严的青年"现在却"发生了翻天覆地的变化",如今的他"看上去紧张不安"[29],"……长期处于焦虑状态"[30]。塞西尔把这归咎于他高强度的外交生活,当然,如果对于麦克林的另一身份一无所知的话,高强度的外交生活确实是对此最合理的解释。麦克林去年初到伦敦时的自信一去不复返了。詹姆斯·克鲁格曼是麦克林学生时代的政治导师,也是他的老朋友。克鲁格曼在担任世界教育联盟的联络人时,曾在巴黎工作了一段时间,但麦克林并没有跟他见面。有次他们在火车上偶然遇到,"麦克林正在专心致志地读《泰晤士报》,只与他简短聊了几句便默不作声了"[31]。不管是不是遇到了克鲁格曼,麦克林自己作为一个多伊奇招募的间谍,面对无比尊敬自己的挚友,一想到自己的身份,难免心酸。麦克林的沉默寡言并不是因为他想与以前的朋友保持距离,而是因为他感到非常难受。在一个国家正走向战争,而另一个国家却诚挚地渴求和平时,他的双重生活过得十分艰难。在麦克林来到巴黎后的第一年末,一场具有决定性的权力斗争爆发了,所有信奉共产主义的英国间谍不得不做出选择:是继续坚持他们过去十年所信奉的信条,还是选择更简单的爱国主义。当然,也有可能把这两个选择结合起来,但那需要有极大的勇气。

*

在《苏德互不侵犯条约》签订后,第二次世界大战的爆发在所难免,可以说是 20 世纪英国外交的最低点。

1938 年末,德国驻莫斯科大使向柏林方面表示,相比于德国的行动,法英两国更让苏联恼火。他们在慕尼黑会谈中没有告知苏联就采取了行动。为了保证纳粹能够实现四年经济计划以及重整军备计划，苏联当时就与德国的贸易谈判做了一系列的初步准备。1939 年 1 月底，这些谈判内容被公之于世。与苏联大使伊万·麦斯基（Ivan Maisky）关系密切的《伦敦新闻纪事报》记者——弗农·巴特利特（Vernon Bartlett）于 1 月 27 日写道："目前，如果英法两国与德国和意大利发生冲突，苏联政府显然无意给予任何帮助。"[32]1 月 30 日，希特勒在自己的就职六周年仪式中发表讲话，没有对苏联提出批评，这是六年来第一次。英国人迟迟没有意识到他们必须采取行动了：同年 2 月，张伯伦成为自 1917 年革命前夕以来，第一位在苏联驻伦敦大使馆进餐的英国首相，但他并没有表示英国会在任何与国际安全或国防有关的问题上与苏联结盟。在同年 3 月德国完全占领捷克斯洛伐克后，张伯伦写道："我必须承认我对苏联极不信任。我不相信它有能力维持有效的攻势，即使它想这样做。而且我怀疑它的动机，在我看来，这些动机同我们的自由思想几乎没有什么联系……"[33]这种不信任直接影响了之后几个月的事态发展。

到 4 月和 5 月，英国要求苏联承诺向其提供援助，并在必要时向其帝国提供援助，但莫斯科的回应是，希望英国和法国在保护苏联自己的邻国方面给予支持。英国人对自己的外交地位满怀信心，他们错就错在"完全不能理解希特勒和墨索里尼等人的心理，他们把希特勒等人看作从伦敦金融城来的商人或从英国乡村来的绅士……然而这些侵略者的心态与之完全不同"[34]！头脑更为敏锐的麦斯基看出了英国人的错误所在。不过，他谨慎地将斯大林划分到了独裁者名单之外。斯大林撤换了亲西方的外交部部长李维诺夫，取而代之的是维亚切斯拉夫·莫洛托夫（Vyacheslav Molotov）——一位目光锐利的苏联首席谈判代表，他在世界大战时期到冷战时期一直担任苏联外交人民委员。麦克林眼睁睁地看着自己的国家与苏联的关系越来越僵，难怪会变得沉默寡言。

但对麦克林来说，值得欣慰的一点是，现在他又找到自己的用武之地了。英方所有前往莫斯科大使馆进行谈判的车辆都途经巴黎，他可以通过基蒂把情报送出去，让莫洛托夫方提前获得消息。在 5 月的最后一个星期，哈利法克斯通知达拉第，声称在万不得已的情况下（当然这是他和张伯伦都不希望看到的），英国将在没有法国支持的情况下同意与苏联缔结互助条约，并于 24 日将谈判条款送交巴黎方面。27 日，这份文件被转交到苏联人民委员会外交部门，莫洛托夫"浏览了一遍，表示文件内容他已经事先了解过"[35]，多亏了"斯图尔特"和"艾达"的情报，他才事先准备好了当天的新闻头版。到 6 月底，法、英、苏三国达成了互助条约，根据该条约，如果德国进攻，三国将互相帮助，其中也包括对苏联邻国的帮助，尤其是对波兰的帮助。与此同时，军情六处从普鲁士一名代号为"男爵"（the Baron）[36]的特工处收到情报，透露德苏谈判已取得一定进展，但他们并不准备向外交部上报该情报，因为他们不确定该情报是否真实。

然后，英法代表团去往莫斯科，奇怪的是他们并没有选择乘坐更便捷的飞机，而是乘火车和船。军事代表团团长，上将雷金纳德·德拉克斯爵士（Sir Reginald Aylmer Ranfurly Plunkett-Ernle-Erle-Drax）*在 8 月 4 日与麦斯基一同吃午餐时说，他们

---

* 德拉克斯拥有巴斯勋章（Order of the Bath），苏联人出于自娱自乐心理，从字面意义上把它翻译成"洗脸盆"（Washtub）。

之所以不乘飞机是因为乘飞机不舒服，他们有 20 名代表，再加上各自的行李，乘飞机会很拥挤；[37] 他们使用的是货船，而不是速度更快的战舰，这样 20 名海军军官就可以拥有各自的船舱。麦斯基简直不敢相信，他们"竟然还有如此闲情逸致不慌不忙地享受旅程"！货船从英国埃克塞特市出发，于 8 月 9 日抵达列宁格勒。会谈从一开始就不顺利：英国代表团对于谈判中的具体细节没有得到政府授权，对于苏联提出的苏联军队安全通过邻国的要求也感到措手不及，而波兰人则认为这等同于分裂他们的国家，所以强烈反对这一要求。当莫斯科方面最终拿到谈判书时，"他们发现文件内容含糊其词，并没有实质内容，很显然，英国和法国无意与苏联达成协议"[38]。

希特勒一直与斯大林保持着密切的联系。由于法英两国如此不愿参战——就像他们去年在慕尼黑所表现的那样，希特勒可以占领自由城市但泽，毫不费力地进入一个有价值的港口。苏联与英法谈判时间延长的同时，其同德国外交部部长约阿希姆·冯·里宾特洛甫的谈判却在加快推进。与英法代表团的远航相反，约阿希姆·冯·里宾特洛甫于 8 月 23 日就已经带着 32 名"随从"飞抵了莫斯科，准备签署协定，机场装饰着纳粹党徽以示欢迎。[39] 斯大林已经意识到，希特勒将不惜一切代价入侵波兰，虽然西方盟国会协助保卫波兰，但苏联对此将保持中立，并争取时间重整军备。据报道，希特勒在观看了苏联五一阅兵式后，觉得有必要让苏联保持中立。直到战后，两国从一开始就蓄意瓜分波兰和波罗的海诸国的秘密协议才公之于世。希特勒甚至在签署协议之前就已经下令对波兰发动进攻，因为 9 月中旬雨季到来之前是进攻的最佳时机。德国国防军于 9 月 1 日正式入侵，两天后，英法两国为履行早先对波兰独立的承诺，向德国宣战。欧洲的和平仅仅维持了 20 年，麦克林在格瑞萨姆中学时诚挚热爱和支持的国际联盟似乎早已过时。

*

《苏德互不侵犯条约》由贸易协定转变为了高风险的利益合作，危难中的法国和英国孤军奋战数月，巴黎和伦敦受到了毁灭性的打击。莫斯科中心称，这对苏联内务人民委员部的特工来说是一枚"炸弹"，即便麦克林密切关注谈判，并清楚地意识到谈判失败对于英国来说意味着什么样的后果，也无济于事。[40]像往常一样，在得知这具有毁灭性的联盟建立时，麦克林小心谨慎地不做任何反应。结合自己的经历，麦克林认为这是"灾难性的不合理政策"的结果，因为双方领导人都"企图称霸"，他认为苏联领导人"主观上旨在建设社会主义"，但不得不承认"客观上阻碍和扭曲了社会主义的发展"，并"几乎摧毁"了社会主义。[41]

约翰·凯恩克罗斯对该条约的看法就不那么抽象了，他愤愤地说："张伯伦统治下的同盟国既无知又愚蠢，导致了这场谈判的失败，这可以说是自 200 年前北美革命双方之间的谈判以来最失败的外交谈判了。"[42]凯恩克罗斯表示"如果该条约存续时间比其规定的时间长的话，无论后果如何，我都会与克格勃决裂"[43]。这全都是事后诸葛亮。

金·菲尔比说这是他职业生涯中唯一一次感到摇摆不定："现在仅单线作战反法西斯会发生什么呢？"[44]他向新联络人问道。盖伊·伯吉斯在听到这个消息后提前结束了假期，从安提比斯群岛开车回来，把他珍贵的汽车往加来码头边一扔（这

100

不是他生命中最后一次在关键时刻把车留在码头边）就赶去他的朋友戈伦韦·里斯那儿。里斯"谴责了苏联的背信弃义，并认为是他们挑起了战争"[45]，伯吉斯则认为苏联有权保护自己。里斯刚加入克格勃不久，他告诉伯吉斯，他不想"余生再和共产国际有任何关系……如果你真的是他们的间谍的话，那我也不想和你有任何关系"。[46]伯吉斯出于自我保护，向里斯声称他打算结束间谍工作，想以此消除里斯的疑虑，但里斯认定他是一个"定时炸弹"[47]。伯吉斯展开了戏剧化的联想，他惊慌失措，担心自己之前做的工作会暴露，打算暗杀里斯。而此时因为该条约的规定，莫斯科中心无法进入官方外交渠道，在这样的关键时刻，莫斯科中心十分明智地打消了伯吉斯一时头脑发热产生的念头。[48]他们认为，如果暗杀里斯，那必将会危及他们在英国的宝贵资源。对于这样一个轻易抛弃自己曾极力追求的事业的人，麦克林表示自己永远都不会原谅他，多年后，当麦克林不必再担心言论暴露时，他曾公开谴责里斯是"叛徒"。

　　亚瑟·凯斯特勒在被佛朗哥囚禁了一段时间后获释，几年前他还称自己加入共产党完全是被"整个世界都将实现共产主义"[49]的理想"冲昏了头"。当他看到苏联将自己的利益凌驾于西班牙共和派的需要之上，中欧的同志被迫背负莫须有的罪名时，他的信念动摇了。虽然左翼人士"因其支持社会进化发展，一直被认为是更好、更偏向于乐观主义的一部分人"，但《苏德互不侵犯条约》的签署使亚瑟·凯斯特勒不再相信自己一直极力追求的事业了，他后来发表言论说："失去什么都不会像失去信仰那样让人悲哀和绝望。"可即使是为自己逝去的信仰感到哀痛，麦克林也不能在日常的政府工作中表现出来。麦克林已经读了左派的巴黎报纸《人道报》，该报认为《苏德互不侵犯条约》是"斯大林为避免帝国主义战争的威胁所做的最大努力"，但作为一名深谋远虑的外交家，他并没有表现出对该观点的认同。《苏德互不侵犯条约》的定稿被送回到包括亚瑟·凯斯特勒在内的左翼人士手中，战争注定要爆发了。"如果人们只知道他们在与什么战斗，而不知道他们在为什么战斗，那他们就很难战胜敌人。"[50]

在结束了剑桥间谍圈的工作后，安东尼·布朗特仍保持着对组织的忠诚。1979 年在间谍身份曝光后，他假装自己对于《苏德互不侵犯条约》的签订漠不关心、毫无感觉。当时他声称，该协定"仅仅是苏联争取时间的战术……他们需要时间重整军备、增强实力以抵抗即将到来的战争"[51]。许多其他杰出共产党人的理想破灭了，英国共产党也更换了领导层，新的领导层以共产主义的方式为世界和平的共产国际理想而奋斗。奇怪的是，苏联内务人民委员部一向多疑谨慎，但在苏德谈判之际，莫斯科方面却对其余间谍的忠诚度毫不怀疑。但随后残酷的不信任又极大地损害了苏联的情报搜集。虽然苏联为自己争取了一些时间，但他们仍然需要一线情报。

102

路易斯·麦克尼斯从未真正入党，但他却为了"比情人更加亲密的同志情谊"[52]而工作。他在无边的黑暗中仍保持着比他人更加乐观的心态。他在 1939 年出版的《秋天日记》末尾写道：

> 以后会有时间进行清算，
> 以后会有阳光普照，
> 公平最终会到来。[53]

8 月底，麦克林的办公室同事瓦伦丁·劳福德被匆匆从英格兰召回巴黎，所以他没有看到英国对《苏德互不侵犯条约》满不在乎的态度，"对德国和苏联的伪善、表里不一和玩世不恭感到震惊"。麦克林密切关注着谈判的进展，即便他对于谈判结果和英法两国的妄自尊大感到无比失望，他也只能将这份失望深埋于心。劳福德为了缓和气氛，说道："像我们这样正派的人唯一的选择就是加入波兰或匈牙利骑兵，为了渺茫的希望殊死搏斗然后战死沙场"，麦克林"表示赞同，并狂笑起来"[54]。在麦克林的一生中，无论何时，狂笑都不像是他会做的事，此时这虚伪的笑恰恰说明了他目前的处境与内心的信仰之间的矛盾，也表现了他对未来的焦虑。当时，麦克林一如既往地为外交部努力工作，同时也希望自己能收集到对莫斯科有用的情报。

*

1939 年 11 月，芬兰和苏联在两国边界两侧集结了数十万军队，紧接着，苏联进攻芬兰境内蕴藏着丰富的镍和矿石资源的地区，这些资源对德国制造军事武器至关重要。英法两国派出了飞机，并考虑应芬兰的请求向其派遣部队；在 1940 年 1 月 29 日的内阁会议上，会议记录显示："首相提出，援助芬兰似乎会导致盟国与苏联展开敌对行动。"麦斯基大使在 1939 年 12 月的日记中写道，入侵造成了"英国疯狂的反苏运动"[55]；到目前为止，"英苏关系总体上呈持续恶化的趋势"[56]。

英国和法国开始酝酿一项计划，他们打算在纳尔维克征召大约 3.5 万名"志愿军"（由于两国都没有与苏联交战，派本国军队出征属于干涉他国内政），用以夺取对铁矿的控制权，阻止苏联入侵芬兰。此外，将挪威和瑞典拉入战争，他们也能够从盟国方面获得额外利益。英法两国会谈是在巴黎举行的，鉴于麦克林在巴黎有极便利的条件，能迅速搜集和传递情报，这对麦克林来说是个好机会。两国讨论了进攻苏联在巴库主要油田的问题，这是丘吉尔在过去 20 年中一直盯着的一块肥肉。1940 年 4 月 21 日，英国外交大臣哈利法克斯向内阁报告，说法国曾通过菲普斯大使转达想法，希望在"高加索采取行动"[57]，但在采取行动之前，没等到德国人占领挪威和丹麦，丘吉尔就取代了张伯伦，于是斯大林从芬兰撤军了。间谍工作的确切影响有时并不是很明显，但在这一事件中，斯大林做出的转变却体现了间谍的作用，因为他好像事先已经知道了会谈和内阁的讨论内容。具有讽刺意味的是，撤退的苏联士兵匆忙中留下了一些烧了一半的密码本：这些密码本记录了英国高级特工在接下来几年里的行动计划。

＊

麦克林将面临更直接的危险，两年前，沃尔特·克里维茨基叛逃后，麦克林躲过了苏联方面的怀疑，但现在，这位苏联内务人民委员部的前任上将再次对麦克林构成了威胁，而他对此一无所知。克里维茨基从 1919 年起就在红军情报局担任高级职务。他那双"气势汹汹的蓝眼睛"[58]里蕴藏着"一种内在的爆发力"，而英国安全局并不把他放在眼里，称他为"矮小的波兰人"[59]。到 1937 年时，克里维茨基升任少将，"负责苏联在西欧所有国家的秘密行动"[60]。仅凭这一职务，克里维茨基就注定逃脱不了大清洗，即使他还并没有把同伙伊格纳茨·瑞斯即将被暗杀的计划透露出去。之后，他叛逃到巴黎，而那

104

正是麦克林到达巴黎的前一年。瑞斯又名伊格纳茨·波列茨基（Ignace Poretsky），还有个不常用的名字是沃尔特·斯科特（Walter Scott），当他看到墙上大清洗的名单后，立刻潜逃到瑞士，但是苏联内务人民委员部很快就在那里找到了他。[61]克里维茨基和妻儿一起住在巴黎和海牙，在那里，几乎没有人会对在国外生活和工作的苏联人产生怀疑，杂志上他那人人皆知的封面故事也变得无关紧要。克里维茨基试图给法国政府通风报信：斯大林对希特勒的第一次提议中提到军队将于1938年11月前往纽约。但这一警示并没有受到法国政府的重视，他不免感到失望。

克里维茨基从埃利斯岛归来后，他结识了伊萨克·唐·莱文（Isaac Don Levine）——一位来自白俄罗斯的政治流亡者，他是一名记者，同时是列宁和斯大林传记的作者，也是苏联囚犯信件的出版商。莱文从克里维茨基身上看到了商机，不久他们就与《周六晚报》签约，以5000美元一篇的惊人价格出版了八篇文章，酬金由两人平分。轰动一时的连载文章（《从斯大林手中逃脱》《斯大林伸向西班牙的手》，都汇编在一本名为《我是斯大林的特工》的书中）一经出版，就令大众哗然：令美国左翼人士感到震惊的是，他竟然为夸大自己而背叛苏联，编造关于苏联阴谋和暴行的故事，更不可思议的是，克里维茨基竟然准确地预见了《苏德互不侵犯条约》的签订。右翼人士则表示不理解：为什么允许曾担任过这种职务的人留在美国？共产主义刊物《新大众》（New Masses）"发动了一场野蛮的运动……为了说明克里维茨基实际上是巴黎夜总会的奥地利人，从未在军队中当过将军"[62]。英国外交部5月的会议记录里称克里维茨基关于斯大林与希特勒秘密交易的说法是

"胡说八道""信口雌黄"，"与我们已知的信息恰恰相反"[63]。这再次说明世界缺乏对苏联关于法西斯政策的了解，不管是在公开层面还是隐蔽层面。

1939 年 9 月 4 日，也就是英国与德国开战的第一天，莱文前往位于华盛顿特区马萨诸塞大道上的英国大使馆，会见了临时代表维克多·马莱特（Victor Mallet）。莱文认为苏联间谍对英国战时安全构成了直接威胁。莱文出师不利，他一开始就说他"反英是为了巴勒斯坦"，但现在，他又说"从总体上说，仍然希望英国政府向巴勒斯坦难民敞开大门"。马莱特有所保留地回答说，如果地中海成为战区，巴勒斯坦"对难民来说可能成为一个相当危险的地方"[64]。然后，他们谈到访问的重点，令人吃惊的消息是：

> 莱文从克里维茨基那里得知目前英国政府内有两个苏联间谍，一个在外交部的密码室，另一个在他所说的"政治委员会内阁办公室"（或者是"帝国国防委员会"）。在外交部的特工名叫"金"（King），几年来，他一直受雇于莫斯科并向其传递情报……（克里维茨基）不知道另一个人的名字……这个人并不是因为被苏联雇用，而是出于理想主义……现在由于斯大林的背信弃义，他可能会站在我们这边……这个人是一个出身很好的苏格兰人，是个著名的画家，可能还是个雕塑家。[65]

克里维茨基还说，那个"苏格兰人""乔装打扮，混迹在艺术界"[66]，并补充道，在"金"之前的那位特工酗酒严重，后来自杀身亡。这些描述与一个叫奥尔德姆（Oldham）的密码破译员相符，后来在一次宣传行动中，安全局声称他因独自酗酒而死亡，但实际上他是遭到了暗杀。英国方面对目前在密码室工作的约翰·汉弗莱·金（J. H. King）上尉进行了简单的调查，很快发现他有一个情妇，那个女人的保险箱里面放着金给她的 1300 英镑现金。在 10 月初进行秘密审判时，金因承受不住压力，供认了自己的间谍身份（并且承认了自己曾向联络人提供了英国对《苏德互不侵犯条约》的相关信息），英国政府以"在 1935 年、1936 年和 1937 年通过有损国家安全和利益的方式非法使用所掌握的信息"[67]的罪名，判处他 10 年有期徒刑。

1934 年，在马利之前的特工——汉斯·皮克（Hans Pieck）招募了金，当时皮克带着金和金的情妇去欧洲来了一场价格不菲的自驾游，皮克的情妇形容那次旅行"极其无聊"，而且是"一次严酷的考验"[68]。由于克里维茨基在审讯中很快就招供了，而且克里维茨基的供认都得到了证实，军情六处中负责第五部门（Section V of MI6）的瓦伦丁·维维安上校受到了极大的鼓舞，他表示，他们现在可能会把注意力转向外交部另一个"丑陋的未解之谜"[69]——另一个更难发现的特工。他们在仔细研究了克里维茨基含糊不清的描述后，意识到如果要进行进一步调查，就必须询问克里维茨基本人。克里维茨基，或称"沃尔特·托马斯先生"，从纽约乘坐英国皇家海军潜艇，于 1940 年 1 月 19 日抵达英国。在长达十天的航行时间里，他靠读《飘》来打发时间。[70]

与克里维茨基的会面地点位于在伦敦维多利亚的圣埃尔明酒店（很多著名的间谍活动都是在那里举行的，金·菲尔比也是在那里被招募的），最初的沟通并不顺利：克里维茨基称自己并不知晓苏联在英国的任何秘密活动，也假装记不起自己在欧洲的任何朋友和同伙的名字。在开局不利的境况之后，军情五处意识到，"健忘"是出于他害怕清洗行动所带来的恐怖后果，即只要是坦白了，等待他的就将是"苏联公民口中所谓的'全面检查'"[71]，或者是苏联内务人民委员部的暗杀。克里维茨基甚至不允许在他的茶里放糖精片（由于定量配给，糖是很难获得的），因为他确信那是毒药。[72]

最后，在军情五处第一位女警官——才华横溢的简·阿彻（Jane Archer）的带领下，交流团终于让克里维茨基"卸下了伪装"[73]，他们谈起关于金的事，并通过聊些已经获得的信息来减轻克里维茨基的防备。他渐渐开了口，说出了从 1936 年起"具有高度海、陆、空和政治重要性的帝国委员会（他指的是帝国国防委员会）的信息"是如何通过马利传送到莫斯科的。他看了从伦敦寄来的文件和照片，照片一共有一本书那么厚，递交斯大林的文件副本还附有原始照片。克里维茨基对情报的发送者"没有确切的了解"，但

> 可以肯定的是，这名间谍是一个年轻人，可能不到 30 岁，是西奥多·马利手下的一名特工，他被招募为苏联特工纯粹是出于意识形态的原因，因为他并没有因提供情报得到任何报酬。可以肯定的是他在伊顿公学和牛津大学受过教育……而且是一个"年轻的贵族"，当然，克里维茨基得出这个结论只是因为他认为只有贵族才有可能在伊顿公学上学。克里维茨基还认为情报发送者是某位外交大臣的秘书或儿子。[74]

　　麦克林的身份与克里维茨基的描述完全不同，他没有在伊顿公学和牛津大学受过教育，虽然他上过公立学校和剑桥大学，但他也不是贵族，他的父亲只是一位爵士。由于英国生活中几乎不可逾越的社会等级制度，可以理解克里维茨基为什么在这两个问题上没有辨认出麦克林。唐纳德爵士并不是在外交部担任要职，而是在内阁任职，因此很容易被排除。军情五处并没有把后来克里维茨基的描述与马莱特在华盛顿得到的消息相结合，包括麦克林的艺术倾向（他确实与在切尔西的艺术家和作家中有来往）和苏格兰人的身份，要不然他们可以从根本上缩小嫌疑人的范围。他们通过囚禁相对低级的特工金防止了一些清晰可见的情报泄露，但得到的关于战前的帝国国防委员会的情报似乎并没有多少价值，毕竟现在战争已经开始了。对于苏联方面来说这次失误是由于疑心不足、不够严谨造成的，而西方为此付出了惨重的代价。对于那位尚未暴露的特工——麦克林，这可谓是生死一线的时刻。

108　　对克里维茨基的问询结果使英国至少对于苏联情报机构的结构、范围和权力有所了解。随后克里维茨基启程去往加拿大与妻子和儿子团聚。1941 年 2 月，他在华盛顿特区的贝尔维尤酒店入住，第二天早上女仆发现了他的尸体，他穿戴整齐，太阳穴处有大面积的创伤，但房间门是锁着的，屋里至少发现三份遗书。虽然没有在屋里找到子弹，但经推测伤口是由近距离的枪击造成的，虽然造成伤口的凶器与克里维茨基的手枪在同一侧，但伤口却并非出自他的子弹，而且造成伤口的凶器距离死者的手臂相当远。两边的房间都有人，他的枪也没有安装消音器，但没有人在夜里听见枪声。克里维茨基的律师路易斯·沃尔德曼（Louis Waldman）宣称这一定是谋杀，克里维茨基曾多次对他说过："如果我死了，但看起来像是意外或自杀，那绝对不是真的，是他们在追杀我。他们之前这样干过。"[75]虽然美国情报机构和大多数认识克里维茨基的人对他的死因表示怀疑，但官方仍称其是自杀。克里维茨基的妻子托妮娅（Tonia）觉得，克里维茨基一定是为了保护她和儿子的安全，而被迫自杀的。不管克里维茨基的死因是什么，当他在伦敦接受问询的时候，麦克林还毫无觉察，仍然埋头于在巴黎的间谍工作，一如既往地与诺玛约会、睡觉，把多余的文件弄成糊状物，然后销毁。很明显麦克林处在苏联内务人民委员部的保护之下，苏联内务人民委员部毅然决然地处置了那些背叛了麦克林或对其造成威胁的人，特别是那些赞同克里维茨基所谓的"斯大林的背叛"的人。即使在克里维茨基死后，他的证据仍在档案中存放了很多年，直到金·菲尔比决定将它公之于世。

*

在接下来的几年里，唐纳德·麦克林以其天赋异禀的才能在战时经受住了苏英双方的考验。但在那之前，他经历了一段对他来说最重要、最持久又最迷茫的感情。

第 6 章 左岸的浪漫

1939 年 12 月的一个夜晚，天空飘着雪花，唐纳德·麦克林和罗伯特·麦卡蒙（Robert McAlmon）漫步于巴黎左岸（Rive Gauche）。他们走进了萨特、德·波伏娃和其他左翼先贤、艺术家和哲学家常光顾的花神咖啡馆，在那里，"他们透过水汽和烟雾看到了梅琳达·马林（Melinda Marling）那瘦削的面容和苗条的身影"[1]。麦卡蒙将麦克林介绍给了梅琳达，麦克林戏剧般人生的核心篇章便是在那个时候开始的，这是一个忠诚与背叛、逃亡与安逸、爱情与孤独相交织的复杂故事。

*

正如基蒂·哈里斯在 1938 年 12 月所说的那样，麦克林反感与他工作相关的所有社交活动，他觉得那样的生活一成不变，乏味至极。比如，只要大使走进房间，其他外交官都必须起身；再比如即使他们当天早些时候已经见过面了，在不同的场合再次遇到时仍需要再握一次手。[2]其实麦克林更喜欢放荡不羁的、充满文艺气息的生活，几年前他在《格兰塔》"采访"中表现出的波希米亚风格的塞西尔（人格），引导他很自然地来到巴黎左岸这样有酒吧、咖啡馆、艺术家的地方。在圣日耳曼德佩区的"异质社会"中，他是个十分受欢迎的人物。[3]比起讨人喜欢但传统规矩的罗伯特、塞西尔（他的外交部同事），他更喜欢鲍勃·麦卡蒙那样的朋友。麦卡蒙在南达科他州长大，1920 年，也就是在他四十多岁时，他移居纽约，在那里的一家小型诗歌杂志社工作，他还为艺术家做过人体模特。麦卡蒙是个同性恋者［他曾用笔名写了一本名为《猩红色的三色堇》（*The Scarlet Pansy*）的小说］，但 1921 年，他娶了一个家里经营航运业务的女同性恋。这次婚姻使他有足够的资金移居巴黎，在那里他成为詹姆斯·乔伊斯（James Joyce）的助手，并重新排版了《尤利西斯》一书。他成立了一个名叫触刊（Contact Editions）的小型出版社，专门出版外籍人士撰写的作品，比如福特·马多克斯·福特（Ford Madox Ford）、格特鲁德·斯坦（Gertrude Stein）、威廉·卡洛斯·威廉姆斯（William Carlos Williams）和纳撒尼尔·韦斯特（Nathanael West）。前一年，他出版了与凯·博伊尔（Kay Boyle）合著的回忆录《一起成为天才》（*Being Geniuses Together*，他的前雇主乔伊斯将这本书称为"小人物的复仇"），这本回忆录引起了左岸居民的极大关注。[4]虽然麦卡蒙的晚年生活痛苦而绝望，他喝酒成瘾，后来英年早逝，但在 1939 年，他让麦克林领略了巴黎文学世界和自由性生活的魅力。

比起工作上结识的人，麦克林更喜欢像麦卡蒙这样的朋友，但麦卡蒙本人很传统，他希望能娶妻生子。阿诺德·多伊奇发现，麦克林没有从他父亲那里得到"儿时想要的赞美和安慰"。所以，他更需要来自他人的赞美和认可。而基蒂·哈里斯则满足了他这一需求，同时也满足了他对隐秘非法生活的渴望：没有什么比和一个比自己年长，并且是自己联络人的女人调情更隐秘、非法，更不能让别人知道的了。但他又遇到了梅琳达·古德莱特·马林，他愿意与她分享他的秘密生活。梅

110

琳达钦佩他的聪明才智，与他有着相同的政治观点，却对政治方面的事一点也不感兴趣。他开始全心全意地追求梅琳达。

梅琳达肤色白皙，身材瘦削，留着黑色卷发。她 1917 年在芝加哥出生，比麦克林小四岁。1928 年父母分居后，她和妹妹哈丽特（Harriet）和凯瑟琳（Catherine）跟着母亲生活。她的母亲也叫梅琳达，父母也离异了。梅琳达习惯了这种悲惨的生活，也习惯了和其他境遇相同的人相处。她们姐妹关系亲密，但很少去见她们的父亲。离婚在当时那个社会很少见〔她们的父亲弗朗西斯·马林（Francis Marling）是小时候移民到美国的，在芝加哥纯石油公司担任广告经理〕，这或许可以解释为什么 1929 年至 1931 年，马林夫人带着女儿在瑞士生活了两年，其间马林姐妹在洛桑附近的韦威市上学。马林母女在瑞士度过了一段美好时光，这里可以让她们逃避现实，瑞士也是她们在欧洲最后定居的地方。

梅琳达的母亲离婚后嫁给了哈尔·邓巴（Hal Dunbar）。邓巴住在俄克拉荷马州，家境富裕，他本人是惠特克报社的副社长。他们在纽约公园大道上有一套公寓，在马萨诸塞州的南埃格里蒙特有一个农场，一家人过着富裕的生活。梅琳达从著名的斯宾塞学校（Spence School）毕业，却并没有继续深造。她"上的是一流学校……却是个问题儿童"[5]，最后还辍学了，这让一直供她上学的继父感到非常气愤。有时她也会"因为自己生活懒散、无所事事而感到过意不去"[6]，于是她打算找份工作：她去上了秘书课，并在梅西书店打了一段时间工，但她发现在那儿工作使她感到迷茫。她还是渴望去旅行，去感受旅途中的快乐和惊险。1938 年，凭借她继承的少许遗产和当时较高的汇率，她决定像那些家庭富裕却胸无大志的美国女孩一样，走一条老路，那就是进入索邦大学，学习法国文学和艺术鉴赏。
她和妹妹哈丽特在花神咖啡馆隔壁的蒙大拿酒店租了一间房。

　　梅琳达是一个很矛盾的人，她很受欢迎却不够自信，犹豫
不决的同时却又坚定果断，"表面上柔柔弱弱，但实际上坚强
自立，平时为人随和，有时却很强势"[7]。她个子不高，总是衣
着得体，声音纤细柔和，说话时带着浓重的南方口音；就像她
妹夫艾伦所说，她也是个十分固执的人，在那种环境下长大，
她自然而然地学会了凡事靠自己。[8]马克·卡尔姆－西摩
（Mark Culme-Seymour）是麦克林和梅琳达的好友，为人潇洒
风流，他们三人有着相同的朋友圈子，马克说梅琳达"漂亮
活泼，但有些保守……甚至有点古板"[9]，虽然古板，她却有抽
哈瓦那雪茄的习惯。她有两种截然不同的性格，一种性格是传
统保守，另一种性格是渴望冒险和刺激。从 12 月的那个晚上
开始，她的生活就注定会彻底转变：作为外交部官员的妻子，
她有时并不招人待见。她对她丈夫麦克林的情感也很复杂，是
一种爱、忠诚与厌恶交织的复杂情感，直到他们都走上了背叛
的道路。不可否认的是，梅琳达的魅力就来自她的捉摸不透。
唐纳德和梅琳达总会把矛盾深深隐藏起来，这就使他们可以更
好地相处。

＊

　　战争爆发两个月后，梅琳达选择留在法国，这个选择也许
是天真无知，又或许是勇敢无畏，这也体现出了她对冒险生活
的渴望。她的妹妹哈丽特在政治上更精明，更传统，一直让梅
琳达觉得十分可靠，可哈丽特听从了美国大使馆的安排返回了
美国。罗伯特·塞西尔随即就经麦克林介绍认识了梅琳达，他

对梅琳达的描述是："她对政治和经济毫无兴趣"，"意识形态问题对她来说一点也不重要，只有与人交往才能使她容光焕发，眼神发亮"[10]。梅琳达和唐纳德彼此一见钟情，并不仅仅是因为她们被对方的才华吸引，还因为他们在一起可以互补。梅琳达对自己的才华和待人处事的能力并不自信，但在别人面前却可以表现得轻松自然；而唐纳德被牢牢束缚在分裂的生活中，在《苏德互不侵犯条约》后，他便因从事间谍活动饱受各种压力，并没有机会享受他作为外交官的生活。唐纳德很享受在一个充满魅力又受人钦佩的女人面前展现自己的才智，尽管她学历并不高，并且对于自己所处的境况还有些迷茫。在唐纳德孤独时，梅琳达会深情相待，为他不顾一切。虽然梅琳达从小就生活艰辛，但她却并不向往那种秘密生活，也不想去研究共产主义思想，这些对她来说一点儿吸引力也没有。

113　　她的母亲梅琳达·邓巴认为梅琳达和麦克林的婚姻只是梅琳达"一厢情愿"。梅琳达是一个"非常复杂的人，她非常爱唐纳德……（但）他沉迷于与其他学者交往，说一些文绉绉的、梅琳达听不懂的话；比起冷静和理智，她性格中更多的是冲动和感性。所以她更喜欢避开这种文化人之间的交谈，回到自己的房间，看上几本电影杂志"[11]。她在美国和巴黎"几乎没有朋友"[12]，所以梅琳达和麦克林这两个孤独灵魂的相遇是命中注定的。和麦克林在布列塔尼追求的玛丽，以及不久之前迷恋的基蒂·哈里斯一样，梅琳达与麦克林也不在同一阶层。麦克林曾和多伊奇提到过，如果他的恋爱对象不是英国人，而且看不到他的独特及其背后的原因，那至少要和他不在一个社会阶层上。

　　相遇的第一天晚上，麦克林就深深地迷恋上了梅琳达，在那之后，只要他不上班，就会待在梅琳达的身边，寸步不离。就像他追求玛丽和基蒂时一样，他也疯狂地爱上了梅琳达。但梅琳达仍然下不了决心：她经常给母亲写信，就在她和唐纳德相遇后不久，她写信告诉母亲邓巴女士，"我对他一点也不感兴趣"[13]。麦克林这时已经没有了同龄人的稚嫩，他的好友西里尔·康诺利（Cyril Connolly）说："他变得更英俊潇洒了，身材颀长挺拔，有着俊朗却严肃的面容……这使他看上去更加高贵出众。"[14]那之后，人们也就不再取笑他以前女孩子气的外表和走路姿势了。

梅琳达的犹豫不决，一定程度上与麦克林酗酒有关。当时，许多人都觉得酗酒只是一种道德缺陷，而梅琳达觉得，正是因为她父亲弗朗西斯·马林酗酒才导致了她家庭的破裂。所以她对唐纳德酗酒的习惯非常介意：1940 年初，她离开麦克林，来到法国南部，希望可以冷静下来思考她和麦克林的关系。她在法国南部给远在巴黎的麦克林写信说："如果你真的想喝酒，为什么不在家里喝呢？这样你至少可以在喝醉后直接上床睡觉。不管怎样，千万别让小菲利普把家里搞得一团糟。"[15]这里的"小菲利普"指的是菲利普·汤因比，他到巴黎是来度蜜月的（他有信心德国军队会等着他，直到他结束旅行），但他用大量时间来陪他的酒肉朋友一起喝酒。唐纳德"常常一下班就带着他那漂亮的美国妻子（事实上那时候麦克林和梅琳达还没有结婚）一起来参加'我们'的聚会。这里的'我们'是花神咖啡馆里一个随意组成的团体，其中有雕塑家贾科梅蒂（Giacometti）、前达达主义流派的代表人物特里斯坦·查拉（Tristan Tzara），以及一群来自法国和英国不知名的小艺术家"[16]。然后，汤因比和麦克林两个人就抛下各自的

114

妻子，到贝勒切斯街寻欢作乐。汤因比在各个方面都影响着麦克林，直到十年后，在汤因比几乎将他们的家都毁掉时，梅琳达再也无法忍受了。

有一次，基蒂·哈里斯来到麦克林家，发现公寓比原来干净多了，最明显的是浴室里放了两把牙刷。没过多久，她就发现衣橱里的西装旁边挂着一件"薄纱睡衣"[17]。比起自己的情感，基蒂更看重莫斯科方面的大局所需，于是便接受了他们关系的转变（变回单纯的间谍和联络人的关系）。麦克林认为必须减轻苏联内务人民委员部对他的怀疑，让他们深信自己的忠诚。于是麦克林便告诉他们，在花神咖啡馆第一次见到梅琳达时，他就被她独特的政治观点所深深吸引："她支持人民阵线，虽然她家庭富裕，但还是毅然加入了共和派人的队伍。梅琳达有一个来自白俄罗斯的朋友抨击苏联，梅琳达便打了她。我们发现我们有共同语言。"[18]值得一提的是，基蒂对麦克林的政治关照是需要向组织汇报、同时带有糖衣炮弹性质的。而麦克林接下来向基蒂说的话——如果说不是直接断送了他的性命的话——很可能断送了他的职业生涯。无论是对于麦克林的个人生活还是他的职业生涯，这都是他人生中第一次冒如此大的风险，但这也并非最后一次。

*

115　　　他对基蒂说，他将自己是间谍的事告诉梅琳达了。他需要一个人来倾听自己的秘密，需要一个人来支持自己，而这个人就是梅琳达。梅琳达决定守口如瓶，永远帮他守住这个秘密。麦克林说，向梅琳达坦白的原因有两个，一是希望她能原谅自己因为忙着处理文件而约会迟到，二是为了"让自己在她心目中变得更好、更重要"[19]，显然后者听起来更可信一点。基蒂立即与她的上级［代号为"福特"（Ford）］在苏联大使馆举行了会议说明此事。"福特"发给莫斯科的报告隐约表达出了他对这件事的担心：

　　"艾达"发现最近"斯图尔特"和某个女人走得很近，但"斯图尔特"并没有主动和"艾达"坦白此事。"艾达"发现"斯图尔特"的行为举止和房间布置都发生了变化，于是决定直接开口问他。"斯图尔特"万万没想到"艾达"知道了这件事，但他还是承认了他和那个女人的亲密关系，还说已经深深爱上了她。这个女人就是梅琳达·马林，她出身富裕，思想开放，对政治丝毫不感兴趣。

　　"斯图尔特"承认……他已经告诉了梅琳达他共产党人的身份，也告诉了她自己所从事的工作与"间谍行业"有关……"艾达"和我们说……"斯图尔特"这样的行为简直就像"小孩子一样无知"，但他仍像以前一样，真诚积极地与我们合作。[20]

　　他这样做，是希望梅琳达可以注意到他，是为了向她展示最真实的自己，然后追求她。只有将一切都告诉梅琳达，他才能在工作之余无所顾忌地投入感情中，才能让梅琳达知道自己有多么爱她，才有资格对她许下承诺。因为他相信梅琳达就是那个会冒着风险和他共同承担重任的人；他知道将实情告诉梅琳达风险会很大，也会因此承受更大的压力，但他从未后悔。麦克林后来解释说："我们第一次见面时，她认为我只是外交部一名普通的官员。不久之后，她觉得我作为外交官的生活方式（酗酒）让她无法接受，所以她决定离开我。当我告诉她我做外交官，以及我这种生活方式的真正原因，她便又回到了我身边。"[21] 虽然这是在一份仅在苏联国内公开的文件中提到的，但仍然可以看出，麦克林始终把他的间谍工作放在首位；他外交官的身份只是用来打探信息情报，从而改变世界的工具。之前，基蒂可以在私生活方面满足他，也可以在间谍工作上给予他勇气和信心，使他变得更加成熟。但现在，梅琳达才是那个可以和他共同经历一切的人。然而，梅琳达并不知道她对麦克林所在的情报界来说有多么重要。

战火遍布整个巴黎，梅琳达身处异乡，离家千里，而她又陷入爱河，这一切都令她兴奋不已。她理解麦克林所肩负的责任，对他来说，为信念而奋斗要远远高于为政府工作。在那样一个战火纷飞的时代，她完全可以找一个可靠的人来保护自己，但她却选择了麦克林。数年后，梅琳达和麦克林过着完全不同的生活，当时，梅琳达的一封信公之于众，信的结尾这样写道："你有两条路可以选择，但我只有一条。"[22] 有梅琳达可以分享秘密，麦克林不必再独自扛着重担（暂且不论基蒂在这其中扮演的角色），在他政治生涯的最后一年，他感到前所未有的轻松。他已经找到了自己内心的归宿，永远的归宿。

*

梅琳达的出现使得基蒂的工作变得更加复杂。4 月，德国人占领了丹麦和挪威，随后，在 5 月的第一个星期，疯狂进攻荷兰、比利时和法国，就在这时，基蒂收到了菲尔比托麦克林转交给她的信。菲尔比已经有段时间没联系苏联那边了，他有

"一些很有趣的消息"想要带到莫斯科去。但莫斯科已经不再联络他了，因为他们不确定菲尔比会对《苏德互不侵犯条约》做何反应。菲尔比很信任麦克林，虽然不知道他是不是还在做以前的事，但菲尔比可以肯定"即使他的生活发生了天翻地覆的变化，他也绝对不会背叛我"，所以"我想让他帮我重新建立与苏联的联络"。麦克林告诉了基蒂，基蒂又向莫斯科上报，一周后，麦克林和菲尔比在巴黎的一家咖啡馆碰面。麦克林告诉了菲尔比"会面的所有信息，包括时间、地点和暗号"[23]。就这样，莫斯科中心与菲尔比逐渐恢复联系，甚至比之前联系得更加频繁。实践证明，回归后的菲尔比精力更加充沛，在战争后期他成了一名卓越的反间谍训练员，战后更是发挥了重要的价值，尤其是在保护麦克林方面。菲尔比和麦克林随后又是分别数十年，再未相见，后来他们的重聚十分短暂，且充满戏剧性，随即开始转向背叛，背叛友谊、背叛同志之情。

1940 年 6 月初，英国大使馆已进入撤离的最后阶段。基蒂与麦克林不再联系，他们结束了爱情长跑，也结束了工作上的合作。基蒂不知道未来的路该怎么走，但直到生命的最后一刻，她都珍藏着麦克林送她的项链。她原本可以在晚年再见到麦克林，却选择了不再相见。基蒂在发给莫斯科的最后一份报告中，特意使用麦克林职业生涯中最辉煌时期的代号称呼他，这样，就可以保住自己和麦克林存在的价值，报告中写道："'诗人'（麦克林代号）一直都很尽职，他是一个工作至上的人"，他只在乎"他的工作是否会得到认可"。"他觉得他在法国的工作没有在伦敦的重要……他对苏联和工人阶级都很有信心。想想他的出身和他的过去，他能脱离自己成长中及学习中一直接触的党派，就可以肯定他真的是一个很尽职很勇敢的人。"[24]6月，德国人占领巴黎，基蒂返回莫斯科，继续为苏联内务人民委员部工作，地点在新墨西哥的洛斯阿拉莫斯，也就是"曼哈顿"原子弹计划的所在地。麦克林再一次发现，虽然他可以将两份工作都做得游刃有余，却缺少一个联络人。从1935年麦克林去往外交部工作到基蒂离开，这期间麦克林为苏联提供了大量情报，后来经整合一共是45箱，每个箱子大约有300页文件，这些文件都是被拍成照片，经过处理然后暗中送往莫斯科的。[25]

*

麦克林和梅琳达刚在一起几个月，英法和德国就进入了"假战"（Phoney War）时期。人们经常无视空袭警告，巴黎时髦的女性"戴着新潮的防毒面具"[26]。1940年5月10日，法国遭到德国的闪电入侵，之后英法联军用"小船组成的舰队"疏散敦刻尔克近34万名盟军士兵。德国仅用几周时间便攻占了法国大部分地区。德军进攻的速度之快，让所有人都措手不及，包括斯大林，他原本希望欧洲的战争能为自己争取几年时间来建立防御体系。

就在这战火纷飞的时期，麦克林却向梅琳达求婚了。当时，美国大使馆要求当地的美国公民立即离开，梅琳达恳求麦克林给她点时间，让她回家仔细考虑一下。但是，欧洲到处弥漫着战火，如果梅琳达决定现在离开，就有可能再也不能回到欧洲了。最终，经过深思熟虑，梅琳达没有立即答应麦克林，麦克林还是开车把她送到了波尔多，并找了一条船送她回到住处。德国闪电战速度惊人，巴黎开始疏散人群。5月16日，大使馆将员工家属和馆内的女职员遣送回家后，剩下的人员在圣奥诺雷郊区花园里将馆内的文件全部都烧掉了。事情的发展速度远远超出了梅琳达的预料。

6 月 8 日，由于德国军队可能一周内就会攻到巴黎，大使馆进入紧急备战状态，麦克林写信给身在伦敦的维克多·马莱特，信中写道：

> 我想和一个住在这里的美国女孩结婚。我们烧掉了所有的通告和档案，所以我不知道我是否需要许可才能结婚。如果需要的话，我就给大使写信，问问我是否可以结婚……那个女孩在法国待了快两年了……本来去年 9 月要和她妹妹回美国……但她没有回去；只要她待在这儿，我就要对她的安全负责。现在我们打算尽快结婚，最好是 8 天内就结，然后她会躲到一个隐蔽的地方，如果需要的话，也可能会回美国，等到情况好转再回来。
>
> 我很想尽快结婚，因为谁也不知道接下来的几天或几个月将会发生什么……[27]

119

最终梅琳达决定与麦克林结婚。她这么快做出决定的另一个原因是她发现自己怀孕了。在这个重要时刻，麦克林没有心情工作当然也是可以理解的。新任大使罗纳德·坎贝尔爵士（Sir Ronald Campbell）注意到了这一点，他对一位前辈说：在最后这个重要关头，麦克林不应该这样拖延工作，玩忽职守。他觉得麦克林有点软弱，又有些鲁莽。[28]

梅琳达与麦克林不同，她结婚不用征询别人的许可，6 月

9 日（6 月 11 日又增加了内容），她写信给母亲：

> 亲爱的妈妈，
>
> 　　我没有和您商量，也没有通知您就决定嫁给麦克林，请不要对此感到伤心。但说句心里话，我真的不知道到底该不该嫁给他。我们别无选择，才突然做出这个决定，因为大使馆可能要从巴黎撤走，搬到某个小地方，而且人们再也不能随意旅行了。
>
> 　　很抱歉，我没有告诉您更多关于麦克林的事，我知道我嫁给一个英国人，您一定很担心，可能也很失望。但我并没打算以后一直在英国定居。我们很可能会到世界各地工作。
>
> 　　……我非常非常爱麦克林，而且我确定我再也不会像爱他一样爱任何人了。他就是那个我想相伴终生的人……

梅琳达还在信中写道，麦克林"品德高尚、有责任心、有教养、心胸宽广（也很浪漫体贴）……当然，他也有缺点，但不知道为什么，我并不介意他这些小毛病——除了他的固执己见。我一直孤身在外，漂泊不定，所以我需要这样一个归宿"。麦克林对她来说就是最好的归宿。

梅琳达在信中还写道，他们结婚后，她会直接去波尔多，然后带点儿行李，乘船回家。其他的行李我都会放在麦克林的公寓中，当他也需要撤离的时候，这些东西可以一起寄走。[29]梅琳达对自己所处的境况毫不在意。但人算不如天算，她最终还是决定和麦克林待在法国，而不是借他之力返回美国，而且孩子的存在更使她下定了决心。她激动地把这个消息委婉地告

120

诉了她的母亲："在家的时候，我最大的愿望就是想要生个孩子，我真的想要一个宝宝，我必须让您知道。这感觉太棒了，妈妈！"[30]

6月10日，也就是大使带着大使馆所有人员搬离巴黎（大使的劳斯莱斯汽车打头阵）的那天，麦克林夫妇在波旁宫区的一个市政厅里提前举行了婚礼。马克·卡尔姆－西摩给他们当的伴郎。[31]麦克林无视让他去帮助疏散大使馆人员的命令，而是自己举行了婚礼，然后加入了一支噩梦般的难民大军，逃离了巴黎；[32]而卡尔姆－西摩则带着难民委员会的五位英国女士，开着一辆帕卡德逃往南部地区。[33]麦克林和梅琳达在沙特尔附近的田野里度过了他们的新婚之夜，第二天晚上是在图尔市他们的汽车里度过的，当时正赶上图尔市遭到空袭。他们设法在比亚里茨附近一个村庄避了几天，然后在6月23日乘坐皇家海军驱逐舰"伯克利号"从波尔多撤离。三个小时后，他们被转移到英国"纳尔维亚号"游轮上，这艘游轮刚刚从南美洲运煤回来。然后，为了避开德国的潜艇和空军，他们的航行路线极为曲折，历时十天才抵达英国。在船上，梅琳达和另外三个女人住在厨师的小屋里，麦克林则睡在过道里。白天，他们就坐在甲板上，回味他们在巴黎吃过的美味佳肴。[34]最后，他们抵达威尔士西南部的米尔福德港。米尔福德港位于麦克林的家乡哈弗福德韦斯特附近。然后他们坐上火车，前往伦敦。梅琳达给母亲发了一封电报，告诉母亲他们已经结婚了；梅琳达的母亲便在《纽约时报》上刊登了这个消息。麦克林夫妇的婚姻生活一直动荡不安，漂泊不定，充满困难和危险，聚少离多。他们的婚姻对外界来说就像俄罗斯套娃一样，一层套着一层，充满了谜团，而婚姻背后则隐藏着他们真正的自我。

121

第7章　闪电战与巴巴罗萨行动

这对新婚夫妇费尽千辛万苦，终于回到了英国。而此时，德国正开始横扫英国皇家空军，为入侵英国做准备。因英国海上交通受到封锁，皇家空军只得每天在南部海岸和英吉利海峡上空与纳粹德国空军作战，以阻止德国的入侵和最终几近失败的命运。1940 年 6 月 18 日晚，英国首相张伯伦的继任者温斯顿·丘吉尔在下议院发表了激动人心的讲话，为这场战役起了一个名字——不列颠之战。他说："'不列颠之战'已拉开序幕，基督教文明之存亡皆系于此战……希特勒明白，若他不在岛屿之上击溃我们，就会输掉这场战争……因此，振作起来吧，履行我们的职责，勇敢地面对现实，如果大英帝国及其联邦能够续存千年，人们仍然会说，'这是他们最辉煌的时刻。'"[*][12]

从法兰西战役中逃出的难民麦克林和梅琳达在来到英国时已身无长物，他们无家可归，更别提家具了，衣物也都留在了被占领的巴黎；他们把汽车遗弃在了波尔多，因为英国现在实行汽油配给制，汽车对他们来说没多大用处。瓦伦丁·劳福德从父母家骑马骑了十英里去看望他们。[3]1940 年 7 月初，正是

---

[*] 早在丘吉尔那辉煌时刻来临之前，丘吉尔的挚友伯肯黑德勋爵弗雷德里克·埃德温·史密斯就评论说："温斯顿用他一生中最好的时光来准备他的即兴演讲。"

战争最激烈之时，梅琳达见到了她的婆婆，并一起去他们在佩恩村的榆树小屋住了几个星期。

丈夫外出在白厅工作时，梅琳达发现和麦克林夫人一起生 123 活并不是一件轻松的事儿。无论战争带来了怎样的变化，格温德伦都执意想在婚礼前见见她最宠爱的儿子的未婚妻。她甚至还想见见女孩的父母。格温德伦出生在与当时截然不同的维多利亚时代，生长的家庭也非常重视礼节（尤其是婚礼的礼节4）。她做了乳房切除手术，又要照顾身在萨里郡的老母亲，因此二战让她备感心力交瘁。5德维特太太开始胡思乱想，她甚至总觉得她 80 岁的女佣会被召入海军，被迫在船上跑来跑去，做一些检查索具的活儿。总的说来，虽然麦克林的母亲本性率直，对她儿子麦克林的事更是如此（但这对梅琳达来说可能是个问题），而且从麦克林工作和婚姻生活的角度来看，他们夫妻二人住在伦敦会更方便。那里的生活比巴黎的更加精彩。尽管美国大使约瑟夫·肯尼迪（Joseph Kennedy）三周前就警告称，"毫无疑问，英格兰会被空袭摧毁"6，他们还是在 7 月中旬搬进了位于牛津街的蒙特皇家酒店。

*

外交部不属于前线，其职员不必负责征兵。从西欧回来的外交官太多了，工作如一团乱麻：晋升、调岗、任务分配，很多事情亟待解决，往日传奇般的顺畅服务体系早已分崩离析。战时，办公室进行的日常事务与麦克林两年前在伦敦工作时大不相同。以前不需要 11 点之前都待在办公室，星期六也没有工作，一年还有两个月的假期；午餐时间很长，下午茶点车会送来烤饼、饼干和水果蛋糕。而现在，人手短缺，事务紧急，

各种工作需要早早开始，却要很久才能完成。[7] 星期六上午成了

124　工作时间。不久后，这里的部门总数扩增到了 27 个，而二战
前只有 12 个部门。

　　外交部新设了法国部，用以接待戴高乐将军和法国陆军。
麦克林在巴黎时的大部分同事都被安置在那里。虽然麦克林也
曾在巴黎工作，但他被排除在外。部分原因是坎贝尔在背后打
小报告，说他结婚时间点选得不合时宜（正值法国驻巴黎大
使馆忙着撤离之际），而且他没有帮忙将人员疏散至波尔多。[8]
这是他职业生涯中唯一的污点。他被指派到新的部门，主要负
责联络航运部门、供给部门和经济战部门。经济战部门主要负
责获取二战所需的物资，让德国得不到物资。罗伯特·塞西尔
记得曾无意中听到两位外交官谈论一次长达三小时的会议，其
核心议题是拒绝向德国提供钨[9]（坦克用钢的必需成分），可
他们连钨是什么都不知道，这就是外交部在现代战争方面的
"专业水平"。除了麦克林等几个人外，总务部还有几位客座
专家，负责应对总务部工作所涉及的特定领域，麦克林又很能
干，因此这里的工作对他来说并不算繁重。10 月，按照任职
程序，他被提升为二等秘书。

　　麦克林当月的表现报告中写道，他的工作"一贯的出色，
但'不成熟'一词也反复出现"[10]。"不成熟"让人回想起了
他刚开始在外交部工作时的样子，掩盖了曾经对他的另一个评
价——自信。由于报告没有详细说明，因此关于这一说法也有
很多种解释：也许这是"在办公室宿醉"的委婉说法；也许
这是说他"精力不集中"，毕竟婚事和从法国一路奔波回国都
能佐证这个说法；也许这是因为他和梅琳达回到伦敦后，感觉
生活枯燥无聊，没有巴黎生活的戏剧性和婚姻的新鲜感。也许

这是因为经历了充满刺激的政治工作后，他觉得现在的工作有些死气沉沉，让他在尽责的表面下变得急躁了。

　　但最有可能的重要原因是，他与莫斯科方面断了联系。这　　125
让他很难全身心投入工作，毕竟，这种事情之前也出现过，而且在有些间谍身上还产生了严重的后果。他心底有一寸重要的土地得不到滋养。两年多以来，他一直因为了解许多消息而兴奋不已，因为他知道这些消息对于莫斯科来说特别宝贵；除此之外还有一件充满戏剧性的事，即用这些情报与他的联络人产生了感情。现在，敌人把他赶出了法国，苏联却与敌人结了盟，伦敦的局势也因此变得紧张起来。对他来说，自己已经永远与思想中心隔绝开来。莫斯科中心可能认为他是可以牺牲的，因为纳粹和苏联缔结了条约，基蒂也退出了行动。他们甚至可能认为英国人把他变成了一个双重间谍。如果他们真的相信他已经背叛了莫斯科，他们就不会再如从前那样对待他了。对于这样的心理不适和没有回应的焦躁，麦克林一直无所适从，更何况之前因为基蒂，他和莫斯科中心的联系曾那样紧密。他是一个敏感的人，现在觉得自己毫无价值，英国的前景又如此惨淡，他感到非常不安。

*

　　麦克林回国后整整六个月，多疑的苏联方面都没有给他派去新联络人。莫斯科方面一直认为，在国外工作的特工不可能完全忠诚，他们已经得出了这样的结论：他们在英国的工作"基于不可靠的来源，建立在被人民的敌人控制的间谍网络，因而极为危险"。"建议切断与身处英国的间谍的所有联系。"[11]
不过，这并不适用于身处巴黎的麦克林，因为基蒂·哈里斯非常清楚他不是人民的敌人，他的材料也无懈可击，但在情报工作如此重要的时期，这样对待他确实是一种冷落。

在马利和格拉夫潘被召回莫斯科并分别被处决、被监禁之后，驻伦敦的联络站陷入混乱之中。人们并没有看到马利宗教般的忠诚，相反，还认为是他连累了"剑桥五杰"。除了麦克林之外，所有人都遭到放逐，漂泊无依。1938 年 12 月，拉夫连季·贝利亚（Lavrenti Beria）成为苏联内务人民委员部的领袖，他矮小、秃顶、堕落、冷酷，却又才华横溢。他被斯大林的女儿斯维特拉娜描述为"当代朝臣的标杆，见风使舵、背信弃义、奉承虚伪的化身"。[12]1939 年，苏联内务人民委员部在伦敦仅存一名间谍领导人，名叫阿纳托利·戈尔斯基（Anatoli Gorsky），假名阿纳托利·格罗莫夫，代号为"亨利"。他有一张"典型的斯拉夫面孔……脸上戴着圆月形状的眼镜"[13]，上面是"发怒般的眉毛"[14]。他总是戴着一顶帽子，不自觉地展露了自己独特的性格。他不苟言笑，公事公办，对下属的工作效率要求极高。[15]莫斯科中心与伦敦间谍网络失去了联系，1939 年夏天，当得知菲尔比即将从发生内战的西班牙回来后，戈尔斯基立刻写信给委员部："希望能对他做些调查，因为我们对他知之甚少。"[16]

1940 年 2 月，麦克林还在巴黎时，莫斯科中心与菲尔比和伯吉斯的联系中断了，戈尔斯基暂时撤回了莫斯科。而在法国沦陷后麦克林回到伦敦，之前，他剑桥间谍圈的同志们好几个月前就已经和组织断了联系。除了这种孤立境况外，当时英国的共产主义者还面临另一个棘手的问题：丘吉尔将法国军队的失败归咎于"苏联式共产主义"，并在内阁中强烈主张，共产主义者、法西斯主义者及外国人，"包括领导人在内，都应受到保护性或预防性监禁"[17]。

1940 年 12 月，戈尔斯基回到伦敦，这次他的身份是英国地区间谍联络人。他的领导策略与基蒂不同。接下来的几年中，因为没有掺杂什么个人情感，他可以更加客观地与感情丰富的麦克林相处。不过，后来当他离开后，情况开始变糟。虽然麦克林表现得冷漠而高效，但因为另一个负责人的无能以及两人之间的摩擦，最终导致了麦克林暴露。

*

奥布里·沃尔顿（Aubrey Wolton）是总务部的专家之一。他对麦克林的工作评价很高，并试图与这位"相当孤僻且怯生的人"交朋友。他与麦克林夫妇一起喝过几次酒，但称不上感情深厚；沃尔顿觉得他"没能与麦克林有任何亲密接触。麦克林夫妻俩都太过年轻，太过迷茫"[18]。他们确实是迷失了方向，在饱受战争蹂躏的英国首都，他们不知何去何从；梅琳达现在的状况极其特殊，她怀有身孕，又与母亲和妹妹们失去了联系。但值得庆幸的是，虽然他们生活在饱受轰炸侵扰的伦敦，但他们的感情并未受到影响。梅琳达说："自那时起，我心中的'爱'总是与'轰炸'联系在一起，我宁愿没有过这段经历。"[19]8 月 24 日，伦敦遭遇了第一次轰炸，那次轰炸被称为"闪电战"。不久之后，蒙特皇家酒店遭到破坏，为了避免后续可能遭到的威胁，入住者不得不撤离。唐纳德和梅琳达搬到了位于佐治亚州梅克伦堡广场的一套家具齐全的公寓里，那里虽破旧但不失美观，而且靠近查令十字车站和费慈拉维亚的文学名胜。

9 月 7 日，数百架"轰炸机被战斗机围着，像蜜蜂围着蜂后，像驱逐舰围着一艘战列舰"[20]。它们在一个秋日午后抵达，用闪电战散播了十足的恐惧。8 日凌晨，码头着火了。当天晚上，纳粹空军又飞了回来。约翰·莱曼（John Lehmann）是梅克伦堡广场的一位居民，他经营弗吉尼亚 & 莱昂纳德·伍尔夫的贺加斯出版社。他在日记中写道，炸弹降落时发出了"如同汽笛声和撕裂声一样的噪音"。当他逃向广场中央的避难所时，莱曼"觉得拜伦庄园有一块奇怪的东西：几秒钟后我才意识到我看到的是庄园后面的一棵树——拜伦庄园已经被炸成碎片了"[21]。麦克林夫妇逃出法国仅仅十周，就又一次无家可归了，这可能着实体现了他们的"太过年轻，太过迷茫"。

128　　轰炸进行期间，麦克林经常需要整晚在外交部的建筑屋顶值班，趁燃烧弹还没有引燃时赶紧将其扑灭。梅琳达下定决心不再留在伦敦，因为她的孩子马上就要出生了。9 月，彼岸的美国一片祥和，十分安全，于是，她决定作为护航队的一员起航去美国。这是两年来她第一次回家。12 月 22 日，她在纽约产下一名死婴。梅琳达"非常痛苦"。如果想象下她在"闪电战"中所遭受的惊吓以及她前一年的经历，这个情况完全在情理之中。当时，梅琳达的继父还说她"爱上了给她接生的外科医生"[22]，但这件事情的真假无法考证（因为当时邓巴对马林一家没什么好感）。直到梅琳达次年初夏回到伦敦，麦克林夫妇才再次团聚。面对这重重打击，唐纳德"伤心欲绝，哭得像个孩子"[23]。

　　麦克林经历了这样的脆弱时刻，生命又随时遭受着威胁，他再也戴不住那坚忍的英国面具了。他给莫斯科写了一封雄辩有力的信，恳求让自己再次发挥作用，好让心灵安顿下来，重新找回那种使命感。他坚称，他的间谍活动"对我们双方都一样重要——或许对我更重要一些，因为这是我的生命，是我活着的意义"。然后，他明确表示，自己没有被人利用，并表明了自己的坚定立场，试图消除莫斯科方面对他的顾虑："我将尽我所能，保全我的工作【间谍工作】。对于这份工作，我说不上喜欢。但我承认，在我们的伟大斗争中，这是最适合我的工作，我将坚持到底，直到它彻底结束。"[24] 目标和意识形态的力量无法消除他一直以来对商业性间谍行为的厌恶，这也是他的祖国强调"团结一心"的时候他的托词和借口。他一直保留着长老会式的道德敏感，就像他一直坚持遵从自己的良知。他未能谋面的孩子死去了，梅琳达也不在身边，这使他愈发饱受间谍活动的折磨，因此，他渴望得到认可，渴望得到关注，如同一个小孩一样。也许，这就是外交部报告所指的"不成熟"。

*

1941 年是二战关键的一年：这一年，美国和苏联都遭到了攻击，并卷入这场战争。也是这一年，"剑桥五杰"从备受重视变得不受信任，从遭到他人怀疑变得开始自我怀疑。1940年 12 月 28 日，戈尔斯基从莫斯科回国后不久，就与英国军情五处的核心人物布朗特取得了联系。布朗特早年被迫中断了在弥勒庄园的情报训练，因为人们发现了他过去曾是一名剑桥共产主义者，但现在大家已经将此事遗忘了。他已经有三年半没有和苏联方面的联络人联系。[25] 1941 年 1 月，布朗特把前一年的"托马斯先生"沃尔特·克里维茨基的汇报交给了戈尔斯基，这无疑加速了这位叛逃者的死亡，几周后他便死在了华盛顿的一家酒店中。[26] 这样，布朗特重新为他们所有人赢得了信任。如果麦克林早先没有做出那样真挚的承诺，莫斯科中心可能对克里维茨基的证据更震惊，因而会更担心英国人发现了他是间谍，并把他变成了一个双重间谍。

戈尔斯基（代号"亨利"）的情报传递规矩比"奥托"和"诺玛"更严格。如果在伦敦市中心会面，那就选在公园或咖啡馆。每次会面都要先对暗号，然后乘地铁往返郊区，在确保没人跟踪后，才可以进行情报交换。[27] 有时，戈尔斯基会在伦敦西郊的皇家公园之类的偏远地铁站与间谍见面，在那里交接文件，并约定好一个地点，通常是公共厕所，方便第二天归还文件。[28] 间谍们配备了微型美乐时照相机，可以在家里拍摄文件，但是用这样一个小小的设备记录文字需要极高的技巧，所以实际操作起来不太现实。1941 年一年里，麦克林再次达到工作效率的高峰，提供了 4419 份文件，无人可比；而凯恩克罗斯以 3449 份文件位居第二。[29]

130　　那年上半年，有大量材料说明德国即将入侵苏联，《苏德互不侵犯条约》可能会终止。这让看到消息的特工们非常不安。在进攻开始前的两个月里，外交部编制的《每周政治情报摘要》一直在表露种种进攻的迹象。麦克林曾看到一封电报，内容是希特勒、南斯拉夫亲王保罗讨论入侵计划，而哈利法克斯勋爵（现大使）也就同一问题于华盛顿发来了电报。秘密情报局（Secret Intelligence Service，SIS）5 月初发布的关于德国军事计划的公报摘录，军情六处也同样知情。但是，由于斯大林只愿意听合他胃口的情报，因而他不相信在自己没有准备好之前，他的国家会受到任何侵略。

*

1940 年与 1941 年之交的那个冬天，由于梅琳达去了美国，麦克林被迫过上单身生活，他开始偶尔显露放浪的迹象，在接下来几年里，这种迹象变得愈发明显，也愈发危险。布朗特和伯吉斯有时会在他们马里波恩本廷克街的维克多·罗斯柴尔德公寓举行聚会（公寓聚会很方便，因为地下室有一个防空洞）。在可怕的闪电战时期，那是个释放压力的好去处。戈伦维·里斯（伯吉斯的密友）回忆说，这样的聚会也是高层流言蜚语的来源，有不少有用的信息："盖伊带去很多的男孩、青年、士兵、水手、飞行员……公务员、政客、伦敦访客，还有他的朋友和同事。这些人上床、下床，然后继续就政治阴谋、二战进程以及未来和平的可能性等发表大胆的言论。"[30]麦克林偶尔到这里来，有时也会去苏豪区迪恩街的石像鬼俱乐部玩，盖伊·伯吉斯是那里的常客。他们见面时不会讨论间谍活动，甚至不会表现出彼此认识。石像鬼俱乐部的墙上装饰着呈现破碎感的镜子，舞台还装有新艺术风格的升降梯，这是"一个包罗万象的舞台；一个社交、魅力与才智的万象剧场"[31]。战争期间，被流放的知识分子、作家和艺术家，如亚瑟·凯斯特勒（Arthur Koestler）、乔治·威登菲尔德（George Weidenfeld）、罗曼·加里（Romain Gary）和菲利克斯·托波尔斯基（Feliks Topolski），以及一些法国陆军的高级军官，都在这里找到了"熟悉的领地"[32]。这里还受到了西里尔·康诺利、哈罗德·尼科尔森（Harold Nicolson）、克莱夫（Clive）、瓦内萨·贝尔（Vanessa Bell）、南希·昆纳德（Nancy Cunard）和伊夫林·沃等人的青睐。麦克林也习惯了俱乐部中享乐主义的自

131

在氛围；1950 年，当他成为俱乐部会员时，俱乐部正慢慢成为一个不可或缺的公共减压器，用来释放压力。

*

1941 年 5 月，梅琳达回来了。唐纳德放浪不羁的生活重归平静。她乘坐泛美迪克西豪华快艇（这艘快艇为男女提供单独的更衣室，还有衣着考究的侍者，每餐六道菜[33]），途经百慕大和里斯本中立区，回到了英国，回到了疲惫不堪的丈夫身边。原本她的家人在听说她经历的种种磨难后，对她百般施压，但她本身就是一个"顽固且忠诚的人"，于是还是坚持选择了回到麦克林身边。她总要在原生家庭和丈夫麦克林之间做出抉择，但她从不犹豫。他们需要彼此。她这一次的经历使她变得更加坚强。而由于她钟爱危险刺激的生活，空袭警报响起时，她也总是不愿躲起来，说自己宁可死在床上，也不愿在防空洞的臭味里忍受幽闭恐惧症。[35]

他们俩搬进马里波恩罗斯莫尔的一套新公寓时，希特勒已经启动了巴巴罗萨行动。6 月 22 日，轴心国的 400 万大军（以及近 70 万骑兵）越过苏联边境 1800 英里。巴巴罗萨行动的规模和速度都令人惊叹——这是历史上规模最大、速度最快的一次入侵。斯大林数月以来一直得到来自各种渠道的警示，但一直置若罔闻，就在几周前听说德国驻莫斯科大使也在暗示入侵行动时，他还说"现在连大使级的假情报都有了"[36]！6 月 10 日，英国外交部常务次官亚历山大·卡多根爵士向苏联大使麦斯基告知苏联边境轴心国部队部署情况。彼时，他是伦敦战场上的一个不可或缺的角色，一个敏锐的观察者。但莫斯科中心根本不信，称之为一种"糟糕的宣传手段"[37]，目的是让苏联和德国卷入这场战争。21 日,英国驻莫斯科大使斯塔福德·克里普斯(Stafford Cripps)在伦敦再次提醒麦斯基,入侵很可能于次日开始。那天晚上,麦斯基在日记中写道:"一次迫在眉睫的袭击……大概是假的。"[38]斯大林觉得他可以靠自己的意志来控制事态的发展,他本来希望提前做更多的应战准备。

巴巴罗萨行动为英国提供了一线生机。现在,德国大部分火力对准了苏联。麦克林算是在为盟友(虽然丘吉尔在巴巴罗萨之夜的下议院演讲中,小心翼翼地避免使用这个词,以免显得过于突兀)工作,他因此可以填补内心的道德鸿沟,安慰自己说,他向莫斯科传递的材料有了新的意义——可能提前结束战争。他可以借此弥补此前的罪过。安东尼·布朗特对战争突然转折感到"深深的宽慰"[39],他的信仰终于不需要再那样纠结。麦克林一定也有同感,因为这一次,梅琳达重新与他肩并肩,而他的两份工作有了共同的意义,爱国主义和坚定的意识形态变得相辅相成了。在经历了几年苦难之后,他的生活终于有了平稳的方向。

*

虽然克里姆林宫方面可能没发现,但在伦敦生活的三年里,麦克林交给亨利的很多资料对苏联而言都极其宝贵。1943年,他报告了波兰人对国防军在卡廷发现波兰士兵尸体的看法,这件事促成了苏联与波兰流亡政府的决裂。然而,麦克林能将如此多的重要信息递交莫斯科中心,这必将引起怀疑。因为很少有人能送出这种规模的材料,最终苏联式逻辑得出这样一个结论:他得到了自己的领导或剑桥间谍同僚的帮助。另外几个人的工作效率也很惊人：据莫斯科中心称，布朗特渗透了军情五处，在1942年至1945年，从英国核心情报部门得到并送出了1771份文件，而且其中有一些是原文件而非照片。按莫斯科中心的说法，做到如此的高效要承担"惊人的风险"[40]；凯恩克罗斯利用在政府密码学校（布莱切利园的密码破译机构）的职位所截获的德国情报，对关键的库尔斯克战役极其重要。然而，"剑桥五杰"都没有传达不利于英国的信息，所以严格意义上来说，他们没有真的背叛祖国：就连菲尔比的英式腔调和打扮都会引起怀疑。1941年5月希特勒的副手鲁道夫·赫斯（Rudolf Hess）坐飞机飞往苏格兰，这件事很快就被看作英国和德国有意为之，而不是一个精神失常之人的异常之举。斯大林认为这是两国在暗中讲和。1942年，斯大林写信给彼时还是驻伦敦大使的麦斯基，说"我们这些在莫斯科的人都这么觉得：丘吉尔的目标是击败苏联，然后与德国讲和……我们的国家就是牺牲品"。直到1944年10月，斯大林还在与丘吉尔共进晚餐时为英国情报部门举杯，说他们"诱使赫斯来到了英国"[41]。

埃琳娜·莫德金斯卡娅（Elena Modrzhinskaya），别名"蓝眼睛格雷琴"[42]，是莫斯科中心为数不多的女性之一。她是波兰人，也是英国分部的负责人，不过她对英国毫无感觉。她在1937年大清洗高潮时加入了苏联内务人民委员部，这使她能够对遇到的每一件事都三思而行，从而迅速升迁。1942年之前，她一直跟着向安东尼·布朗特学习，收获颇丰。当时布朗特是军情五处B分部盖伊·利德尔（Guy Liddell）的助手。B分部实行双重交叉制度，他们通过破译密码巧妙地查明了所有在英国的德国间谍，并成功地将他们缉拿归案。

由于莫德金斯卡娅自己也擅长两面三刀，再加上获得的资料都是针对东方的，所以她有充分的理由认为"剑桥五杰"是在为他们自己的祖国效力，苏联方面被耍了。她确实指出了一个相当重要的问题，这是她那彬彬有礼的英国同代人所无法理解的。她问，这些自称大学共产党员的"贵族"[43]为什么可以在如此重要的岗位上为自己的国家服务？如果他们是真心为苏联工作，"为什么揭发的间谍中，没有一个是在苏联或苏联驻英国大使馆的英国间谍？"[44]布朗特的说法是，军情五处没有监视苏联驻伦敦大使馆；菲尔比说军情六处没有在英国驻莫斯科大使馆安插间谍。[45]但是如果没有双面间谍，这一切就很难解释，间谍们怎么可能拿到那么多的文件却不被发现？事实上，在巴巴罗萨事件之后，英国确实减少了对苏联的监视：即使人手再多，英国也不会在战时监视他的盟友。再加上形同虚设的安保，莫斯科中心从间谍常识考虑，似乎要把一切的谜都解开。

如果麦克林真的是一个双重间谍，他为什么要这样高效地工作，挑几份情报发过去不就够了？原因一定是这样的：他是唯一没有被策反的人，但受着其他人的操纵。因为他送出的关于德国的资料中，几乎没有有损英国利益的。苏联派出一支侦察队去跟踪他们的这些精英间谍，但是很快就跟丢了（他们那破旧不堪、剪裁不当的苏联西装暴露了他们的身份），为了掩饰自己的过错，苏联侦察队报告说，英国的间谍培训大师对这些人进行过专业的训练，所以他们被甩掉了。但后来，麦克林在一些情报工作中表现出色，重新博得了信任。1944 年 5 月，布朗特在诺曼底登陆两周前，提供了一份掩护登陆计划的完整副本，并在 7 月提供了该计划涉及的所有双重间谍的名单。1944 年 8 月，也正是苏联追查自己派出的间谍两年后，苏联方面对菲尔比提供的材料进行了详尽的分析，并与其他来源的材料进行了反复核对，最终证明这五个人没有问题。麦克林的另一种生活即将走到尽头。

*

135　　巴巴罗萨行动让麦克林的间谍行动合乎道德，但成为他暴露身份的一个因素。麦克林的暴露是一系列发生概率极低的事件共同作用的结果。但是他最终毁在了间谍必备技能中最基本也是最重要的一项——密码本。

　　《苏德互不侵犯条约》的终止自然使得进出莫斯科的密码交互大幅增长。巴巴罗萨行动的神速推进使苏联的密码设计者猝不及防，就像这一计划使斯大林的军队措手不及一样。苏联内务人民委员部改进了一次性便笺簿的使用方法，让发送信息的特工和接收信息的密码文员可以借助由随机数字组组成的相同便笺簿进行交流（必要情况下，两人的交流还会通过一名苏联情报官员，他能翻译并使用很多特工都不知道的代替词和名字）。[46]特工们将信息用尽可能简洁的语言写出。大多数单词、标点符号和许多短语都有一个四位数的代码，而那些没有使用独立"拼写表"拼写的单词则借助"拼写"指令（以代码表示）化为数字编码，并在词尾使用"结束拼写"指令。无论单词长短，这些单词都被分为四个一组的数字组。而为了进一步伪装，已经成为编码的信息将从下一组数字中向前抽出数字，从而转化为五位的数字模块。

　　由于信息被编码化了，密码文员就可以通过一次性便笺簿来破译信息。每页便笺簿都有 65 位数字组，它们叫作"加

法"（additive）或"密钥"。密码本上的第一组数字用来表示
编码使用的是哪个便笺簿的哪一页。然后，将一次性便笺簿放
在需要发送的五位数字模块上，将两组数字相加在一起，但不
求出结果（因此，如果数字9在数字4上，则在密码上变为数
字3）。然后，每个数字对应一个字母（这是固定的，不会随
便笺簿变化），随后，消息就被转换为五个一组的字母组发送
出去。在另一端，这一过程就反过来进行：把字母转化成数
字，然后用一次性密码本的对应页减去数字，再用密码本把数
字变成单词。

136

　　这样一个密码系统，每使用一次都需要大量的人力；因
此，德国决定使用恩尼格玛密码机，通过原始的机电计算机生
成密码。但是，更高水平的计算机工程师制造的高级计算机可
以破解这种密码，而这个工程师就是布莱切利园的艾伦·图灵
（Alan Turing）。

　　1941年中期，随着一次性密码本需求量激增，苏联密码
部门的密码本库存不足，苏联密码部门出现了一场危机；他们
的产量根本跟不上需求。仅伦敦的间谍联络站就需要8000多
个密码本。而1941年12月日本偷袭珍珠港后，美国也加入了
战争，密码本的需求量更大了。最后给出解决方案的，要么是
一位心急如焚的官员，要么是一个不堪重负的加密部门。他们
提出重复使用密钥页，将一张复写纸手工插入用于编写密码本
的打字机中。到了1942年，已有数万张重复页了。[47]技术上来
说，彼时有很多页便笺簿已经重复使用不止一次了。即使如
此，由于重复的页面发送区域不会重读（通常还换了页码），
并散发到了世界各地，因此密码不大可能被破译，除非对方拿
到了大量被复写的便笺簿，同时还得有掌握高级解码技术的破

译人员。

而美国陆军信号情报处同时具备这两个特征：1939 年 9月，陆军信号情报处只有 19 名工作人员；而珍珠港事件发生时，工作人员已增至 400 人，到战争结束时，人数高达 10000人。陆军信号情报处总部设在阿灵顿厅，这里曾是一所女子寄宿学校，隔着波托马克河与对面的华盛顿特区遥遥相望。与英国的布莱切利园一样，情报处的新成员来自各个领域——语言学家和语文学家、数学家、工程师、技术专家，以及热衷于做填字游戏的优秀英语专业毕业生。[48]而很快就会有一个天才来领导这支队伍。

137 　《苏德互不侵犯条约》终止后，密码破译部门取得了第一个突破性成果。苏联驻彼得萨莫领事馆位于芬兰最北部通往巴伦支海的暖水港，芬兰军队以极快的速度占领了领事馆，因此在 1939 年 12 月芬兰和苏联冬季战争期间，驻扎在那里的苏联内务人民委员部和国家安全人民委员部的工作人员在撤离时，没来得及焚烧所有的密码本，当时一共有四本，他们只烧了一部分。这次对密码本的仓促处理让苏联付出了惨重代价。芬兰人非常重视密码学，尤其是与苏联相关的，于是他们借此开始复仇。[49]他们对破译的总参谋部与驻柏林和赫尔辛基武官之间的一些电报尤其感兴趣。[50]虽然芬兰人没有完全破译苏联密码，但他们可以从电报中的天气信息以及赞扬革命和祖国的礼貌性落款中发现"共性"[51]。1944 年 11 月，美国战略情报局（中情局的前身）负责人威廉·多诺万（"狂野比尔"，William "Wild Bill" Donovan）从芬兰购买了 1500 页的密码和解码材料。尽管美国国务卿斯特蒂纽斯对这种监视盟友的行为提出了反对，信号情报处仍然借此开始了工作。[52]正在麦克林能够一心一意、问心无愧地为苏英共同战胜法西斯的目标做出巨大贡献的时候，情报局的成员们踏上了一条漫漫长路，要在未来的岁月里用聪明才智和艰苦工作来瓦解这一切。

＊

让我们先回到麦克林的家族这边，1943 年，麦克林的大哥伊恩在执行一次任务时丧生。他是英国皇家空军领航员，当时他代表特别行动执行局抵抗德国，结果乘坐的飞机在丹麦上空被击落了；弟弟艾伦从剑桥毕业后加入了第 11 轻骑兵团，后来在盟军进攻柏林时越过了莱茵河。南希当时在伦敦军情五处的登记处工作，安东尼·布朗特还经常去看她。登记处一开始选址英国皇家监狱沃姆伍德·斯克拉比斯（在这样一个大部分办公室没插座，只有门外侧有把手的地方工作真的不容易），后来那里遭到轰炸，他们不得不搬到牛津郡的布伦海姆宫。

麦克林在总务部工作得非常努力。晚上他要负责消防工作，到了 1944 年初，他变得"疲惫不堪"[53]。梅琳达抱怨说，他们在伦敦这段日子，她"经常不高兴"，唐纳德有时"烦躁大意"，有时会"酗酒"[54]。日常公务让他疲惫不堪，由于莫德金斯卡娅的多疑，他与莫斯科中心的联系也断了好长时间了；随着执政者们开始考虑战后世界形势的变化，外交部对苏联的不信任感与日俱增。梅琳达理解麦克林，并尽量在他们的婚姻生活中为他预留一些空间，但当她大发牢骚时也会忘了这种共情。

事实上，麦克林酗酒的情况远比梅琳达后来所描述的糟糕。他在双重身份的压力下苦苦挣扎，醉到每晚都得靠朋友的帮助才回得了家，"他的衣服脏兮兮的，还散发着威士忌的味道。"[55]她用自己的"贴心和知性"[56]为丈夫辩护，并向麦克林夫人保证，他只是工作太累，同时私下里和朋友们假意抱怨说"唐纳德在为某些事情忧虑，但什么都不说"[57]。

继奥布里·沃尔顿评价这对夫妇"迷茫"的三年后，他们仍然没交上几个朋友。1944 年 1 月的一份机密的外交部内部报告对"他喜欢外出娱乐吗？"和"他（以及他"聪慧迷人"的妻子）'表现'如何？"这两个问题的回答。都是诸如"大概吧"和"还可以"[58]这样的话。这是填表人在对这位天才同事所保持的个人生活缺乏了解的情况下进行的回避性回答。

麦克林在他外交部的职业生涯中一直表现不错。在他1943 年的年度报告中，他被描述为"能力一流，富有魅力"，但也有负面评价，说他"缺乏自信……而且有点儿不成熟"[59]。关于他不成熟的评论仍然是值得注意的一点，而且考虑到他这四年所做的工作，以及他所见识和所经历的，就可以发现这一次的评价比上一次的更加尖锐，也更有针对性。他们可能提到了他的谨慎，或提到他在深夜外出后早晨无精打采，甚至偶尔还会提到他对左翼的看法。即使如此，他的兢兢业业很好地回击了这些吹毛求疵和空穴来风的评价，让他在伦敦和莫斯科方面都获得了很高的评价。英国外交大臣安东尼·伊登特别指出了他对特定局势"令人钦佩的透彻分析"[60]。作为对麦克林的嘉奖，他于 1944 年 4 月被派往华盛顿，同时升任二等秘书。贺电如潮水般涌来。月底，梅琳达乘船返回祖国，这次不是危险的护送任务，而是她婚姻生活新的开始，这让她松了一口气。她已经怀孕三个月了。

1941 年，温斯顿·丘吉尔还在试图鼓励美国参战时，他曾将在华盛顿的外交称为"在英国之外，所有英国臣民能履行的最重要的职责"[61]。1944 年，在诺曼底登陆和二战最后一个阶段开始的几个星期前（也是第一枚 V-1 导弹降落伦敦的几个星期前），麦克林作为英国外交官被派往华盛顿，这是一次让他声名鹊起的调任，因为此时美国在战后世界格局规划中的作用已经不言而喻。另外，这次外派也非常有利于他提供重要的间谍情报。即使让莫斯科中心自己安排间谍的职位晋升，他们恐怕都没法安排得这么好。

第8章　荷马

华盛顿、莫斯科和伦敦塑造了战后国际新秩序，在这三座城市中，唐纳德·麦克林都是引人注目的焦点。作为一位资深的英国外交官，他在华盛顿能获取的资源也是别处无法匹敌的。而在他任职期间，华盛顿从一个闭关自守的首都，发展成为自由世界的神经中枢，并在迅速发展的冷战中成为西方盟国的中心。而对莫斯科来说，麦克林也发挥着非常重要的作用，因此他也获得了一个新的代号（"荷马"，Homer），这也侧面反映出了他极大的影响力。不过，在麦克林刚到美国的头几天，他还没有在新的职位上取得长足的进步，而一个看似微不足道，且不是他犯的小错误却成了他的致命伤。

*

1944年5月6日，也正是诺曼底登陆的一个月前，在经过一段平淡无奇、令人惶惶不安的航行后，"伊丽莎白女王号"客轮停靠在了纽约。在改装的豪华客轮上，男女乘客被隔离开来，护航队也经常进行疏散演习。启航之前，麦克林外交官的身份还让他享受到了一些特殊待遇。英国驻华盛顿大使哈利法克斯勋爵采取了不同寻常的套路，他写信给麦克林，邀请他和自己的团队同行。这位痴迷于猎狐的贵族因其政治手腕而闻名，丘吉尔称其为"圣狐"（Holy Fox），他接替了唐纳德爵士当上了教育委员会主席，并继承了唐纳德无可挑剔的节俭作风和坚定的宗教信仰。哈利法克斯大使身材颀长，体格瘦削，衣着考究，无疑是一位英国绅士。他曾任张伯伦的外务大臣，1940 年在慕尼黑危机后，曾获英国首相提名。哈利法克斯任英国驻华盛顿大使后，并没有刻意迎合美国人的喜好。他有一次观看了在科米斯基公园举行的芝加哥白袜队棒球赛，他说这场比赛"有点像板球，只是我们不怎么质疑裁判员的判罚"，买来的热狗他一口都没吃就留在了座位上。这份热狗上了新闻头版，热度仅次于 1939 年英国在位君主乔治六世首次出访美国时吃过的热狗。哈利法克斯有时会在休息日去宾夕法尼亚打猎，他打猎水平很高。后来他的一个儿子在二战中丧生，另一个儿子的腿被德国空军炸断，他也因此收获了不少同情。

　　哈利法克斯和新来的二等秘书（麦克林）成了好朋友。早餐前，他们有时会在大使馆后面的场地上玩网球双打。大使馆是由卢廷斯设计，宏伟壮观。和他们一起打网球的另一个人是乔治·米德尔顿（George Middleton），他和麦克林夫妇乘同一艘船抵达，并把公使馆视为"英国外交的顶峰"[2]。虽然哈利法克斯的左臂残疾（先天性左臂萎缩），但他仍热衷于打网球，总把手伸得远远的。麦克林在巴黎和剑桥的同事罗伯特·塞西尔当时也在华盛顿外交部，他有时也会和大家一起打网球。塞西尔的职业生涯一直和麦克林有着千丝万缕的联系。外交部最棒的地方就是它像一个小世界，在外交部工作期间，唐纳德虽然无法一直抑制住自己对美国的"本能厌恶"[3]，但他仍成了新一代的外交先锋。

　　在美国，麦克林夫妇不用担心定量配给，也没有敌军轰炸的困扰，这是他们结婚以来第一次远离了战争（尽管只是在

141

地理上而言），他们的孩子也马上出生了，一家人可以幸福地生活在一起。抵达纽约后，他们直接前往梅琳达母亲和继父位于公园大道的 277 号公寓：这是梅琳达父母四年来头一次见女婿，也是三年前梅琳达在"闪电战"期间回美国待产离开后，他们头一次见面，梅琳达的第一个孩子没能保住，当时产下了一个死胎。

142　　　唐纳德的岳母往往会严厉地批评任何接近她女儿的人。见到唐纳德后，她发现这个女婿"目空一切且毫无作为"[4]，不过这可能是她误解了唐纳德在面对其强硬的个性时所表现出的英式魅力和羞怯。不过令人欣慰的是，如果不考虑他那颗"已经坏掉的蛀牙"，她和其他人一样觉得麦克林长相英俊，麦克林在美国期间，将这颗牙"修好"了[5]。邓巴太太下定决心不让梅琳达在怀孕期间再出任何差错，她要密切关注她的一举一动。关于母亲对麦克林的负面评价，梅琳达并未在意，包括她母亲认为她作为麦克林的妻子"虽活力四射，但心有不甘"[6]。这不是梅琳达第一次保护麦克林，当然，也不是最后一次。

　　但有时，保持这种忠诚对梅琳达来说也是一种考验。这对夫妇在纽约码头边填写入境表时，梅琳达第一次感到了惊讶。填地址时，她写的是"英国驻华盛顿大使馆"。唐纳德纠正了她，说那是他的地址，她应该填帕克大街[7]。他还振振有词地说，华盛顿的夏天太闷热了，会让她在怀孕期间感到非常不舒服，而且在经历了上次可怕的流产之后，她应该和母亲多亲近亲近。当时处于战时，大使馆的工作异常繁忙，麦克林几乎没时间照顾梅琳达。但让梅琳达和邓巴一家住在一起也很困难。家里的关系越来越紧张（邓巴夫妇于次年离婚），尽管梅琳达已经嫁给了一位帅气成功的外交官，哈尔·邓巴仍然把他的这个继女当作一直以来的"问题儿童"[8]。邓巴和这对母女的关系都很疏远，他甚至向她们收取房租。

让梅琳达对麦克林心生芥蒂的另一个原因是钱，唐纳德认为她自己的钱已经够多了，就没再给她。[9]而且他在巴黎时就发现，他的同事都有私房钱，所以过得都比较自在。麦克林只在纽约待了数日就去华盛顿大使馆了，因为他要接班的那个人得了腮腺炎，他需要提前出发。比较幸运的是，麦克林在外交部的档案中从来没有记录过他上任的日期或原因。麦克林坐上了开往华盛顿的火车，这是他众多往返于华盛顿和纽约的旅行中的第一次，不久后梅琳达去了伯克郡南埃格里蒙特的梅里布鲁克家庭农场避暑。他们的儿子弗格斯（Fergus）于 9 月 22 日在纽约出生，是剖腹产。

麦克林经常往返于华盛顿和纽约，必然让人生疑，前任使馆官员认为，像他这种级别的官员经常去纽约是"不正常的"，"因为当时工作压力很大"[10]。但是麦克林在到华盛顿之前就去过纽约，而且因为梅琳达现在住在纽约，他有充足的理由往返两地，这一点非常重要。但是梅琳达却从麦克林这些公开的理由背后，发现了他往返两地更重要的理由，于是她对自己当时的生活状况更加宽容，不再苛责麦克林。二战已经接近尾声，英美两国计划在一个月内攻入欧洲，苏联红军正在从东部向前挺进，所以莫斯科中心认为他们的头号间谍必须迅速出击。

然而，他工作调动的速度太快了，戈尔斯基无法与他同时搬到华盛顿，因此他需要在纽约找一名新的联络人。唐纳德·麦克林每个月都去宾夕法尼亚火车站一趟，整个行程大约三小时。然后他会去中央车站，搭乘去纽约希尔斯代尔的火车，前往伯克郡和邓巴农场。[11] 如果他半路下了火车，或者在中央车站和公园大道之间下了车，然后在曼哈顿稍做停留，那他会约联络人在中央公园的长椅上或拥挤的酒吧里见面。梅琳达怀孕了，他需要经常去纽约，这一借口堪称完美。

*

华盛顿在苏联间谍文件中的代号是"迦太基"，这无疑表达了苏联人的希望，即希望它能与迦太基古城有相同的命运。战争期间，华盛顿从一个南方小镇发展成为二战时繁华的大国首都。1945 年，华盛顿人口达到创纪录的 80.2 万（2010 年只有 60.2 万[12]）。唐纳德在刚到华盛顿的时候无地方可住，他便又以此为借口，独来独往：6 月的大部分时间他都住在拉斐特酒店（6 月中旬，梅琳达陪他住了两周），后来他搬到了卡洛拉路，和烟瘾很大的同事迈克尔·莱特（Michael Wright）同住。[13] 哈利法克斯大使写信给伦敦，询问麦克林和米德尔顿的津贴是否可以分别提高到 200 美元（无家具）和 250 美元（有家具）[14]。米德尔顿也结婚了，但他的妻子陪在他身边。另外，希望大使馆住宿办公室能为他们安排住所，就像为其他人提供的那样。但是，直到 1945 年 1 月梅琳达和孩子来到麦克林身边时，他还是没有一个属于自己的家，也没有时间在公务缠身之时抽空找一个安居之所。他在华盛顿，这对莫斯科来说非常重要，即便是他发送的一封无关紧要的电报，带来的影响力也丝毫不亚于苏联国家安全人民委员部国外情报部门负责人帕维尔·米哈伊洛维奇·菲廷中将（Lieutenant General Pavel Fitin）所获得的情报。但是，纽约驻外特工联络站的人员内斗也带来了灾难性的后果。

斯蒂芬·阿普列相（Stephen Apresyan）今年 28 岁，精通多种语言，年初抵达纽约，此前他从未离开过苏联。在领事馆的掩护下，他顺利得到聘用。他的副手弗拉基米尔·普拉夫丁〔Vladimir Pravdin，也被称为罗兰·阿比亚特（Roland Abbiate）〕伪装成了塔斯新闻社（TASS news agency）纽约分社的社长，普拉夫丁比阿普列相经验丰富得多，所以对于他的到来深恶痛绝。普拉夫丁在苏联内务人民委员部和国家安全人民委员部的工作一直是一名暗杀者：虽然克里维茨基警告过普拉夫丁，但他还是在瑞士暗杀了瑞斯（Reiss）和波列茨基（Poretsky）。普拉夫丁出生在革命前的圣彼得堡，他的父母在他 18 岁时回到了祖国法国。显然，莫斯科中心无法完全信任他，并让他去与像麦克林这样重要的特工接头，因为担心他会影响麦克林的意识形态。普拉夫丁和阿普列相分别向莫斯科发送了报告，表达对彼此的厌恶（普拉夫丁说，阿普列相太狭隘了，"完全没有与人打交道的能力"）；此后，"推罗"（Tyre，纽约的代号）办公室一直处于"内斗"的状态，直到 1945 年春天，阿普列相被调往旧金山（代号"巴比伦"），这一风趣幽默的代号也切合其自由奔放的名声。[15] 然而，在戈尔斯基来到华盛顿之前，经验更加丰富的普拉夫丁负责独自对接麦克林。可能是为了炫耀自己对重要问题的了解程度，普拉夫丁一时大意，不久后就犯了间谍情报技术错误，这让麦克林、外交部和莫斯科中心都付出了巨大的代价。

6 月 25 日，麦克林在抵达美国大使馆后首次前往纽约，他看望了梅琳达并与普拉夫丁取得了联系。三天后，普拉夫丁向菲廷发了封电报，向他保证自己已与麦克林取得了联系，但

145

"麦克林并未向他提交任何材料"。麦克林以后可能定期前往纽约，"他的妻子在母亲的陪同下住在那儿待产"，此外他还可以"在需要时"[16]寻求帮助。最重要的是，他们的珍贵资产需要得到保护。

从那时起，麦克林兢兢业业地工作，提供了大量的材料，主要是照片。这些材料的数目过于庞大，以至于他无法全部带出大使馆，因此有时出于必要，他还要靠自己强大的记忆来回忆一些材料。他的工作能力非常强，在战争较为激烈的时期，他可以读到每一封送往华盛顿大使馆的文件，但当他的住所稳定下来后，他刚出生的儿子分散了他很多的注意力。在他的余生中，他虽是令孩子们骄傲的父亲，但并非一名称职的丈夫。我们可以确信，即使投身于这份忙碌、重要、称心如意的工作，他也依然对自己在家庭方面的不称职感到愧疚。后来回首自己的间谍生涯时，麦克林表示，这段时期他证实了"面对各种严峻形势，自己曾无数次思考从事地下工作的初衷是什么"[17]，尽管他承认当时甚至连他自己都无法预见法西斯主义的发展。

他擅长理解和归纳各种事实和观点，这让他在从事日常工作和地下工作中均能处于有利地位：一等秘书罗迪·巴克莱（Roddie Barclay）曾与麦克林一起促成与意大利签订和平条约，之后，他评论说，这个新人的"起草文件的技巧和解决复杂问题的能力"[18]给他留下了深刻的印象。即使在已破译的电报片段中，我们也能看到他在文件传递过程中对材料的总结、解释和扩充。这在现代间谍活动中可能是独一无二的，最终对他造成了不利影响。

146　　　强势回归后，麦克林需要一个新的代号来配合自己的新工作，莫斯科中心常爱玩文字游戏，他的新代号为"荷马"。

1935 年时，他还是个孤苦伶仃的"孤儿"，到了 1940 年，他成了一个平凡的抒情"诗人"，而现在他已经成熟，有了合适的名字，能够在文学中发挥重要作用，可以对重大事件发表评论并引发后世的共鸣。当然，作为一名歌颂战争的诗人，"荷马"的真实身份从未显露，人们也希望这位新的战争诗人能够继续隐姓埋名下去。

8 月 2 日晚，莫斯科收到了一份电报，其中概述了麦克林的职能范围。电报提及"经济和政治问题委员会"和"欧洲咨询委员会"，并指出麦克林"出席了所有会议"[19]。最重要的是，苏联现在可以获得"'野猪'（Boar）与'船长'（Captain）之间的秘密电报通信"文件。[20]"野猪"和"船长"是另一组有趣的代号，"野猪"是丘吉尔，"船长"是罗斯福。苏联已经可以接触到两位未来世界格局规划者，他们显然不信任第三位规划者。

对斯大林来说战后欧洲的划分至关重要。这份电报还说，英国的"切身利益在北海"，因此，德国战败后，英国军队应如期占领德国西北地区。但当时"罗斯福不同意这一计划"[21]。这份电报不仅有助于苏联了解未来哪些敌国可能与苏联在德国的占领区接壤，还说明了在不久的将来，土耳其、希腊和南斯拉夫似乎有可能对共产主义势力表明态度。各国对共产主义的态度对苏联价值更大。在披露了"铁砧行动"之后，美国和英国计划于当月晚些时候在欧洲南部海岸登陆。电报指出，丘吉尔曾试图说服罗斯福在亚得里亚海而不是地中海海岸线登陆，以便攻占的里雅斯特，挺进南斯拉夫和巴尔干半岛，穿越阿尔卑斯山，赶在苏联红军之前进入奥地利。令苏联人高兴的是，他们的盟友未能就军事战略达成一致，更令人欣慰的是，这一战略不会侵犯他们自己的领土目标，这让他们松了一口气。

147

"荷马"还直言不讳地对每个国家"正在追求的目标"做了简明扼要的个人总结："英国——想要加强其在巴尔干半岛地区的影响力；美国——渴望尽可能不要参与欧洲政治……"[22]

斯大林现在很需要这位技术娴熟的公务员对搜集的情报进行提炼。他现在很担心苏联在南斯拉夫采取的任何直接行动（南斯拉夫人想要同德国作战并建立自己的政府）都会被盟国视为在宣传他们的理论，即他以二战为借口，在全世界传播共产主义革命，这种攻击性评论导致他去年解散了共产国际。斯大林曾与南斯拉夫前共产党领导人米洛万·吉拉斯（Milovan Djilas）发生过争执，他命令吉拉斯让手下摘下帽子上的红星，以免惊动英国人。或者，正如他所说："形式并不重要，重要的是得到了什么。"最重要的是，斯大林对丘吉尔的怀疑也在"荷马"对英国政策的分析中得到印证，"荷马"写道，"丘吉尔是那种如果你不看他，他就会把手伸到你的口袋里掏1戈比的人……罗斯福……只会想要更多的钱。"[23]三位领导人再次会晤谈判时，斯大林拥有了讨价还价的资本，因为他已经提前就通过可靠的来源得知了情况（"昨天荷——【荷马】了解到计划的改变"[24]）。

*

麦克林的上司称他为"崭露头角的模范"[25]，他工作非常努力，经常在办公室待到晚上10点或更晚，还经常把工作带回家。可以说，他的兢兢业业早已名声在外。人们认为他"办事效率高，做事认真……和蔼可亲，脾气平和，举止优雅，沉着冷静，对事情的看法颇为愤世嫉俗，没有任何特定的意识形态偏见"[26]，与此同时，一位外交官同事"对他时不时表现出来的那种冷漠傲慢的态度毫不在意"[27]。他的沉着冷静、和蔼可亲、勤恳认真以及愤世嫉俗的冷漠，这些都可以看出他的坚守——一名完美的外交官。然而，在他下班后，要保持迷人的外表而不显露真正的自我对他来说并不容易，尤其是当他独自一人，没有梅琳达时刻警惕着监视他时。欧洲即将分裂，这已经是显而易见的事了。麦克林的内心深处是十分鄙视美国的。晚上，他褪去了白天沉着冷静的精致假面，不停地借酒消愁，由此也播下了毁灭的种子。

麦克林很受社交女主人们（Society hostesses）的欢迎，她们认为他刚刚到这工作会很孤独，会非常想念妻子和儿子。事实上，他很少提起梅琳达，但有人追问时，他会拿出他为家人拍的精彩照片[28]；他早年和基蒂·哈里斯一起做过各种技术工作，从那以后他的摄影技术就变得更娴熟了。

牛津大学哲学家以赛亚·柏林（Isaiah Berlin）在大使馆中是一位非传统派人物，他是从新闻部借调来的一名专家随员，每周给伦敦写一份时事通讯。与很多同事相比，他更倾向于自由派，常常会无礼地说，麦克林这位大使"不像这个世纪"[29]的人。有时，麦克林会早早地来到办公室，聊起一些他们都认识的人，比如伯翰·卡特夫妇，并说他正在"与五角大楼和国务院的人合作。他们都很自大"。或者说"听说你新认识了几个经销商。能引荐几个给我吗"[30]？为应对大萧条危机，政府启动了"新政计划"（罗斯福新政），主要特征是"救济、复兴和改革"，比起麦克林所抱怨的"浮夸的"右翼鹰派，"新政"对左翼的吸引力更大。柏林安排麦克林参加了由《华盛顿邮报》老板凯瑟琳·格雷厄姆（Katharine Graham）举办的乔治敦小型晚宴。格雷厄姆是一位颇有声名的女老板，她认为麦克林夫妇是"有吸引力、聪明、自由的年轻人"[31]。

麦克林还不太喜欢闲聊，他一开始很少说话，只是"喝得酩酊大醉"，然后开始破口大骂——以至于当柏林重复爱丽丝·朗沃思（Alice Longworth，泰迪·罗斯福的女儿）的俏皮话时，麦克林"用含糊不清的语调斥责他，说他太粗鲁了，竟重复了愚蠢的反动分子爱丽丝的话"[32]。麦克林喝多后，开始不受控制，吐露真言。格雷厄姆说，他记得麦克林越说越过分，甚至称朗沃思为"法西斯和右翼分子"。还说他对柏林感到失望，并预见到了必须做出选择的时刻："生活是一场战斗……我们必须不畏艰难、坚守立场。"[33]

当柏林反驳麦克林时，麦克林抓住了他的衣领，大家赶紧把他们拽开。[34]麦克林后来请柏林共进午餐，两人相处"融洽"。饭后，柏林随口说道，他认为副总统亨利·华莱士（Henry Wallace）"有问题"，这时麦克林"又发脾气了"，并对他大喊大叫，说他轻视了一个"深受妻子和家人爱戴的"[35]男人。华莱士是新政的坚定支持者，也是"顽固的自由主义改革者"[36]。他强烈主张对苏联采取更温和的政策，1948年，因为他拒绝否认美国共产党支持他的候选人资格，最终没能成为进步党总统候选人。柏林是个自由主义者，他认为麦克林"非常非常好"，然而，他发现自己仍"无法原谅他"[37]，因为麦克林喝醉后的言行公开暴露了他们之间的意识形态分歧，因此他们没有继续保持联系。这是有关麦克林肆无忌惮的行为的第一份报告，但不是最后一份，这些报告仅在华盛顿这个小圈子里流传，不会被外交部记录在案。

*

整个夏季和秋季，信息不断地经过麦克林之手。他总是早

上第一个到达大使馆，然后找到临时高参威尔弗里德·托马斯
（Wilfrid Thomas）通宵"解开"的电报，这样一来他便可以在
没有密码本的情况下阅读这些电报。麦克林吸收、总结和分类
发送这些信息的能力堪称传奇：丽贝卡·韦斯特（Rebecca
West）听说，"自成立以来，英国驻华盛顿大使馆可能从未像
二战最后一年那样高效得无可挑剔"[38]，这都要归功于麦克林。

150

相比"金"向哈利法克斯提供的信息，苏联人对政治问
题更感兴趣。麦克林有时会放纵一夜，"这时他总感觉自己好
像一只在垃圾桶旁边徘徊的野猫"，但放纵过后，麦克林仍会
振作起来，解决大使交给他的一些问题，"他总是能以惊人的
能力收集各种信息，这是其他同事无法匹敌的"[39]。晚上 10 点
下班后，他经常会把鼓鼓囊囊的公文包带回家，总结那些没能
拍到的照片。那个时候他觉得很安心，因为他认为自己不再是
单纯地泄露机密信息，而是在帮忙塑造一个更加公平的欧洲。
一切都进展得很顺利。

纳粹政权不可避免地失败了。这之后，英美两国在筹划欧
洲事务时无法胜过斯大林，因为斯大林对他们了如指掌。9 月
5 日，普拉夫丁将丘吉尔和罗斯福计划未来几天在魁北克会晤
的消息告知了菲廷，此次会议将"讨论有关德国即将被占领
的问题"[40]，这条消息来自"荷马"。"荷马"还参与制定了领
导人的议程。斯大林未受邀请，但这并不重要，关于两天后举
行的会议内容，麦克林向他提供了完整记录。盟国讨论了英国
的经济形势、租借援助计划、太平洋战争、德国去工业化的摩
根索计划以及希腊相关事宜，丘吉尔希望希腊维持君主制，以
此抵制苏联共产主义的影响。

麦克林就希腊问题畅所欲言，他通过提供信息来引导斯大

林和莫洛托夫的决定，同时影响苏联政策，这是突破间谍道德行为界限的，而且这也使他背叛了自己国家的利益。这是他从事间谍工作以来，头一次面对盟国间出现分歧的情况，德国撤退后，希腊一片混乱与茫然，亲共派、反共派和流亡的君主都想执政。英国军队正着手稳定这个国家，其明确目标是恢复君主制，以防止它被共产主义控制。麦克林在给莫斯科中心的一封电报中直截了当地说道："荷马希望我们能利用这些局势粉碎英国的计划。"[41] 1944 年 5 月，斯大林决定将苏联的主要关注点放在罗马尼亚，默许了英国对希腊政坛的影响，这让希腊共产党人感到厌恶，麦克林很清楚这一点。[42] 他迫切地想让人们听到自己的声音，让自己的共产主义理想在欧洲的紧急重塑中得以实现。然而这一希望注定会破灭，苏联无视了他的提议，这无疑给他造成了沉重的打击。这是他自我反省的第一点，即能否使自己的信仰和事业并行不悖。共产国际解散后，这一问题变得更加严重：如果先前他对大清洗和苏联红军在战争中的行为有所怀疑，现在麦克林明白了，他是在直接为斯大林工作。

*

1945 年 1 月，麦克林一如既往地忙碌着，这时梅琳达和小弗格斯已经来陪着他了。他们一家搬到了华盛顿特区普莱斯 35 号 2710，从大使馆步行经过天文台圆环街区回家仅需不到 10 分钟。梅琳达发现，搬到繁华的首都，首次掌管自己的家庭，都不是件容易的事儿。唐纳德在家时总是心烦意乱，不好相处。他们的家是城中一处宁静的高档住宅：上一位英国租户是伊丽莎白女王的弟弟大卫·鲍斯-莱昂（David Bowes-

Lyon），也是丘纳德（Cunard）航运公司的董事。[43]梅琳达最初从牙买加雇了两个女仆（其中一个帮忙照看孩子），但在她看来，这两个女仆都得"解雇，因为她对她们都不满意"[44]。她和唐纳德都不想亲自出面解雇她们，所以梅琳达总会在需要的时候叫来她的母亲，让她从纽约赶来解决问题。[45]帮麦克林夫妇雇用女佣的罗伯特·塞西尔声称，联邦调查局在例行检查时发现其中一名女佣是共产党员，因此不得不将其驱逐出境。[46]这或许可以解释为什么身为老练的谈判家和外交官的唐纳德不愿意参与这事。接替牙买加佣人的是玛丽·莫尔文（Marie Morvan），唐纳德在巴黎与她相识。[47]他们甚至还雇了一个"尿布换洗工"，每天早上来取走前一天的尿布，并带来新换洗的尿布。[48]

1938 年时梅琳达从纽约去往巴黎，与纽约相比，巴黎的社会生活略显沉闷。现在，纽约的人们热衷于讨论政治和社会话题，但她并没有参与。不过，作为使馆高级官员的妻子，她有时也会尽职尽责地主持使馆晚宴。梅琳达的继父邓巴和她的母亲离婚后，邓巴一如既往地对梅琳达一家感到不满，并称她"与社会格格不入""看不起美国的社交生活"[49]，但这些言论听起来更像是在说他自己。

这个过程中，唐纳德逐渐沉溺于酗酒。随着战后资本主义和社会主义之间的分界线愈加鲜明，麦克林也变得更加反美。醉酒后，他会憎恶美国的一切，厌恶资本主义，也厌恶二战初期以来英国的抵押贷款持有人。他大骂"他蔑视……因为他们的想法太天真了，他们无法像成年人那样交谈，他们天生粗俗……"[50]他还会侮辱美国女性。对梅琳达来说这不仅极大地冒犯了她，而且还令她忧心忡忡。考虑到麦克林的地位以及他

152

交往的人，在家庭以外的地方谈论这些极具风险的话题是很危险的。

不过酒醒后，他又恢复了迷人的外交官模样。邻居都认为他是一个"优秀的人"，"友好、开朗、彬彬有礼"[51]。1945 年 4 月，麦克林的老同事罗伯特·塞西尔说，他没有听到"新人"说过麦克林什么坏话。[52] 麦克林的同事乔治·米德尔顿则一副轻松的丈夫和父亲的做派，他可能"对工作没有多少兴趣"。米德尔顿夫妇"都对园艺感兴趣，他们一起打网球，有时会在周日见面，一起在午餐前喝一杯"[53]。他们在长岛或佛罗里达度假时，因为无法工作，紧张的气氛消失了，麦克林又变成了那个热爱网球、忠于家庭的男人。但是他需要梅琳达帮他释放压力，反过来，梅琳达也越来越体谅这个她热爱和钦佩的男人。

*

1944 年 9 月，戈尔斯基从伦敦来到纽约，这对麦克林来说是一个极大的解脱。戈尔斯基可以分担把材料复制和运输到纽约的艰苦工作，之后这些材料仍将被运送到莫斯科。他还能扮演部分梅琳达的角色，充当麦克林的安全港湾。麦克林仍会去纽约，虽然次数不多，但由于旅行已经成为他的一种习惯，加之他资历较高，他的同事们没有提出任何质疑。戈尔斯基也分享了麦克林作为特工的成功：1945 年春，他被公开提拔为参赞，后来又成为上校，并被授予卫国战争勋章。[54] 1945 年 4 月，麦克林升为一等秘书。

麦克林人脉很广，他经常能在消息传到美国国务院之前，提前获悉。1944 年 8 月，国务院欧洲事务部副主任"马修斯博士"接到一个来自巴黎的英国老朋友的电话，询问一份备忘录的情况。这份备忘录他还没有收到，也不知道是否存在，但它确实已从参谋长联席会议上发出了。这次会议是在 100 英尺外的白宫举行的。他挂断了电话，与罗斯福的白宫办公厅主任、联合军委会的高级官员莱希海军上将进行了磋商，并指出："麦克林没有说明备忘录是从哪里获得的。"[55] 作为联合民政委员会的成员，麦克林负责处理与战争有关的政治和经济问题，正是借由这一身份，他才得到了这份备忘录。这一特别事件本来会引起苏联方面的特别关注，因为这份备忘录不仅涉及一项将日本人赶出印度支那的战略，还涉及二战后的政治势力范围，该势力范围将由中英美委员会决定。[56] 但当时情况紧急，麦克林的名声又无可挑剔，美国人并没有对这个谜题感到困惑。直到 1951 年人们才再次回想起这一问题。

154

美国战略情报局加强了反间谍措施，这也意味着直接从麦克林那儿拿材料会变得危险重重。作为驻华盛顿间谍，戈尔斯基对此满是担忧。他敦促莫斯科中心去寻找一个不会引起怀疑的美国信使，因为马修斯这类事件不经意的失误（往往是无可指责的）往往会受到调查；有一次他甚至推荐了梅琳达。[57] 虽然戈尔斯基没有说她知道她丈夫的秘密生活，但这不言而喻。在这些交易量巨大的日子，麦克林迅速归纳和处理信息的能力，让他成了无可替代的人，因此戈尔斯基的建议并未被采纳。普拉夫丁对"荷马"进行了评价，强调了让麦克林在职业生涯中取得巨大成功的技能。他"给人的印象是，他是一个非常有主动性的人，在工作中不需要别人的鼓励。他也非常适应国际形势，知道什么问题代表着我们的主要利益。我不觉得他想逃避和我们的合作。相反，他会觉得会议次数过少让他没有机会及时传递业务情报"。[58]

在莫斯科中心扭曲的思维逻辑中，有些人再一次把麦克林的刻苦努力当作他双面特工身份的证明。但目前，这些疑虑都被抛到一边。当时还无法正式提出这样的指控，因为麦克林提供的材料实在是太准确、太有用了。虽然纽约的第一封电报已被加密保存在档案中，但随着英国、美国和苏联的大联盟接近尾声，德国即将战败，新的世界秩序即将形成，"荷马"的间谍活动也变得更加重要。

第 9 章 铁幕

1945 年 2 月召开的雅尔塔会议重塑了战后的欧洲局势。二战结束时的领土分布状况当时已非常清楚：西方盟国的军队尚未越过莱茵河进入德国，在意大利也几乎没有取得任何进展；相比之下，苏联红军已经到达奥得河沿岸，在越过捷克斯洛伐克、波罗的海国家、波兰和德国的大部分地区后，逐渐逼向柏林。"三巨头"罗斯福、丘吉尔和斯大林在黑海度假胜地会面时，斯大林不仅在领土问题上占了上风，而且还掌握着情报这张王牌。他为这次会议做了异常充分的准备，这在很大程度上要归功于英国驻华盛顿大使馆的唐纳德·麦克林，以及美国国务院的阿尔杰·希斯（Alger Hiss，也是苏联间谍）。但二战的结束和新的部署也让麦克林付出了代价，为他后来的间谍和外交官生涯埋下伏笔。和平时代的到来也使人们有时间考量一些之前无暇思考的问题，麦克林和苏联在战时所冒的风险将更难回避。

*

英国和美国的监视者都无法获得来自波兰的消息，但他们从伦敦的流亡政府那里得知那些反共的人已遭受驱逐和处决。雅尔塔会议的计划尽在斯大林的掌控之中，他完全掌握了主动权，因此尽管罗斯福总统身体抱恙，斯大林还是将会面地选在苏联境内，他声称自己也是"任何气候变化都会对身体产生不良影响。"[1]因此，最终患病的罗斯福、年迈的丘吉尔，以及 25 名官员乘飞机前往苏联会见斯大林，并受到了后者的盛情款待。

156　　　会面地点位于克里米亚半岛，苏联为两方代表团安排了豪华的住所，同时也布置了全方位监听设备。[2]有一次，英国代表团中丘吉尔的女儿莎拉·丘吉尔（Sarah Churchill）偶然提到柠檬汁和鱼子酱很配[3]；"第二天，一棵结满果实的柠檬树"就从很远的地方空运了过来，并"种在了丘吉尔一方所处的大厅里"[4]。凭借这敏锐的"观察力"，克鲁格洛夫（Kruglov）将军获得了爵级司令勋章（KBE），成了苏联特勤局中唯一获得骑士爵位的成员。[5]在此期间，苏联副总理安德烈·维辛斯基（Andrei Vyshinsky）秘密地和美方的一位会议组织者和与会者阿尔杰·希斯（苏联间谍）表达了彼此的感激之情，希斯是美国国务院的一位明星人物，他后来成为处理新联合国事务的特别政治事务主任。

　　通过军事上的成功，斯大林本来也有可能在谈判桌上占据上风，但莫斯科中心的情报工作为他提供了雅尔塔会议开始前所需的一切谈判条件。1 月 23 日和 28 日，他听取了关于英国和美国战略的全面汇报。在第二次简报会的前一天，国家安全人民委员部给他留下了一份完整的英国代表团战略文件的翻译稿，文件涉及德国分治（包括安东尼·伊登 1944 年 12 月的备忘录）、联合国的成立以及苏联的哪些共和国将在其中发挥作用、英国人和美国人各自认为哪些问题重要以及哪个政党将提出这些问题[6]：其中也涉及关于波兰的讨论要点，可以说，这一文件把一切都囊括其中。这些简报要归功于麦克林、希斯、菲廷，以及情报网络其他成员的辛勤工作和影响力。当时菲廷使用的代号是"维克托"（Viktor），这一点确凿无疑。

　　会议前提供的简报非常实用，斯大林信心十足，因此，在盛大的开幕晚宴上他竟然带上了"希姆莱"，这是他给苏联内务人民委员部"又小又胖"的头儿拉夫连季·贝利亚起的外号。拉夫连季·贝利亚戴着眼镜，厚厚的眼镜片下是他炯炯有神的双眼。这位情报警察一到酒桌，就和"醉醺醺又好色"[7]的英国驻莫斯科大使阿奇博尔德·克拉克·科尔爵士（Sir Archibald Clark Kerr）讨论起鱼类的交配。克拉克·科尔深受贝利亚吸引，他提议为这个"照顾我们的人"[8]干一杯，丘吉尔适时制止才作罢。在那儿的一些人心知肚明，贝利亚在一定程度上减少了数百万的伤亡，这非常了不起。受到热情款待的丘吉尔心情大好，他事后写道："可怜的内维尔·张伯伦认为他可以信任希特勒。他错了。但我认为我没有看错斯大林。"[9]丘吉尔给贝利亚起的绰号叫"乔叔叔"（Uncle Joe），这使会议氛围变得更加轻松。贝利亚在镜头前手舞足蹈地庆祝会议的结束，并愉快地重复着他那仅会的四句英文："你说对了！""那又怎样？""这边到底发生了什么事？""厕所在那边。"[10]

　　在英美两国推动建立自由开放的政府的过程中，八次全体会议中有七次讨论了波兰及其治理问题。[11]斯大林坚持认为，必须加强控制，以防止波兰成为通往苏联的军事走廊，就像希特勒和拿破仑所做的那样。大联盟的高潮之一是斯大林同意在波兰举行"自由不受约束的选举"，这个选举可能在下个月内举行，而这一含糊的决议的具体执行工作则留待外交官们来完成。接下来的一个月，真实发生的事件是苏联人在波兰遭遇了

157

超出他们预料的抵抗，于是他们邀请波兰地下组织 16 位心力交瘁的领导人去伦敦，讨论如何改善两国关系。这 16 人及时出现在朱可夫元帅的华沙总部，计划飞往伦敦，却被转到了莫斯科，从此杳无音讯。不出所料，一场外交风暴爆发了。丘吉尔在给杜鲁门的电报中说，他从来没有像现在这样"担心欧洲的状况"[12]。4 月 12 日，罗斯福去世，杜鲁门只当了 83 天的副总统就升任了总统。后来他派了自己的私人特使哈里·霍普金斯到莫斯科进行谈判，霍普金斯与总统的关系特别好，1940 年 5 月，一次他们举行了深夜会谈后他住在了白宫，从那以后，他一直住在白宫这间卧室里。

大使馆昼夜灯火通明，伦敦、莫斯科、华盛顿和旧金山之间的信息不断被加密、破译、传递。时任外交大臣的安东尼·伊登当时正在旧金山负责监督联合国的成立。麦克林凭借着自己精准的"钟表匠思维"[13]和分析复杂材料的能力，在情报界内拔得头筹。经他手的信息包括丘吉尔写给杜鲁门的言辞恳切的电报，希望杜鲁门坚定立场——"我们绝不能停止为波兰人所做的努力"[14]；他还看到了白宫关于霍普金斯出访莫斯科谈判发回报告的简报，霍普金斯希望斯大林放弃对波兰领导人和波兰国家的干预，但是谈判结果让他比较沮丧。英国外交部还通过当时在华盛顿的哈利法克斯大使向阿尔奇·克拉克·科尔爵士传达了关于讨论"一些重大的战术分歧"[15]的指示，麦克林也将这一信息传给了莫斯科中心。苏联人有一个无可匹敌的优势，那就是他们能够明白阿尔奇爵士"认为莫洛托夫虽然固执，但还没有到底线，谈判还有余地"[16]，还知晓哈利法克斯认为英国在罗马尼亚问题上的顽固立场会"导致与苏联的正面冲突"[17]。他们可以毫无顾虑地充分利用这一优势，以免输掉辩论。"H"（"荷马"）递交报告，称"士麦那"（Smyrna，英国驻莫斯科大使馆）告诉"泳池"（Pool，华盛顿大使馆）美国国务院已得出结论，如果莫洛托夫坚持己见，美国"不会走任何我们不愿走的道路"，这使谈判变得异常容易。[18] 坚定的一方知道，他们只要坚持自己的立场就能赢。

这些电报在他手中的传递速度非常快，这意味着麦克林有时会以戈尔斯基为中间人，未经消化就把整封电报直接传递出去。这些材料非常紧急，因此不能通过外交邮袋寄出，必须以编码电报的形式发出。因为整个大使馆都在夜以继日地工作，所以他在办公室里忙忙碌碌，进进出出，做记录，拍照片，并未引起他人的注意。麦克林对莫斯科非常重要，因此他提供的材料会带有"来自 H 的材料"的标签，以确保在抵达时被优先阅读。麦克林本人也感到了兴奋和满足，在这场危机中，为传递重要的信息他无时无刻不在工作着，他相信，这些信息将塑造一个更符合他的意识形态的战后欧洲。

159

*

麦克林并不知道，根据美国战时审查法律，所有通过西联汇款公司、美国无线电公司和美国国际电话电报公司（美国三大商业通信公司）发送的外国商业无线电通信，副本都必须存档备案。即使他知道这一点，他也不会想那么多，因为他确信，他们使用的单次密码本使得苏联的密码不可破解。苏联出于安全原因选择了这种传输方式，因为短波无线电太容易受到窃听了。1945 年 8 月，美国通过了一项法律，规定美国的通信公司必须向政府提交"某些外国目标的加密电报"[19]的复印件。因此，次月，苏联驻纽约领事馆的外交官和莫斯科外交事务人民委员之间的所谓正常通信信息就被送交了阿灵顿厅的美国信号情报处。到 1945 年底，已有 20 多万份看似无法破解的电报（其中一些长达数页），经转录以未解码的形式被存储。[20]

*

盖伊·利德尔（Guy Liddell）接受过良好的教育，他一直在德国学习，梦想着成为一名大提琴家。而第一次世界大战结束了他的大提琴生涯。他参过军，之后又去了苏格兰场。1931 年，他进入军情五处，之后在 1940 年成为苏联专家兼 B 分部反间谍主管。可能是在他的朋友盖伊·伯吉斯的建议下，利德尔任命了安东尼·布朗特为助理。利德尔也是菲尔比在军情五处的主要联络人，受到军情六处的高度尊重："他会喃喃自语，仿佛在摸索着走向一个案件的真相，脸上露出一丝轻松、天真的笑容。但在懒惰的外表下，是他精明而又深思熟虑的头脑，他头脑灵活，记忆力非常强，像照相机一样。"[21] 在前往雅尔塔的途中，利德尔在日记中写道，菲尔比查看了克里维茨基（Krivitsky，他刚刚在苏联分部接头的人）的档案，表面上是为了"确信自己的立场是正确的"[22]，实际上是为了自己的利益：他想看看克里维茨基是否把他供出来了，还想看看多年未见的麦克林是否安全。此外，他也想看看在新兴世界秩序的背景下，是否应重新审视那些曾经与左翼有联系的人。他会把从克里维茨基的汇报中得到的信息用于完全不同的目的。

二战即将结束，尽管莫德金斯卡娅有种种阴谋诡计，莫斯科中心还是决定奖励那些为苏联胜利做出最大贡献的特工。菲廷建议给菲尔比 1500 英镑的年津贴；给麦克林、凯恩克罗斯、伯吉斯和布朗特各 1200 英镑。* 但在提交这一建议之前，菲廷要求当地联络站联系这五人。戈尔斯基在与麦克林的下一次见面中适时地提出了这个问题。结果是，所有人都拒绝领津贴，理由是"他们很难解释这样一大笔钱的来源"[23]。就麦克林而言，这就像是在接受一笔钱，让他去做一份他毫无兴趣，但道德上有义务去做的工作。伯吉斯显然接受了这一"津贴"，二战后他买了一辆金色的软顶二手劳斯莱斯，给出的理由是他车技很差，需要一辆"结实"的汽车作为救命时的必需品。[24]这完全符合他之前淘气鬼般的性格（和潜在的手段），也不会引起不必要的怀疑。

*

麦克林一直不喜欢为了商业利益进行间谍交易的肮脏行径，就像他在自己的第一个孩子夭折和"闪电战"中失去和莫斯科中心的联系时，在给莫斯科中心写的信中明确表达的那样。这位冷静、挑剔的外交官（麦克林）在发现自己的工作和良知背道而驰，而不得不违反法律时，内心也觉得羞愧。"就像扫厕所的清洁工；很臭，但总得有人去做。"[25]对麦克林而言，这种厌恶，加之在过去那令人筋疲力尽、欣喜若狂的几个月里，他对自己泄露的文件重要程度之高，数量之多的欣慰，让他的双重生活受到了密切关注。1945 年 8 月，广岛和长崎遭到原子弹轰炸，太平洋战争宣告结束。之后麦克林参加了华盛顿街头彻夜的庆祝活动，当时他可能已经意识到自己必

161

---

* 1945 年的 1200 英镑大约相当于今天的 36000 英镑（约合 50000 美元）。

须在爱国主义和意识形态之间做出抉择了。

麦克林支持的共产主义现在在很多方面占据优势：苏联先后在雅尔塔和波茨坦会议上取得了胜利，这其中麦克林的情报发挥了关键作用。苏联现在掌控着中欧和东欧局势。1945 年 7 月，工党政府在英国大获全胜（丘吉尔和伊登不得不在波茨坦会议进行过程中让位于艾德礼和贝文，英国的政权交接就是如此残酷）；在法国和意大利，共产主义政府看起来很有可能获胜；莫斯科控制的叛乱还时刻威胁着希腊和伊朗政权。[26]但一想到为自己的国家所做的工作时，麦克林痛苦地认识到，随着美国不断在多数问题上坚定自己的立场，伟大联盟向冷战对峙转变已是必然。麦克林担心，在英国的帮助和教唆下，美国即将发动"一场反对社会主义国家的政治和军事讨伐"[27]。

麦克林感到非常不安，下班后他经常沉迷于饮酒，开始表现得好斗，抨击周围的人，尤其是那些他不认可的美国资本主义者。但同时他还保持着英国驻美利坚合众国大使馆一等秘书应有的沉着冷静。人们对他的勤奋和高效评价仍然很高，但是，正如早些时候人们会对他的不成熟进行旁敲侧击一样，他的朋友兼同事米德尔顿对他的评价是，"耐心"，"脾气平和"，很受下属喜欢，但"有时他会显得困倦和懒散"[28]。这或许是一种外交辞令，借以表明他宿醉未醒，或者是想要结束会谈。麦克林不时也会对自己正在走的这条路感到不安。

这位年轻的英国外交官引起了在《先驱论坛报》颇具影响力的保守派专栏作家约瑟夫·阿尔索普（Joseph Alsop）的注意。他是富兰克林·罗斯福的远房表亲，也是华盛顿最负盛名的节目主持人之一。一位朋友告诉阿尔索普，说他应该认识一下麦克林，因为"他重返华盛顿担任大使"[29]只是时间问题。麦克林受邀独自参加了阿尔索普的一个高级别晚宴，因为梅琳达——那个温和的影响者这个夏天还没有回来。他们谈到了伊朗与阿塞拜疆的危机。斯大林在那里驻扎了 7.5 万名士兵，这违反了 1943 年签订的《德黑兰协定》，表面看这是为了保护苏联不受伊朗的侵犯，但实际上是为了控制该地区的油田。斯大林将边界向东推进了几百英里，确保自己能守住这些油田。麦克林首先抨击了由盟国扶持的年轻的沙阿（旧时伊朗国王的称号），随后他又开始抨击美国政府的举措，称其"不够成熟且徒劳无益"，作为外交官说出这样的话，可以说是非常强硬的外交措辞，更何况这还代表他自己国家的策略。对此，开始时阿尔索普还一直彬彬有礼，但当麦克林开始抨击最近被任命为国务卿的詹姆斯·伯恩斯（James Byrnes）时，他再也无法克制自己："吉米·伯恩斯碰巧是我的密友，我觉得你的评论很冒犯人。"[30]但麦克林还是自顾自地说着，直到有人赶他离开。

麦克林醉酒后愤怒又傲慢的样子和他温文尔雅的外交官形象简直有天壤之别，以至于当谈到他在晚宴上的行为时，几乎无人相信。一个外国使团的重要成员如此强烈地表示对美国国务卿的敌意，官方不得不加以注意。但美国国务院欧洲事务办公室副主任约翰·杜威·希克森（John D. Hickerson）得知这件事时回应说："我认识麦克林，我喜欢他。他很聪明，很可靠……如果我打电话给演员筛选部，说'派个人来扮演典型的英国外交官'，他们就会派麦克林。"[31]英国大使馆没有收到投诉。与麦克林关系比较好的英国大使馆同事保罗·戈尔－布斯（Paul Gore-Booth）阐明了

163

他对麦克林的看法，他说，麦克林"是一个高大、安静、有吸引力的男人，他的家庭关系稳定，职业能力也相当出色。忙得焦头烂额时，你可以放心地把事情交给他"[32]。保罗·戈尔－布斯本人后来也被怀疑曾从事间谍活动。麦克林这位刚升职的一等秘书今年只有 32 岁，就不断受到人们的称赞，这确实有利于他成为最高级别的官员。

但是，在动荡的地缘政治背景下，麦克林所付出的努力正在损害他的心理平衡。白厅和新工党政府在反苏政策上对美国卑躬屈膝，这让他十分不满。但无论喝醉与否，出门在外时他都变得更加谨慎。他后来写道："英国外交，无论官方的还是非官方的，都致力于说服美国人相信共产党即将接管欧洲，推动美国政府成为反苏联盟的领导者，巩固伦敦方面作为华盛顿主要合作伙伴的地位。"[33]他说，这是丘吉尔 1946 年 3 月在密苏里州富尔顿发表演讲的"目的"。丘吉尔在演讲中宣称："从波罗的海的斯德丁到亚得里亚海的的里雅斯特，整个欧洲大陆都笼罩在铁幕之下。"斯大林在接受《真理报》采访时对这篇演讲做出了回应，他在采访中把丘吉尔认为"讲英语的国家是世界上唯一有价值的国家，必须统治其余国家"[34]的想法和希特勒相比较。

麦克林被两个角色之间日益紧张的关系弄得筋疲力尽，也被同事们的虚伪和自命不凡弄得疲惫不堪。在梅琳达 9 月初返回华盛顿之前，他给她写了一封信，信中说："我已经完全厌倦了这个圈子里的个性游戏；那些沉迷于'不断追寻人们确切的社会历史和行为'的人把每件事都说了 50 遍，笑了 50 遍。"他说，他更喜欢"这里的粗犷性格"（可能是指像他一样喜欢喝酒的人，但肯定不是指任何一个圆滑的外交官），然后才承认他"完全受够了个性的逻辑"[35]。

　　白天，他努力保持进步，维护自己的名声，同时又无比渴望待在家里与世隔绝。这让梅琳达感到焦虑不安。而且，麦克林一离开办公室就会喝烈性威士忌，这更加剧了梅琳达的焦虑。在过去的几年里，梅琳达变得更加坚强，不仅是因为她历经种种艰难，也因为她仍然敬畏麦克林的超群智慧，并且作为唯一知道他的秘密生活和内心痛苦的人，她身负重担。她说她自己"可以批评美国，因为美国有很多值得批评的地方。但我是带着爱和情感这样做的；而麦克林则是满怀着仇恨"[36]。梅琳达一直渴望为自己和孩子们寻求一个稳定的生活环境，所以大多数时间她都和妹妹还有母亲待在一起。二战结束后不久，麦克林夫人来看望了他们一家，她摆脱了英国一直持续到下一个十年的阴霾和定量配给（如果没有配给，梅琳达可能绝对不会住在英国）。她到来时恰逢邓巴夫人也在。另一位外交官罗伯特·塞西尔说："邓巴夫人穿着丝绸连衣裙和高跟鞋，麦克林夫人则穿着粗花呢外套和裙子，脚上穿着轻便的步行鞋。她们二人的相遇并没有流露多少真情实感。"[37]如果细说这两位强势女士的差异，也许是一位喜欢喝干马提尼酒，另一位则喜欢喝苏格兰威士忌和苏打水。麦克林夫人和邓巴夫人之间有一个核心差异，那就是，麦克林夫人是一位正直之士的遗孀，她承认自己"对离过两次婚的邓巴夫人并不同情"[38]。麦克林觉得"（他岳母的）魅力之一是'乐于喝酒'，但当她'兴高采烈时，很快就变得很烦人'，这时她就会变成一个'冷酷无情、毫无良知的空谈家'[39]，乔治·米德尔顿形容她俩的这次会面'既痛苦又滑稽'[40]"。

　　梅琳达在这种变幻莫测的环境中感到非常不安，她的羞怯几乎压倒了一切。如果麦克林要邀请俩人共同的朋友来吃晚饭，他并不会事先告诉她，因为梅琳达如果得知，可能会因为担心麦克林在晚宴上的不当行为而要求晚宴延期。[41]无论是在工作上，还是在家里，抑或在国外更大场合，这种新的不信任气氛很快就威胁到了他们之间稳定的关系，也威胁到了麦克林的职业地位。

第 10 章 远雷

唐纳德·麦克林人生舞台的第二幕，也是关键的一幕，大部分都是在后台上演的。在这一幕中，他在间谍生涯中第一次面临身份暴露的危险。然而，平静之下暗流汹涌，几年后他才得知实情，但为时已晚。与此同时，英国政府和安全局第一次收到明确警告，称某些深得他们信任的人的意识形态可能已经凌驾于《官方保密法案》之上，但他们对此并未深究。

西方阵营和苏联之间的关系降至冰点，而麦克林在双方的斡旋中发挥了极大的作用，避免了双方之间的敌意演变成血腥的战争。此后的和平年代里，他更是为苏联做出了杰出的贡献。虽然残酷的二战已经烟消云散，但战后世界秩序和国际同盟关系的错综复杂尚不明朗，其走向存在极大的不确定性。

*

麦克林的传奇人生所面临的第一个威胁来自一个他做梦都不会去的国家——伊斯坦布尔。如果莫斯科中心，尤其是已故的阿诺德·多伊奇在英国建立起复杂的间谍情报网络时没有如此谨慎，麦克林将在劫难逃。"剑桥五杰"现在已经打入英国政府各个重要部门和秘密机构的内部，此刻他们的间谍身份险些暴露。

1945 年 9 月 4 日，苏联驻伊斯坦布尔副领事康斯坦丁·

沃尔科夫（Konstantin Volkov）和他的妻子卓娅·沃尔科夫（Zoya Volkov）来到英国驻伊斯坦布尔领事馆，要求会见英国领事钱特里·佩奇（Chantry Page）。卓娅·沃尔科夫"非常紧张"，而沃尔科夫本人的情绪也"并不很稳定"。[1]佩奇上个月收到了沃尔科夫的一封信，但是他并未将信的内容当真。或许，他现在都忘了曾经收到这样的信。自从几年前在佩拉宫酒店遭遇炸弹袭击后，他的记忆力变得越来越差。[2]佩奇不会说俄语，所以他请了一位同事来翻译。沃尔科夫是国家安全人民委员部驻土耳其的副部长，在此之前，他曾在莫斯科中心工作多年，主要负责处理英国事务。使馆一等秘书约翰·利·里德（John Leigh Reed）懂俄语，当天他就向伦敦发出了一份绝密备忘录，称沃尔科夫说"他有一些非常重要的消息要告诉我们。在过去的两年半里，苏联政府能够得到外交部和英国驻莫斯科大使馆之间的所有电报"，此外，苏联人"在外交部安插了两名特工……在英国情报局安插了七名特工（其中一名特工是伦敦英国反间谍部门的负责人），向他们传递了非常重要的情报"。沃尔科夫说他在莫斯科的公寓里有一个箱子，里面装着苏联在土耳其安插的314名特工的名单，以及在英国安插的250名特工的名单，如果英国政府安排他收集"大量与苏联活动有关的其他情报"[3]，对他来说也是轻而易举的事。

沃尔科夫并不准备透露这两名安插在外交部的特工姓名，除非英国人对他提供的信息"感兴趣"。另外，考虑到苏联已经破译了英国的多个密码，所以他要求手写这次的会面记录并通过邮寄的方式传达，而不能使用电报。过几天他会再联系佩奇。[4]沃尔科夫不是克里维茨基那样的背弃共产主义的叛徒，但他与苏联大使发生了激烈的争吵，这令沃尔科夫感到恐慌。现在，他想要找一个容身之地，并想用自己获取的情报换取 5 万英镑的报酬。* 沃尔科夫表示如果佩奇在 21 天内没有给他回信，那这笔交易就取消，他将把这些绝密情报卖给别人。

英国人并不相信苏联已经破解了他们的密码，但他们尊重沃尔科夫的要求，将文件放在外交邮袋中寄出，这意味着几天后文件才能送到军情六处的局长斯图尔特·孟席斯爵士（Sir Stewart Menzies，代号"C"）手上。收到文件后，孟席斯认为，评估此事的最佳人选是对苏反间谍负责人金·菲尔比。菲尔比拿到文件后就立即明白，安插在外交部的两名特工指的是麦克林和伯吉斯，而"在伦敦的反间谍部门的负责人"正是他本人。他"告诉局长说，我们碰到了一个严重的问题，我需要时间进行深入研究"[5]，申请在第二天早上向局长报告。回到办公室后，菲尔比仔细考虑当前的情况，并告诉秘书不要打扰自己，这样一来他便有时间提醒他的负责人鲍里斯·柯罗登谢尔德［Boris Krötenschield，代号"克里钦"（Krechin）］。菲尔比面临的情况非常棘手，孟席斯要求他调查的事情可能会摧毁他亲手建立的间谍网络，调查结果也可想而知。菲尔比的沉着冷静让人们相信他是做这份工作的合适人选——只要安排给他就一定能做好。

然而，第二天，菲尔比接到消息说，斯图尔特·孟席斯前一天晚上在怀特俱乐部见到了中东安全事务主管道格拉斯·罗伯茨爵士（Sir Douglas Roberts），并决定让罗伯茨接手此事。对菲尔比来说幸运的是，大家都知道，罗伯茨讨厌坐飞机，讨

---

* 约为现在的 150 万英镑（250 万美元）；1945 年的 20 万美元大约相当于 5 万英镑。

厌到在他的意识里，就没有必须坐飞机做的事。[6]罗伯茨计划先乘船到开罗，然后前往土耳其。这为菲尔比提供了一个绝佳的理由，沃尔科夫所定的最后期限迫在眉睫，自己乘飞机去可以节省时间。他很快就能到土耳其，而且还有时间在去之前，先在伦敦研究一下见面可能面临的问题。

最终，当菲尔比出发时，天公作美，一场暴风雨突袭马耳他，他乘坐的飞机被迫在突尼斯降落。当他到达开罗时已经太晚了，没能赶上飞往伊斯坦布尔的航班。9 月 26 日，他终于抵达伊斯坦布尔，而土耳其驻莫斯科领事馆已于五天前向两名"外交信使"——事实上是莫斯科中心的特工——签发了前往伊斯坦布尔的签证。[7]菲尔比是在星期五下午抵达的，这个时候大使已经乘游艇出发去黑海度假了，所以菲尔比联系不到他。

菲尔比星期一前往英国领事馆会见了里德和佩奇。他们打电话给苏联副领事，经过多次拨号和莫名其妙的转接后，电话那头说，沃尔科夫已经动身去莫斯科了。沃尔科夫和他的妻子确实"回家"了，在被灌下大量镇静剂后，他们被人用担架抬到提前安排好的飞机上，等待迎接无法逃避的命运。菲尔比写了一份报告，指出他认为可能发生了什么事情使这对苏联夫妇产生了警觉之心：有人看见他们表现得很紧张。"还有人认为，苏联已经得知沃尔科夫与英国政府接触，但没有确凿的证据。这事没有什么大惊小怪的。"[8]菲尔比平静地写道。这种不屑一顾的态度与预期的效果不谋而合，沃尔科夫事件从官方视野中消失了。对菲尔比和麦克林来说，这的确是"死里逃生"。[9]

*

麦克林对伊斯坦布尔发生的一切一无所知，幸运的是，他的脾气逐渐变得温和。下一个危险时刻到来时，他有所察觉。不幸的沃尔科夫出现在英国领事馆的第二天，为渥太华的苏联军事情报局效命的 26 岁密码员伊戈尔·古琴科（Igor Gouzenko）把 109 份文件放进衬衣里，逃离了苏联大使馆。文件紧贴着他的肚子，"希望在这么暖和的夜晚，他穿着一件肥大邋遢的衬衣却不会引起人们的关注"[10]。紧接着，伊戈尔·古琴科搭上一辆电车，前往《渥太华日报》大厦。就在敲编辑办公室的门之前，他突然意识到像《渥太华日报》这种有着举足轻重地位的报纸肯定会有国家安全人民委员部安插的奸细，于是他马上跑了出去。在家里，古琴科的妻子（她说古琴科的衣服里塞上文件后看起来就像个孕妇一样，而她自己确实怀孕了）劝他别那么紧张，还是再去试一次吧——但这时编辑已经下班回家了。古琴科语无伦次地把这些文件交给了一个戴着绿色眼罩的人，但是这个人不懂俄文，说这事归加拿大皇家骑警管。

骑警办公室的一个门卫对古琴科说，现在已经是午夜了，有什么事等明天早上再说。一个不眠之夜之后，古琴科又去找了《渥太华日报》的人，但《渥太华日报》的人表示对此不感兴趣。他又找到司法部，司法部的工作人员认为他是想要获得加拿大公民身份，而不是寻求临时庇护。在绝望中，他和他的妻子听从了司法部的建议，前往检察长办公室询问，可否加入加拿大国籍并借此得到庇护；当他们得知入籍需要花几个月的时间时，他们绝望了。除了返回公寓，他们别无选择。他们回到公寓后，苏联方面已经意识到古琴科和文件都不见了（事情的起因是莫斯科方面召回古琴科，要求他解释为什么有一天晚上没有给机密文件上锁，苏联方面一直在监视他监管的文件的安全），苏联大使馆的人找到这里，闯进了他的公寓。根据苏联的规定，员工家庭本来不能有自己的公寓，这样他们就可以互相监督，但古琴科上级的妻子不能忍受共用公寓里孩子的哭声，所以废除了这条规定。古琴科夫妇带着他们受惊的两岁儿子爬过阳台，进入隔壁的公寓，那里住着一名加拿大皇家空军中士。苏联方面的人很快就敲响了他家的门。警察赶到时发现，古琴科的公寓已经被苏联内务人民委员部成员巴甫洛夫彻底搜查过了。这件事传到了加拿大司法部和总理麦肯齐·金（Mackenzie King）那里。作为 20 世纪最敢于铤而走险的叛逃者，古琴科最终还是得到了庇护。[*][11]

翻译完古琴科藏在衬衫里的文件后，他们发现苏联在议会、加拿大皇家空军情报局、物资和弹药部以及盟军的原子研究实验室都安插了特工。古琴科曾使用"邻居"（neighbours，国家安全人民委员部）、"屋顶"（roof，在前线掩盖间谍活动的人）和"鞋匠"（shoemaker，伪造假护照的人）这几个代号传递情报。[12]在 24 小时内，麦肯齐·金知道了间谍活动的最新情况，一开始他还准备将古琴科引渡回苏联（苏联当时声称他是因为盗窃钱财潜逃），当得知一切后，他感觉异常震惊和绝望。9 月 7 日晚，他在日记中写道，"这一切都那么恐怖，那么可怕"，几乎"意味着我们维持和平所依赖的关系完全破裂了"。"很难说这种情况会维持多久……我知道，从现在开始，

---

[*] 苏联内务人民委员部及其继任机构为了惩罚古琴科的背叛，花了 37 年时间寻找他。当加拿大进步保守党议员托马斯·科西特在加拿大下议院问到古琴科的养老金问题时，议员认为科西特是受古琴科委托，他试图和科西特"交朋友"，但没有成功，直到 1982 年科西特去世之前，议员一直在调查他的私生活，试图找到他受古琴科威胁的证据。

一直到我的生命结束，这个问题都将会是我最为密切关注的问题。"[13]联邦调查局局长埃德加·胡佛（J. Edgar Hoover）周一派了两名探员去渥太华盘问古琴科。周三（12 日），胡佛向美国白宫报告说，古琴科的情报表明，自 1943 年 1 月英国物理学家艾伦·纳恩·梅（Alan Nunn May）博士开始在安大略省的乔克河计划研究所（相当于美国曼哈顿计划的加拿大版本）工作以来，一直在向苏联传递原子能机密。长崎和广岛原子弹将第二次世界大战推向尾声，仅一个月后，就出现了泄露原子能信息的消息，这简直太让人震惊了。

　　纳恩·梅是一位才华横溢的科学家，但为人谦逊，他的小心谨慎让他看上去完全就是"一个郊区的银行小职员"[14]。他和麦克林是剑桥及圣三一学院的同窗。纳恩·梅在大学里并没有表现出自己的左翼倾向，在这点上他比麦克林要低调很多。离开剑桥后，他一直与共产党人保持着密切的联系，但在意识形态上没有出现严重问题。1936 年获得博士学位后，纳恩·梅前往列宁格勒继续深造，回国后他加入了科学工作者编辑委员会，在那里他"继续默默无闻、孜孜不倦地支持左翼派"[15]。 172
1938 年，他在伦敦参加英国科学工作者协会的一次"共产党党支部会议"时，安全局注意到了他。和许多科学家一样，纳恩·梅认为科学知识没有国界，尤其是在战时，更应与盟国分享。纳恩·梅被借调到的英国原子能研究计划［最初代号为"合金管工程"（Tube Alloys）］后，在没有接受背景审查的情况下，他和同事们一起于 1942 年前往加拿大的安全地带继续工作；他把铀的科学材料和样品交给了苏联人［作为回报，他得到了装在一个黑格威士忌（Haig whisky）酒瓶里的 200 美元，这对他来说多少是一种侮辱］。之后，纳恩·金回到了伦敦国王学院，继续从事研究工作，他并不知道自己已经被古琴科出卖了。

古琴科叛逃的消息通过华盛顿大使馆传到伦敦。即便麦克林和纳恩·梅是校友且同为左派人士，论私交谈政见，他俩并没有什么交情，也没什么交集（纳恩·梅在剑桥大学社会主义协会的表现并不突出），但谁知道古琴科还掌握了些什么，还会说些什么。一个多疑的伦敦人和一个在剑桥读书的激昂的共产党人有什么联系呢？按照克里钦的记载，和沃尔科夫事件相比，如果说这条消息让麦克林感到震惊，那菲尔比则是"焦虑不安"[16]。

负责在伦敦讯问古琴科的人是简·阿彻，她曾在 1940 年对克里维茨基的讯问工作中有过突出表现。如果真问出些什么重要信息，阿彻本可以断送麦克林和菲尔比的职业生涯，对此，查阅过最近档案的菲尔比心知肚明。但这次的情况不同，阿彻从军情五处转到军情六处后，菲尔比成了她的上司，并且知道她的能力有多强。因此，为了压制阿彻，菲尔比给她的下一个任务是分析在东欧截获的无线电。[17]与此同时，菲尔比通知莫斯科中心，要求纳恩·梅取消原定于下个月在伦敦与联络人的会面。跟踪纳恩·梅的人并没有抓到他与联络人会面，因为按照古琴科的证词，纳恩·梅和他的联络人原本应该腋下夹着一本卷起的《泰晤士报》，在大英博物馆门外来回走动。军情五处当场抓获叛徒的决心受挫，如果纳恩·梅否认一切指控，这也是体面处理法律案件的唯一可靠途径，因为无论出于国家安全原因，还是说考虑到国家荣辱问题，古琴科的证词都无法在法庭上成为有效证据。但纳恩·梅不想争辩，只是淡然地承认了一部分指控：一名苏联特工来加拿大找他，然后他向这名特工提供了一份关于原子能研究的报告和两份铀－235 的样品，"因为他认为苏联人作为盟友，参与原子能研究符合盟国的整体利益"。当时支持这一观点的重要人物寥寥无几，但前美国驻苏联大使、斯大林的忠实崇拜者约瑟夫·E. 戴维斯（Joseph E. Davies）在 1946 年 2 月的《纽约时报》上写道："如果前作战盟友对苏联进行信息封锁，苏联出于自卫，在道义上完全有权通过军事间谍活动寻求原子弹机密。"[18]

1946 年 5 月，纳恩·梅作为第一个原子能间谍被判处十年有期徒刑。哈特利·肖克罗斯爵士（Sir Hartley Shawcross）曾是纽伦堡战争罪法庭的英方首席起诉人，担任了这个"并不光彩的案子"[19]的首席检察官。审判"在一个空荡荡的剧院里进行"[20]，只用了一天时间，法官在最后结案陈词时指责纳恩·梅"愚蠢自负……邪恶……堕落"[21]。定罪后，纳恩·梅温文尔雅地说道："整个事件对我来说是极其痛苦的，我做这件事的初衷只是为了保护全人类。"[22]纳恩·梅的同事洛斯·阿拉莫斯［Los Alamos，间谍，真名：克劳斯·福克斯，此时尚未暴露］得知消息后表示，他不相信纳恩·梅手中真有多少重要情报。[23]

纳恩·梅间谍身份的暴露震惊了整个英国安全局，提醒他们要更谨慎地审查机构成员。约翰·库里（John Curry）曾代表军情五处的工作人员发言表示，慕尼黑事件发生后，他有"一种强烈的羞耻感"[24]，他主张增加反间谍资源："我们现在对付苏联的状态很像在 1939～1940 年对付德国时的状态，因为我们对对手的基本组织结构几乎一无所知。"[25]但英国政府对他的呼吁置若罔闻，因为当时他们的精力已经被战争消耗殆尽。捉襟见肘的军情五处从未查过其他有名的左翼人士，或是在大学时期可能受过左翼思想影响的人。虽然调查人员知道，纳恩·梅前往加拿大之前，也就是在伦敦时就已经在为苏联效

174

力了，因为有消息称，苏联驻加拿大的驻外军官曾"奉命找过纳恩·梅并传了暗号给他"[26]，但军情五处并没有把早期的共产主义和后来的间谍活动联系起来。

因为华盛顿大使馆是渥太华和伦敦之间的信息中转站，所以虽然麦克林不了解菲尔比在这其中扮演的角色，但也不免对于在目前局势下传递情报感到不安。当初负责联络的人在后来几年的时间里一直保护着麦克林的安全，当然那也是在保护他自己的安全。当菲尔比最后得知麦克林所传达的情报内容时，他更加清楚地认识到保护情报来源和接头人是多么重要。他们"处理了一些复杂的政治问题，就连向来冷酷无情的莫斯科中心在报告中也不止一次向'荷马'致敬"[27]。赌注越来越大。

*

麦克林面临的下一个危险来自一个更近的地方。伊丽莎白·本特利（Elizabeth Bentley）是一个美国人，外界称之为"身材苗条且引人注目的金发女郎"[28]或"'肉豆蔻'玛塔·哈里"[29]（Nutmeg Mata Hari），她的代号是"海伦"（Helen）；苏联人在命名上具有别出心裁的幽默，这位人物的原型也许就是特洛伊里的那个海伦，她混乱的私生活是她一生中最显著的特点，就像本特利一样。本特利的家人乘坐"五月花号"[30]来到美国，她本人也是瓦萨学院、哥伦比亚大学和佛罗伦萨大学的毕业生。大学期间，她在与反法西斯教员顾问有了情事之后，放弃了法西斯塔集团大学的成员资格并改变了她的政治立场。本特利于1935年加入美国共产党，在意大利资料馆工作后开始向美国共产党提供情报。而意大利资料馆实际上是意大利法西斯分子在美国的据点。[31]1938年，本特利结识了比她大20岁的俄裔美国犹太人雅各布·戈洛斯（Jacob Golos），并成了他的情人。戈洛斯也是苏联在美国安插的主要特工联络人之一，他在纽约和华盛顿掌管着数十名特工，其中包括基蒂·哈里斯的前夫、美国共产党前领导人厄尔·白劳德。本特利在她的回忆录《摆脱束缚》中，用富有诗意的语言描述了自己对戈洛斯的痴迷，"时空似乎都停滞不前了"，直到她"沉醉于一种似乎没有开始也没有结束的狂喜之中"。戈洛斯则没有那么夸张的言辞，他平静地说："按党纪，我们没有资格相爱。"[32]本特利描述了戈洛斯在街角与美国间谍会面的情景；她经常亲自接听间谍的电话，安排他们与戈洛斯见面。

1940 年，戈洛斯在墨西哥顺利实施暗杀托洛茨基的计划，同年，依据《外国代理人登记法》，他被迫登记为苏联政府特派员，以便为共产国际的前沿组织——美国航运和服务公司做掩护。他的这一身份变化会危及他手下特工的安全，所以他需要一名信使充当通讯员。本特利便成为戈洛斯与特工间的通讯员。她的代号是"聪明女孩"（Wise Girl），这个代号听起来木讷而无趣。她每隔两周与特工见面一次，然后用她的随身针织包带回 40 卷缩微胶卷。[33]在巴巴罗萨计划后，戈洛斯的反美倾向与日俱增，也更加讨厌与他共事的苏联内务人民委员部特工；他甚至说要出国去找在苏军中服役的儿子，一起参加战斗，而上级为了让他留下来授予了他大量勋章。间谍活动的任何线索暴露都有可能让联邦调查局直击特工网络的核心。1943 年 11 月，戈洛斯与本特利在纽约的伦敦露台餐厅共进午餐后，突发致死性心脏病，结束了他战斗的一生。

本特利比莫斯科方面更了解美国的特工网络（也更关心他们——她常常给特工买圣诞礼物，但间谍手册中可没有提过

这样的规定），但是，她酗酒越来越严重，导致她与新上司伊
176　扎克·阿赫梅罗夫（Itzhak Akhmerov）之间产生了矛盾。阿赫
梅罗夫指出，"除了工作之外，她毫无个人乐趣，她爱我们的
国家胜过一切……"[34]她的情绪躁动不安，只有戈尔斯基（代
号"亨利"）能安慰她，这是他的一项特殊技能。联络人的介
入对麦克林情绪的稳定和自我价值感产生了至关重要的影响，
而且差点断送了这位外交官的职业生涯。

　　毫无疑问，戈尔斯基（"亨利"）和本特利（"聪明女
孩"）的会面注定以失败告终，本特利喝醉后跟戈尔斯基说，
他让她想起了戈洛斯，她感到"缺少一个男伴来满足她的生
理需要"[35]。戈尔斯基紧急致电莫斯科，说得给本特利找一个
丈夫。1945 年初，本特利宣称彼得·海勒（Peter Heller）是
她的新情人。彼得·海勒是一名律师，曾任政府调查员，会讲
俄语。这在莫斯科引起了轩然大波，但本特利似乎没有意识到
自己所处的窘境。莫斯科方面决定把她带到苏联，或者甚至直
接把她了结。本特利最后一次与戈尔斯基会面时告诉他，她发
现海勒其实是一个有家室的人，于是决定不再和他来往了。次
日，本特利来到美国联邦调查局的办公室，揭露了美国服务和
航运公司及其分支机构"全球旅游"的实际工作内容。1945
年 11 月 20 日，菲尔比向莫斯科方面透露了一个坏消息，胡佛
曾与英国驻纽约的安全协调机构负责人威廉·斯蒂芬森
（William Stephenson）会面，他们的"调查显示戈洛斯的特工
已经渗透到了政界……目前已有 30 名苏联特工暴露，但联邦
调查局没有向斯蒂芬森透露他们的姓名"[36]。后来证明其中一
名特工是阿尔杰·希斯（本特利认为他叫尤金·希斯），是国
务院的风云人物。

本特利泄露的消息，还有之前的沃尔科夫、古琴科和纳恩·梅的事件在莫斯科中心引发了恐慌，莫斯科中心担心如鱼得水的麦克林也可能会暴露。戈尔斯基在和本特利最后一次会面时可能被人拍到了，现在有人开始跟踪戈尔斯基。菲廷以"休假"为由召回了阿赫梅罗夫、普拉夫丁和戈尔斯基，11 月 26 日的电报明确表示，取消与"荷马"的会面，并另外设置新暗号和"会面条件"[37]。对面临着情报缺失问题的克里姆林宫来说，这确实是一段难熬的日子，但菲廷决心从长远考虑，"解除"手下的"次要特工"的职务，同时确保麦克林"不会暴露"[38]。

与此同时，就如何暗杀本特利，莫斯科中心也进行了周详的讨论。其中戈尔斯基离开美国前的最后一份备忘录中详细列出了各种方案，但这些方案都没有被采纳：要不就是枪击声音太大，要不就是车祸太危险，因为受害者是"一个强壮、高大、健康的女人，而执行这一行动的刺客约瑟夫·卡茨（Joseph Katz）最近身体有恙"[39]，但伪造自杀又太难实施。随着时间的推移，本特利向包括众议院非美活动委员会在内的多个委员会提供了情报信息。本来还有其他暗杀方案，但随着冷战形势缓和，而且她在回忆录和巡回演讲中未体现有损苏联的信息，暗杀计划就此泡汤，本特利最终于 1983 年寿终正寝。从苏联回来后，戈尔斯基没有向麦克林透露自己侥幸逃脱的细节，但这充分突显了他在新的风险迫近的情况下磨炼出的自保策略。

*

麦克林对此一无所知，因此也没有受到影响。他在菲尔比和戈尔斯基的保护下，作为一名从二战中脱颖而出的外交官，负责一些重大的机密工作。麦克林的前上司迈克尔·莱特被派到别处工作，不久后麦克林升职为大使馆官邸代行负责人（acting head of Chancery）。正如住在麦克林隔壁的一位美国外交官所说："几乎所有事务的处理都需要经过大使和大使馆官邸负责人，只有一些特别的事务除外，例如，英国国王特旨委派大使调查的事情。"[40]他的职责包括监督所有的电报通信，必要时甚至可以翻修电报室，以保证大使馆的安全。麦克林召集大使馆新闻秘书威廉·克拉克（William Clark），要求他做一个安全情况介绍。克拉克说："自从十几年前，舍监让我（同样有点迟疑）谈了谈有关性的话题之后，我还从来没有像那天那样激动过。"麦克林要求克拉克在《官方保密法案》的简短声明上签字，然后用讽刺的口吻对他说道：

> 你当然可以跟记者谈，我们要提防的不是记者，而是可能利用这些信息的人。例如，（他突然拔掉办公桌上的电话线）我与人谈生意时总是切断电话，因为美国政府正在窃听，我不想让他们得知我们的贸易方案。而且…永远不要把秘密告诉法国人，他们会像筛子一样把秘密都泄露出去。[41]

麦克林肩负的一项重要任务是负责英国大西洋和太平洋军事基地的谈判事务，这些基地将作为英国偿还巨额战争债务的一部分租给美国。1946年2月，麦克林和梅琳达（她已经怀孕5个月了，期待着能在海滩边待上一段时间）前往百慕大，并在这里待了一周。麦克林作为首席谈判代表将在这里进行谈判工作，并且他将在接下来的三个月里集中精力处理这一工作。在与美国国务院负责人希克森（Hickerson）的谈判中，麦克林的机敏赢得称赞［去年希克森对乔·阿尔索普（Joe Alsop）的诉讼没有做出任何回应］，但这其中有一个疑惑点一直没有解决：苏联媒体如何能在 5 月 20 日精确地公布谈判中所有基地的名单呢？他们声称收到了英国新闻界的消息，但英国新闻界也只是得到了谈判的大纲而已。[42]当数年后希克森得知苏联在第一时间得到的信息时，一向热情洋溢、积极乐观的希克森伤心地对老朋友说道："他可不只在一个方面对我们造成暴击，在那之后，我发现自己会不由自主地提防外交官，有时甚至会怀疑自己的同事。"[43]

*

无论是纳恩·梅被逮捕、古琴科叛逃，还是 1945 年与 1946 年之交的冬天英美政府发现苏联的特工名单，对麦克林来说，都可谓晴天霹雳，而此时一个对他的工作造成更大威胁的人已经开始进入阿灵顿厅开始解密工作。

到 1943 年底，电报公司已经将收到的 1 万条电报中经过一次性编码便笺簿编码过的前五组数字，都转移到穿孔卡片上了。这些电报与来往于苏联的贸易有关，国际商业机器公司（IBM）经过排序发现有 7 对匹配的信息——发现这么多匹配信息的可能性在 10 亿分之一左右。[44]阿灵顿密码员还掌握着大量从美国前往苏联的船舶记载的明文货物记录，这些船舶负责运送租借合同中规定的物资。将这些记录与苏联方面的信息比较会发现一些特定的规律。货物记录和航运通告中的细节，可能会有很多的变动，但把潮水时刻表和船期表的备份进行交叉核对就可以发现其中的重复内容。电报中那些没有指定代码的单词，单词前加上便笺簿的"拼写"代码（然后用字母拼写）

和单词后加上"拼写完"代码，因此重复"拼写"或"拼写完"公式可用于在电报中暗示重复信息。一旦破译人员识别出其中的某些单词（如船舶抵达时间），他们就可以去除一层编码，并找出重复的一次性便签簿的作用点。1946年初，梅雷迪斯·加德纳（Meredith Gardner）加入了这个令人生畏的大规模解密工作。

加德纳身材高瘦，腼腆而且沉默寡言，长着一张长脸和一双充满智慧的眼睛。他出生于密西西比州的奥科洛纳，比麦克林大八个月，是一位杰出的语言学家。他精通法语、德语（包括古德语和标准德语）、希腊语、意大利语、拉丁语、立陶宛语、西班牙语和古教堂斯拉夫语以及梵语（在西方几乎没有人能读懂梵语），而且这些语言大都是他自学而成；珍珠港事件发生时，他正任俄亥俄州阿克伦大学的德语教授。美国加入二战后，美国信号情报处很快征召其破译德国密码。他在三个月内就掌握了日语，并接管了日语通信的解码工作，同事们对此感到无比震惊。现在战争结束了，关键的工作是解密俄文，所以加德纳很快学会了俄文，并跟那些还未学会日语的人一起，开始研究阿灵顿厅之前的电报信息。谁都没想到他们可以从旧的电报中发现什么重要信息。1943年2月，美国陆军情报局的卡特·克拉克（Carter Clarke）上校发起了一次独立行动，查看外交电报，看看苏联是否像传说中说的那样，正在与德国进行和平谈判。[45]在二战的特殊背景下，两国突然签订《苏德互不侵犯条约》令其他国家非常恼怒。但是，因为电报比想象中要难破解得多，所以最好的办法是从旧的电报密码中寻找线索。

加德纳和他的团队利用贸易信息作为突破点，参照古琴科对渥太华密码室运作的第一手知识，着手破译苏联内务人民委员部和国家安全人民委员部的电报以及贸易电报。这项工作进展缓慢，非常折磨人，只能从每份电报中破译出大约 1% 的内容。[46] 然而到了 1946 年中，他们已经破解了大量的密码群组和文本，令人震惊的是，许多电报都透露着浓浓的间谍气息。1946 年 12 月 20 日，破译工作取得一大突破，加德纳读懂了 1944 年的一封电报的部分内容，这封信中有一份参与曼哈顿计划［位于洛斯阿拉莫斯的原子弹项目，苏联人为其取了个代号"诺尔莫兹"（Enormoz）］的主要科学家名单，他们把这一战时冒险活动称为"最高机密"。

到 1947 年 8 月，加德纳在代号为"维诺纳计划"*的破译行动的第一份报告中指出，他发现了一些特工及其相应的代号。其一，"自由主义者"（Liberal）这个代号出现在六份不同的电报中，但加德纳最终解读出这个代号，是源于其非凡的洞察力，他才是当之无愧的天才。后来的情报信息表明，这位苏联办事员用字母拼出了自由主义者的妻子的名字，但分成了三组，第一组是"拼写"（Spell）和字母"E"，最后一组是字母"L"和紧随其后的"拼写完"（Endspell）；中间是一个三个字母单词的常用代码。加德纳"在拼写代码中从来没有发现三个字母的意思……"然后他灵光一现："对啊，他们之前发送过大量的英语文本，而英语中最常见的单词是'the'"。[47] 由此得出这个名字是"Ethel"（埃塞尔），引出了埃塞尔·罗森伯格。而"自由主义者"则是朱利叶斯·罗森伯格（Julius Rosenberg）。1953 年，罗森伯格夫妇两人都被送上

181

---

* 确切地说，"维诺纳"（Venona）一词在词典中没有定义。

电椅处决。加德纳感到非常悲痛，因为他觉得"那些特工至少对自己正在做的事保持信仰"[48]*。在"维诺纳计划"发现"荷马"之前，还有很多的特工"对他们在做的事保持信仰"，后来都纷纷落网了。

然而，目前，这项行动是高度机密的，甚至连美国联邦调查局局长都不知道，更不用说英国盟友了。从大量材料中寻找线索费时费力又收效甚微——1944 年，在耗费了大量的复制便签簿后，也只是破解了莫斯科中心 49% 的电报情报；但 1945 年，麦克林发现了极有价值的情报，该情报只有 1.5% 的内容被破译。[49]**麦克林在克里维茨基和沃尔科夫事件中幸存下来，也没有因古琴科和本特利而暴露自己的身份。那时，即使麦克林知道阿灵顿厅正在开展的工作，他也极有可能认为自己不会被发现。

*

二战后，土耳其海峡成为各大国势力的争夺点，而麦克林的间谍行动也是在这里露出了蛛丝马迹。土耳其海峡——博斯普鲁斯海峡、马尔马拉海和达达尼尔海峡——连接着苏联和欧洲所处的两块大陆，是黑海通往地中海的海上通道。土耳其处于这些海峡之间，自特洛伊战争以来就一直兵戈不断。在波茨坦会议上，航道一直是一个主要议题。杜鲁门在一番徒劳的争辩后指出："斯大林希望像以前的沙皇那样，占有黑海海峡。"[50]而英美两国则各有自己的算盘：英国人最关心的是能否保护经苏伊士运河至印度洋的航线，借此维护他们日渐衰落的

182

---

* 罗森伯格夫妇是冷战期间仅有的两个被处决的英美籍间谍。
** 1942 年的电报中只有不到 2% 是可读的，1943 年也只有 15%。

帝国。杜鲁门在波茨坦说过：为了防止出现战争，航道应该国际共享。斯大林没有杜鲁门总统那样的决心，他最关注的是摸清西方为海峡开战的决心，以便制定未来的政治策略。因此，"荷马"作为英国首席谈判代表，成为调解局面的不二人选，再一次获得了华盛顿、安卡拉以及伦敦协商情况的第一手资料。

1945 年 10 月 21 日，美国国务院的洛伊·亨德森（Loy W. Henderson）本着战后成立联合国的精神，通过国际委员会向麦克林发送了美国政府关于海峡问题的建议。对于这份文件，亨德森和麦克林心照不宣，都知道文件只能给英国使馆人员看。然而两天后，《纽约时报》刊登了一篇名为《伦敦》的文章，文章中指出，记者"凭着自己极高的权威"[51]了解到，英美两国政府正在就一项海峡提案商讨合作，一旦达成合作，两国便可以在土耳其的支持下对抗苏联。次日，莫洛托夫在莫斯科照会美国大使时本来因提前获知情报非常得意，但是他"假装因这件事大为恼火"[52]，并要求美国就英美合谋反苏的说法做出解释。同盟国声称对这次泄密事件一无所知。斯大林派遣了三个师的红军前往罗马尼亚和保加利亚驻守土耳其边境，土耳其人则派军队前往与保加利亚和格鲁吉亚接壤的边境，这一事件造成的反响在一周内不断升级。冷战中的第一次大规模博弈正就此拉开序幕，拜"荷马"相助，苏方才能看清双方的形势。

10 月 30 日，国务卿伯恩斯匆匆举行了一场记者招待会，称"美国政府和英国政府提出联合提案的说法纯属子虚乌有"，并直接否认了"与英国进行了联合磋商"[53]的说法。随后他立即致电哈利法克斯，指责他的团队为莫洛托夫提供了一个绝佳的机会。哈利法克斯只得诚挚道歉，并承诺会对泄密事件进行全面调查。

就在双方关系降至冰点的同一天，美国国务院召见麦克林，并安排他与近东事务局的乔治·艾伦（George Allen）会面。艾伦重申，这次泄密的"后果非常严重"，仅仅是因为"英国人要求事先浏览我们的提案"。麦克林若无其事地宣称，"外交部不可能发生泄密"，因为英国的政策立场是"不给苏联人认为自己正面临着英美两国的联合对抗的口实"。他接着以一种不屑一顾的语气说，如果确实是外交部的人泄密（他刚才并没有这样说），"当事人将受到严厉的纪律处分"[54]，当然艾伦并没有注意到这一点。

艾伦接着对麦克林说，美国已经应允了"第三条原则"，即在战争期间，允许土耳其和除苏联外其他国家的船只进入海峡，而英美盟国曾在这一点上存在分歧，现在美国采纳了英国的意见。在苏联看来，第三条原则使英国和美国能够在该地区拥有常驻海军。11 月 3 日（星期六），随着越来越多的苏军从捷克斯洛伐克调配到边境，局势升级，美国驻土耳其大使埃德温·C. 威尔逊（Edwin C. Wilson）按照上级指示向苏联大使谢尔盖·维诺格拉多夫（Sergei Vinogradov）提出新提议。此时距第二次世界大战结束仅仅过了几个月，可新一轮世界大战已经在欧洲和亚洲的分界线上蠢蠢欲动了。

威尔逊去拜访维诺格拉多夫时，他本来计划像平时一样，与之进行一次非常简短的会晤。按以往惯例，维诺格拉多夫需要把文件传回克里姆林宫，对于来自西方的材料，克里姆林宫都会近乎偏执地从各个角度进行审视，然后毫无例外地对其采取封锁或毫无道理的霸凌指令。但是这次，维诺格拉多夫只用"片刻"的时间看了看这份文件，然后"对其中的几项建议直截了当地发表了自己的意见，并长篇大论地指出苏联反对外国军舰在土耳其驻扎"[55]。这让威尔逊感到震惊不已，没等他回答，维诺格拉多夫便将这份文件扔在一旁，开始嘲讽土耳其人的软弱和他们"充满怨恨和敌意"[56]的战争记录。威尔逊对此目瞪口呆，立即写信给国务卿伯恩斯，表达自己对于这种背叛感到无比的尴尬和愤怒。这起泄密事件损害了英国的利益，也严重破坏了英国与美国的关系，外交大臣贝文感到不得不对哈利法克斯表明立场："我不打算再与土耳其政府进行任何沟通。"[57]土耳其外交部部长说："美国提出的（设立一个国际委员会的）建议会使得黑海成为苏联的海军基地。"[58]目前，美国的方案是谈判中提出来的唯一方案，但鉴于得到这样的回应，这种建议是行不通的。

哈利法克斯二战时曾任英国的外交大臣，那时英国的实力尚未因战争而严重削弱。他对泄密事件深表遗憾，认为这"肯定会使美国人在与我们分享某些内部意见时更加谨慎"[59]，但他没有采取任何行动来履行自己进行调查的承诺。毕竟，哈利法克斯曾对伯恩斯说过："我们会调查此事，但不会公布调查结果。"[60]如果哈利法克斯履行了这一承诺的前半句，特别是考虑到后来对泄密事件进行的调查，唐纳德·麦克林无疑将遭到英方的怀疑。但值得一提的是，麦克林传递的材料证实了带有挑衅性的美国方案是谈判中讨论的唯一方案，这很可能无意中防止了武装冲突的发生，同时也使苏联在长达数百年的海峡斗争中赢得了最新一轮的胜利。

麦克林在战后的杰出表现使战略决策的天平进一步向莫斯科倾斜。

184

第 11 章　全域通行证

185　　艾伦·纳恩·梅在法庭上的短暂露面并没有引起公众太多的关注。当时，英国民众更关心战时叛徒的审判和处决，例如，如何处置曾以哈哈勋爵（Lord Haw-Haw）的名字担任广播员，在德国进行广播的威廉·乔伊斯（William Joyce）。此外，苏联是最先到达柏林的盟军。但是，现在人们对德国战争的记忆已经变得模糊，也不用再被每晚那可怕、充满讽刺的广播声困扰。现在，真正让人们意识到危险的是 1945 年 8 月，投到日本广岛和长崎的两颗原子弹，它结束了第二次世界大战，同时也向人们展示了它的破坏力。"原子弹"驱动了一代又一代人的梦，无论是苏醒的还是沉睡的人，是政治活动，还是抗议活动。它成为冷战中的决胜武器，并成为随后几年最受关注的外交议题。在各种外交讨论中，人们都在议论该如何看待原子弹所带来的空前绝后的灾难性影响。唐纳德·麦克林接触的，正是这些讨论的核心部分，这也将是他一生中至关重要的部分。

*

　　英国缺乏自主研制核弹的资源。罗斯福和丘吉尔于 1943 年签署了《魁北克协议》。根据该协议，联合政策委员会成员之间应"就该项目的所有部分充分交换信息和意见"，该委员会是一个绝密级部门。1944 年的《海德公园协议》（以罗斯福的家乡命名）中指出，核弹应"绝对保密"，战后应继续开展全面军事和商业发展合作。这项协议是一项绝密文件，甚至连副总统杜鲁门都对其知之甚少，他在担任总统时对这份协议的了解比斯大林还少。[*][1]在波茨坦，当杜鲁门"漫不经心地提到我们拥有一种极具破坏力的新武器时，这位苏联领导人并没有表现出特别的兴趣。他只说他很高兴听到这个消息，希望我们能'充分利用这一武器对付日本'"[2]。但是当天晚上，斯大林就命令科学家着手研究如何制造苏联的原子弹。[3]

　　在"充分利用"了原子弹后，杜鲁门对美国的立场直言不讳："在不法的世界里发射原子弹太危险了。正因如此，拥有研制方法的英国、加拿大和美国都在找控制原子弹的方法，以保护他们自己和世界其他地区免遭彻底毁灭。在这之前，他们都不打算泄露方案。"[4]虽然这些秘密已遭泄露（克劳斯·福克斯、纳恩·梅等人甚至知道更多），但原子弹的基本成分——铀——仍然被两个盎格鲁强国控制。世界上铀矿最多的国家是刚果，这在二战期间是毫无争议的：比利时流亡政府的总部设在伦敦，因此英国可以牵头就铀矿进行谈判。铀矿目前存放在斯塔滕岛的一个仓库中。根据《魁北克协议》，英国在二战期间"根据需要"交出了一半的铀，这清楚地表明，"曼哈顿计划"为这一期间研制的原子弹提供了全部赞助。在和平时期，英国原本计划和美国平分铀矿，但后来却获悉，为了

186

187

---

　　* 《海德公园协议》本身就是战时保密政策和罗斯福个人外交习惯的牺牲品：其中一份落在了他在海德公园家中的图书室里，九年后才被发现；另一份文件被一名美国职员错误归档（他认为"合金管工程"文件可能与鱼雷和潜艇有关），直到 1957 年才被发现。

维持世界新的力量平衡，加上他们要偿还美国的战争债务，美国人坚持"在实际使用的基础上"[5]重新分配铀，这意味着几乎全世界的铀库存都将流向美国，这一点让英国感到震惊。

麦克林自从二战初期在伦敦的总务部工作以来，就一直在传递有关铀的信息，他对铀的用途和重要性了如指掌。莫斯科曾将麦克林列为"关于发展铀原子能生产爆炸材料的政府委员会的绝密报告"的来源。这份绝密报告于 1941 年 9 月 24 日提交给战时内阁。[6]这份报告透露，莱斯利·格罗夫斯（Leslie Groves）将军和"曼哈顿计划"科学家计划每年使用 600 吨铀，这只能说明铀是在增产而不是减产。格罗夫斯本人在 1942 年 9 月加入这个计划时就坚信不能透露真正的秘密："除了我负责这个项目的那两个星期外，我一直觉得苏联是我们的敌人。我不赞同整个国家的态度，他们认为苏联是一个英勇的盟友。对此我一直存有疑虑，在开展这一计划时我也是心存疑虑。"[7]*

因此，在麦克林抵达华盛顿之前，三个盟国之间就已经画好了界线，这一界线决定了以核武器为代表的冷战格局。1945 年 1 月，身材魁梧、魅力四射的罗杰·梅金斯爵士以经济部长的身份，带着他充满感染力的笑声到大使馆任职，在大使馆与英国驻华盛顿使团之间发挥纽带作用。英国驻华盛顿使团组建的目的是协调产品和服务的供应，主要为在战争中受挫的英国提供服务（包括最重要的财政和粮食任务）。"但我最重要的任务是机密，因为我在大使馆的本职工作是处理原子能问题。"[8]

---

* 斯坦利·库布里克的《奇爱博士》中斜着眼睛、对炸弹一度痴迷的空军将领杰克·瑞朋的人物原型就取自格罗夫斯将军。

　　在麦克林外交生涯的最后几年里，梅金斯从 1947 年初开　　188
始登上舞台。1943 年，丘吉尔和罗斯福成立了联合政策委员
会，负责协调英美两国的原子能研究和政策。梅金斯被任命为
委员会的联合秘书，他立即聘请大使馆的"效率完美、工作
勤奋"的一等秘书麦克林作为副手。麦克林受命处理这些至
关重要的全球事务，因为他对"安全事务一丝不苟"[9]。1947
年 2 月 3 日，麦克林第一次代表梅金斯出席会议，从参与会议
的人员中就能看出麦克林的重要性，当时和他一起参会的有国
务卿伯恩斯、副国务卿艾奇逊（Acheson）、作战部长帕特森
（Patterson）、科学研究和发展办公室主任范内瓦·布什
（Vannevar Bush）、英国和加拿大大使，以及陆军元帅威尔逊
勋爵（Lord Wilson）。[10]

　　苏联人可能对麦克林能参加如此高规格的会议感到高兴，
麦克林也确实反馈了不同寻常的信息，但是这种会议还是会增
加他的不安。美国在冷战中发挥了领导作用，更加坚定了自己
成为联合国东道国和主宰者的立场。由此，美国减少了与英国
在原子能方面的全面合作，并于 1946 年成立美国原子能委员
会，而英国并没有参与其中。麦克林的爱国主义和他的道德信
仰——他生命的两大支柱，同时受到了侮辱。他"对美国人
的厌恶"[11]更多地表现在职业上以及自己的圈子里。但在近期
以及未来的关键时期，这位一丝不苟的外部人士将继续全心全
意地服务于莫斯科中心。

＊

　　英国在哈维尔（Harwell）设立了原子能研究机构，以此
对抗美国在此领域日益增长的霸权。德裔克劳斯·福克斯是该

机构理论物理部门的负责人，苏联通过他得到了大量的科学信息。福克斯曾是基尔大学一群共产主义学生的领袖，也是德国共产党的重要成员。1933 年，"国会纵火案"中纳粹党大力打击德国共产党，纳粹笼罩下的德国左翼的命运可想而知，福克斯迫不得已逃往英国。二战开始时，福克斯以一个敌国人的身份被关押在加拿大的一个营地，他强烈的左翼观点变得更加坚定，但在被任命为原子能研究机构人员之前，没有人调查他的左翼背景。盟军情报官员从纳粹德国废墟中带回了大量文件。在这些文件中发现了福克斯的盖世太保档案，档案中指出福克斯是个共产主义者，并指出了"盖世太保逮捕他的时间"[12]。

福克斯和麦克林确实在一起待过几天。1947 年 11 月，两人共同出席了华盛顿举行的一次会议，会议的主要议题之一为讨论战时的机密文件中哪些是现在可以解密的。这简直太具有讽刺意味了，与会代表中麦克林和福克斯都是苏联间谍，战时机密早已泄露，所以这场会议纯属浪费时间。不过令人不可思议的是，福克斯和麦克林这两名间谍关于文件解密的态度还不一致：麦克林非常高兴看到英国人"设法解密了很多边缘文件"，并将美国的顽固态度解释为"探寻有效益领域的有用线索"[13]（想必他作为间谍和作为英国外交官都是这么想的）；福克斯则比较保守，他经常是八位科学家中唯一对解密文件投不赞成票的人。这也许是一种相当幼稚的掩护，又或许是他想随便糊弄一下，因为这最终不会有什么区别。虽然同为苏联间谍，但是他从未向他的联络人提过麦克林的名字。事实再次证明，莫斯科情报中心为隔离特工而采取的谨慎态度是必要的。如果做不到这一点，可能会导致灾难性的后果。

华盛顿会议讨论的另一个主要议题是，苏联需要多长时间制造出自己的核弹——会上估计需要 5 ~ 10 年。这种估计更多的是基于希望和期望，而没有科学依据。鉴于麦克林和他在联合政策委员会的席位，苏联在评估美国实力时则不需要涉及这种猜测。他们可以通过已获得的有关全球铀和钍（研制核弹必不可少的成分）供应的详细报告来衡量美国的核弹数量以及库存规模。1947 年下半年和 1948 年下半年，英国和加拿大分别重返政治舞台，其中一个重要原因是，与英联邦国家和比利时保持良好关系对矿物的开采和运输至关重要。麦克林的重要地位使他再次获得了无比准确的信息。例如，他获悉美国人在 1947 ~ 1948 年购买了 2547 吨铀，苏联能据此算出 1948 年美国将制造大约 50 枚核弹。[14]

190

*

1947 年 11 月，也就是华盛顿会议举行的当月，麦克林的信誉（以及一定程度的运气）为他赢得了间谍活动的金票。他获得了前往美国原子能委员会总部的永久通行证，这张通行证的权限是"允许他在没有内部人员陪同的情况下在大楼内自由通行"。通常，在无人陪同的情况下，美国内阁和国会成员都不得入内。就连联邦调查局局长埃德加·胡佛也曾对有人陪同的要求感到不满。麦克林离开华盛顿后，有人告诉委员会负责人刘易斯·施特劳斯（Lewis Strauss）上将，"根据大楼入口处警卫保存的记录……这名外国人通常在晚上工作时间以外的时间造访"，尽管当时"要求高级陆军和海军官员陪同"[15]。施特劳斯对麦克林没有任何怀疑，他与麦克林的几次见面都非常"令人愉快"[16]；他只是在原则上反对任何人（尤其是美国人以外的人）拥有这样的权限。如果考虑到英国在金融战争中对美国欠下的债务，以及纳恩·梅的背叛背后暴露出的美国安保漏洞，他或许确实应该反对。

20 世纪 50 年代，当联邦调查局调查麦克林的通行证时，所有接受谈话的人都评论说，麦克林似乎是一个"能干、稳重、才华横溢的人"，但与麦克林同一任期的委员会总顾问约瑟夫·沃尔普（Joseph Volpe）并不这么认为。他发现麦克林有点"神经质"，并且认为这个英国人的"神经质"是因为他"工作努力"和"肩负重任"[17]。联邦调查局得出了一个说服力不强的结论：麦克林获得这一特殊权限是因为联合政策委员会在这栋大楼里开会。[18]值夜班的工人们十分信任这位身穿细条纹西装的高个子，很喜欢看见他在走廊里走来走去。当外交官们都去参加晚间鸡尾酒会时，他们并不会怀疑麦克林会留在那里做些什么。第二年，他在海亚当斯酒店与原子能界的各位人士共进告别午餐，这顿午餐气氛非常"友好"[19]，意义重大，罗杰·梅金斯为此推迟了自己前往伦敦的行程。麦克林将自己在大楼里巡视时无意中发现的情况，连同美国原子能委员会的正式会议记录一起，经由纽约传到了莫斯科。我们无从得知，他在这座世界上最敏感的建筑里独自踱步时，心里思考的是什么。不过，毫无疑问，潜在破坏的规模之大令这位自学生时代以来一直在为争取和平孤注一掷的人深感不安，但他以和平的名义将其合理化了。

麦克林利用自己的特权地位得到的信息中，最重要也最具批判性的是，美国的实际成果远不如预期的先进，也远不如冷战边缘政策中他们宣称的那样先进。1946 年中起草的"铁钳"核战计划预计的是一年后会研制 50 枚原子弹[20]；到 1948 年 4 月，仅有 12 架 B－29 轰炸机可用，改装的可用于发射原子弹的 B‑29 轰炸机不超过 27 架，仅在英国和开罗‑苏伊士地区部署这些轰炸机[21]。这些轰炸机的射程覆盖不到苏联。1947 年4 月，美国原子能委员会主席在视察洛斯阿拉莫斯核武库时报告说："杜鲁门明显感到震惊。"[22]由于美国销毁或封存了大量的武器，他们在和平时期也不想起草一份扩大武器规模的草案，没有这些武器，美国军事战略的意义就显得微乎其微，其言辞也空洞乏力。

更加不可思议的是，英国 1946 年 3 月经评估后指出："苏联在 20 世纪 50 年代初之前不会研发出核武器……核武器的数量……大约在 1955～1960 年才会有所增加。"[23]这些评估是基于西方盟友对苏联研发速度的预测。他们以为苏联也是白手起家，尽管纳恩·梅和其他人可能向英国指正事实并非如此。但是后来美国在分析来自苏联亚洲部分受污染的云层中的雨水样本时，感到十分惊讶。这些样本证实，苏联在 1949 年 8 月 29 日试爆了一颗原子弹。就在几天前，维诺纳确认了英国"曼哈顿计划"的一名特工泄露了有关气体扩散过程的复杂科学信息。[24]他们用盖世太保档案对这一点进行三角定位后，立即逮捕了克劳斯·福克斯。

192

*

麦克林在 1947 年 10 月上任时就对自己的地位有着清晰的认识。他给伦敦方面写了一封信，询问是否有自己的调任计划，或者自己是否需要搬家。在信中，他提道："因为我们在这里一直很快乐，不太想离开这里。如果调任，我为罗杰·梅金斯做的特殊工作还得另做安排。"[25]在他负责处理的众多事务中，他特意强调了"特殊工作"，因为他知道这项工作对英

的重要性，这稍带威胁的意味，另外，在潜意识里，他也知道
这份工作对苏联的重要性。最后，考虑到"特殊工作"的重
要性和麦克林在驻美使馆的出色表现，英国方面毫不犹豫地延
长了他的任期。麦克林全家搬到了乔治敦前景街3326号，这
是镇上最高档的地段，两边住着两位退休的海军上将。[26]麦克
林又一次给邻居留下了好印象：隔着两扇门的欧文斯
（Owings）太太说，这家人都是"好人"，唐纳德非常"喜欢
他的孩子"；她补充说，当唐纳德先生来她家做客的时候，只
喝了一杯雪利酒，当她邀请他再喝一杯时，麦克林拒绝了，可
能是因为他不喜欢雪利酒。他常常心不在焉，"开着车门让猫
狗爬上车睡觉"[27]。猫狗同居令人很费解，这种情况显然是不
止一次了；可能心不在焉是醉酒回家的代名词，虽然两者并不
相关，也可能是欧文斯太太雪利酒喝多了，思绪不清。

　　麦克林从间谍活动中获得的成就感无法弥补他内心不断扩
大的分歧，这种分歧常常在他在大使馆上班时、下班后或无法
193 取悦邻居时偶尔表现出来。留在华盛顿既符合他作为英国大使
的野心，也符合他从事间谍活动的本心，但他并"不太想"
离开这个地方的烦躁情绪却在持续发酵（因为内心里他并不
喜欢美国）。新任高级部长约翰爵士（Sir John）的妻子巴尔福
夫人（Lady Balfour）结束了他们在莫斯科的委任，回到美国，
有一次她评价说美国的人都很友好，"即使是陌生人，也可以
在同乘火车时彼此谈笑自如"，这是多么惬意啊。当她说这些
话时，麦克林死死地盯着她。在她看来，他似乎在竭力"压
制一些对我的天真和无知的尖锐想法。扭曲的表情……暴露了
他强烈的感情"。[28]他几乎无法控制自己的精神错乱。

　　还有一次，他的脾气直接影响了一位外交官的职业生涯。

彼得·索利·弗勒德（Peter Solly Flood）是大使馆的二等秘书。他在政治上是右翼分子，曾在波兰的地下组织中表现出色。弗勒德在华盛顿的大多数朋友都属于"移民圈子"，在许多方面，他远不像麦克林那样老练。麦克林可能是嫉妒彼得·弗勒德，因为弗勒德不必遮掩自己真实的信仰，却可以继续为他的国家效力；也有可能是觉得弗勒德的坦率态度对他构成了威胁。不管出于什么原因，事实是，当索利·弗勒德和梅琳达的妹妹哈丽特"坠入爱河"时，麦克林的紧张情绪进而转变成了愤怒（当然，他的上司对此一无所知）。根据梅琳达的姑妈埃莉诺的描述（可能有点夸张），索利·弗勒德求婚遭拒，因为哈丽特发现他"喜欢参加埃及大使馆狂野的派对以及……性狂欢"。用外交部的话来说，他"极度不平衡的性格"使得他酗酒越来越严重，索利·弗勒德因此在精神上"变得喜怒无常"[29]。后来索利·弗勒德被送回伦敦，在那里，外交部把他交给了哈雷街的威尔逊医生（Dr Wilson）。这位精神科医生接收了这个"问题"病例，他后来也为麦克林治过病。不管彼得·弗勒德的解雇是麦克林的直接命令还是间接影响，彼得·弗勒德离开华盛顿后，出现了几封关于麦克林的匿名信（信中称麦克林是一头"可怕的猪"[30]），他的离开也使麦克林关于自己对熟人的态度感到"悔恨"："他对自己突然的仇恨态度非常后悔。"[31]

在一次偶然的谈话中有人提到了基督教，麦克林的火暴脾气也随之爆发。他喊道："耶稣屁都不是，他是我们所有麻烦的罪魁祸首！"[32]这番话的背后体现出了他童年时代的家庭祈祷和唐纳德爵士强烈的良知感对他的影响。麦克林仿佛为了证明自己的道德和行为是合理的，不得不抹去自己的背景。双重性格生活带来的痛苦、他所看到的文件的重要性以及他喝的酒，这些都使他把矛头指向他的同事、朋友、家人和上一辈人。然而，他没有公开提出任何抱怨，在华盛顿剩余的时间里，他仍然是斯大林最重要的间谍。

*

1946 年 5 月，同样来自莫斯科的新驻美大使阿奇博尔德·克拉克·科尔（Archibald Clark Kerr）上任。阿奇博尔德·克拉克·科尔爵士新近被封为阿奇博尔德勋爵* 33，出生于澳大利亚，是一个苏格兰人。出人意料的是，他曾在雅尔塔见过贝利亚（苏联内务人民委员部领袖），还给他敬过酒。在丽贝卡·韦斯特眼里，他是"有史以来升为大使级别的最奇怪的人之一，这也确实说明了很多事情"34。阿奇博尔德参与了一次关于棒球的讨论（关于棒球的态度似乎是记者们对新任大使工作态度的判断依据），但跟他的上一任不同，他通过了测试：他宣称，他期待观看一些棒球比赛，因为板球是"有史以来最乏味的运动"，他宁愿看挑棍游戏（spillikin）。过了一段时间，他的新闻秘书不得不再次回答记者团的疑问，并向他们解释说，挑棍游戏是一种酒吧里的游戏，类似于打保龄球。35 在阿奇博尔德的官方欢迎宴会上，他请了穿着方格呢短裙的人在餐厅里演奏风笛，有着苏格兰血统的麦克林可能并

---

* 阿奇博尔德升任贵族后，在家族的纹章上增加了两个裸体男性作为扶盾者，一个拿着钢笔，另一个拿着铁饼，这也体现出他的两个兴趣。他选择了拉丁文"Concussus Surgo"作为座右铭，意思是"震动了，我崛起了"。伯克的贵族们发现这些数字（可能与座右铭有关）太具有暗示性，于是在 1950 年的版本中给这两个裸体扶盾者加上了内裤。

未引起他过多的关注，但是，麦克林还是抓住机会给这位新老板留下了深刻的印象。阿奇博尔德的特别助理沃尔特·贝尔（Walter Bell）指出："唐纳德沉迷于自己的工作。他是个不嫌麻烦的人。麦克林和大使馆新闻专员菲利普·乔丹（Philip Jordan）成了好朋友。当菲利普·乔丹为外国记者安排特别背景介绍会时，麦克林总是揽过那些棘手的问题，尽可能说出新政策决定背后的原因。"[36]这样的工作效率也让麦克林成为不可或缺的人物，就像他在联合政策委员会工作一样，他获得了大使馆的无陪同通行证，获得这个通行证的人能够了解到大楼内发生的任何事情。不久，麦克林就像过去亲近哈利法克斯一样亲近这位新任大使，而阿奇博尔德也称他是"一个可爱的人"[37]。

　　阿奇博尔德带来了一个贴身仆人，名叫叶甫根尼·约斯特（Yevgeny Yost），是个侏儒，是斯大林安排给他的临别礼物。阿奇博尔德常调笑称："这是斯大林给我的一个苏联奴隶。"[38]麦克林不是唯一用关切（有人说是鄙视的目光）看着"这位来自草原的、不协调的小贴身仆人"，他打扮成一个可怜的流浪哥萨克模样，像影子一样跟着他的主人，"坚持窥探大楼的每一个角落，包括登记处"[39]。除了认为把一个苏联人带进华盛顿外交中心会引起安全顾虑之外，麦克林甚至会在醉酒后偏执地怀疑约斯特是苏联派来监视他的。有一次，当麦克林问约斯特，与苏联相比，他如何看待美国的生活时，约斯特表达了和巴尔福夫人一样的观点。约斯特（伏尔加德意志人，在苏联不太受欢迎）解释了他为什么更喜欢美国的原因，"麦克林的脸拉了下来，很快离开了房间"[40]。随后，麦克林提出申请，要求解雇约斯特。让所有人都松了一口气的是，1947 年 7 月，约斯特第一次离开阿奇博尔德一家，在阿奇博尔德的苏格兰庄

195

园里重新接受司机和农场工人的培训。在那里，他虽然同样感到困惑，但是不用面临向自己国家汇报的危险，也不用担心因为批判苏联这个麦克林从未去过但满怀崇敬的国家，而遭到这位一等秘书的威胁。

*

196　　紧张的气氛不可避免地蔓延到了麦克林的家庭生活中。梅琳达在美国一直过得很不舒服，因为她的丈夫表明他"厌恶"美国公民的价值观。而麦克林的另一重身份也让她无所适从，她不能像人们期待的一等秘书妻子那样参加各种娱乐活动，也不能像人们所看到的那样，可以默默地和她高大帅气的英国丈夫牵着手，出入外交宴会等场合。刚从剑桥毕业时，唐纳德也经常与母亲一起参加伦敦的舞会。在正式场合，梅琳达自然也会感觉不自在，但是她之所以要参加，是希望可以阻止她的丈夫喝太多酒，也不想让他讨论美国的道德价值观。她不喜欢成为众人的焦点。有一次，她向纽约的一位裁缝订购了一件她认为"非常适合"参加白宫舞会的"光彩夺目的新衣服"。但当那天到来的时候，她把它挂了起来，换了她妹妹的一件比较朴素的衣服。[41]在他们的整个婚姻生活中，梅琳达一直对政治感到厌倦，她似乎最喜欢在巴黎过放荡不羁的生活。但到现在，她似乎已经失去了参加社交活动的兴趣。毫无疑问，由于丈夫变得更加难以捉摸，不断出现的压力使她感到疲惫和焦虑。

　　后来出任驻法国和美国大使的尼古拉斯·亨德森（Nicholas Henderson）记得，麦克林晚上下班后与另一位使馆工作人员同住，梅琳达不住那里。麦克林喝酒喝到很晚，直到喝得烂醉。[42]梅琳达在家庭中更多的是扮演母亲的角色，他们的二儿子叫"比尼",1946 年 7 月,美国漫长的暑假开始时他在纽约出生,和他的哥哥弗格斯一样,也是剖宫产。除了这些家庭中分心的事情,梅琳达拒绝参与外交活动还有一个原因,那就是她对丈夫的另一面了解得太多了,也知道他喝酒寻求慰藉的真正原因。

梅琳达告诉她的朋友、麦克林使馆同事凯瑟琳·塞西尔（Kathleen Cecil),唐纳德酒后的行为暴露了他的同性恋倾向。[43]这是自伯吉斯吹嘘他在剑桥和麦克林同床共寝,汤因比第一次见面就想吻他以来,第一次有人暗示他是同性恋。当然,没有什么证据表明麦克林参与了维克多·罗斯柴尔德在本廷克街公寓发生的更为耸人听闻的桃色事件;虽然盖伊·伯吉斯那无数众人皆知的风流韵事继续发生,也没有人说他曾与这位沉默寡言的外交官有过牵连。虽然麦克林内心可能也曾对此有过挣扎,但是他不会冒着可能断送外交职业生涯的风险参与这种不法行为。唐纳德从事的间谍活动大大满足了他对私密生活的需要。梅琳达说这番话,也许是出于对缺乏性生活的困惑和痛苦,也许是为了转移人们对唐纳德的注意力,掩饰他叛国的真相。

梅琳达在纽约待了很长一段时间,整个夏天都没有去闷热潮湿的华盛顿。由于她母亲与邓巴离了婚,她们不能再继续住在伯克郡的农场,所以全家在长岛或科德角租了套房子。很多时候,她会和两个儿子独处。1947 年他们雇了一个年轻的英国保姆,名叫菲利斯·史密斯（Phyllis Smith)。唐纳德是在纽约的船上认识的史密斯,并请她在一家装有空调的影院看了场电影。后来他们一起参观了帝国大厦,之后唐纳德就把她安置在了玛莎华盛顿女性专用酒店。第二天,两人乘火车去了科德

197

角的哈威奇港，来到梅琳达和孩子们在这里租住的简陋出租屋。唐纳德甚至没有和家人过夜就又飞回了华盛顿。梅琳达和她最喜欢的妹妹哈丽特（也住在那里，而且很喜欢赤身裸体地在屋子里走来走去，这让处在青春期的女孩很不舒服[44]）很少与其他度假者交往，所以史密斯很少看到她们。

在华盛顿的整个夏天，法国女佣蕾妮（Renée）都不得不收拾男士酒会留下的烂摊子，这让她非常痛苦。在他们分开期间[45]，麦克林有一次写信给妻子说："我现在真的很少喝醉，虽然没有你在我身边提醒我喝太多酒第二天会难受。我想这一定是因为我们每天都喝了太多的威士忌，所以也不在乎多喝一点；反正酒最后都会随着出汗蒸发掉。"[46]这种对梅琳达所说的自相矛盾的话，既是对他酗酒行为的坦白，也是否认。

198

*

1945 年后，随着华盛顿的战时人口和外交人口逐渐减少，唐纳德·麦克林高大而独特的形象令他的知名度不断提高。莫斯科中心决定，派苏联驻纽约领事馆副领事的秘密核专家阿纳托利·雅科夫列夫（Anatoli Yakovlev）与麦克林对接，告诉他要寻找和提炼的主要资料。[47]戈尔斯基（现在代号为"Al"）仍然是唐纳德的主要联络人。但是，当戈尔斯基乘六个小时往返火车去见雅科夫列夫（他的家人当时在华盛顿）时，雅科夫列夫的身份暴露了。罗伯特·塞西尔邀请麦克林到沃德曼公园酒店吃午饭，在那里他们的谈话"不会受到任何影响"。当他们经过岩溪公园时，麦克林"异常沉默"。当塞西尔说"我要去纽约了，我想和你谈谈"，"情势明显非常紧张"。[48]而实际情况是，塞西尔想和麦克林讨论，大使馆官邸代行负责人是否允许他每周都去纽约听被流放的俄罗斯神秘主义哲学家彼得·德米亚诺维奇·奥斯宾斯基（P. D. Ouspensky）的讲座。塞西尔后来意识到，麦克林当时害怕的是，他可能会在酒店的午餐时间开始审问他。虽然他们俩在大学时就认识了，且塞西尔是他的学弟，但麦克林仍然十分警觉，因为塞西尔在抵达美国之前的两年一直担任秘密情报局头目"C"的私人助理。当时，令塞西尔感到惊讶的是，在他说明具体事由后，麦克林就变得非常不耐烦，问他是否真的有什么要紧的事需要占用他星期六下午的时间。

后来的情况变得更糟，在伊丽莎白·本特利泄密后，戈尔斯基不得不离开华盛顿。此时出现了联络危机，莫斯科中心和他们在华盛顿的间谍之间在关键的联络环节出现了问题。虽然莫斯科中心相信他们已经采取了必要的措施来保护"荷马"，但他们无从知道目前谁叛变了，谁没有叛变。现在的主要任务是给他分配一个新的联络人，因为他手上掌握着大量重要的信息。1947 年 12 月，鲍里斯·克罗托夫（Boris Krotov）接手联络事务。在过去三年里他一直待在伦敦。1948 年 6 月，克罗托夫和麦克林之间的信息传递出现了问题，接受过专业训练的克罗托夫在去见麦克林的路上发现，行迹更可疑的联邦调查局正在跟踪自己，于是他切断了与麦克林的联系。联络站随后让麦克林把所有需要传递的资料都放在死信投递点，比如树洞里、石头下面，或者是华盛顿岩溪公园的指定地点。[49] 不过他发现藏在这些地方并不是很合适，因为有大量资料是他通过总结和记忆得来的，需要专人传递。此外，如果他被抓时材料没有带在身上，也很难解释为什么要把材料藏在公园里。多年来，苏联对麦克林爱护备至，甚至是非常体贴。这是麦克林和

199

联络人之间第一次出现意见分歧，如果处理不当，可能会对内心脆弱的麦克林造成极大的影响。后来他们达成了一项折中方案：麦克林和克罗托夫每三周见面一次，不见面的日子，麦克林还是照例把文件投递到死信投递点。这一折中方案造就了麦克林最后一个大的高产期。

*

1947 年和 1948 年，政治危机不断加剧。1947 年 1 月，向来严肃的乔治·卡特莱特·马歇尔（George C. Marshall）将军取代了伯恩斯成为国务卿。[*][50] 3 月，杜鲁门向国会申请 4 亿美元援助希腊和土耳其，作为全球反共斗争承诺的一部分，这对麦克林来说是一个沉重打击。4 月底，马歇尔与斯大林会晤商讨德国的未来。在这次会晤中，马歇尔意识到，斯大林希望所有东欧经济体延续战后的崩溃状态，继而为共产主义的蓬勃发展让路。1947 年 6 月 5 日，在哈佛大学毕业典礼上，马歇尔与托马斯·斯特恩斯·艾略特（T. S. Eliot）和原子弹之父罗伯特·奥本海默（Robert Oppenheimer）一起获得了荣誉学位。在典礼上，他发表了一个仅 7 分钟的演讲，宣布了欧洲复苏计划，即"马歇尔计划"。根据这一计划，在欧洲的大规模投资将推动欧洲国家的经济发展，尤其是分裂的德国，并减少共产主义对这些国家的影响。很少有人在这种没有公开报道的场合中，宣布如此重大的消息。英国人事先对此一无所知，但英国外交大臣贝文对此感到振奋，称其为"溺水者的救生索"[51]。

200

---

* 杜鲁门总统是马歇尔的坚定盟友兼赞助人，当杜鲁门问马歇尔是否可以叫他乔治时，杜鲁门得到的回答是："不可以，要叫我马歇尔将军。"

"马歇尔计划"将重振战后的欧洲。

斯大林把"马歇尔计划"看作美国试图使欧洲屈服于自己的政治目的的一种手段。美国想掠夺德国的资源弥补其战时遭受的损失，并想尽可能削弱美国和西方国家之间的壁垒。"马歇尔计划"对东欧国家造成很大的影响，甚至包括苏联，包括莫洛托夫在内的一些领导认为他们应该接受美元。美元将成为唯一的硬通货。

不需要银行家和专家的长篇大论，斯大林就能看出，让美国介入苏联或其盟友的财政将会导致共产主义的衰亡，但他还是允许莫洛托夫出席巴黎外长会议，共商这一计划。6 月 30 日，莫洛托夫收到麦克林转交的一封电报，其中详细介绍了美国副国务卿威尔·克莱顿与英国大臣的一次会晤的内容。这次会晤表明，讲英语的盟国有意把德国建设成为欧洲的工业强国。由于麦克林事先暗示了莫洛托夫，因此莫洛托夫指责英国和美国正在分裂欧洲，于是收拾起文件，径直走出了会议室。

1948 年 1 月，贝文给马歇尔发了一份电报，建议西欧也必须这样做，因为"苏联政府已经形成了一个牢固的政治经济集团"。年迈古怪的阿奇博尔德回应说，贝文的计划"令美国国务院高级官员满心欢喜"[52]，这与当时紧张的局势格格不入。2 月，毕业于哈佛大学的捷克外交部部长扬·马萨里克（Jan Masaryk）被发现从一扇高高的窗户上摔下来，死在了办公室外的地上。他有一半美国血统，本人为非共产党员，一直在请求马歇尔帮助他的国家。官方给出的判定是自杀，但是人们都知道事实并非如此——那扇窗户很小，窗户上留有他的呕吐物，他死亡时身上穿着不合身的睡衣，脚底还有瘀伤。共产党人现在在这个国家拥有无可争辩的统治地位。3 月，杜鲁门允许马歇尔讨论北欧和美国建立军事联盟；会谈将对政府其他部门保密。麦克林起草了一封贺信（虽然他内心极度愤恨），表达了英国人的喜悦之情："我们双方都是认真的，我们已经做好准备，与（联盟）同进退，而不仅仅是下嘴上功夫。"[53]

在与美国国务院就北约问题举行的会谈中，麦克林是英方代表。外交部认为这可能是华盛顿有史以来掌握的机密程度最高的文件。[54]他们讨论了如何指挥军队，以及各合作伙伴都有哪些核武器。3月，英国、加拿大和美国举行了一次异常秘密的会晤。这次会晤是在五角大楼的一间钢结构房间里进行的，媒体或国会都不知道这个地点。会晤过程中不允许做笔记，甚至不允许代表们离开大楼吃午饭。英国代表团中的下级成员罗伯特·塞西尔希望麦克林能用他著名的外交思想来记录会议纪要，但麦克林拒绝了，"毫无疑问，他在全神贯注地总结自己觉得有用的信息，然后把这些信息提交给那个接到信息时可能不如白厅那么欣喜，但是觉得非常重要的国家。"[55]麦克林为阿奇博尔德起草了一份电报，敦促伦敦严格限制会议纪要的分发，而在他自己的手写笔记中这样写道："如果苏联人知道具体的计划，他们就会像其他掠食动物一样继续进攻。"[56]这一野蛮的想法与他平时克制的风格格格不入。在他将消息传递给苏联时，他甚至可以想象苏联人内心分裂和愤怒的情景。从这次会议开始，莫斯科中心将在接下来的 11 天内再举行 6 次会议，逐日记述北大西洋公约组织（北约）的成立情况。北约作为一个军事联盟，通过"商议共同安全安排以应对苏联扩张的危险"[57]巩固了欧洲战线，这一问题在此后几十年里一直存在争论。

*

　　麦克林的参与提供了内幕消息，说明了北约的成立和技术进步对欧洲局势的影响。同盟国奉行他们的政策，把德国建设成共产主义集团的缓冲区。现在人们开始这样调侃德国：美国用自己的铸币厂为西德印制了一种新货币——西德马克（Deutschmark），他们认为它将重振德国经济。作为回应，苏联以东德马克（Ostmark）作为东德的替代货币，并于 1948 年6 月 24 日关闭了通往分裂的柏林西段的公路、铁路和运河，中断了电力供应。4 天后，杜鲁门宣布美国将向英国和德国的基地派遣 60 架可装载原子武器的 B-29 轰炸机。但斯大林从麦克林早期的情报中得知，实际的原子弹数量只有杜鲁门公布数量的一半，并且只有 3 个装配小组来装配这些轰炸机。麦克林还告诉莫斯科中心，美国将军卢修斯·克莱（Lucius Clay）已下令执行柏林运输机英勇空运行动，每日补给品沿着狭窄的走廊飞往坦佩尔霍夫机场，直至解除围困（327 天后），届时将无战斗机随行。盟军的英勇胆识和飞行技巧使柏林空运成为西方一次极为成功的舆论宣传，但麦克林的情报可能在无形中像几年前土耳其海峡危机一样，帮助避免了一场很容易发生枪战并随后升级的冲突。但他即将去就任新的职务了，他将在那里见证柏林封锁的终结。

*

　　前外交大臣哈利法克斯勋爵战时一直在服役。除了他之外，现今麦克林在华盛顿的供职时间比任何其他外交官都长。因此，他现在不得不同意调任晋升。虽然由于麦卡锡时代美国 203

对共产主义政治加以迫害，众议院反美活动委员会成立之初可能令人不快，但美国仍然在各种事件中占据核心位置。麦克林在工作中再次显示了自己的勤勤恳恳，言行举止也无可挑剔，而且在工作以外的领域展示了自己的爆发力。当麦克林要离任的时候，有人提议他去巴格达当参赞，级别比一等秘书还高一级。但人事方面的建议是，此举会让约翰·布鲁伊斯（John Brewis）和代表团中其他对布鲁伊斯评价很高的成员不悦。[58]约翰·布鲁伊斯是巴格达大使馆官邸负责人，比麦克林大三岁。后来，外交部决定派麦克林去开罗担任参赞一职，理由是，对他的家庭来说这个职位更合适。[59]在一个高度敏感的时期，埃及在政治上是个棘手的地方。埃及大使馆是五个甲级大使馆之一，与华盛顿（麦克林曾供职的大使馆）、巴黎、莫斯科和北京并列，这显然很符合他的口味。正如外交部所说，开罗参赞一职为麦克林快速晋升提供了跳板，跳过另一个一等秘书的职务，很显然为他下一次出任大使提供了垫脚石。

　　35 岁的唐纳德·麦克林成为英国外交部门最年轻的参赞，比罗杰·梅金斯爵士担任这一职位时还要年轻五岁；梅金斯后来成为驻华盛顿大使和常务次官。离任之际，一等秘书麦克林的内心肯定五味杂陈。但令他宽慰的是，如此重要的地缘政治和个人分裂时期已经走到了尽头，但同时他又感觉，他为双方所做的工作可能不再像以前一样重要，危险性也没有那么高了；苏联对待英国的态度也使他感到非常愤怒；但他也收获了一种成就感，知道自己在两边都表现得很好，也对双方产生了相当大的影响力。不过最重要的是，他在疲惫之中还夹杂着对自己间谍生涯的担忧。1948 年 8 月底登上"玛丽女王号"返回英国之前，麦克林夫妇一直住在纽约广场酒店。麦克林在巴黎的老朋友瓦伦丁·劳福德还在这里的棕榈庭院约他喝了茶，吃了些草莓。对唐纳德来说，这是他四年来最后一次造访这座城市，他曾无数次来这里看望他的家人和联络人。劳福德评论道："唐纳德看起来有点奇怪，有点自大，同时又一蹶不振……但他和梅琳达对我都很好，我们都会被他的一些老掉牙的笑话逗笑。"[60]

*

麦克林在前景街的住宅后来成了司法部外国人财产托管办公室托管人艾伯特·帕克的住所。帕克的女儿夏洛特在这里发现了一封没有署名的信，这封信是麦克林夫妇搬走时掉在门口台阶上的。这封信开头是"我挚爱的梅琳达"，笔迹"很难辨认"（即使考虑到英国和美国风格的不同，麦克林平时笔迹也很利落清晰，因此，这封信很可能是在他喝醉的时候写的），"说了些大意是'我要走了，照顾好自己'的话"。这封信听起来非常"冷漠……就像他要离开很长一段时间，或者说在考虑自杀"[61]。这封遗漏的信与他四年来的戏剧性生活，以及跌宕起伏的情绪形成了令人费解而又意味深长的对比，甚至与他独来独往的秉性背离。在这段混乱的时期中，曾有无数个夜晚，他在美国原子能委员会的大厅里来回踱步，感到自己的生活越来越紧张：他的良知、他对家庭及世界和平的关切与他对全球政治广泛获悉和细致入微的理解背道而驰。那是一种折磨人的紧张气氛，快要把他压垮了。

第 12 章　尼罗河之乱

　　开罗是唐纳德·麦克林海外任职的最后一站，也是他任期最短的一站。在那里，他的生活一团糟，婚姻似乎也走到了尽头。此外，恐惧和良知的相互纠缠，让他饱受折磨，精神濒临崩溃。舞台背后，"维诺纳计划"不断推进，他的"叛国之名"即将坐实。与此同时，他周围的人也都露出了自己的真面目。令人惊讶的是，他在开罗的职务既没有结束他在外交部的职业生涯，也没有终止他作为莫斯科中心高级间谍这一角色。深夜狂欢之后，他在办公桌前汗流浃背，深觉自己的生活在以双倍速前进，但同时也在放慢速度，为安全度过最紧张、最戏剧化的时期保驾护航。

*

　　有时喝醉后，麦克林谨小慎微的形象会彻底瓦解。不过值得注意的是，这件事并没有引起上级重视。在海亚当斯酒店举办的原子能界告别派对上，香槟、威士忌、波旁威士忌和干马天尼酒影交错。埃德蒙·古利安（Edmund Gullion）是副国务卿迪安·艾奇逊的助手，出生于肯塔基州，是一位温文尔雅的绅士，同时也是外交界另一位崭露头角的人物（将成为最得"约翰·肯尼迪欣赏的外交官"[1]）。他特地到场祝贺麦克林担任要职。麦克林与古利安俩人既是同事，又是朋友。当古利安听圈外人说麦克林既有才干又有造诣[2]时，他说，开罗不适合他，"他对埃及、埃及人民、英国对埃政策以及埃及的外交生活都发表了贬低性的言论"[3]。

麦克林对冷战初期的英美政策感到很不安。他明白，在长期任职之后，他留在华盛顿继续工作的时间已经不多。但无可否认，麦克林对不得不离开华盛顿感到恼火，因为在华盛顿他可以窥探一切，且在大多数情况下，莫斯科中心都非常重视他。不过，开罗地处咽喉要道，是大英帝国遗留下来的苏伊士运河的枢纽。英国作为开罗的主要统治力量，在巴勒斯坦和运河区驻有军队。英国外交部仅在极个别国家设有独立部门，而埃及就是其中之一。英国驻埃大使馆比驻巴黎使馆的规模还大。1947 年，印度脱离英国殖民宣布独立，但这没有对苏伊士运河产生太大影响，运河依然是英国通往中东的必经之路，也是捍卫英帝国利益的要道。[4]但是由于殖民的原因，运河区的英军并不怎么受欢迎（虽然他们过去几年帮助埃及驱逐了境内的意大利人和德国人），这也可以理解。庆幸的是，开罗人民对英国人的态度相对友好。但是，去开罗任职对麦克林而言终归是一个挑战，因为他已经逐渐背离了自己本应宣传的政策，需要秘密的支持，而且他的婚姻也开始亮红灯。

麦克林在华盛顿期间就写信、希望为他们一家安排 1948 年 9 月的开罗之旅。他想象着"我们可能会遇到不少困难，需要相应做些准备"（尽管他也期待着"他们的仆人穿着长袍前来服侍他们，数都数不清！"[5]）。在麦克林回到伦敦短暂休假的两周时间，英国外交部埃及司司长乔治·克拉顿（George Clutton）和负责处理巴勒斯坦问题的近东司司长伯纳德·巴罗斯（Bernard Burrows）向他详细介绍了埃及的情况，让他充分

206

认识到了这一职位的重要性。军情五处副总干事盖伊·利德尔（Guy Liddell）在当年的日记中总结了每年一度的世界动乱地区，他写道："巴勒斯坦地区的形势触目惊心。"[6]巴勒斯坦自第一次世界大战以来一直在英国的掌控之下，但关键是，1948年5月以色列国的建立直接促使阿拉伯国家发动攻击。但是由于阿拉伯国家并不团结，加之东欧和其他地区的武器和飞机走私支持，还有一支志愿者空军部队帮忙，最终以色列获得胜利。在这种情况下，苏联先于美国任命驻特拉维夫大使，表明苏联希望利用以色列这一新成立的国家——同时也是埃及的邻国和当前的敌人——作为苏联在近东的影响力中心。这也体现出苏联当时反阿拉伯的态度。与此同时，英国更关心的是巩固其在埃及和整个阿拉伯世界的利益。麦克林夫妇从美国回来的第一周，瑞典外交官福尔克·贝纳多特（Folke Bernadotte）在耶路撒冷遭到犹太复国主义组织"斯特恩帮"的暗杀。贝纳多特曾在战争期间通过谈判释放了德国集中营里的3.1万名囚犯。麦克林一家抵达开罗后一个月，警方拦下了四名男子，发现他们乘坐的吉普车上装有冲锋枪、8支左轮手枪、2700发子弹、48枚手榴弹、2枚炸弹以及美国和英国大使馆的地图。[7]虽然苏联当局不再像以前那样重视麦克林，但麦克林仍有大量的工作要做。

在英国休假期间，麦克林夫妇不仅要了解关于开罗的最新情况，还需要利用闲暇时间拜访那些在美国这几年疏于联系的家人和朋友。对梅琳达来说，这是她第一次见到丈夫的英国同事和熟人。在巴罗斯一家举办的晚宴上，他们第一次见到了《新闻纪事报》的杰弗里·霍尔（Geoffrey Hoare），霍尔后来成了他们在开罗非常亲密的朋友。霍尔的未婚妻克莱尔·霍林沃斯（Clare Hollingworth）是一名勇敢的记者，1939 年她首先发现德国坦克在波兰边境集结。梅琳达是一个"皮肤娇嫩、嗓音柔和的美国小女生"，给霍尔留下了深刻的印象，尤其是她并未表现出自己遍阅海外的老练，在近东人的聚会中像是一个未经世故的新手。她听着霍尔对开罗的描述，"一想到要去开罗就激动不已"；几乎可以肯定，她对离开美国很是开心，她希望去一个新的国家，在那里她和麦克林都不用在乎国籍或者朋友，她自然希望他的工作压力能小一些。霍尔"发现她非常有魅力……楚楚可怜、玉软花柔，激起了几乎所有男人的保护欲"。在这一描述中，我们不难发现，在婚姻的前半程，梅琳达扮演着天真无邪的角色，霍尔对她也很是迷恋，并且成为她未来几年生活忠实的记录者。在巴罗斯家举办的这场聚会上，麦克林并没有表现出对自己的新任命有"明显的热情"，也没有刻意地展现自己的外交官形象，不过，在霍尔和霍林沃斯看来，他们"似乎是特别般配的一对"[8]。

　　西里尔·康诺利参加了麦克林夫妇举办的一次晚宴，他发现美国的生活经历使麦克林成熟了很多。麦克林显然已经成为"为国王陛下服务"的最高外交官"唐纳德爵士"："晚宴上，他风度翩翩，展现出主人该有的热情；他的魅力不在于虚荣，而在于真诚，他会以学者而不是专家的身份讨论外交事务。"[9]康诺利和麦克林特别投契，因为他"偶然地"发现麦克林喜欢他编辑的新杂志《地平线》。这本杂志是由中央情报局资助并由康诺利编辑的，但这本杂志对左翼倾向愈加明显的伯吉斯来说则是"一块蓝色的抹布"。伯吉斯当时在外交大臣赫克托·麦克尼尔（Hector McNeil）手下工作，他和麦克尼尔一样酷爱吸烟、酗酒、逛夜总会（特别是部长等人爱去的半裸夜总会）。夜总会展现出了伦敦生活中更肮脏的一面。虽然伯吉斯也向莫斯科中心传递过有关巴勒斯坦的材料，但两名特工并未见面。

菲利普·乔丹是一名来自华盛顿的新闻专员，现任英国首相艾德礼的新闻秘书，也在麦克林夫妇这紧张忙碌的两周时间里接待了他们。乔丹邀请了马尔科姆·马格里奇和他的妻子基蒂到自己在科芬园的公寓共进晚餐。基蒂是费宾斯·比阿特丽斯和西德尼·韦伯的侄女。马格里奇年轻时左翼倾向非常明显，曾在莫斯科为《曼彻斯特卫报》撰稿，后来反共情绪越来越明显，并在二战期间为军情六处效力。马格里奇在日记中记录了对苏战争的讨论，也是乔丹高层担心会发生的事情：

209 "不存在绥靖问题。【乔丹】预计美国人会采取行动，但至少不会在几个月内行动，因为美国还没有充足的武装力量……似乎不可思议的事情一定会发生，与苏联的核战争几乎不可避免。"本次晚宴的主角，也是对美国核准备真实状况最了解的麦克林本应该很乐意静静地听着这些讨论，然后转达给莫斯科。但显然，他没有参与这一意义重大的讨论。他当然知晓马格里奇和军情六处的关系。马格里奇没有对当时沉默寡言的麦克林作太多评价，只提到了梅琳达"相当漂亮，也很富有"[10]，这句话稍带轻蔑。毫无疑问，梅琳达这次也表现出了一贯的羞怯和不愿引人注意的样子。

*

在规模庞大的开罗大使馆中，麦克林任三把手，排在英国驻中东办事处总长之前。麦克林作为大使馆官邸负责人，负责管理大使馆的办公室，实际上担任了大使馆的办公厅主任。他洞悉一切，并决定发往伦敦的信息内容，甚至大使罗纳德·坎贝尔（Ronald Campbell）爵士（另一个罗纳德爵士，是驻巴黎的大使，麦克林曾在其手下工作）与埃及法鲁克国王的会晤报告也要经过他签字。坎贝尔"性情温和，倾向于把美国外交官视为业余人员"[11]，但对在巴黎共事过的麦克林很有好感。不过美国的杰斐逊·卡弗里（Jefferson Caffrey）跟坎贝尔一样，也是大使，绝不是一位业余人士，而是一位强硬的职业外交家。在晚宴上，他只端着一杯味道平平的白葡萄酒，而自己的手边则放着一杯极干型马提尼酒。[12]在华盛顿度过漫长的时间后，麦克林对美国在整个冷战期间的影响力，尤其是美国对以色列的财政和军事援助持怀疑态度。因此，他对埃及的变化并不抱有什么幻想。他在埃及这个冷战的潜在断层区任职，在这里，大英帝国的利益对他来说毫无吸引力。埃及只不过是英国为了满足其商业和国防需求而维持的一个腐败政权。

　　麦克林最喜欢的一本书是威尔弗雷德·斯卡文·布朗特（Wilfrid Scawen Blunt）的日记。威尔弗雷德·斯卡文·布朗特是一名反帝国主义论者，被誉为"被压迫者的诗人、恋人、东方学者、冒险家和战士"[13]。像麦克林一样，布朗特也因他的等级地位而身不由己。他在 1888 年 12 月 6 日写道，"即使是在谈话中"，"他在干预政治时也非常小心翼翼"，因为他的职务要求他"避免宣传任何同情民族主义事业"。[14]然而，1906年，也就是他表弟安东尼出生的前一年，布朗特自由出版了《英国统治下的埃及之正义暴行》。20 世纪中叶，麦克林在任职期间需要更加谨慎，这也将使他的精神面临长期的严峻考验。

210

*

凭借自己的资历以及 19 世纪末英国对埃及的间接统治，麦克林被安排到了位于格吉拉岛欧洲区沙利亚－伊本－赞奇（Sharia Ibn Zanki）的一栋三层高的漂亮小楼中，这幢小楼专为在埃及政府的英国公职人员而建，远离开罗的喧嚣和肮脏。屋内百叶窗紧闭，避开了酷热的侵袭；花园里种着五颜六色的蓝花楹、凤凰木、含羞草和九重葛，由工程部派专人负责维护；屋子还装饰着漂亮的东方地毯和窗帘。客厅放着一张镶嵌着象牙的珍珠母国际象棋桌，成为这个屋子里的一大亮点。[15]麦克林的工资比以往高了，再加上埃及劳动力成本低廉，于是麦克林夫妇雇用了四名埃及和苏丹仆人。此外，他们雇了一名英国保姆，专门照顾四岁的弗格斯和两岁的比尼，两个孩子"都是典型的美国男孩，比较调皮捣蛋"[16]。

在家里，唐纳德不再像前十年那样，扮演着被保护者或支配者的角色。梅琳达终于不用料理家务，照顾母亲和妹妹，也不用受同胞束缚牵绊。唐纳德也不像过去那样劳累过度，精神紧张，也不用像早年那样时刻保持高度警惕。他每天晚上下班后都会去格吉拉体育俱乐部游泳、打网球。格吉拉体育俱乐部（Gezireh Sporting Club）50 年前由英国人创办，只吸纳最优秀的埃及人成为会员。梅琳达可以自由出入格洛比（Groppi's）咖啡馆，开罗的许多时尚女性会在咖啡馆内聚会，聊前一天晚上派对的八卦。[17]巴黎是"中东世界主义者的精神家园"[18]，梅琳达凭借自己在巴黎培养的敏锐时尚感，在外交界以外的圈子里赢得了尊重。她熬过了伦敦的战火，摆脱了华盛顿对官员及其妻儿严格的社会审查，现在，凭借着丈夫的社会地位和他们得到的帮助，梅琳达终于可以扮演外交官夫人的角色。

即便如此，墨守成规的英国人在埃及有时也会不适应。1947 年印度独立后，印度王室的许多仆人都搬到了开罗，他们特别喜欢参加鸡尾酒聚会。由于梅琳达比他们大多数人都年轻、有魅力，他们就对她十分谄媚，但又心怀嫉妒，于是就在背后嘲笑她美国式的持家之道。[19] 唐纳德的妹妹南希在军情五处工作，嫁给了一个叫鲍勃·奥特金（Bob Oetking）的美国人。仅仅因为娶了在军情五处工作的南希，鲍勃就被国务院给辞了，南希既感激丈夫为她做出的牺牲，又觉得苦涩讽刺。现在南希住在开罗，她吩咐仆人穆罕默德去伍尔沃思采买"一些临时的玻璃酒杯、餐具和盘子等，好在唐纳德和梅琳达的东西送到之前先用着"。但当南希和麦克林夫妇共进晚餐时，她惊讶地发现哥哥家里已经有了"厚厚的亚麻桌布和餐巾、晶莹剔透的玻璃酒杯、银制餐具、镶金餐盘"[20]。麦克林夫妇在看到自己家里的东西时也同样感到惊讶。麦克林的仆人们说，因为觉得南希的临时成套餐具只能解燃眉之急，所以他们当天早些时候就把必需的物品送来了。

罗纳德·坎贝尔爵士是一个单身汉，跟大卫·尼文（David Niven）一样优雅又有魅力。他对梅琳达欣赏有加，并想让她当自己订婚典礼的女主持人，这让梅琳达觉得更加"自信，让她克服了羞怯"[21]。1949 年 3 月（菲利普亲王与王位继承人伊丽莎白公主结婚两周年），年轻英俊的菲利普亲王来到英国驻埃及大使的官邸，梅琳达为他举办了一场晚宴，邀请了 14 位宾客，随后又进行了派对游戏，其中有"谋杀"游戏。[22] 杰弗里·霍尔去贝鲁特出差了几个月，他还说梅琳达摆脱了以往的束缚，重获新生。梅琳达写信给妹妹哈丽特说："我现在很喜欢社交，喜欢与更快乐、更简单的人相处。"[23] 开罗高层的社交活动非常活跃，魅力四射且身处要职的外交官总是应邀参加"应接不暇的开罗派对"[24]。他们不参加晚会的情况很少。这时候，麦克林夫妇就常常和霍尔一家打桥牌，并且"打得相当有效率"[25]。桥牌很适合像麦克林这样有控制能力的人。初到开罗任职时，他仍然遵循着之前的"钟表匠思维"。

然而，他一刻也未曾放松过。他总是更喜欢与那些被菲尔比称为"独立思想者"[26]的人打交道，包括艺术家、作家和知识分子，而不是与社会名流为伍。虽然他参加各种聚会，但鉴于英国对埃及的类似帝国主义统治，上流社会的生活使得他在当前的处境中变得更加虚伪。

开罗是非洲人口最多的城市。麦克林在这里第一次亲眼看见了贫民窟人民的生活，感受到了真实的贫穷。这与他的舒适生活以及与他们交往的人的奢侈生活形成了鲜明对比，使得他内心变得异常痛苦。麦克林自童年以来始终坚信的"良心契约"[27]在这里正在经受考验。支持法鲁克国王的政权和不干涉的旧政策，放任敌对的埃及派别互相争斗，对于改善埃及大多数人的生活状况没有任何帮助。麦克林私下对英国政策的异议直言不讳，他表示，作为一个以往殖民埃及的国家，"英国应该承担起自己的责任"，并试图说服埃及统治者进行改革。他认为，改革是"把这个国家从共产主义中拯救出来"的唯一途径。[28]在当时的背景下，这更像是一种明智的政策观点，并且专家也认可他的这一观点，而非麦克林单方面的虚张声势。埃及革命可能会给这一地区带来可怕的后果，而麦克林的真正目的是以和平的方式改善人民的生活。

就像在华盛顿时一样，麦克林有时会公开表示对不平等现象的厌恶。罗纳德·坎贝尔大使的侄子科林·坎贝尔（Colin Campbell）第一次来埃及和叔叔一起过圣诞节，当时麦克林夫妇也在。一个星期天的午餐后，科林和唐纳德一起走到客厅外的阳台。科林发现唐纳德很有魅力，"为人有趣而且亲切"。他们望着路对面一排破旧的尼森小屋，那里是苏联大使馆已婚下级官员的宿舍。坎贝尔"天真"地说，他们一定很羡慕英国人更讲究的住宿条件，但原本热情和善的唐纳德却流露出"不赞成甚至轻蔑的表情"[29]，对此坎贝尔感到非常吃惊。除了似乎在为英国效力的开罗精英阶层外，这里的所有人似乎都对英国人心怀怨恨，这种怨恨使得麦克林更加坚定自己的阶级观点，以至于开始公开展现他的真实态度。他向大使馆海军随员亨德森上尉"猛烈抨击"了"富人"，并表示"他对 1940 年巴黎上层阶级逃离首都的做法感到厌恶"[30]，如果考虑到纳粹德国的国防军对当时表示反抗的人的行为，这种说法很无情。

　　每每梅琳达发现新的趣事时，麦克林常常会变得沉默寡言；他在家里可能"有点儿孤僻"，会因梅琳达缺乏对"社会和政治问题"的了解而表现出"傲慢和丝丝轻蔑"，以此来遮掩自己在贬低梅琳达时的不安。[31]于是，梅琳达开始为他在道德和政治上的不安背黑锅。

*

　　麦克林在开罗也会觉得焦虑不安，这源于两个方面，一个是他觉得自己将要脱离复杂的冷战外交中心，另一个是他发现莫斯科在认识阿拉伯世界的重要性方面落在了后面。无论为哪一方工作，他总是渴望在外交政策上为大多数人谋求最大的利益。虽然他凭借职位还可以为苏联提供一些情报，但他对苏联的用处相比之前要小得多，这可能对他维持内心的平衡和自尊产生破坏性的影响。尤里·莫丁（Yuri Modin）毕业于列宁格勒海军学院，当前是在伦敦联络站工作。他提醒在埃及联络站的同事："一名非常重要的特工马上就要到任，我们应给予他最大的关怀，尽一切努力与他保持良好的关系。"[32]但开罗联络站"对这条信息的反应有些奇怪"，或许这位隐去姓名的联络员"从来没有读过这条信息"[33]。15 年来，多伊奇、马利、哈里斯和戈尔斯基等间谍们的机智和密切联系，甚至是亲昵行为，让莫斯科在混乱动荡又振奋人心的时期维持稳定，而现在开罗方面联络人对待麦克林的方式明显是不称职的，会引发麦克林的焦虑，也面临疏忽大意的危险。如果莫斯科中心知晓麦克林最近不坚定行为的危险性，就不会对他如此漠不关心。麦克林的所作所为即将危及其他出色的特工工作，并有可能危及莫斯科在英国布设的整个高层网络。

＊

此时阿以战争仍在继续，战争惨烈的程度丝毫未减，军事和政治局势一度紧张。其间，莫斯科或许可以从"荷马"那里获得一些重要情报。1948 年 12 月 22 日，以色列袭击埃及军队，埃及派出的飞机和船只轰炸了特拉维夫和耶路撒冷。[34]1949 年 1 月 7 日，四架英国侦察机在以色列上空飞行时被以色列地面火力击落，原因是他们误以为它们是埃及敌机；随后，以色列人试图遮掩自己在这方面的责任，美国驻以色列特别代表向华盛顿发出消息称："所有政治官员和特派随员都认为，英国的行动正在破坏构建和平的机会。"[35]在随后的谈判中，埃及要求修建一条连接约旦、加沙和埃及的走廊，这似乎引发了英国（支持埃及）与美国（支持以色列）之间的战争。

1948 年底到 1949 年初，埃及成为冷战的新战线，人们都　215
在关注埃及是否会在英国与苏联的对抗中发挥作用。根据美国
国防部设想的核战争计划，他们将在苏联 70 个城市投放 133
枚原子弹，使 270 万人丧生。[36]各方都知道，毁灭性的大决战
不会达到这个规模，因为美国只有约 50 枚原子弹，但即便如
此，埃及运河区的基地对于进入中东开展军事行动至关重要。
麦克林开始与埃及政府谈判，以重建英埃联盟，延长埃及运河
区基地的租约，以此制约美国。

同时，麦克林需要为埃及地区的英国人员制订撤离计划。
当时在埃及，英美两国大使都成为暗杀目标，反英情绪持续高
涨，这不再仅仅是战争游戏。这一切都在考验着英国人的冷静
沉着，对麦克林来说更是如此。他失去了定期向苏联方面汇报
情况的途径，无法给他人留下深刻的印象，也不能得到应有的
赞赏，这一切都让他感到不安和无助。美国希望削弱英国的影
响力，成为埃及运河区的主导力量，而这再一次助长了麦克林
的反美情绪。他写信给刚回到伦敦的迈克尔·莱特说："从美
国代表团的傲慢态度和掌控欲来看，美国准备在中东地区占据
经济和军事主导地位。"[37]与麦克林和自己意识形态方面的盟友
（苏联联络人）失联相比，这种事并没有对他爱国主义思想造
成多大的打击。

联络的地点最初选在了开罗阿拉伯地区，麦克林觉得像他
这样身材高挑、金发碧眼、身着得体西装的外交官出现在这里
时，他"就像露天市场上鹅群中的天鹅那么'不起眼'"[39]，
伦敦方面的联络人确实能轻易看到他。麦克林提出了反对意
见，最终成功地把见面地点改到让他看起来不像是"隐蔽告

密者"的餐馆和酒吧，"对方接受了他交出的文件，但什么都没说"。[40]他也没有收到关于他提供的材料的作用大小，或是"莫斯科中心对他的期望"的任何反馈。[41]莫丁没有记录麦克林在开罗的联系人的名字：这也说明，这个人与多伊奇、马利和戈尔斯基任职的时间不同，地位也较低。15年后，世界已经是另一番天地，法西斯主义不再构成威胁。多伊奇觉得麦克林"需要表扬和安慰"和"渴望归属感"的想法非常准确。对于麦克林而言，这样的赞扬和安慰必不可少，可以说这是对一名优秀的特工所付出努力的一种最朴实的认可。事实上，特工招募者所指出的另一个问题，即麦克林在等级森严的开罗意识到了"固有的阶级仇恨"，他的这些需求正是源于这一点。梅琳达面对新的生活应付自如，麦克林却在婚姻中感到了孤独，这对他的自尊造成了沉重的打击。有一段时间，他甚至建议梅琳达去送文件，以免他遇到危险和遭受羞辱。例如，她可以在理发店见联络人的妻子。[42]麦克林无论是精神上，还是实际行动上体现出来的这一不起眼的想法似乎没有引起莫斯科中心的重视。

*

美国传来的消息只会加剧麦克林的焦虑。反共众议院非美活动委员会一直在听取伊丽莎白·本特利和惠特克·钱伯斯（Whittaker Chambers）的证词。钱伯斯是一名记者，面色苍白，当听说苏联的"大清洗行动"后，断定自己会有生命危险，于是在1938年宣布放弃共产主义。钱伯斯制作了五卷缩微胶片，藏在他家农场一个挖空的南瓜里，以显示他告发前特工同事的决心。其中，一卷是空白的，两卷是关于海军部门灭火器和救生筏等不甚重要的信息，还有两卷内的文件是美国驻外大使馆发给华盛顿的备忘录，它们仍然是加密的，所以提供者可能也传递了外交密码。打字机专家证实，美国国务院的机密信息来自麦克林的高层联系人和熟人阿尔杰·希斯。1946 年，麦克林曾与希斯约见，讨论苏联的军队人数。1948 年 8 月初，惠特克·钱伯斯向众议院非美活动委员会指控希斯是间谍。希斯效仿 50 年前奥斯卡·王尔德的可怕先例，先一步提起诉讼，以诽谤罪向钱伯斯发出了诉状。12 月，希斯因两项伪证罪被起诉。在一审导致陪审团陷入僵局之后，又举行了另一次审判。虽然希斯委派律师传唤了关键证人，但 1950 年 1 月他依然被判有罪，被处以 5 年监禁。在接下来的 30 年里一直到他离世，希斯一直在力证自己的清白，其间他的脾气也越来越暴躁。[43]虽然麦克林可能不了解希斯的事情，甚至可能不知道他们的联合情报在雅尔塔有多少用处，但这件事无疑提醒他，在战后狂热而充满猜疑的时期，他的处境更加危险。

如果麦克林知晓"维诺纳计划"已经悄然开始，他可能就会发现自己无法再这样继续下去。本特利交出证据后，戈尔斯基被迫回国，仍在美国的活跃苏联特工已经为数不多，其中就包括威廉·维斯班德（William Weisband）。威廉·维斯班德在陆军安全局（原信号情报处）从事密码分析工作，代号"卓拉"（Zhora），人们对他的印象是"非常合群且爱管闲事"[44]，他的父亲是苏联移民。维斯班德曾以莫斯科中心直言不讳的方式，"发送了有关美国人破译苏联密码、拦截和分析苏联机构公开的无线电通信的资料"[45]。1946 年，当维斯班德从梅雷迪斯·加德纳那里看到一份从纽约驻地发往莫斯科的解密电报时，没有人注意到他有苏联背景。另外，维斯班德还有其他拙劣的搜集情报的行为：正如著名密码分析家塞西尔·菲利普斯（Cecil Phillips）所说："他培养了能够接触到敏感信息的人。他过去常坐在负责记录重要内容的老板的秘书旁边。"[46]难怪苏联人拒绝了维斯班德用照相机拍照的请求，大概是担心他会被抓个正着。

218　　莫斯科中心早已秘密渗入了"维诺纳计划"，以至于在美国总统和中央情报局获知该计划的几年前，莫斯科中心就已经获知消息。关于苏联战时间谍活动的大量证据正在浮现。罗伯特·兰费尔（Robert Lamphere）30多岁，肩宽面阔，是联邦调查局的一名特工，与他以前在家乡爱达荷州当伐木工的职业形象很搭。兰费尔带着一份简报来到阿灵顿厅，用解码后的文件揭开了苏联在美国开展的活动。1945年，兰费尔从纽约的刑警队被调到苏联间谍行为调查队，他的新任务被称为"西伯利亚时间"[47]，不过他接受这项任务并不情愿，因为每当一个特工或联络人的身份暴露后，就会由另一个特工或联络人来接替。但是，随着兰费尔了解的内幕不断增多，尤其是对共产主义领导下的生活的了解不断深入［他阅读了阿瑟·库斯勒（Arthur Koestler）1940年的小说《中午的黑暗》，书中主人公鲁巴肖夫（Rubashov）在"大清洗"中被自己一手支持建立的体系中的"一号人物"逮捕并监禁起来］，他越来越热切地渴望把共产主义从美国土地上清除。现在兰费尔这个改变了信仰的思想家开始猎杀其他信仰追求者。"每隔一到两周"[48]，兰费尔就会去一次阿灵顿厅，开始支持保守且谦虚的梅雷迪斯·加德纳（Meredith Gardner），在阿灵顿破译密码者和执法部门之间建立起至关重要的工作关系。就在麦克林抵达开罗的时候，加德纳及其团队开始研究1944年纽约和莫斯科的电报通信，然后很快就发现了一些机密信息，但他们可以破解的可能性微乎其微。不过，他们收到的是一封 1944 年 8 月 2 日从纽约发出的电报，内容是关于"铁砧行动"的计划会议，这次会议上提议盟军入侵地中海沿岸，"'荷马'出席了所有的会议"。

就这样，他们知道了这个苏联间谍的代号。

*

1949 年 1 月，暴露"荷马"身份的第一条真正线索浮出水面。此后，"船长"和"野猪"的魁北克之约、战后德国的规划，以及 1945 年 3 月疯狂时期关于波兰未来的各种报道等一系列线索也相继浮现。1945 年 3 月，纽约一名草率的苏联密码员凭借浅薄的谍报技术，全凭运气传递了一份电报，并附上了外交部内部的序列号，这简直为阿灵顿厅的密码破译献上了大礼。毫无疑问，电报来自英国大使馆。当莫斯科中心获悉这一微小的细节时，称其是"骇人听闻的失误"[49]。而正是这一细节，将问题的焦点转向了美国最亲密的盟友——英国，局势也随之出现彻底的扭转。

决定麦克林命运的时钟发出的嘀嗒声频率越来越快。美国联邦调查局的调查凸显了英美情报关系的紧张，兰费尔认为联邦调查局能力不足，难以应对英国那些圆滑、善于交际的军情六处特工，称他们是"一群技巧娴熟的马贩子，与他们进行交易只会给你带来危险"。尤其是，他不信任"聪明、机智、有魅力"的彼得·德怀尔（Peter Dwyer）。德怀尔是军情六处驻华盛顿的成员，是"最有技巧的马贩子之一"[50]。当美国联邦调查局和英国军情六处在对付共同的敌人时，德怀尔显然会

219

用自己获得的少许情报来交换美国的大量情报，这让兰费尔感到挫败。

但是在 1948 年末，助理主任米基·莱德（Mickey Ladd）背叛了兰费尔，告诉德怀尔和他在军情五处的对头迪克·西斯尔思韦特（Dick Thistlethwaite），他们已经发现了关乎英国利益的资料。德怀尔后来向兰费尔索要联邦调查局发现的所有东西，而不仅仅是涉及英国利益的资料。在随后的争论中，虽然兰费尔威胁说会隐瞒更多的合作细节，但最终他把 1944 年和 1945 年在英国大使馆发生的间谍事件告诉了德怀尔和西斯尔思韦特，这让他们大吃一惊。此外，他向西斯尔思韦特（军情五处称其为"西斯尔"）明确表示，如果他向中情局透露自己的行为，军情五处在华盛顿将"不受欢迎"[51]。然而，在一次"经典的侧翼演习"[52]中，老谋深算的英国人实际上通过军事行动而不是情报协议，让自己人直接与阿灵顿厅取得了联系，以获取更多的电报内容。这种内部保密的后果，以及后来被约翰·勒卡雷称为大西洋两岸的"表兄弟"（英国和美国）之间的保密，在后来几年间谍被发现以及叛逃之后，成为数十年中小说家和大众不断提及的谈资。

*

220　　身在开罗的麦克林甚至丝毫没有意识到华盛顿已经发现了间谍，但是 1949 年，他再也无法伪装了。麦克林的朋友伊希斯·法赫米（Isis Fahmy）是埃及第一位科普特女性记者，她这样描述他们的社交生活："一种令人费解的消遣，派对一个接一个，单调而乏味[53]：用拉法耶特夫人（Madame de La Fayette）在提到路易十四的宫廷生活时所说的话来讲，'总是同样的快乐，同样的时间，同样的人'[54]。"8 点结束工作，通常要到晚上 11 点左右才开始吃晚餐，所以总会提前留出足够的时间在家里或俱乐部喝酒（或者可能在酒吧里碰面）。麦克林常常在午休时间工作，一直到下午 4 点，这既是因为他公务繁忙，也常常是因为那个时候家里满是客人，孩子一天天长大，用人也越来越多。因此，他无法在异常热闹的家里完成秘密的拍摄和复印工作。麦克林是母亲麦克林夫人最喜欢的儿子。和麦克林的前两次国外派遣一样，麦克林夫人本次也来到了麦克林在开罗的住所。于是，毫无疑问，麦克林在开罗"被迫过着一种与自己的性格格格不入的社交生活"，这让他感到十分困扰，而且他必须保持"身材和良好的心态"。要保持身材和良好的心态，"他就要比大多数人多睡一些"[55]。

法赫米报告说，梅琳达晚上常常不知道她那富有魅力的丈夫身在何处。有时他很可能在崇尚享乐主义的法伊扎公主（Princess Faiza）家里。法伊扎是法鲁克四姐妹之一，"喜欢朋友每天为她组织聚会和舞会"。[56]大使馆驻外武官"不止一次"接到法伊扎公主的电话，要求带走"他的一个朋友"，也就是麦克林，因为麦克林可能睡在她家门口或与她的仆人争吵。[57]麦克林可能是被扶上大使馆的汽车，或者被抬进出租车送回家，然后直接醉倒在床上。

在酒精的作用下，麦克林挣扎着要从他那不如意的生活中解脱出来，而他每天都在目睹一个严重的不平等制度可能带来的悲惨贫困。梅琳达的生活比较独立，这使得麦克林在精神上更加被孤立；梅琳达会在各种不同的时间和地点对金·菲尔比说，她的婚姻实际上在 1948 年就结束了。[58]

很多醉酒的时候，麦德林第二天都不得不请假，但是他并没有告知大使罗尼·坎贝尔爵士实情，任何意外的缺席，他都谎称自己得了"重感冒"。[59]但现在，意识形态方面的冲突开始在公众面前显露出来：在一次晚宴上，麦克林坐在荷兰大使夫人的旁边，他说的话把大使夫人吓了一跳（如果他第二天醒酒后还记得自己说过的话，他自己也一定会吓得魂飞魄散）。"如果阿尔杰·希斯对共产主义的态度和行为是一致的，那么他的叛国行为是相当正确的。"[60]而此时，每天的新闻已经开始提及希斯，而且由于众议院非美活动委员会披露的情况，苏联在西方的间谍活动也开始被曝光。

麦克林白天悍然不动、富有魅力的形象再一次让大家相信了他的忠诚，而且英国外交部组织严密的俱乐部规章制度也力证了他的这种忠诚，这使得麦克林处在安全范围之内，这一点坎贝尔或伦敦方面都未曾察觉到。"萨米"桑塞姆（"Sammy" Sansom）少校是一名大使馆安全官，留着八字胡，体格魁梧，没有什么官衔，以成为"使馆里最遭人憎恨的人"而自傲。对于任何可能违反安全的行为，比如大使馆秘书和"当地小白脸"之间的风流韵事，他都坚持采取强硬态度，并以此为依据，将好几位使馆秘书打发回家。令他高兴的是，新任大使馆官邸负责人"对我的小安排表现出了浓厚的兴趣和理解"，还对"保密文件的安全程序"特别感兴趣。[61]好斗的桑塞姆赞同麦克林的安全意识，并问麦克林，他们是否应该对一名初级职员进行抽查。这名职员虽然"穿着时髦"，但离开大使馆时却带着一个不太搭的大手提包。参赞（麦克林）听后非常生气，坚持道："在我担任大使馆官邸负责人期间，不会出现突击检查。"[62]麦克林在另一个场合的行为很快引起了桑塞姆的注意。他发现自己的上司（麦克林）在和梅琳达去鸡尾酒会之

222

前，经常在家里喝威士忌。之后，他会四处独自徘徊，努力躲避那些他不喜欢却试图和他攀谈的人。在凌晨，麦克琳不止一次地被人发现赤着脚，在肮脏破旧的埃斯贝基花园（Esbekieh Gardens）里的长凳上昏睡，埃及警方绝对不会想到一个英国外交使团成员竟然会待在这里。

有一次，麦克林参加完一个皇家派对后，爬过格吉拉体育俱乐部的墙，直接睡在了花坛里；第二天早上，有人发现他在高峰时间的车流之间游荡，手里拎着鞋子，穿着一套难以名状的亚麻西装。警察不得不向桑塞姆报告这件事，桑塞姆认为麦克林是一个"优秀的家伙，但极不靠谱"。桑塞姆发现自己陷入了困境：处理这些事情的规定流程得通过大使馆官邸负责人，但麦克林就是现任大使馆官邸负责人。在这种特殊情况下，他本可以直接向坎贝尔大使提出申诉，但大使阁下非常喜欢麦克林夫妇，因此他认为大使不会听进去自己的话。桑塞姆提起这一行为时，梅琳达甚至会对他说："每个人都知道……唐纳德喝醉时，就是会把身边的地方搞得一团乱。"[63]于是，桑塞姆按照合理流程将此事上报给了在伦敦的外交部安全部门负责人乔治·凯里·福斯特（George Carey Foster），暗示是否考虑将麦克林调走，因为麦克林可能会带来安全风险。[64]

桑塞姆的报告措辞清晰谨慎，但是被驳回了。麦克林在华盛顿的网球搭档、伦敦人事部主任乔治·米德尔顿向坎贝尔询问麦克林的行为，坎贝尔对此十分反感。坎贝尔不喜欢听到"麦克林这样能干官员的闲言碎语"[65]。6月，英国外交部派检查员去巡查大使馆，他们似乎特别关注麦克林，但他显然表现得非常好，完全符合自他加入外交部以来伦敦人对他的印象。检查员报告说，他给人的印象"极为自信"，虽然很安静，但"他对所有工作人员的问题都有非常正确的判断，可以非常老练地处理这些问题"。他们认为他的行政管理工作进度稍慢，"可能是由于其他工作太多"。[66]

*

利斯·梅奥尔（Lees Mayall）比麦克林小两岁，在开罗大使馆担任一等秘书，职位仅次于麦克林。就在他到任前不久，梅奥尔与玛丽·奥姆斯比 - 格尔结为夫妇。麦克林在斯库恩斯参加外交部考试时追求过玛丽，但她当时选择嫁给了麦克林的朋友罗宾·坎贝尔（巴黎罗纳德爵士的儿子）。据南希说，梅奥尔一家跟麦克林一家很熟，"利斯是个可爱的人"[67]。梅琳达似乎对他们不那么热情，可能是觉得丈夫对她的感情日渐淡薄是因为以往的情史：玛丽觉得她"很难相处"[68]，且拖了唐纳德这位位高权重人士的后腿，非常不雅，她有时还会坚持自己在正式场合先进门。梅琳达对玛丽的敌意可能是出于对丈夫过往情史的芥蒂，但梅奥尔对梅琳达的反感则更为强烈、直接：仅仅一年后，他就对同事说梅琳达是一个"冷酷的美国婊子"[69]。在生命的最后时刻，麦克林仍然把梅奥尔说成他的"永恒的爱"[70]。

梅奥尔也"非常喜欢"唐纳德，因为他觉得唐纳德"风趣、聪明、健谈"。[71]他"工作非常出色"（虽然在行政工作上"很糟糕"，但在与工作人员打交道时总是避免让人"不愉快"），尽管他"对工作以外的事情以及对整个世界的判断十分幼稚"[72]。又有人提起早期关于麦克林不成熟的报道，在这种情况下，也许这些不成熟是他"对埃及贫富悬殊的强烈仇恨"的一部分，但麦克林对此"一无所知"，也"没有实际的解决办法"，梅奥尔也因此抱怨不已。[73]他认为，唯一真正的整体解决方案——共产主义——不是一个可以摆到明面上的方案，麦克林也认为实现共产主义并不能切实解决埃及的问题。

　　梅奥尔夫妇和梅琳达的妹妹哈丽特目睹了麦克林夫妇婚姻的第一次公开破裂，这是一场悲剧的痛苦开端。1949 年 6 月下旬，唐纳德和梅琳达（梅琳达的妹妹和他们住在一起）决定举行一次野餐聚会。他们预订了两艘三桅帆船，原计划是帆船载着他们一行八人，溯尼罗河而上。"在月光下，他们共进晚餐，品饮葡萄酒"[74]，他们的最终目的是位于赫卢安河上游 15 英里处的豪宅。这座豪宅的主人是英国商人埃里克·蒂雷尔－马丁（Eric Tyrrell-Martin）。在那里他们将与蒂雷尔－马丁的晚宴宾客一起享用海鲜和咖啡，餐后一起聊天和玩游戏，然后乘车返回市区。他们的计划很完美，但从一开始就出师不利。他们原定于晚上 7 点搭乘三桅帆船，但他们晚了一个小时，到达时发现只有一艘船在等着。帆船上载有两批货物，所以行进速度非常慢，再加上尼罗河上几乎没有一丝风，晚上也没有月光，能见度非常低，逆流而上时，行程相当艰难。唐纳德发现船上的食物和酒水饮料倒是很充足，他将威士忌和埃及亚力酒混合在一起喝下，混合后的酒酒性极烈。[75]行进几个小时后，他们上岸看了看身处的位置。唐纳德对这次失败的出行感到非常失望。他把整件事的责任都推给了梅琳达。令在场的人无比震惊又尴尬的是，麦克林抓住了梅琳达的脖子，好像要掐死她。利斯·梅奥尔等人赶快把他从梅琳达身边拉开，让他慢慢冷静了下来。在接下来的旅程中，麦克林独自躲在船的一头；而梅琳达表面维持着镇静，内心却觉得无比屈辱。

　　第二天凌晨，他们感觉应该到达目的地了，此时麦克林已

224

经酩酊大醉。身强力壮的梅奥尔、美国商人约翰·布林顿（John Brinton）和另一位在昔兰尼加军事管理部门任职的上校上岸了。他们注意到一些"穿着白色长袍的费拉"在他们身后的棕榈树林中转来转去。上校抓住其中一人，反手把他制住，直到这个人把他们带到了赫卢安家门口才把他放开，并给了他丰厚的小费。他们上前敲门，但没人应声。突然一束聚光灯照在他们头顶上，布林顿在船上也喝了不少酒，此时还没醒酒，他被突然照过来的强光吓了一跳，一下没站稳，跌倒在石阶上，浑身是血，不省人事。蒂雷尔－马丁终于开门了，但是他很生气，因为他的客人们一直在等他们，可他们迟迟没来，现在客人们都已经开车回开罗了。马丁让他们把摔到头的布林顿抬到楼上的卧室，他拿了一些毛巾止血，但是很不情愿。除此之外，马丁拒绝提供其他帮助。

上校和梅奥尔不得不负责接下来的安排。他们决定步行去最近的村庄，看看能否找到汽车。回到船上时，他们说出了这一打算。一行人默默地离开狭窄、拥挤的三桅帆船，来到岸边。岸边，一名河岸武装警卫在巡逻。唐纳德正在和船长热依斯（rais，意为"酋长"或"首领"）激烈地争论船费的问题：热依斯声称这次的旅行如此漫长但费用太少了，麦克林斥责他只派了一艘船，而且还不知道在哪里靠岸。巧的是，那名武装警卫是热依斯的堂兄弟，他也加入了这场争执，麦克林从警卫手中抢过枪，用枪托打了他。在场所有的埃及人都发出"一种难听且激烈的低语声"[76]，也引来了更多的费拉跑来围观。梅奥尔担心会因此发生外交事故，一向务实的上校催促梅奥尔击昏唐纳德，让他成为四个来参加派对的男士中第二个头部受伤的人。

梅奥尔觉得，他不能打昏一个他"已经非常喜欢"且

"对他毫无戒心的"人。[77]他想出了一个更加人道的方案，他想从后面勒住麦克林的脖子，把他拽倒在地，然后骑在他的身上，直到他恢复理智。但梅奥尔在对付烂醉之人方面不太有经验。当他试图将麦克林拽倒时，麦克林 200 多斤的身体狠狠地压了过来。梅奥尔痛苦地倒在岸上，他的脚踝在上次骨折后还没好利索就又骨折了，左腿胫骨螺旋骨折。其余的人惊慌失措地把梅奥尔送到蒂雷尔－马丁家，尽量让他在沙发和扶手椅上躺好。麦克林威逼着马丁家的埃及仆人打开锁着的酒柜，让他拿一瓶杜松子酒给梅奥尔麻醉。之后麦克林坐在梅奥尔身旁，"伤感而悔恨"[78]，心情复杂地忏悔着。直到天一亮，"一辆破烂不堪的出租车"开了过来。麦克林仍然醉醺醺的，起初他拒绝上车，声称司机是一个"为人堕胎的人"。但梅奥尔被抬了上来，麦克林不再言语，在沉默中艰难地回到城里。[79]在经历了一天一夜后，他终于在第二天中午前回到了住处，结束了这场探险，惊恐而沉默的八个人看上去像是经历了一场短暂战争后疲惫不堪的幸存者。没人知道该跟梅琳达说什么。

　　没有人向伦敦报告在赫卢安发生的事，桑塞姆少校也没有就此说些什么。坎贝尔也知道他的一等秘书梅奥尔住院了，但没有听说是什么原因。这件事最后被归结为一起意外事故。即使坎贝尔知晓了事情的全部经过，他也会像当初听到梅奥尔和他那不男不女的男仆查理（Charlie）之间关系的流言一样，"倾向于忽略手下人私生活的所有传闻"[80]。坎贝尔"讨厌任何形式的流言蜚语，而且只会处理已证实的事"[81]。因此，如果受伤的一等秘书选择不告诉他这件事的全部情况，那他也就没什么可向伦敦报告的。梅奥尔本人在调回白厅之前的最后几周，脚上一直带着固定夹具，但他对整个事件轻描淡写。接下来，他将到远东部门供职，与他非常讨厌的盖伊·伯吉斯共事。

"勤奋靠谱"的麦克林又一次逃过了人们的注意和责难。坎贝尔从未就麦克林在开罗的行为提交过"适当的报告"[82]。这可能是为了防止梅琳达被带走调查，毕竟对于麦克林来说，梅琳达这位大使夫人的作用很大。甚至几年后，当利斯·梅奥尔告诉军情五处，他在剑桥的前任同事曾是个马克思主义者，酗酒成性，"经常发表极左翼的观点"[83]时，他也没有提及这场争斗及其非常糟糕的后果。两天后，麦克林夫妇按计划去意大利待了一个月。一旦这夫妇俩单独在一起，相谈之时气氛一定非常紧张，想必麦克林也会满心懊悔。

*

美国联邦调查局对英国官方对尼罗河事件的漠视感到吃惊，同样也对"英国斗牛犬"[84]在 1945 年泄露的电报中所提及的"荷马"缺乏兴趣感到震惊。1950 年 3 月，英国驻华盛顿大使馆向位于伦敦的外交部承认，它一共雇用了"约 6000 名工作人员，大多数是加拿大人"；电报的传送范围"大得令人郁闷"；仅仅是"输入名字就会让秘书忙上一段时间"，更不用说审查了。如果他们想知道"真实的情况"，审查也会有加强"美国人对安全事务主权的态度"的危险。[85]英国人不想去查曾经接触过丘吉尔和罗斯福通信往来的人，更不愿承认自己的过失。这是一种短视，出于不信任，或对自己人过于信任。罗伯特·麦肯齐爵士（Sir Robert Mackenzie）是驻华盛顿大使馆安全部门的主管，擅长心理学，他提出了一个可以缩小范围的好主意。他建议对那些"神经失常"[86]的初级员工进行调查，

格温德琳·玛格丽特·德维特和孩子们。

从左到右：唐纳德·麦克林；伊恩·麦克林；格温德琳·玛格丽特，麦克林夫人；安德鲁·麦克林。

罗伯特·唐纳德·道格拉斯·麦克林爵士，1927 年，可能摄于霍克湾。

奥莱特·伯翰·卡特夫人，麦克林一家的好友，同时是老唐纳德的政治盟友和上司阿斯奎斯的女儿。

位于霍尔特的格瑞萨姆中学，这里是自由派思想家的摇篮。

1933 年 3 月剑桥休战纪念日游行，后发展成巷战。麦克林在第二排，旗子下方。

20 世纪 30 年代的青年唐纳德·麦克林和盖伊·伯吉斯。

英国驻巴黎大使馆官员，巴黎是战时英国忙乱外交的枢纽。麦克林是后排个头最高的人。

年轻时的梅琳达·马林，她与麦克林的长期婚姻是一场爱情和忠诚的纠葛，充满戏剧性和神秘感。

罗杰·梅金斯爵士，麦克林在驻华盛顿大使馆工作时的顶头上司。在伦敦任职期间，梅金斯爵士也是外交部最后一个在英国见到麦克林的人。

1945年2月雅尔塔会议上，丘吉尔和罗斯福掌握的情报斯大林几乎全部知道。丘吉尔身后是外交大臣安东尼·伊登，伊登身后是英国驻莫斯科以及（战后）驻华盛顿大使阿奇博尔德·克拉克·科尔爵士。

苏联内务人民委员部沃尔特·克里维茨基将军 1937 年叛逃，但难逃
命运的捉弄。他曾经警告相关部门说英国外交部有两名间谍，但过了
十多年相关部门才开始调查他的证词。

梅雷迪斯·加德纳，语言学家和密码破译天才，其参与的"维诺纳计划"对找出渗透者起到关键作用。

美国联邦调查局特工罗伯特·兰费尔，原是伐木工，后成为间谍追击者，曾对英国同行的拖拉感到震惊和失望。

在美国陆军信号情报总部弗吉尼亚州阿灵顿厅工作的密码学家，这里也是"维诺纳计划"的总部。

唐纳德·麦克林和他的女儿米姆西在英国比肯肖的乡间别墅附近。在苏联,他选择了一个新的身份——马克·彼得罗维奇·弗雷泽(以剑桥人类学家詹姆斯·弗雷泽爵士名为参考)。

菲利普·汤因比,麦克林的好友、酒友以及他疯狂肆意行为的记录者。

英国外交部主楼，英国权力与地位的象征，无法相信这里曾藏着一个高级间谍。

乘坐"法莱斯号"不需要护照，即便是抵达法国圣马洛时也不需要。

WANTED

Donald D. Maclean

Date of birth: 25 May 1913

Home: Beacon Shaw Tatsfield, Kent. England

PP Nr. Br. C 36575, Issued in Rome, 20 July 1949

Discription:

6'3", normal built, short hair, brushed back, part on left side, slight stoop, thin tight lips, long thin legs, sloppy dressed, chain smoker, heavy drinker.

WANTED

Guy Francis Be Money Burgess

Date of birth: 6 April 1911

Home: Unknown

PP.Nr. 1673591, Issued in London, 20 July 1950

Discription:

5'9", slender built, dark complexions, dark curly hair, tinged with gray, chubby face, clean shaven, slightly Pidgeon toed.

Call in case apprehended:
Vohenstrauss 112
Munich Civ. 461688
Munich Military 7401
Herford 2297
Herford 2172

"Maybe using forged pass-ports"

唐纳德·麦克林和盖伊·伯吉斯被苏格兰场和国际刑警通缉时的通缉令照片。

每琳达·麦克林带着孩子们出国。 失踪外交官的妻子（右二）和她的三个孩子中的两个，一个男孩和一个女婴（最左被抱者）今天（周日）在诺霍特机场步行登机去国外定居。他们将前往巴黎，经停瑞士（唐纳德和盖伊·伯吉斯于 1951 年 5 月失踪）。 英国伦敦，1952 年 7 月 20 日。

弗拉基米尔·彼得罗夫，1954 年。麦克林神秘失踪三年后，叛逃者彼得罗夫交代了首批线索。

俄罗斯萨马拉的盖伊·伯吉斯和唐纳德·麦克林纪念牌。

СОВЕТСКИЙ РАЗВЕДЧИК

КИМ ФИЛБИ
1912—1988

5к ПОЧТА СССР 1990

苏联 1990 年 CPA 6266 邮票（特工金·菲尔比）。

唐纳德死后与自己的父亲唐纳德·麦克林爵士葬在了一起。白金汉郡佩恩。

"剑桥五杰"。从左往右：唯美主义追随者安东尼·布朗特。"血十字"约翰·凯恩克罗斯。英国外交部极具天赋的语言学家唐纳德·麦克林。性格外向、喜欢出风头的盖伊·伯吉斯（1963年于莫斯科去世）。偶然出现在麦克林生命中，影响他未来30年人生轨迹的金·菲尔比。

但只是调查战争期间在密码室工作的人，不涉及高级别领导。只有玛丽·布朗夫人（Mrs Mary Brown）和休伊特（Hewitt）小姐有"精神失常"的迹象。其中，玛丽·布朗夫人是"长期精神失常者"[87]。休伊特小姐自称与白宫的哈里·霍普金斯有血缘关系，这对一个地位较低的人来说，显然是一种错觉，但她并不是真正的嫌疑人。

兰费尔知道，如果美国当局得知，"在一个如此大规模和如此重要的办公室里"藏着一名美国间谍，他们至少会在几天内得到一份名单，列出所有可能接触到这一信息的人员，然后"将姓名、日期和调职与休假人员名单以及出入境人员名单进行对比"。[88]

在伦敦，军情五处的利德尔敷衍地说道，这些电报"在失踪人员中非常模糊，很难查出事实真相"[89]。这当然是事实，但他并未考虑到电报的重要性，以及莫斯科已经收到电报这一情况。他也否认是大使馆高层泄露信息的这种可能性。在1949 年 2 月初首次向英国政府披露泄密事件的外交大臣的备忘录中，奥姆·瑟金特爵士（Sir Orme Sergent）似乎只关心两国安全局之间的关系，他不关心可能的消息来源，也不关心在大量证据表明美国情报界被安插间谍的情况下，英国安全局内部还会发生些什么。"如果我们告诉美国人，这件事让我们感到震惊，让我们有了一个彻底改革我们的安全保障措施的借口，那么他们似乎不太可能以此为借口，对我们隐瞒最高机密信息。"[90]这些政界要员们并不都是实话实说，因此说他们"感到震惊"也是一种不错的说辞，因为他们可以忘记过去，并假定美国人也会忘记。这表明，虽然有各项证据表明苏联在英国大使馆、国务院和曼哈顿计划中安插了间谍，而且苏联早已

228

开始研制原子弹的事情已经曝光，但英国方面依然觉得没有到必须进行下一步调查的地步。

5 月，也就是在告知安全漏洞严重性的几个月后，利德尔完全没有意识到莫斯科能够获知华盛顿发来的电报内容会产生多么广泛的影响。他在日记中漫无目的地写道："目前还不清楚英国大使馆的文件泄密是如何发生的，但这些文件很有可能是通过亚历山大·哈尔彭（Alexander Halpern）的秘书获得的。"[91]哈尔彭的秘书特鲁迪·里恩特（Trudi Rient）出生于捷克，她丈夫是一个印度人。战前他们都住在莫斯科，当时她的丈夫失踪了，据推测是死在了"大清洗"中。在来到华盛顿之前，特鲁迪·里恩特曾在美国驻莫斯科大使馆工作。和她一起共事的塞德里克·贝尔弗莱格（Cedric Belfrage）同情共产主义者，后来又被发现是间谍，他曾离开妻子和里恩特一起生活了一段时间。撇开丈夫在苏联失踪这件小事不谈，里恩特很有可能就是泄密者，但后来证实，她不大可能接触到那些电报内容。

里恩特的上司亚历山大·哈尔彭是大使馆少数群体部门（Minority Section）的负责人，出生在苏联，当时是伦敦律师协会的一员。他"一直与苏联保持着商业往来"，而利德尔在发表声明时的自信着实令人惊讶。众所周知，利德尔曾是苏联招募的目标，但"1944 年没有任何确凿的证据表明他曾被招募过"[92]。菲尔比发现，从那以后，利德尔一直为秘密情报局效命，秘密情报局也不再对他进行审查，这也说明利尔德挑选秘书的能力非常不错。哈尔彭位列 1949 年 7 月编制的"当时持有共产主义观点者"[93]的八人名单之中，不过他没有像以前的秘书那样彻底地或很早就被调查。名单上的其他人也无法获得有关材料。当然，麦克林并不属于"持有共产主义观点者"的范畴，虽然他在十多年前就口无遮拦地表达了自己的共产主义观点。

迪克·怀特（Dick White）是军情五处 B 分部反间谍部门的主管。他拜访了英国外交部安全部门负责人乔治·凯里·福斯特，并向乔治说明间谍的情况，凯里·福斯特立刻表示："很难想象高级官员中可能会出现叛徒。"[94]就像十年前克里维茨基提供的信息一样，英国当局可以支持调查秘书和密码操作员，但无法想象任何拥有与他们同样特权的人会是一个共产主义信仰者。任何共产主义信仰者都会在严格的甄选过程和面试中被淘汰。尽管如此，根据片段中描述的战时事件的重要性来判断，正如金·菲尔比清楚看到的那样，"毫无疑问，我们是在和一个有地位的人打交道"，而不是"倒空废纸篓的小特工"。[95]即使赫卢安事件的消息是通过官方渠道传到白厅，而不仅仅是通过梅奥尔在新的工作岗位上四下打听得来，为维持现状，政界要员还是可能选择对此视而不见，阶级偏见也可能是迷惑他们视线的因素之一。

但是，彼时的麦克林迷失了方向，心态极度不稳，他还没有准备好接受和承担他酗酒的后果。和麦克林一样，大使馆或外交部也没有做好准备。尼罗河岸上的斗殴事件使得麦克林在开罗的第一个任期走到了尽头。与此同时，联邦调查局将他在二战期间从事间谍活动的证据移交了英国。然而，当加德纳和兰费尔在阿灵顿厅努力搜集间谍证据时，麦克林的内心也被愤怒啃噬着。不过，麦克林和梅琳达一直都很幸运、坚韧、传统和忠诚。

第 13 章　坍塌

　　远离了开罗与日俱增的压力和借口，唐纳德·麦克林在意大利度假时再次成为那个放松的居家男人，打打网球，小酌两杯，陪陪妻儿。1949 年 7 月，他们一家回到了埃及，麦克林迫于生活压力又变得酗酒成性，这让梅琳达无比忧虑，当然这也情有可原。梅琳达似乎也原谅了赫卢安之行中麦克林在醉酒后对自己的攻击。在埃及度过的这个夏天里，麦克林一家大部分时间都待在亚历山大港。为了远离开罗让人无法忍受的酷热和灰尘，大使馆人员选择了撤离。就在他们 9 月返回开罗后不久，大使馆集体和他个人都陷入了一个痛苦、肮脏且不断下降的旋涡之中，一直跌到人生的最低点。这个旋涡既让人羞耻，又让人感到恐惧。

　　相比在华盛顿时刺激的间谍生活，莫斯科中心的忽视让麦克林产生了被孤立的感觉，而梅琳达则越来越自信，也越来越享受自己的生活。麦克林对此感到非常不快，因为他已经习惯了依靠自己的才智、名声和魅力在两人的婚姻关系中扮演主角。此外，梅琳达还受到法鲁克王室富有的达乌德王子（Prince Daoud）的"密切关注"[1]，她的妹妹哈丽特也因此鼓励她去过越来越独立、越来越有抱负的社交生活，以此来摆脱嫁给唐纳德带来的日益加剧的烦闷。

　　8 月 29 日，苏联进行了首次核试验，这比外界预期的时
间提前了数年。苏联的这一动作在西方引发了恐慌，就像当初

在中国，毛泽东带领的共产党人击败蒋介石的国民党军队一样。战争的气息越来越浓。麦克林制订撤离计划时一定还记得自己早年在美国原子能委员会工作的日子。8月27日，他起草了一份绝密电报交给了外交部，标题是"战时撤离"。但直到秋天晚些时候，他才了解到"维诺纳计划"所涉及的范围，届时他才意识到自己的间谍身份可能已经暴露。

*

10月初，彼得·德怀尔向罗伯特·兰费尔介绍了他在军情六处驻华盛顿代表的继任者（金·菲比尔）。德怀尔此前曾告诉兰费尔，会给他介绍一名非常聪明、资深的同事，这人日后有望被提拔为军情局局长。在"维诺纳计划"刚刚发现洛斯阿拉莫斯以及目前英国大使馆中安插的间谍的情况下，有这样一个聪明的人出现至关重要。兰费尔满是惊讶地看着眼前这个衣着宽大破旧、不修边幅的人，这是他第一次见到金·菲尔比。[2]菲尔比以非凡的个人魅力著称，他成功地将这次会面变得沉闷乏味。当初德怀尔在时，大家每周会面一次讨论进展，现在菲尔比提议大家每月会面一次，鉴于第一次见面时的彼此印象，大家非常赞同这个提议。梅雷迪斯·加德纳也对菲尔比印象一般，他很庆幸这个不受欢迎的军情六处的新人不用总在自己眼前出现。德怀尔对加德纳的解密工作帮助很大，他经常填补电报中的空白，但他的继任者菲尔比却享受不到这样高的评价。菲尔比在阿灵顿厅的时候，加德纳注意到，当自己和德怀尔讨论进展时，"菲尔比全神贯注地看着，但他一句话也没说，一个字儿都没有。那是我最后一次见到他。菲尔比本应继续视察，但他最不愿做的事就是帮助我"[3]。虽然在菲尔比到来前不

久，军情五处的调查人员绝望地意识到，"至少有 150 人能够接
触到（电报）"，"随着调查的进行，这一数字可能会增加"[4]，
但现在盲目地扩大名单范围对间谍筛查工作肯定于事无补。

菲尔比欣然接受了从伊斯坦布尔迁往华盛顿的提议，因为
他"开始怀疑"美国情报机构"已经比英国情报机构更重
要"。他甚至懒得去核实他的苏联"同行"是否同意。[5]他在伦
敦听取了莫里斯·奥德菲尔德（Maurice Oldfield，他是一个
"令人敬畏的"人）的简要叙述，并得到了"极其重要的信
息"，即英美在对苏联在美国活动的调查中发现了"强有力的
证据"，表明二战期间在华盛顿大使馆和洛斯阿拉莫斯泄露了
情报。"迅速查看外交部的相关名单后，我毫不怀疑英国大使
馆就是消息的源头"[6]。阿灵顿厅传来的消息在某种程度上让菲
尔比松了一口气，因为他发现自己没有牵连其中。但这也让他
感到有些焦虑，他上一次传递消息时，苏联联络人一直和他
确认，他们从威廉·维斯班德那里听说，英国在调查英国驻华
盛顿大使馆的泄密事件，现在事情的进展如何？1945 年，菲
尔比以代号"斯坦利"发出了六份附有材料的电报，这几份
电报直到几年后才被解密，这再次证实了他好运不断。回到伦
敦后，他的"苏联朋友"证实，关于他的新职务，他确实
"接触了问题的核心"[7]。如果"剑桥五杰"想要继续自由活动，
那么他和莫斯科中心必须赶在美国之前解决这个问题。他必须
使出浑身解数，并将依靠"荷马"让自己保持镇定，直到时
机成熟。

*

9 月中旬，兰费尔看到了一条新破译的 1944 年的信息。

这条信息显然是由在洛斯阿拉莫斯参与"曼哈顿计划"的一位科学家提供的。"'雷斯特'（Rest）作为诺尔莫兹项目（英国）特派团的成员 9 月抵达美国……整个行动等同于完成诺尔莫兹同位素分离的过程。"[8]次年 11 月的一则消息表明，"雷斯特"已经转到洛斯阿拉莫斯的"2 号营地"，继续研制"气球"（指原子弹）。他们很快就认定泄密者为福克斯，但同纳恩·梅的情况一样，永远不能向法庭提交抓到他的证据，因为它的保密级别太高了。这些证据也不能透露给那些受到调查的人，以免莫斯科中心了解解密工作的进度，并指挥一系列破坏性的叛逃。当然，他们会通过菲尔比了解事情的最新进展。虽然福克斯 1946 年就回到英国并在哈维尔的原子研究机构工作，向苏联提供材料，但他要么自己招供，要么被当场抓获，否则不能被定罪。

后来，让他认罪的那个人是威廉·斯卡登（William Skardon，通常被称为"吉姆"）。斯卡登曾是伦敦警察厅的一名警官，像夏洛克·福尔摩斯一样，他喜欢抽烟，现在是军情五处的一名审讯人员，他的审讯经验非常丰富。为了达到目的，他一直以来都表现得"和蔼、平易近人，甚至是让人舒服"[9]。兰费尔来军情五处时，立刻就去见了这位前任警察，主要是因为斯卡登不同于兰费尔目前为止遇到的其他英国人。斯卡登"来自英国社会的上层，却是一个友好低调的家伙……他看起来不修边幅，但他的聪明才智通常隐忍不发，直到有一天指出一个主题故事中的不一致之处才展露出他的智慧锋芒"。[10]斯卡登（虽然他在 1961 年退休前曾在间谍调查中发挥了关键作用，但他从未获得任何晋升机会）提出了一个绝妙的计划。福克斯的父亲正准备接受东德莱比锡大学提供的一个职位；斯卡登

234

开始和福克斯谈论他可能会遭受的勒索。在获得福克斯的信任后，他无意中透露，当局知道二战期间在美国可能存在间谍活动。福克斯一直否认这个事实，直到 1950 年 1 月，福克斯终于放下戒备，向斯卡登坦白说，他已经向苏联提供了"他所掌握的有关英国和美国原子弹研究的所有信息"[11]。但这时，斯卡登并没有立即逮捕他，还对他以礼相待，以至于他以为自己还可以继续留在哈维尔，或者在学术界工作（事实上，他被继续保留原职，是因为他们希望能抓到更多的间谍）。1950年 3 月，他承认自己违反《官方保密法案》后，被判处 14 年监禁，这是在不透露他实际违反安全规定和被捕背后的情报行动的情况下可以提出的唯一指控。9 年后，福克斯获释，结束了在东德作为一名备受尊敬的科学家和院士的职业生涯。后来，斯卡登常常把福克斯称为"亲爱的老克劳斯"[12]。

*

在他的供词中，福克斯总结了他成功地将他的职业生涯和内心忠于的思想结合起来的方式："我用我的马克思主义哲学在我的头脑中建立了两个不同的隔间：我允许自己交朋友；为了帮助别人，为了以个人的方式成为我想成为的那种人，这种人……我曾经和我的朋友在共产党内部或附近……我知道，如果我接近'暴露自己'的危险点，另一个隔间就会介入。"[13]二战后，苏联测试了他们根据福克斯提供的材料制造的原子弹，之后，福克斯意识到，他"还必须站起来对他们说，有些事情他们做得不对"[14]，他觉得自己无法交出所有知道的东西。自从签订《苏德互不侵犯条约》以来，敏感和有良知的间谍们就意识到，他们生活在福克斯所说的"控制性精神分裂症"

中，但是有苏联作为战时盟友，却可以维持这种控制。对于不是科学家的麦克林来说，他的真实情感被深深埋藏了起来，因此这种"精神分裂症"不太容易控制；他的"隔间"里挤满了人。当他的防御倒塌时，比如他喝酒的时候，两个隔间互相清晰可见。随着对叛徒的追捕力度不断加大，麦克林也陷入一个两难的境地：在为一个制度体系服务的同时，他却向往和支持另一种制度。

在下一个十年开始之际，西方加大了对苏联共产主义的攻击力度。这种背景下，福克斯的两个隔间的信念方法也无法帮助那些过着这种双重生活的人。杜鲁门总统宣布，现在苏联已经成功研制出了原子弹，美国人将通过制造氢弹来加以还击。在"维诺纳计划"中被诱捕的共产主义特工朱迪思·科普朗（Judith Coplon）在美国第二次受审，其向莫斯科传递政府文件的罪名成立；阿尔杰·希斯在第二次审判中否认曾参与间谍活动（如我们所见），之后他的宣判以伪证罪结束。所有此类活动中，公开范围最广的是，1950 年 2 月 9 日，参议员约瑟夫·麦卡锡在弗吉尼亚州的西惠灵（West Wheeling）发表轰动性声明，称他手里有一份美国国务院 205 名共产党人的名单。[15]随着麦卡锡时代的开启，随之而来的是偏执和政治迫害。

麦克林一定想知道，纳恩·梅和之后福克斯身份的暴露是否会导致那些可能参加 1947 年解密会议的人遭受调查，或者说，军情五处是否会对那些在 20 世纪 30 年代中期时在剑桥是左翼分子，而现在能够接触到情报的人进行更深入的调查。美国原子能委员会对福克斯身份暴露一事的回应相当激烈，称"不仅在美国历史上，甚至是在各国历史上，他一个人比任何其他间谍对世界人民的安全造成的影响都大，也造成了空前的

236

破坏"[16]。之后，在新的不信任氛围中，可能也会出现其他"敌方间谍"安插进原子能委员会的问题。除了政治上的风险，言辞上的风险也在增加。

*

对于联邦调查局调查战时英国大使馆泄密事件一事，菲尔比并没有出言阻止，只是不再监视高级外交官，转而关注技术和支持人员，原因是"几乎每个美国人都有海外亲戚……这些人有的忠于美国，有的忠于他们祖籍所在的国家"[17]。因此，他们并不费心仔细研究各个等级的盎格鲁－撒克逊人，甚至不会费心调查那些有德国血统的人（他们是苏联的战时敌人）。他们转而调查那些血统可疑的人，甚至把他们祖宗十八代都查了个遍。他们会质疑所有东欧和如今苏维埃阵营出身的朋友或邻居，菲尔比会每周打两次或三次电话询问诸如"你们是否237 发现任何人有来自俄罗斯或乌克兰的亲戚"之类的问题，收到的回答总是那简短的两个字"没有"[18]。虽然联邦调查局找错了对象，但是至少他们表现出了对这件事情的上心及调查的大体方向。

*

麦克林对酒精的依赖越来越严重，他的承受能力开始影响他的工作。随着麦克林两种生活方式越来越背道而驰，他的恐惧与不适导致他酗酒越发严重。天气炎热时，他因为"重感冒"请假的次数比以前更多了，但新闻秘书詹姆斯·穆雷（James Murray）说，他在工作时仍然"不知疲倦地尽职尽责"。"他对工作的要求极高，他永远不会放过任何一个伪劣的电报"[19]，穆雷补充说。"为什么他会开始酗酒，我一直都不清楚。"另一位眼光敏锐的同事却对麦克林极为赞赏，因为他发现麦克林能够在"在看起来完全负荷过重的情况下"[20]完成繁重的工作。赫卢安事件发生之后，出现了各种流言蜚语。他白天酩酊大醉，晚上宿醉不醒。这种愚蠢的行为表明，他已经无法控制自己的酒量了。在一次由驻外武官助理举办的晚宴上，麦克林"毫无理由地不断侮辱英国社区的邓肯先生……"他拒绝离开餐桌，并大声喊着要更多的白兰地。他的上司制止了他，"把他打倒在地"。随后，驻外武官把他和绝望的梅琳达送回了家。但驻外武官并没有将这一事件上报，而是选择了沉默。"因为一些原因，我不想写出来"[21]——可能是因为坎贝尔大使不喜欢"嚼舌根"，也可能是出于梅琳达的恳求，他不忍这么做。

1949 年 11 月，怀疑的矛头很可能再次对准了麦克林。此时，菲尔比想首先确保自己没有被牵连，因为他在伦敦时曾看过沃尔特·克里维茨基的档案，叛逃者的证词中曾含糊地提到一名西班牙内战时期的特工——具有"良好出身的"苏格兰人的"一位朋友"[22]，曾以记者身份前往西班牙试图刺杀佛朗哥。为了方便规划下一步的行动，他还想确定证据是否直指麦克林（自从 1940 年他在巴黎向麦克林求助后，他就再也没有见过麦克林，也没有与他交流过）。沃尔特·克里维茨基的证词中提到了这位特工是苏格兰人，并且父亲位高权重，很明显，任何怀疑这位外交官的人都可以利用证词作为有力的旁证，开始深入调查。狡猾的菲尔比认为将克里维茨基的证据公之于众可谓一石三鸟：第一，人们会认为他积极参与了"荷马"案的调查，从而免除对他的怀疑，现在捂着这些信息对他没有丝毫好处；第二，他可以转移人们对英国安插在西班牙的特工的注意力，这些特工中就包括他自己；第三，这样有助于他积极参与后续的间谍调查工作，确保每次相关活动中都有自己的身影，从而可以及时警告自己的招募者或莫斯科中心。这位间谍大师可谓机关算尽。

在给华盛顿大使馆安全部门负责人罗伯特·麦肯齐爵士的绝密备忘录中，菲尔比省略了克里维茨基证词中关于"艺术界"和"科德角"的细节，也自然地没有提到西班牙，在描述事实时也含糊其词，说克里维茨基描述这个间谍"出身良好""年轻"且"有思想"。为了避免这些措辞在后期为自己招来麻烦，他在最后总结时说："当然，我们很多外交部门的人员都符合这些特征，但是这些信息与克里维茨基1939年在伦敦的声明中所说的，以及1945年美国驻华盛顿大使馆泄密事件披露的信息相去甚远。不过为了以防万一，我认为还是应该汇报并提请您注意。"[23]

一个月后，凯里·福斯特在白厅表示："没有任何证据表明华盛顿案件与克里维茨基【原文如此】审讯报告中所载的'帝国委员会'有关。"[24]但这确实促使相关人员重新审视了那些20世纪30年代末在伦敦，1945年又转至华盛顿的工作人员。凯里·福斯特在此基础上选出了六个人：巴尔福、梅金斯、罗伯特·哈多（Robert Hadow）、莱特、戈尔－布斯以及麦克林。作为将受外交部调查的人员名单，这是再好不过的了。但是最后，由于缺乏"证据"，加上要调查的资历较浅的职员数目太多，外交部不相信这些要员中的任何一个人会成为叛徒。因此，很长一段时间内没有再次审查这份名单中的任何人。另外，当局也根本没有再次调查这六个人与其随后在华盛顿的职责之间的联系。菲尔比的策略是先拿出能揭露麦克林的证据，然后轻描淡写地陈述这些证据。这是一个绝妙的策略，因为他的尽职调查转移了人们对他的注意力，但他实际上是帮忙隐藏了证据。

可以说，克里维茨基抛出了一条危险但又大胆的信息。如果严格调查那份要员名单中的人员，麦克林的身份一定会暴露，但是即使斯卡登审问麦克林，调查人员也不会发现他招募的其他剑桥间谍。菲尔比甚至在脑海里想象出这样的结果：如果他们无论如何都要抓住麦克林（当然，他们肯定会在某个时候抓住他），那么他的供词可能不会涉及其他人。虽然克里维茨基和沃尔科夫都声称外交部高层已经被间谍渗透，但是菲尔比声称自己对此感到非常惊讶，"联邦调查局仍在向我们发送大量关于大使馆打杂女佣的消息，并且也在无休止地对我们的基层人员进行调查。"[25]

*

1949 年秋天，麦克林变得更加沉默，在聚会上很少有人能看见他，对他的工作的评论也越来越少。赫卢安之行对他来说是一个信号，暗示他的双重工作以及酗酒这三种生活状态已经相互纠缠，无法分离，令他难以承受。于是他在 12 月试图低头认输。虽然他一直不承认自己患有精神分裂症，但是他的生活已经失控。他已经受够了，他想退出。

他给莫斯科中心写了一封短信，交给了他的联络人。信上写着，他"一直想在苏联工作"，"苏联是他继续与美国和西方帝国主义进行斗争的最佳场所"。[26]换言之，他的这个请求毫无掩饰，他要求去莫斯科，遵循他的良知。在那里他可以自信

240

地工作，不再忍受人格分裂，与他人团结协作，而不是在沃姆伍德·斯克拉比斯监狱中与科学家们一起消磨时光。他的这个决定可能并非完全是他的本意，里边掺杂了梅琳达的因素。梅琳达无法忍受她所蒙受的耻辱，但无论如何，她都跟她的丈夫站在了同一战线。也许离开这里后，她还有一个机会拥有幸福的婚姻与一个不酗酒、毫不分裂的丈夫。唐纳德说梅琳达也"完全准备好要走了"[27]。

　　几年前，莫斯科中心认真地倾听唐纳德说的每一句话，因为他会在他发送的策略文件中添加"对克里姆林宫有用"的注释，但现在他却被忽视了。与处理克里维茨基、古琴科等人的西方国家不同，苏联没有处理叛逃者的先例。也许他们没有意识到，如果麦克林被捕，间谍网络的其他成员将面临危险。也许他们认为麦克林是在无事生非，想做英国人的双重间谍。因此他们在开罗的线人回来的报告说，他"在出洋相……一周又一周，关于麦克林的事儿层出不穷，他的行为越来越令人讨厌"[28]。他们可能认为在这个阶段支持麦克林没有任何价值，因为他在开罗期间提供的材料不具有多少重要价值。但最有可能的原因是，懂些心理学的联络人都走了，剩下的这些联络人无法倾听或理解特工心中的苦痛。不管是什么原因，和麦克林在开罗任职期间所受的待遇一样，他的这一屈服和恳求本可以在随后的 18 个月甚至更长时间为各方省去许多麻烦，但莫斯科中心对此并未重视。居住在伦敦联络站的尤里·莫丁后来说，他"很肯定没有人看过"[29]这封信，但当时的莫斯科中心极度偏执，即使他们看过，他们依旧会担心麦克林已经叛变。

　　麦克林遭遇了在为莫斯科方面服务以来最严重的危机，但没有人重视他。1950 年 4 月，在这一绝望的请求之后，他又发出了一次恳求。此时，莫斯科方面已经看了麦克林的第一封信。[30]然而，正当莫斯科中心考虑如何处理这封信时，麦克林战前生活中的一位对他影响力很大的人走进了他的生活，让他最终退出了驻外工作，虽然退出方式混乱而悲惨。

*

梅琳达在结婚前在巴黎见过菲利普·汤因比，那时她就不是很喜欢他。最近，菲利普的生活也变得一团糟：在经历了一段与妻子的痛苦离别后又开始酗酒；但他的共产主义信仰已被抛至脑后，并很快就被一种狂热的基督教信仰取代。他的父亲阿诺德·汤因比是一位致力于社会事业的经济历史学家，与著名的自由主义者兼《观察家报》编辑大卫·阿斯特（David Astor）相识，于是在那里为他的儿子谋了一个在报社上班的职位。阿斯特委托菲利普写一系列关于中东的文章，于是菲利普想作为驻外记者去开罗，在那里他可以很自然地和他的老朋友唐纳德·麦克林待在一起。麦克林被派往国外期间，他们没有见过多少面，但 1946 年休假时麦克林曾在怀特岛和汤因比一家待了几天。麦克林在那里用马克思主义的观点评价托马斯·斯特恩斯·艾略特的《四个四重奏》：“颓废而没用。”[31]这让菲利普感到非常震惊。

当汤因比申请签证时，出现了一个政治立场的问题。由于《观察家报》的亲犹太复国主义立场，埃及禁止发行《观察家报》，所以这里也没有《观察家报》的官方记者。之前该报一直靠克莱尔·霍林沃斯（Clare Hollingworth）为他们搜集资料。克莱尔·霍林沃斯是麦克林夫妇在开罗的亲密朋友，他们经常在一起打桥牌。当听说汤因比马上就要来之后，霍林沃斯联系了大使馆的情报部门，声称汤因比曾信仰共产主义，这会让"这里的阿拉伯人"感到为难[32]。她获悉汤因比抵达后将和办公厅主任一起办公，办公厅主任会向她解释埃及的情况，不让汤因比发表任何会引起麻烦的言论，她方才感到宽慰。埃及新闻部的法德尔·贝（Fadel Bey）向大使馆明确表示，《观察家报》如若刊登任何对埃及不利的内容，那么埃及将把该报"真正的"记者霍林沃斯驱逐出境。

为了掩护自己，麦克林写信给外交部新闻司司长威廉·里兹代尔（William Ridsdale，也称里兹）说，他了解到拉格比公学曾因汤因比信仰共产主义而开除他，当时后者是牛津大学的一名"主要共产主义者"[33]。但麦克林指出，汤因比在芬兰战争开始时就放弃了共产主义，所以他不是一个危险人物。"不久前"有人问他是否愿意让汤因比留宿，他当时表示应允，"但他没有再想这件事了"。如果白厅方面提出要求的话，他很乐意"让他离开"[34]，这肯定会让梅琳达高兴，但这位外交官似乎只是嘴上这么说说而已。

几天后，里兹做出答复时，埃及报纸《今日消息通讯社》报道说，"菲利普·托尼比先生【原文如此】"已抵达大使馆，与"罗纳德·麦克林先生【原文如此】"住在一起。里兹说他和《今日消息通讯社》的外交记者谈过话。这名记者证实汤因比年轻时确实是共产主义者，但根据"免疫理论"（inoculation theory），他"非常确信汤因比现在是坚定的反共分子"[35]里兹私下里很乐意告诉麦克林，汤因比的来访"有益健康"，这其中并没有讽刺的意思。因为这位记者最近刚分手，"倾向于酗酒，偶尔也会喝得烂醉。对于一个才华横溢但脾气有点古怪（不太稳定）的人来说，这种情况尤其糟糕"[36]。
这种仔细的性格分析让里兹得出结论，汤因比住在酒店可能会
更好。麦克林回答说，这次来访不仅会让汤因比保持记者的直
来直去，而且可能会"帮助"汤因比解决"酗酒问题"，所以
让他留下来是好的。[37]两个富有经验的酒鬼各怀心事聚到一起。
不可避免，他们酒量不仅没有减少，反而增多了。可能麦克林
心里一直期待着有这样一个酒友。

汤因比的生活经历了"剧烈而痛苦的变化"之后，"陷入
了极度沮丧的状态"。但"当我看到唐纳德穿着一套老式的热
带西装，金白色的衬衣到机场迎接我时，我立刻精神起来
了"。[38]麦克林亲切地称呼他的老朋友为"菲利波"，这一行为
引起了外交风波。而他与唐纳德都讨厌这种风波。随着时间推
移，这种风波无疑导致他们之间产生了外交隔阂。"我去大使
馆参加了一个派对……是为了我们报社。最初唐纳德·麦克林
在那里时还能给我一些保护，但他离开以后，我发现自己在这
些精力充沛、权势显赫的男男女女中间汗流浃背，踟蹰踟蹰，
一头雾水，卑微渺小。"他继续与其中一些人共进晚餐，但发
现他们"令人作呕，满是种族主义和仇外心理，这是一次可
怕的帝国末日聚会"[39]。英国驻外武官对汤因比的印象也不是
很好，因为他"总是脏兮兮，醉醺醺的，还老是与人争论，
而且不管参加什么场合他都会迟到至少一个小时"[40]。

两个星期后，莫斯科方面迟迟没有回复麦克林去往苏联的
第二次恳求，这令他迅速失控。有一周，梅琳达和妹妹哈丽特
外出旅游，麦克林从"极度温柔和礼貌……偶尔狂暴和凶残
（这一般出现在他的愤怒被压抑到极点的时候）"，后来发展到
和朋友一起喝到"昏天暗地"的程度。[41]现在他的酗酒已经不

243

受约束，无法隐藏了，心底的恶魔已经出现。虽然同样是喝得酩酊大醉，但是这和14年前的情形完全不同，那时候，两个年轻人在6月的傍晚参加伦敦的白领结舞会，兴高采烈地喝得烂醉，然后第二天清晨还能一起去游泳。

有一次，他们又一起参加了一个聚会，汤因比"午夜时分回到了床上，但唐纳德一次又一次地制造灾难。他打了埃迪（索恩·哈迪，他们两人的老朋友，麦德林的同事），然后往墙上一个接一个地扔酒杯。早上8：30我下楼，发现他在打呼噜，周围有一摊水"。比尼（小唐纳德）兴奋地对保姆喊道："爸爸尿床了。"汤因比"叫醒了他，一路把他送到他在大使馆的办公室。不知怎的，他一到那儿，就设法恢复了往常状态……我很是佩服。"就在那天早晨，看到麦克林两面风格的汤因比给他起了两个绰号：一个是"唐纳德爵士"，为英国政府服务时，他是才华横溢、镇定自若的外交家；而他隐藏的另一面是"戈登"，这是麦克林最喜欢的杜松子酒品牌名。杜松子酒的牌子上有一头猩红色的猪头，长着长牙，张着嘴。

那天晚上汤因比没有见到麦克林，但在凌晨2点时被他叫醒。俩人喝威士忌聊天，一直聊到清晨5：30，内心充满"滔滔怒火"的麦克林冲向梅琳达，虽然让他内心充满愤怒的可能另有原因，但是现在他面前只有梅琳达。"唐纳德告诉我，他希望……他的妻子去死。他处于一种奇怪而可怕的境地——仍然非常滑稽，非常无精打采（尽管他仍然健谈），但在他的话和他的面孔后面，隐藏着真正的深意。"两人"粘在一起"，决定自行组建一个新的共产党，但麦克林"试图驱逐我，所以他是独自一人"。汤因比"接种了共产主义免疫针"，"明白（它的）学说对任何拥有真正知识或民主思想的人都不是好事"。[42]他相信在二战后，麦克林在他的工作中也有了同样的认识，所以他把这种被孤立的孤独和精神上的痛苦解读为与梅琳达有关。他试图安慰麦克林，其实他"对妻子的感情十分矛盾，这种矛盾既剧烈又充满激情"。他"对妻子的爱和恨……几乎是一样的"。[43]或许，他对共产主义和梅琳达这两个他生命中固定不变的事物的不满，仅仅反映出他对自己充满厌恶。他无法忍受由自己四分五裂的忠诚带来的压力。

在这番倾吐之后的第二天早上，麦克林"完全不记得自己说了什么，也不知道自己为什么会那么说"。[44]就像酗酒者试图为自己无望的处境找借口一样，两人会"一起沉思……到底是什么驱使我们喝酒，又是什么驱使他走上暴力之路"。汤因比自己的理由是，他认为自己喝酒是因为害羞。后来他认为这是一个"荒谬且难以令人信服的借口"，但至少他是在思考事情的原因，不像他朋友"迷人"而优雅地回避道："哦，你是这样吗？我是喝酒了才会觉得害羞。"[45]从麦克林作为"证人席上的本科生"出现在《格兰塔》，到他接受英国外交部的采访，一直到现在，麦克林都是灵活应变的大师。他一直想逃离心中的恶魔，但是这种渴望却慢慢摧毁他生命中的每一个支柱。就在几天前麦克林上班的时候，汤因比看到他自我保护的"铠甲"，也掩盖不了他不断涌现的自我毁灭。

梅琳达和妹妹哈丽特回来后，这出可怕的戏剧的最后一幕即将上演。汤因比 5 月 4 日日记的字里行间都体现了梅琳达的痛苦："拉伯雷式的炫耀之夜……麦克林越来越疯狂的举动震惊了【梅琳达和哈丽特】。最后麦克林没有发泄成功。她们在我们发酒疯之前就离开了。唐纳德开始变得咄咄逼人。"这一次，唐纳德独自一人继续醉酒后的疯狂行为；就连经常和他一起喝得酩酊大醉的汤因比也害怕了，没有陪着他一起，麦克林和另一位客人"消失"了，直到周六午饭时间才再次出现。梅琳达在卧室里等着见他，恳求他。周一早上，汤因比记录了下来："唐纳德睡眼惺忪，醉态明显，他告诉我，他昨晚又发疯了，当众侮辱哈丽特，打了梅琳达……'我真的快到不得不闭嘴的地步了'。"[46]他可能需要去医院或者精神病院。麦克林绝望了，但他既没有完全控制，也没有彻底屈服于酒精对他的控制。

第二天的酒会彻底终结了他们的埃及外派生涯。麦克林夫妇、哈丽特和汤因比去参加了一个鸡尾酒会，并计划去参加一个晚宴。当时的梅琳达已经再次怀孕了，所以对丈夫对待自己的态度更加感到震惊，她感到很累，于是参加完第一场酒会后就提前回家了。* 汤因比还有别的地方要去，所以唐纳德和哈丽特去参加了第二场的晚宴。到了午夜，唐纳德已经玩过了火，跟着他一起来的哈丽特也没法好好玩了，所以她也回家了。唐纳德在凌晨2点钟左右蹒跚着回来。一个小时后，他叫醒了汤因比，"催促"他再出来。"我们根本不需要劝说彼此，不久后我们就踮起脚尖，悄悄地走过梅琳达的房门前，溜出家门，开始了一场破坏性的狂欢，这场狂欢超越了以往的任何一次。"[47]

*

彻夜狂欢之后，这两个人白天大部分时间都待在约翰·沃德－史密斯（John Wardle-Smith）家的阳台上晒太阳，而沃

---

* 后来，梅琳达流产了。

德－史密斯则代替利斯・梅奥尔在大使馆工作。汤因比的日记
中记录道，他们足足喝了六瓶杜松子酒（自然是戈登杜松子
酒），最后陷入昏迷。沃德－史密斯似乎同意大使馆的观点，
即，没有必要提请坎贝尔大使注意这些酒局。他声称，他认为
最好、最明智的办法是，在离开办公室之前给他们“喝很多
酒，让他们昏倒在办公室里”[48]。这一天后面的事情汤因比的
记忆有点模糊，这也可以理解。不过他称，他和麦克林决定
继续狂欢，“追逐女孩”。更有可能的情况是，他们只是在寻
找更多的酒，然后纵情狂饮。他们下楼来到同一街区的一套
公寓里，这里住着美国国务院的希拉・恩格特（Sheila
Engert）和美国大使馆秘书杰奎琳・布兰内尔曼（Jacqueline
Brannerman）。恩格特当时在开罗大学教书，教了一年。恩格
特对麦克林略知一二（也听过很多关于“更加自由”的汤因
比的闲话），他租下了这间公寓。公寓的前任租客是英国大
使馆的电影官员杰拉尔丁・威廉姆斯（Geraldine Williams），
她是麦克林和梅琳达最亲密的朋友之一。[49]麦克林和汤因比找
不到威廉姆斯，也没有找到什么可以喝的东西，他们就悄悄
地离开了，去了尤尼斯・泰勒（Eunice Taylor）和埃伦・斯皮
尔斯（Ellen Speers）的公寓。泰勒是美国大使卡弗里的秘书，
斯皮尔斯的老公是一家阿拉伯与美国合营石油公司的董事。他
们推开“感到惊讶的男管家”[50]，进入空荡荡的公寓，开始了
他们“漫长的毁灭”[51]。

除了他们两人外当时没有其他人在场，他们两人又喝了那
么多酒，所以关于事情细节的记录并不多。希拉・恩格特报告
说，当他们发现公寓里没有酒时，就“把抽屉里的东西全部
扔出来，打翻了家具”，并在离开前把盘子扔进了浴缸。[52]梅琳

达告诉杰弗里·霍尔："他们把很多女装扔进了厕所[53]。"汤因比透过自己迷蒙的眼睛"只清楚地看到了一幕……唐纳德抬起一面大镜子砸进了浴缸。让我感到惊讶和高兴的是，唉，浴缸裂成了两半，镜子还完好无损"[54]。酒后的悔恨情绪立刻爆发，但只持续了很短时间："我们在对方的怀里哭泣，承认我们宁愿死。我们在阳台上爬上了一个梯子，怀着一种模糊的希望——我们可能会摔倒。"[55]后来，他们回到沃德－史密斯的公寓，昏睡在他的床上。麦克林仍然抱着一条他"啃过的羊腿"[56]。

傍晚时分，梅琳达给在他周围的熟人打了几通电话后，找到了他俩。她和哈丽特"半扛半拖着浑身湿透的唐纳德下了楼，进了他们的车"[57]。哈丽特然后又返了回来，在男佣人的帮助下，把汤因比也拖了回来。麦克林很快就"像伊甸园中的毒蛇一样被驱逐"[58]——汤因比在日记中用更加傲慢的方式写下这句话。可以看出，他没有慎重地对待整个事件，也不了解这可能对麦克林的婚姻和事业造成什么样的影响。第二天，他从大都会酒店写信给他的朋友朱莉娅·蒙特（Julia Mount）夫人，宣称"在三个星期的放纵之后，我已经精疲力竭了，这是毫无疑问的。可怜的唐纳德沉溺于醉酒、自我毁灭和纯粹连续毁灭的狂热高潮，而他的妻子却将这些归咎于我。事实上，我已经尽了最大的努力来控制他，但是，可想而知，这并没有起到多大作用"[59]。一年多以后，当梅琳达描述她和唐纳德的这段生活时，她并没有责怪汤因比，只是简单地把他的逗留描述为"唐纳德发疯前的几个星期"[60]。

唐纳德胡闹的第二天早晨，他在梅琳达和哈丽特面前"颤抖、干呕、难受地呻吟"[61]。梅琳达脸色苍白，她决定自己去找坎贝尔（坎贝尔一直对她信赖有加），而不是鼓励她那满怀悔

恨的丈夫去找他。她告诉坎贝尔，唐纳德病得很重，精神崩
溃，必须送他回伦敦看医生。坎贝尔同意了，并向伦敦发了一
封言辞和缓的电报："麦克林向我请了几个星期的假，想返回
英国。他现在工作压力很大，需要回国休息一段时间。据我所
知，过去几年里他一直没怎么在英国待过，根据我的判断，他
越早回去，就越有利于他的身心健康。"[62] 没有人提到醉酒或公
寓事件（坎贝尔对此可能了解很少或根本没有听说过），就这
样麦克林正式回到了伦敦。当美国大使馆要求必须提出申诉
时，坎贝尔恳请他的死对头卡弗里大使谅解，以麦克林选择接
受治疗为理由，压下这件事。卡弗里认为麦克林"酗酒，有
点无礼"[63]，但同意不向美国国务院和外交部提及此事。麦克
林给那些被他毁掉了公寓的女士写了一封忏悔信，答应赔偿损
失。那天晚上，梅琳达和妹妹也前去道歉，解释了麦克林的状
况，并说明他将返回伦敦治疗。

*

　　对于此事，麦克林在开罗的同事们积极回应。他们支持麦
克林的决定，但同时又故意无视了梅琳达在麦克林酗酒一事中
表现的坚忍。埃德温·查普曼·安德鲁斯（Edwin Chapman
Andrews）是麦克林夫妇的朋友和邻居。他在第二天给乔治·
米德尔顿写了一封长长的密信，不过也没有提及最后的事件。
乔治·米德尔顿一直是麦克林的朋友，同时也是人事部主任。
米德尔顿知道麦克林"从根本上说是一个非常好的人，值得
为他付出努力"，所以当他听查普曼·安德鲁斯说"他（麦克
林）挺努力工作的，经常熬夜甚至通宵工作，偶尔也会出去
闲逛"时，他并不惊讶，虽然查普曼·安德鲁斯自己也"并

不知道"他写的"闲逛"是逛多远。麦克林在开罗的夜生活听起来像是大学生的狂欢。

249 　　由于无法将麦克林的事件归咎于他的同事，于是人们将视线转向他的美国妻子——这个来自英国最亲密的盟国并在过去的 18 个月里一直忠实地支持和保护自己的丈夫的人，开始对她进行外交攻击。起初查普曼·安德鲁斯并没有写出梅琳达的名字，但是米德尔顿在华盛顿时就特别了解梅琳达。他语意过于歪曲，以至于能明显感觉到他自己的论点很难站住脚：

　　　　如你所知，唐纳德的妻子是美国人……她是一个活泼的人，毫无疑问也很有吸引力。她性格体现出她是一个典型的美国人，这点是永远也改不了的。我认为，这种美国女人在别的国家嫁给一个必须代表另一个国家（在这个例子中是英国）的男人时，出现一些不适应的情况是不可避免的。[64]

　　美国外交使团都是一群无所事事的高官："不管怎样，梅琳达和这里的美国人有很大的关系。美国大使馆的工作人员和美国外交使团的一些工作人员（不管怎么说），可能白天没什么别的事可做，偶尔会彻夜狂饮一番。这也是唐纳德陷落的地方。"有些……也许……有点"，这些含糊其词的话也不能推掉麦克林的责任。他"肩上扛着大使馆官邸负责人的重担"，而他的妻子则"对开罗的社交生活如鱼得水，而唐纳德……却不那么高兴。毫无疑问，为了过好自己的生活，整个事情开始陷入恶性循环"。[65]

　　查普曼·安德鲁斯的说法很正确。他指出，这种"恶性循环"伤害了麦克林的自尊。他建议麦克林好好休息，并认为在伦敦工作可能使"梅琳达至少有机会稍微英国化"。虽然娶了这位美国妻子使麦克林压力倍增，并最终把他推入深渊，但查普曼·安德鲁斯认为："令人惊讶的是，虽然麦克林一直在忍受痛苦，但他的工作表现依然相当出色。"[66] 至于麦克林在国外的名声可能受到的潜在损害，甚至有可能会受到的勒索，这些他并没有考虑到。他们在保护自己崇拜的同事，不在他的档案上留下任何妨碍他晋升的瑕疵，并富有同情心地站在自己的国家一边。不过他们并不知道阿灵顿厅里发生了什么。

*

1950 年 5 月 11 日，一个星期四的清晨，也就是在这封信发出后的第二天，杰弗里·霍尔在返回英格兰的途中驱车前往法鲁克机场。在过去的 10 个星期里，他被派往巴基斯坦，因此对发生的事情一无所知。在机场，他找到了唐纳德，还有"紧张不安的梅琳达"、哈丽特和查普曼·安德鲁斯。唐纳德由于无法向亲密的朋友承认自己的失败，于是告诉霍尔，自己将前往伦敦"处理几天私人事务"。旅途中，他们面对面坐着，不时"散漫地"聊天。之后他们在罗马共进晚餐，当晚抵达伦敦。霍尔"根本没有注意到他有什么毛病，只是比平时沉默了很多"[67]。这体现了麦克林非凡的自我控制能力，他肯定还在因为两天前的狂欢胡闹感到自责。这也体现出他在绝望的时刻无法向一个同情他的人吐露心声时的悲哀。

这次旅行是霍尔最后一次去看他的这位在开罗的朋友，也是麦克林最后一次回到英国的家。

第 14 章　和解

　　关于麦克林在开罗的最后一段时间里极其糟糕的过火行为，英国外交部一无所知，只是认为他"压力太大了，需要回国休息一下"[1]，因此对他的归来非常欢迎，也特别重视。

　　只要"荷马"的身份还没有确定，没有认识到他的重要性，那么就仍然有可能会对国际关系、军队士气、国家声誉以及英国生活中至关重要的"尊严"造成更大损害。关于间谍的调查还在曲折、轻率地进行，麦克林在自由、婚姻和健康方面面临着越来越大的威胁。

*

　　麦克林从机场径直去了他母亲在肯辛顿的公寓。麦克林夫人对他的出现有些疑惑，因为她前一天才接到电报说他要回来。麦克林向母亲保证，他会去接受精神方面的治疗。那天晚上，他们去电影院看了维托里奥·德·西卡（Vittorio De Sica）的电影《偷自行车的人》（*The Bicycle Thieves*）。这部电影平淡舒缓，令人感到宽慰。

　　第二天，麦克林与他在华盛顿时结识的网球搭档乔治·米德尔顿约好了共进午餐。米德尔顿惊讶地发现麦克林不愿意进办公室，也不想在他的俱乐部见自己。虽然他身居高位，但他不知道麦克林回来的原因，也不知道麦克林因为感到羞愧而不

愿去任何自己可能被认出来的地方。他们选定了"一家不起
眼的小餐馆"。米德尔顿在午餐后立即写道，他的客人麦克林
"显然一直很紧张"，但看上去身体状况良好。麦克林巧妙地
掩饰了他的焦虑，就像他面对霍尔时那样。米德尔顿后来说：
"即使知道了随后发生的事件，我也想不起他的行为举止中有
什么我能意识到的危险信号。"[2]

　　麦克林描述了自己的症状，但没有透露酒精对目前的他可
能有怎样的影响（也许他自己也不清楚）。米德尔顿写道：
"他说'他的脑袋出了问题'；他的心理状态并不稳定，因此
有时候他可能难以控制自己。具体来说，他有时会感到难以控
制的愤怒，这让他感到害怕，他意识到自己需要医生的帮
助……他目前的心态是，急于去看精神科医生。他担心，如果
现在不去接受治疗，自己可能会改变想法，到那时再想迅速治
愈或许为时已晚。"[3]麦克林没有提到具体细节，也没有提到这
些对家人的影响。但他可能希望有一个新的开始，希望自己不
必再做间谍工作，不必因为最近一段时间受到忽视而觉得自己
已对莫斯科毫无价值。

　　麦克林在海外连续待了 6 年，从事了 14 年半的高风险间
谍活动，现在他或许可以回到英国，回到外交部。他有可能只
效忠一方。他甚至有时希望莫斯科方面已经把自己解雇了。他
提出退出申请后，没有收到莫斯科方面的来信。他觉得在莫斯
科方面可能认为他是在开罗事件之后彻底毁掉了，现在可以不
必管了。也许他只忠于一方的想法已经超过了自己的意识形态
信仰。米德尔顿推测："如果他想恢复正常，避免复发，需要
很长一段时间的治疗，所以才需要离开开罗。"[4]

　　当天下午，他在母亲的公寓里（"回到母亲的怀抱感觉安

252

全又舒适"）给梅琳达写了一封信，"亲爱的琳"，信中道尽了充满希望、懊悔、真诚、孤独和自我撕裂的爱意。

253　　　亲爱的，我非常感谢你。你忍受了所有不得不忍受的痛苦，且没有因此恨我。我仍然非常迷茫，但我坚信你是期望我痊愈并回到你身边的。我不敢承诺会成为一个更好的丈夫，因为过去的承诺都被一一打破。但也许如果有人能治疗我身体和精神上的创伤，我就能许下一个坚定不移的诺言……亲爱的，我非常想念你，非常想念你，非常爱你。不要为我难过，我相信当我回来时，我会变得更好，我们会再次幸福地生活在一起。

离开孩子们时，他"悲痛欲绝"，但他永远不会忘记"贴心"的哈丽特。[5]这让他不禁想到，和妻子在一起的 11 年里，他们经历了太多：死胎、流产、脱臼、欺骗、绝望的愤怒，以及想要消失的冲动（他在前景街留下的那封信中表达了这一点）。所有这些都与他和酗酒的抗争息息相关。想到这里，他意识到，自己无法接受没有妻子，独自继续生活下去。妻子曾与他一起经历过骚乱，并为此吃了那么多苦，她是他唯一的情感支柱。信中没有任何迹象表明，他已察觉到自己正处于暴露或叛变的边缘，他不知道"维诺纳计划"和特勤局的工作正在向前推动。

麦克林告诉米德尔顿的"事情"中似乎不包括酗酒和公寓事件。财政部的医疗顾问基斯曼（Chiesman）医生为他预约了亨利·威尔逊（Henry Wilson）医生。亨利·威尔逊是一名精神科医生，有雇员出现精神失调时，就会去找他（比如彼得·索利－弗勒德在华盛顿醉醺醺地向哈丽特·马林求爱之后，大家就认为他应该去看医生）。[6]"失调"听起来像是公务员对酗酒问题的委婉说法。显然威尔逊医生及时处理了他的预约。第二天，也就是星期六，上午 9 点，他们就进行了第一次见面。坦率地说，和蔼的威尔逊在哈雷街有自己的房子，他在精神病学领域是一位权威专家，曾是"英国皇家海军在二战中的顾问"[7]，神经学家和专家也经常向他请教问题。他自己专门研究"精神病急症"[8]。就在他们见面之前，麦克林还想回避治疗。"无论如何，我没有什么理由拒绝乔治让我接受治疗的提议，而且，如果这就是我所需要的，我还能免费得到一份病情分析。但我保证，如果治疗结果不好的话，我宁愿花很多钱去找埃尔娜，或去其他地方。[9]埃尔娜是指埃尔娜·罗森鲍姆（Erna Rosenbaum）博士。她是梅琳达认识的一位的精神病学家，住在温坡街。唐纳德或许是担心威尔逊会把自己的病情描述透露给外交部，所以才排斥威尔逊的帮助；又或许是他了解自己所处时代的医疗水平，所以他真切地感到，这种治疗对他病情的真正疗效尚未可知，后一种情况的可能性更大。

麦克林在信中告诉梅琳达，自己不在的日子里，所有家务、家人和仆人都推给她照顾和打理，对此他感到非常愧疚。他还对米德尔顿说，他不愿请病假，因为请假可能就无法享受海外津贴了。米德尔顿尽量宽慰麦克林说，他会得到"最优厚的待遇"[10]，但首先还是要征求威尔逊的意见。周一上午，威尔逊就回复了他，并且还建议他进行"脑电波节律失常"（脑电波节律的不规则性）筛查，因为"攻击的偶发性太大，脑电波节律失常与这种可怕的攻击有一定程度的关联"。"威尔逊对开罗发生的事情一无所知。"他发现，"很难相信"他

254

刚刚见到的这位病人"能像他在外交部时的状态一样好"。他认为，作为一个"处在他这种地位的人，他有点迟钝，反应较慢"[11]。我们从中可以看出，他仍处于震惊状态，对自己想要透露的事情保持警惕，可能最后一次酗酒和随后的戒酒过程对他的影响还没有完全消散，他还没有缓过来。

　　威尔逊在之后的报告中谈到了酗酒问题，但当时即使连医学家都对这种疾病知之甚少，他也没有提到麦克林否认自己有责任的事。威尔逊指出，麦克林的父亲"有很强的禁酒观念"。他的母亲"跟普通人无异，偶尔会喝酒，但是个性极强"。麦克林自己说，"感到沮丧时，他可能会变得很挑剔，会把目前所有的麻烦都归咎于酗酒以及与妻子之间的问题"[12]。麦克林的同事兼朋友尼古拉斯·亨德森（Nicholas Henderson）对麦克林在这段时间对梅琳达说的话感到不解。"他对妻子的态度会对理想的婚姻生活带来伤害"[13]，但当他在华盛顿看到这一家人在一起时，他们又似乎很亲密。麦克林知道这份报告会对外交部产生影响，他可以放心地把责任归咎于他的母亲和梅琳达，而他在信上对他们非常关心。麦克林夫人对梅琳达也持类似的"推论批评"态度，因为梅琳达"连续几个星期"不向她最爱的儿子汇报自己和孩子们的消息，并且用"典型的美国妻子"为由来"解释她相当古怪的行为"。[14]

　　梅琳达不知道人们已经开始轻率地散布关于她的谣言。她在分离之初就与丈夫保持着密切的联系，每天都会收到他的来信。威尔逊医生检查后，麦克林写信给她，说他不想去莫兹利精神病院做推荐的检查。"恐惧控制了我的抵抗情绪，但我也非常怀疑检查是否有意义。"[15]这种"恐惧"很可能是担心自己要告诉精神科医生些什么，特别是这个精神科医生还是由他整个职业生涯中一直在背叛的雇主指定的；也可能是害怕自己会更加崩溃。一年后，他的同事们提出了一个更具戏剧性的观点，认为麦克林选择了一位"不合格的精神分析学家【原文如此】"，因为如果他要"接受适当的医学精神治疗"，他应该会"担心在服用'喷妥撒'（pentothal）之类的招供药物后说出些什么"。[16]

　　汤因比曾向麦克林提过精神分析治疗，因为他的岳母（纽约人）深谙此道。麦克林夫人是一个地地道道的英国人，不赞成这样的治疗，于是她送麦克林去旺兹沃斯看了家庭医生赫伯特·摩尔（Herbert Moore）。麦克林告诉摩尔，"他更愿意让自己选择的精神分析师帮他治疗"，而不是听从威尔逊的建议。摩尔觉得这种治疗"不正规"，拖得太久了，对外交部没有任何用处，无法让他们的人重回正轨。于是摩尔在信的末尾忧郁地写道："就我个人而言，我认为很难找到一个解决方案，因为他的原生家庭（4 个男孩和 1 个女孩）明显失衡。在这种家庭背景下还会有明显的酗酒倾向，着实令人惊讶。"家庭医生的这种说法模棱两可，他这么写信给外交部也违反了与病人的保密协议。关于"家庭背景"[17]，摩尔关注的是唐纳德爵士的节制或骑士精神，或者麦克林夫人的传统性格，又或者都不关注。这是第一次提出麦克林有"酗酒倾向"，但医疗人员没有进一步说明。

　　这条"非传统"的途径意味着麦克林最终还是找了埃尔娜·罗森鲍姆医生，与他开始计划的一样。埃尔娜·罗森鲍姆是一位颇有名望的心理分析师，出生于德国，是一个"极具魅力和智慧"[18]的人。她的丈夫是一位英国精神分析师。埃尔娜是分析心理学学会的创始人之一。在她作为纳粹难民抵达伦敦之前，曾在二战期间被视为敌国人并被拘留。她既是荣格的

256

学生，又是他的同事，荣格非常信任她。她自己分析出的梦境材料成为荣格《心理学与宗教》的基础。然而，这些资历和罗森鲍姆在温坡街上的演讲都没能说服基斯曼，他不相信"心理分析真的有用"[19]。他认为进行身体上的治疗（和休息）是唯一可行的办法。此外，埃尔娜·罗森鲍姆医生"在英国没有资质"这件事引起了注意，这与其说是出于安全考虑，倒不如说是因为基斯曼"担心她可能是个庸医"[20]。米德尔顿和凯里·福斯特后来说，考虑到罗森鲍姆医生的东欧背景，他们将她的详细信息发送给军情五处，但信息"没有被记录在案"[21]。对于罗森鲍姆医生，军情五处了解得并不比外交部多。根据 1951 年的记录，他们的调查显示罗森鲍姆"受到心理治疗师同事的高度重视"，虽然他们明白在心理治疗师领域，好人和坏人都有，但因为我们不知道罗森鲍姆医生属于哪一类，所以这对麦克林没有多大帮助"[22]。甚至在背景调查开始之前，米德尔顿就同意了她对麦克林的治疗方案，尽管他发现"不太理想"。

257　　麦克林在英国的第一周，《每日快报》刊登了一篇短小精悍的匿名文章："两名男子破坏女士公寓。"文中表示，开罗一间公寓遭到破坏，但只能确定是"欧洲大使馆的一名成员和他的一位记者朋友所为"[23]。这是外交部首次知道这件事，麦克林向米德尔顿"承认"这件事是真的。但由于受害方已经接受了他的道歉，并且警方也没有介入，所以这只不过"让人们知道了他病情的严重性"[24]。这件事发生之后，他同意请罗森鲍姆医生也给他做一次身体检查，检查结果将转交给外交部，理由是基斯曼医生、威尔逊医生和摩尔医生都提到酗酒是他出现"问题"[25]的一部分。梅达谷医院神经系统疾病科对他的脑部检查后结果呈阴性。除了要去外交部报到需要的体检之外，他推掉了外交部的其他体检。

＊

虽然哈丽特·马林因为汤因比把这件事泄露给报社而对他进行"严厉批评"，但汤因比在日记中的反应却是麦克林会"深刻并明智地"理解自己为什么会说出这件事。"隐瞒是没有用的。毕竟，我们把那个房间拆了，这事儿藏不住。"[26] 当麦克林和汤因比在深夜畅谈中提到自己要离开开罗去治疗梦魇时，这要么是一个男人在危机中的自吹，在慌乱中的自救，要么是麦克林对自己的婚姻充满矛盾，想要建立一个只有自己的"新共产党"。但是考虑他在清醒时，完全可以不冒任何风险请求休假，所以原因可能是出于他的自救。

这份报道（也刊登在知名的阿拉伯文报纸上）本会给开罗大使馆带来一定程度的耻辱和恐慌。麦克林离开 10 天后，罗纳德·坎贝尔爵士写信给他的继任者拉尔夫·史蒂文森爵士（Sir Ralph Stevenson）：

> 你可能也听说唐纳德·麦克林精神崩溃了。他也许没有亲自和你谈过，但我确信他已经和米德尔顿谈过了，也许还跟其他人谈过。我想说的是，我对他的能力等发表意见时，我并不了解他的病情，但我仍然非常欣赏他，并确信如果他能摆脱目前的困难（而且值得以各种方式鼓励他），你会发现他将会为你的工作提供非常大的帮助。[27]

麦克林曾离开得那么大张旗鼓，现在闹得有点满城风雨，

258

再让他回到外交界，似乎不是个明智的选择。

实际上，麦克林在开罗发生的事成了他所在的外交圈里的八卦谈资，其中并没有过多涉及他的工作。同所有的流言蜚语一样，这一事件被歪曲夸大，但本质是一样的：1950 年 6 月，尼古拉斯·亨德森刚带麦克林去哈姆 - 斯普雷处（帕特里奇的家，也是布鲁姆斯伯里仅剩的为数不多的堡垒之一）喝茶时，珍妮塔·基（Janetta Kee）告诉弗朗西斯·帕特里奇（Frances Partridge）："麦克林曾是开罗大使馆的一员，但刚刚被遣送回国，因为他试图谋杀他的妻子……另一个朋友为了救这个女人而摔断了腿。他和菲利普·汤因比当时喝得烂醉如泥。"[28]麦克林的俊美、友善和迷人的笑容给帕特里奇留下了深刻的印象。听到这个消息，他感到非常惊讶。查普曼·安德鲁斯在给米德尔顿的一封私人信件中写道，这件事"在这里已经发展成一些流言蜚语和猜测的谈资"，但他对此不以为意，并胸有成竹地认为，这一事件定会过去，"因为开罗多有流言蜚语，开罗的社会就像以前的《以弗所书》一样，总是在寻找一些新的东西"[29]。不过，米德尔顿承认，虽然罗纳德爵士的称赞有些奇怪，但如果麦克林不"再次出现在开罗"[30]，可能"对他和大使馆来说都是最好的"。杰奎琳·布兰内尔曼公寓里发生的事情被大家说得越来越夸张：大使馆的安全情报员桑塞姆很快添油加醋地讲述了麦克林被梅琳达送回公寓的过程。他说道，梅琳达显然好几天没见到丈夫了，找到他时他"喝得烂醉，赤身裸体。他盯着我看了一会儿，骂了一句脏话，然后晃悠悠地朝着我的鼻梁打了我一拳"[31]。

梅琳达感到焦虑，也非常羞愧。相比之下，哈丽特只是"责备"了一下汤因比。梅琳达被留在开罗负责照看家里的事儿，她不知道唐纳德是否还会回来，也不知道自己是否该收拾行李去英国和他团聚。虽然大使馆在津贴问题上处理得既圆滑又慷慨，但对梅琳达来说不确定性太大了，她眼下面临一个紧急的问题，就是是否该在 7 月初带着家人搬到他们在亚历山大港租的房子里，居住在亚历山大港的人们通常会在夏天离开这里去别处度假，这样唐纳德回来后能跟他们住在一起。幸好 6 月 1 日邓巴夫人抵达这里，帮助她解决了这一问题。由于麦克林在信里并没有说明他的治疗会持续多久，于是他们决定不冒这个险。他们退了房子，去美国大使馆办理了签证，把车运上了船，6 月 18 日前往西班牙。邓巴太太付清了所有未付的账单。她还说，当主人不在的时候，沙利亚 - 伊本 - 赞奇房子里"通常很优秀"的仆人变得"懒散、肮脏、有点傲慢无礼"，似乎觉得唐纳德"再也不会回来了"[32]。现在梅琳达作为一名驻外外交官妻子的生活结束了。她在两年时间里变得自信镇定、优雅从容，能够应付丈夫造成的各种麻烦，尽管这些事令人难堪，如噩梦一般。

*

麦克林在整个职业生涯中都面对着两难境地：一方面，如果他能够承认他一次又一次背叛了童年时期强加给自己的道德准则，那么罗森鲍姆医生就能逐渐治愈他的酗酒，缓解酗酒背后掩藏的痛苦，让他不再拼命逃避所有信任他的人。另一方面，如果他这样做了，他将节省吉姆·斯卡登很多时间，并将在监狱里度过接下来的 10 年，身败名裂。正如罗森鲍姆医生的老师卡尔·荣格所写："临床诊断很重要，因为这会给医生一定的方向；但是他们不能帮助病人。因为这其中的关键在于故事。"故事能够体现出一个人的背景和痛苦，所以医生的治疗才会起作用"[33]，荣格强调平衡与和谐，将对立的东西融合起来。但这对一个需要将对立面隔开的人来说，几乎是不可能的。他们也不可能让他诚实地讲述故事，开始他迫切需要的治疗。

无论麦克林从与罗森鲍姆医生的会面中得到了什么（他对利斯·梅奥尔隐晦地说他"与她进行了艰苦的斗争"[34]），他在那年夏天似乎没有恢复多少，虽然他在 6 月 14 日向米德尔顿保证他会好起来的，并将在 8 月重返工作岗位，但是事实上，他们本次之所以碰面，就是因为基斯曼对米德尔顿说，麦克林已经两次没按照约定的时间去看医生了。第二周当他出现时，基斯曼报告说："没有证据显示他的身体有任何疾病。他的血压很低，可以证实他有些神经衰弱。"[35]当财政部的医生听说麦克林计划重返工作岗位的消息时表示："麦克林接受我们的治疗时间太短又太松懈……我不建议让（他）听从一位非专业分析师的意见重返岗位。"8 月中旬，他确信麦克林"一点也不正常"[36]。麦克林的弟弟艾伦看到"他最失控的状况"时感到非常震惊，并说道："他似乎不太喜欢身边的所有人。"[37]不过，7 月艾伦接受格拉德温·杰布爵士（Sir Gladwyn Jebb）的任命，作为英国代表团的一员出发去了美国。这是艾伦在后来的 30 年中最后一次见到他的哥哥唐纳德。孩童时候，兄弟俩曾同时患上流感，还一起玩士兵游戏。虽然没有任何迹象表明麦克林酗酒成瘾或已经戒酒，但他原本计划的三个月的病假延长了。

261　　从 6 月初开始，麦克林仅是断断续续地同梅琳达通信，但很少提到自己的健康状况。他很快就恢复了他在伦敦时的老习惯，对她的关心越来越少，对外交部的事情也几乎不再上心。

西里尔·康诺利发现麦克林常常无法配合完成心理分析活动，他会在罗森鲍姆家门口徘徊一会儿，踟蹰不前，然后在拐角处溜掉。他在个人生活中不断承受着痛苦，由此而来的痛苦使他即使远离家人也会酗酒。他在伦敦重游了许多战前单身时常去的地方，约见了许多老朋友。石像鬼俱乐部已不似往日热闹，但仍然保留着"社交、性和智力挑战的舞台"[38]的狼藉名声，吸引着包括作家、艺术家、知识分子和布鲁姆斯伯里文化圈（战后没有什么严格的阶级区分）的后人。在这里，没有性别限制。这与外交部要员享用午餐和晚餐时光的蓓尔美尔街俱乐部、改革俱乐部、旅行者俱乐部和布鲁克斯俱乐部截然不同。石像鬼的会员包括劳伦斯·达雷尔（Lawrence Durrell）、阿尔弗雷德·艾耶尔（A. J. Ayer）、菲利普·汤因比、维克多·罗斯柴尔德、罗莎蒙德·莱曼（Rosamond Lehmann）、弗雷德里克·阿什顿（Frederick Ashton）、亚瑟·凯斯特勒，当然还有盖伊·伯吉斯。麦克林是在7月份加入的，基斯曼医生大概不知道这件事，否则米德尔顿一定会把它写入档案。麦克林在好兄弟马克·卡尔姆－西摩的推荐下成了这里的会员。

在成为会员之后的几年，麦克林在石像鬼俱乐部充分释放自我、毫无顾忌。但在这次他返回伦敦的这个夏天，在他年轻时密友们的陪伴下时，他已经开始有所戒备。昔日的情人劳拉·格里蒙德是他父亲（以及他的）老盟友维奥莱特·伯翰·卡特的女儿，他们一起吃了午饭。劳拉并没有发现什么异常："他的记忆力以及对国际形势的把握都没有问题。他对自己的烦恼也不屑一顾，甚至暗示他可能很快就会回到开罗大使馆正常工作。"[39]当与其他一些狐朋狗友在一起时（而且是在一天中不那么正式的时间里），麦克林无法控制住自己的酒瘾。

他去了玛丽·坎贝尔夫人在威尔特郡的斯托克庄园。玛丽·坎贝尔夫人在战前也是他的熟人，现在与罗宾·坎贝尔结婚了。罗宾·坎贝尔曾在1935年和麦克林一起参加外交官考试。玛丽从亨格福德车站接到麦克林，把他带到了一个朋友的花园里，让他放松一下，在一棵山毛榉树下给他堆了一堆垫子。玛丽发现他的状态非常绝望，绝望到无法自拔。麦克林一阵精神错乱，不停地跳起来，"击打着悬垂的树枝，喊道，'他们在追我！''谁在追你？''苏联人！'"[40]他在传递情报方面已经没什么用了，所以他止不住地开始多疑，甚至是恐惧（如同马利和其他一些人抵达苏联时所遭遇的一样）；或者在某种程度上，他又希望自己的身份被揭发，好从地狱中解脱。过了一会儿，玛丽夫人觉得，"在农场发泄一通后，他好了很多"，她从未见过"更糟的震颤谵妄情况"。[41]

坎贝尔夫妇认识麦克林很长时间了，所以对麦克林的左翼倾向并不感到奇怪。玛丽夫人认为，这一精神病发作只是"他的一种临床症状"[42]，与他在发作时所表达的对"苏联人"的恐惧没有任何关系。然而，麦克林可以用一种冷静、引人沉思的方式与老朋友们谈论"共产主义，就像一个潜在的天主教徒在意识到他缺乏信仰的天赋后，仍会讨论宗教一样"。他谈到他渴望"信仰的飞跃，相信共产主义是正确的"[43]。在这个时候，这个由一个忠实信教的父亲抚养大的男人，在灵魂遭遇暗夜之后一直紧紧地抓着自己的信仰，但他现在也以同样的方式公开质疑自己的信仰；像他在开罗醉酒之后对汤因比咆哮的那样，现在的他思路更加明朗了。麦克林在病假期间没有与任何间谍联络人接触，所以他又一次没有受到来自莫斯科的"赞扬和安慰"（多伊奇在很久以前说过的话）。他不再每天都听到梅琳达的鼓励支持，也不再获得大使馆同事的认可。

他已经从开罗的一个"散兵游勇"变成了伦敦的一个孤独而漫无目的的疗养者。他所发挥的价值塑造了他的自尊心。 263
而出于对自己价值的怀疑，他再一次被压垮。

*

6 月 25 日，世界局势迎来了根本性的转折。美国长期以来将韩国视为防止共产主义在亚洲传播的重要堡垒，但这一天朝鲜半岛上三八线附近的两支军队发生了武装冲突。苏联在联合国安理会的代表退出了会议，除印度和埃及投了弃权票外，其他成员国投票通过了一项决议，要求停止敌对行动。然而，朝鲜战争最终还是爆发了，它标志着二战后东西方阵营的第一次武装冲突，也是联合国面临的第一次重大武装考验。英国因为二战导致经济几近崩溃，被迫依靠美国的贷款维持生计。英国派遣远东舰队支援美国，并延长了兵役期限，以此来维持部队人数。在后来撰写有关英国外交政策的书籍时，麦克林一直保持着对自己意识形态的忠诚，始终严厉批判美国在亚洲的干预措施。1950 年初，随着福克斯认罪、希斯被定罪，以及麦卡锡主义在华盛顿政府内猖獗，麦克林更加质疑自己的信仰，并且也为自己的自由深感担忧。

布鲁诺·庞蒂科夫（Bruno Pontecorvo）是一位杰出的物理学家，出生于意大利，自 1949 年初开始担任哈维尔英国国家高级首席科学官（此前他在加拿大与纳恩·梅一起工作）。1950 年 7 月，布鲁诺和妻子及三个孩子去芬兰度假，他的妻子是瑞典人。他本应于 9 月返回，出席一次会议，但他去了苏联。事情起因于 1949 年 3 月，安全局收到来自瑞典的情报，其中指出布鲁诺和他的妻子都是共产党员。在被问及此事时，布鲁诺否认了这一情况。他说，他在意大利的一些家人是"共产主义者的同情者"，但他们并没有进一步参与共产主义。如果这些情况在一定程度上属实，人们很快就会知道布鲁诺的哥哥吉尔伯托·庞蒂科夫（Gilberto Pontecorvo）"作为政治家和记者，在服务共产党方面发挥了重要作用"；布鲁诺的姐夫是"一个开明的共产党员……致力于党内工作"；表弟埃米利奥·塞雷尼（Emilio Sereni）是"意大利最著名的共产主义者之一"，同时也是意大利众议院议员。在对吉尔伯托进行入籍筛查时，塞雷尼身居要职，担任两个部长级职务，备受关注。为逃避法西斯政权，1936 年吉尔伯托离开意大利。军情五处有关他的审查档案上写着"无负面信息"[44]。

就在吉尔伯托叛逃被揭露之时，自 1946 年以来一直在军情五处任职的总干事珀西·西利托爵士（Sir Percy Sillitoe）正在华盛顿，他试图在"福克斯案"之后，与胡佛和联邦调查局就英国的核安全问题重建关系和信心。把"表兄弟俩"（英国和美国）蒙在鼓里已经引发了"轰动"[45]。金·菲尔比向西利托简要介绍了他的会面情况。

*

盖伊·伯吉斯是麦克林在剑桥时的朋友，同时也是他的间谍同伙。伯吉斯也加入了酗酒行列。在麦克林被派驻国外之前，伯吉斯曾在新闻部工作了一段时间。在这里他可以及时查看外交部的所有通信记录；后来，伯吉斯担任外交部副大臣赫克托·麦克尼尔的机要秘书，之后在信息研究部待了一段时间，随后又在远东部工作，为莫斯科中心在朝鲜战争准备阶段提供了很多有用的信息。1949 年，伯吉斯在直布罗陀和丹吉尔休假。度假期间，他毫无顾忌地酗酒斗殴，"坚持拜访当地军情六处的负责人。不管他在哪个酒吧喝酒，他都会和任何一个听他讲话的人讨论那些负责人的性格、习惯、意见和专业上的缺点。"[46]在丹吉尔，每天中午人们都会在巴黎咖啡餐厅里看到伯吉斯。他会对聚在那里的人们说"今天的小男孩太小气，比昨天还小气"。当地的同性恋群体有很多是英国人，当他开始接近当地最受喜爱的同性恋群体时，他们非常愤怒。[47]1950 年 2 月，伯吉斯回到伦敦。在他回到伦敦之前的一周，福克斯被捕，这一点提醒了他。1949 年 9 月他忘了转达菲尔比给莫丁的情报，即"维诺纳计划"正在调查一名代号为"查尔斯"（即福克斯）的科学家，莫斯科中心本来有时间帮助福克斯逃离。

麦克林在开罗的最后一周，伯吉斯已被派往华盛顿，担任二等秘书（几天后，他因为自己的许多不检点行为而被纪律委员会除名）。正如凯里·福斯特对驻华盛顿大使馆安全部门负责人罗伯特·麦肯齐爵士所说的那样，这将是"最后一次成功的机会"。麦肯齐想知道为什么凯里·福斯特说让他们最好照看好伯吉斯，因为他"能做出比以前更糟糕的事"。"他肯定不是指伯吉斯是'山羊'（好人）吧？"[48]

8 月初，伯吉斯来到华盛顿，租了老朋友金·菲尔比的房子并和他住在一起，这让艾琳·菲尔比大为震惊和恼怒。戈伦韦·里斯（Goronwy Rees）总结了他俩住在一起可能会发生的事："沙发后面塞满了烟头，羽绒被满是烧焦的痕迹，每道菜（包括粥和圣诞布丁）里都要放大蒜，没完没了地喝酒，难以想象的破坏痕迹。"[49]菲尔比发现自己进退两难，不知是否应该告诉那个爱唠叨的伯吉斯关于"维诺纳计划"的事，以及麦

265

克林有可能会暴露身份的情况。菲尔比"两次独自驾车前往华盛顿郊外的地点"[50]去见联络人，联络人告诉他伯吉斯"对这个问题掌握的信息"可能会有用。到目前为止，已经有"十几份报告"涉及"材料 G"[*]。菲尔比知道这些材料是麦克林从纽约寄来的，可能需要尽早找到解决"问题"的办法。目前"G 特工"已经失联，处境非常危险。这三个剑桥间谍的命运，与他们被招募时如出一辙，如今已不可逆转地纠缠在一起。

*

麦克林整个夏天都处于消沉之中。尼古拉斯·亨德森曾在华盛顿与麦克林共事，周末休假时他邀请麦克林去他父母的小屋做客。在那里，尼古拉斯"被麦克林的虚弱惊住了"。亨德森家里没有多少酒，所以"麦克林无法尽情饮酒，但还是喝光了所有能喝的酒"。当时在场的还有供职于《图画邮报》（*Picture Post*）的罗伯特·基（Robert Kee）和他的妻子珍妮塔（Janetta）。他们夫妇俩是左翼出版机构麦克吉本 & 基（MacGibbon & Kee）的联合创始人。当时基夫妇正经历着"很糟糕的个人麻烦"，他们正在办理离婚手续。回到伦敦后，麦克林会在早晨时去珍妮塔家，"在那里喝上一整天，直到烂醉如泥"。由于菲利普·汤因比在伦敦时也住在贝斯沃特的一幢房子里，在麦克林看来，汤因比与伴侣的关系很可能引发了非常棘手的麻烦。亨德森向上级报告，称麦克林"试图寻找

---

[*] 俄文字母表中没有字母"H"，因此"Homer"被转录为"Gomer"，由此产生了"材料 G"。这导致后来外交部内部出现信息混淆。

具有左翼倾向的人"并且比较抵触基。基陷入绝望的状态，试图自杀。当麦克林被告知此事时，他的回答是："真希望我早些知道此事，因为我相信我的精神分析医生可以像帮助我一样帮助他。"基告诉亨德森说，"麦克林喝醉后很可怕"，他"会威胁大街上的人们，把他们打晕"[51]。其他任何对麦克林进行深刻分析的人都没有提到这些，大家似乎不再想把这个痛苦的人介绍给罗森鲍姆医生寻求帮助，又或者觉得这件事儿充满讽刺。

8 月，麦克林住在牛津的一个朋友家。他写道，他"靠吃镇静剂和几品脱苦味剂度日"，这可能会比杜松子酒或威士忌有营养。他的笔迹从书页上滑下来，字迹越来越难辨认了。"外面有两个人在车里等着。他们已经在那里待了四个小时了。他们是在跟踪我吗？"[52]然后，他反思了一下自己的偏执，想确定这些人是不是自己想象出来的。当然军情五处早已对他不感兴趣了，而苏联方面似乎并不在乎他。康诺利看到这位曾经温文尔雅的外交官时，吓了一跳："他的外表很可怕：他失去了平静，双手颤抖，脸色总是蜡黄，看上去就像在隧道里枯坐了一夜。"麦克林仍然试图保持他良好的社交形象，"像以往一样超然和蔼"，"尽管他的痛苦十分明显……在谈话中，他会沉默下来，仿佛回到了一种基本无法沟通的焦虑状态"。

现在，麦克林自己选择远离人群，搬出了母亲的公寓，住在贝克大街外的马斯科旅馆里。有时他彻夜不归。利斯·梅奥尔"回来的时候经常会发现麦克林在他的客厅里。麦克林是爬墙进来的，他不太喜欢走正门"[53]。出于自己对麦克林的信任以及他和麦克林之间的友谊，梅奥尔没有将此事告诉米德尔顿，就像他不会说出去年在赫卢安发生的腿伤事件一样。康诺利说："一天晚上，一个男人离开夜总会，打了一辆空出租车时发现【麦克林】在车上睡着了。醒来后，麦克林非常生气，说他租用了这辆车一晚上来睡觉。"[54]现在人们送他了一个"蹒跚者"（the Lurcher）的称号，因为他总是拖着庞大的身躯从一个苏豪区酒吧步履蹒跚地晃到另一个苏豪区酒吧。然而，有关他堕落行为的报告似乎都没有传到他在外交部的上级耳朵里。外交部那些同他关系密切的同事仍然热切希望他能从"紧张的状态"中恢复过来。

*

到9月底，他似乎再也撑不下去了。他给梅琳达写了一封信，信中"他似乎对自己感到绝望，说他不明白她之前为什么会回到他身边"[55]。他觉得自己无法成为一个好丈夫或是好父亲。如果没有他，这个家庭会变得更好。他显然没有和梅琳达他们一起去西班牙，没有主动提出一起去，也没有建议把孩子留给岳母照顾，跟梅琳达单独在一起。显然，梅琳达同样没有建议他同行，也没有回英国来看他。但他那绝望的话语，虽然不清楚是叛逃或是遗弃，抑或自杀的预兆，却改变了梅琳达的想法。她结束了在西班牙的逗留，把母亲和孩子们留在巴黎，独自前往伦敦。

268　　在接下来的两个星期，梅琳达分别与麦克林夫人、米德尔顿、埃尔娜·罗森鲍姆，尤其是唐纳德本人进行了她一生中"最重要的"谈话，当时她正在努力寻找解决问题的办法。毫无疑问，她爱她的丈夫，但在经历了10年的婚姻生活后，她发现，"像唐纳德那样人格分裂的人，爱并不足以让他过上幸福的生活"[56]。这种"分裂"可能指的是他在国家和良知之间的分裂，也可能指的是他性格的分裂（温暖有爱——在英国的第一个晚上写下充满爱、清醒的文字的杰基尔博士；消极破坏——醉醺醺、破坏性强、近乎凶残的海德先生）。* 到目前为止，这些分歧过于错综复杂，无法单个分析。如果是这样的话，她和所有人看似重要的谈话实际上意义都不大，当然，跟丈夫唐纳德的谈话除外。她写信给在纽约的妹妹哈丽特，承认道："唉，我们两个完全是背道而驰。我越来越外向，越来越快乐，也越来越简单，而唐纳德却完全相反。"[57]

梅琳达显然在考虑离开唐纳德。米德尔顿直截了当地向她表明了外交部的立场——梅琳达对唐纳德以及他今后的工作都特别重要。外交部"对待婚姻的态度严谨且务实……夫妻的幸福是次要考虑因素；他们不会让他俩通过离婚法庭离婚，避免曝光"[58]。此外，正如梅琳达在开罗发现的那样，外交官的妻子就是一个不用支付报酬的无偿女主人兼管家，协助推动外交事业的发展。米德尔顿从罗森鲍姆医生那里听说，如果唐纳德和梅琳达能够复合，他将有机会完全康复，并回归正常工作。这位"非专业的分析师"指出了麦克林对妻子的依赖，他需要一个秘密分享者帮助自己康复。梅琳达在唐纳德的精神世界里甚至变成了他自己的延伸，她成为一个永远陪在他身边的人，当他无法自处、失去她的帮助时，成为他可以憎恨的人。外交部的想法是，非常希望麦克林重新拥有"敏锐的头脑、健全的判断和一如既往的勤勉"[59]，特别是在韩国的敌对行动涉及英国人员，并随时有可能升级成为与共产主义阵营的全球战争之时。麦克林夫人也对儿媳异常热情，并试图通过她和唐纳德对孩子的爱，说服她维持与唐纳德的婚姻生活。

269

---

* 杰基尔和海德为英国著名长篇小说《化身博士》中的人物，书中塑造了文学史上首位双重人格形象，后来"杰基尔和海德"（Jekyll and Hyde）一词成为心理学"双重人格"的代称。——译者注

在自我怀疑的阴霾中，唐纳德意识到，无论他对妻子的感情有多么矛盾，她都是自己保持理智和工作的安全保障，甚至可能是他自由的保障。麦克林一定渴望恢复正常，给这带来无数放纵的恐惧画上休止符。在伦敦待了两个星期后，梅琳达回巴黎去接孩子。在那里她又给哈丽特写了一封信："一开始，唐纳德非常不确定我们待在一起是否会幸福，但现在我们决定再给彼此一次机会。对我来说，这是我们唯一一次为孩子考虑而做的决定。我认为唐纳德已改变了不少。他明白了许多自己从未思考过的事情……如果我们足够坦率，最重要的是不去压抑我们的感情，也许我们能够解决一些事情。"[60]他们之间的纽带源于内心的孤独和混乱，就像多伊奇在给唐纳德起代号为"孤儿"时在他身上看到的那样，虽然脆弱，但很真实。

梅琳达生活在丈夫所带来的压力之下，她深爱着麦克林，担心他会毁了自己。英国外交部也劝她——如果麦克林的后院起火，外交部是不愿终止麦克林的病假，让他回来上班的。梅琳达不想破坏孩子们的幸福，她愿意找个理由，再次和唐纳德一起在英国生活。她在给哈丽特的信末尾写道："他将在11月1日回到外交部——可怜的人！"[61]这给了脆弱的唐纳德力量，让他摆脱绝望，穿上盔甲，重新开始他以前的工作和生活。在经历过死胎和流产之后，梅琳达违背了医生的嘱托，她很快又怀孕了，这一点令那些他们最黑暗时期就认识她的人都感到惊讶。

他们不同寻常的婚姻即将进入下一个不同寻常的阶段。

*

270　　在麦克林身体状况每况愈下的两年里，梅琳达第二次怀疑，麦克林的同性恋倾向对他而言是一个破坏性因素。她觉得在罗森鲍姆医生的帮助下，唐纳德"完全恢复正常了"，但她仍然"对他醉酒后出现的同性恋倾向感到困惑，我认为他对女性总体上有轻微的敌意"[62]。

麦克林年轻时在与汤因比第一次会面时就对贾斯帕·里德利（Jasper Ridley）表现出了好感（那时汤因比本人想亲吻他这位新朋友）。但从那时起，与伯吉斯或布朗特不同，麦克林没有显示任何同性恋的迹象，尽管伯吉斯吹嘘他们曾在剑桥有过一夜情。不过几个月前，当麦克林醉醺醺地和汤因比在一起，想要毁掉自己的生活并谋杀梅琳达时，他并没有向他的这位私人密友表现出任何同性恋倾向。梅琳达向杰弗里·霍尔吐露过心里话，而霍尔并没有单独提到这一点。梅琳达对凯瑟琳·塞西尔说，她认为唐纳德在叛逃后立即结束了"同性恋狂欢"[63]，因为那时他必须撇清麦克林消失时自己的同谋嫌疑。亨德森、康诺利、博纳姆·卡特一家、罗伯特·塞西尔、麦克林的兄弟姐妹，以及他的联络人等最了解他的人对此没有发表意见。也许梅琳达是唯一使用"同性恋"一词的人，这样做是为了掩饰唐纳德的背信弃义，同时也是为了给他时不时掺带羞辱性地拒绝她找个理由。

利斯·梅奥尔后来没有说自己与麦克林属于同性恋关系。他说他"知道麦克林是同性恋，主要是因为喝醉时他更倾向于抱男人而不是女人"[64]。然而，人们普遍认为："军情五处的其他成员……没有提到同性恋倾向。"[65]军情五处在全面调查麦克林的生活时也没有提到这一点。当麦克林无法再为自己辩护时，当别人总是将他和公认的同性恋伙伴联系在一起时，就出现了一些关于他的耸人听闻的绯闻：他与开罗的阿拉伯男孩有过丰富的性生活；在苏豪区月光俱乐部，一个有色人种夜总会门童"拒绝了他的求爱"[66]。这就好像是，被出卖的当权集团需要找到一个更加不道德、更加违法乱纪的事，借以减轻其发现一个如此受信任的人一直是间谍所引发的震惊。麦克林在剑桥的老朋友托尼·布莱克说，他"不知道也不相信"麦克林"倾向于……变态"。[67]此时，布莱克将自己置身事外对他来说有利无害。当麦克林夫妇再次成为艺术社会的八卦人物时，爱惹麻烦并周旋于许多男人之间的埃迪·萨克维尔·韦斯特（Eddy Sackville West）对弗朗西斯·帕特里奇说，他曾和麦克林上过床。[68]但如果这是真的，那就与那些男妓和门童的故事大不相同了。麦克林忠心而诚实的弟弟艾伦在被问及这个问题时，说"肯定没有"[69]。安东尼·布朗特在他未出版的回忆录中，从未提及麦克林的性取向，但他坦诚地讲述了自己的性取向。伯吉斯从"炫耀"他的征服中获得了极大的满足感[70]，但在离开剑桥之后，他再也没有提起过这个话题。

*

9月29日，麦克林见到了米德尔顿。"报告说他感觉好多了"，"他的医生认为他很可能可以在11月1日前回归工作"。[71]米德尔顿同意了麦克林的要求，把他安排在了伦敦，这也是他在华盛顿和开罗辛勤工作了六年之后所应得的。令米德尔顿感到高兴的是，他的朋友麦克林（他到现在依然把麦克林当作朋友）在罗森鲍姆和基斯的帮助下痊愈，虽然"不完全是骗人的……可能只是逃离现实"[72]。大家都很清楚，麦克林请了六个月的病假，如果他不在办公室工作的话，他就只能拿一半的工资，这将使他的生活难以为继。因此，如果省去深入调查，直接重新雇用他，对一个有价值的职员来说，也是一种恩惠。美洲司司长因病不得不请假接受手术，米德尔顿与麦克林在巴黎和华盛顿的同事迈克尔·莱特协商后决定，美洲司司长一职对麦克林来说很合适，"可以作为权宜之计"，不管这意味着什么。莱特是美洲司助理次长（Assistant Under-Secretary）。他对麦克林的评价很高："（麦克林）相当害羞和紧张，但工作能力很强，愿意承担责任，是所有官员中最聪明的人之一。"[73]

272

罗纳德·坎贝尔爵士告诉米德尔顿，麦克林在开罗的"崩溃"是由于"长期劳累过度，加上他过于紧张、神经敏感的性格所致"，而酗酒则是始于"菲利普·汤因比抵达开罗"之时。[74]虽然此时"公寓破坏"一事已在伦敦广为流传，但似乎并没有像医生在麦克林的新任命下达之前所报告的那样引起广泛议论。米德尔顿、莱特与时任办公室代理负责人罗杰·梅金斯爵士，以及另一位对麦克林在华盛顿和在美国原子能委员会的情报工作评价很高的同事，一起批准了对麦克林的新任命。他们决定不把此事提交给晋升委员会，因为委员会已经"私下"讨论过麦克林，而且不太可能有"争论"。[75]

美洲司司长这一职位的实际工作内容，与它最臭名昭著的任职者离职后呈现的大相径庭。外交部声称这个职务主要负责处理拉丁美洲事务。"朝鲜半岛问题"由远东部处理，原子能事务由常务次长（Permanent Under-Secretary）处理。严格来说，这也许是个理想的选择，但如果涉及的问题不是贸易等（比如英国或美国的原子弹问题），而是朝鲜战争时，美洲司司长在很大程度上会知晓机密信息。威廉·斯特朗（William Strang）爵士自 1949 年起担任常务副国务卿。他在 1955 年出版的权威著作《外交部》中写道："美洲司的职责是就美国与所有北美洲、中美洲和南美洲国家之间的政治、经济和其他关系应遵循的政策向国务卿提出建议。"[76]随着朝鲜战争的爆发，在伦敦，这是可以安置这位热心的外交政策专家的最好职务了。当伦敦间谍联络站的尤里·莫丁听说麦克林的新任命时，他只能用"有点扭曲的英国幽默感"[77]来解释，就像他在谈到伯吉斯搬到华盛顿时所说的那样。

273

*

麦克林夫妇又像一家人一样聚在了一起，全身心投入找房子一事中。他们认为房子的位置最好选在伦敦城外远离酒吧区的地方，免得唐纳德受到诱惑，此外还可以在上下班和回家的途中停下来吃些点心。利斯·梅奥尔当然松了一口气，因为麦克林"在康复期间"给他带来了"麻烦"，这意味着"麦克林开始从他的生活中消失"[78]，尽管麦克林的会面日记显示，两人在 1951 年的头几个月定期共进午餐[79]。在英国办公意味着麦克林失去了享受驻外津贴的待遇，而住在伦敦城外也是最经济的选择。他们在比肯肖选了一所维多利亚式三层小屋（当然符合梅琳达的美国现代舒适标准），这套房子漂亮，但有点破旧。沿着一条铺满碎石的车道，周围建有一些附属建筑，还有一个占地一英亩的花园。这里位于肯特郡和萨里郡交界处的北郊，靠近韦斯特汉姆，在古老的坦茨菲尔德村，离伦敦大约一个小时的车程。他们一共支付了 7000 英镑，其中包含通过邓巴夫人筹集的抵押贷款，并雇了西尔维亚·史鲁布（Sylvia Shrubb）每天从村里来帮忙。这是他们波折不断的婚姻中拥有的第一栋房子，也注定是最后一栋。1950 年 12 月 18 日，他们搬到了比肯肖，这个重新团聚的大家庭赶上了圣诞节，这是他们在那里度过的唯一一个圣诞节。

那年冬天，麦克林度过了一个难关。夏天时令人绝望的酒精带来的骚乱已经平息，他的事业又回到了正轨，他的档案上没有任何污点，他的妻儿又回到了他身边，梅琳达也恰好又怀孕了。他写信给弟弟艾伦，告诉他，自己已经回到了外交部。他感到如释重负，他热爱这份工作，"成为一台常年无休的老旧机器的一部分，他觉得很舒适"。对于一个一生中躲藏如此之久的人来说，他特别珍惜这样"默默无闻的生活"[80]，在伦敦比在大使馆工作更默默无闻，并且留在伦敦而非大使馆，在情感上花费的心思更少。他已经很久没有与莫斯科中心联系，久到他觉得自己的间谍生涯已经终结。

但值得说明的是，当他考虑在白厅重新投入工作时，他还不知道"维诺纳计划"突然间有了巨大进展，他也不知道情报局一直在寻找特工"G"。

第 15 章　柯曾

　　"我与朋友们在华盛顿以外的地方会面，经沟通，我们达成了两点共识。首先，必须在抓捕网逼近麦克林之前营救他……其次，还是要让麦克林在新岗位上尽量多待一段时间。"[1]在与"朋友们"在外地餐馆的会面中，金·菲尔比从莫斯科中心获得的指示似乎很矛盾，但是也很清晰：麦克林需要在整个事件暴露之前逃出来，但他暂时应该留在新职位上，以挖掘他新职位的情报潜力。麦克林是美洲司的负责人，菲尔比是华盛顿的一个局长，伯吉斯在英国驻华盛顿大使馆工作——苏联人支配着英美机构——但他们也遇到了一个难题。菲尔比告诉他们"荷马"的身份还没有暴露，但麦克林过去一年的堕落使得他暴露的可能性肯定非常大。如果是这样，他们在华盛顿安插的人肯定会知道——除非那个人也卷入了一场恶魔般的双面斗争。对于麦克林来说，一方面，他努力争取，想去莫斯科生活，另一方面，他现在获得了一个可以对苏联带来巨大帮助的新职位。不知不觉中，他被困在"镜之荒原"里，且每个间谍必然都身处其中，可能成为奸计和反间计的牺牲品。1951 年初，苏联方面与英国间谍网方面达成了一项积极的和解：他们将"不再与他联系"[2]，但如果需要的话，他们会想办法让他逃出去。开罗方面传出的关于麦克林行为的各种报道，比当初他与基蒂·哈里斯的关系中出现的情绪波动更为严重，虽然当初的行为苏联方面也不赞同，但是这次他们有充足的理由对新的间谍活动保持审慎态度。

*

麦克林本人对阿灵顿厅和白厅的情况一无所知，但在疗养期间，大部分时间里，几乎没有什么事情会使他感到惊慌。如兰费尔所言，1949 年，军情五处和军情六处似乎并没有被战时间谍所困扰。华盛顿大使馆有一个很大的密码区，还有"大约半打到一打'非官方'的重要电报""被影印并放在配电室的架子上"的一个橱柜里，甚至直到 1945 年的"某个时候"才上锁，所以调查行为无疑是大海捞针。[3] 除了被认为"精神崩溃"的两个不幸的人，以及菲尔比提到的有苏联亲戚的人之外，他们再度确信叛徒不可能是一个"高级官员"，所以他们并没有进一步接近目标。

1950 年 3 月，英国外交部写了一份令人绝望的情况报告，承认"机密文件的安全和控制标准很差"，到目前为止，"至少有 150 人能接触到"已知发往莫斯科的电报。随着调查的进行，人数"可能还会增加"[4]。麦克林回到外交部工作时，调查人员手中有一长串嫌疑人名单，但取得的成果很少。自 1949 年以来，他们发现了一名叫塞缪尔·巴伦（Samuel Barron）的嫌疑人，人们认为他在战前存在"共产主义联系"[5]，并在 1934 年被发展为特工，但安全局并不知情。巴伦曾去过华盛顿的密码室，直到 1951 年仍然没有把他从名单上去掉，但也没有"合理的"证据来审问他。另一个嫌疑人是加文·兰肯（Gavin Ranken），比麦克林大 10 岁。他的名字出现在名单中是因为他 20 世纪 20 年代被派驻罗马，当时那里发生了一次泄密事件，而他恰巧在那里买了一辆"昂贵的汽车"。兰肯挥霍无度的习惯在华盛顿也丝毫未改。1946年他在华盛顿买了一栋"昂贵的房子"[6]。同样，从材料甚至任何旁证中也找不到兰肯有直接接触或见过被盗电报的证据。

277　　　　在这一时期，唐纳德·麦克林的名字还没有被列入嫌疑人名单。如此勤奋的员工竟然是叛徒，这简直是天方夜谭。

*

　　　1949年，相关人员破译了五封1945年3月的电报中的部分内容，电报中阐述了丘吉尔和罗斯福对战后东欧的看法。其中四篇是关于波兰的构成，第五篇是关于罗马尼亚的。1950年8月，加德纳和他的团队破译了一封1944年的电报，当时麦克林正在英国过着极度迷茫的日子。电报中包含的信息关于"至少三个大家非常感兴趣的主题"："苏联电报中这几个主题的消息来源最后均以G结尾"[7]，"G"代表Gomer，"G材料"（Material G）来源于"G特工"（Agent G），"G"肯定是一名间谍，并且他的代号以"G"开头，因此按规则称为"G材料"。这一最新解密的信息包括首相和总统之间关于"霸王行动"（后来称为诺曼底登陆）或"铁砧行动"（计划在法国南部登陆），以及他们试图劝苏联接受德占区的通信。这些材料曾在某个时候通过华盛顿大使馆传递到莫斯科（但很重要的一点是没有传递到任何美国的部门），其重要性意味着这次追捕的性质发生了转变。这是最高机密机构的绝密情报，促使调查的基调和节奏发生重大变化。

*

与此同时，麦克林低调地出任了新职位，开始了生活的新篇章。美洲司的总部设在富丽堂皇的印度事务部旧址，自从三年前印度独立以来，它原来的用途就作废了。甚至三等办公室，也就是职位不高的三等秘书工作的地方，"也非常宽敞……窗户很高，层高也很高"[8]。办公室的旁边还有一个艺人画廊，之前他们的一位同事经常在那里拉小提琴。每天4点，9个人组成的部门会放下工作去喝茶，他们的老板就站在煤火旁。麦克林的两个副手（其中一个是罗伯特·塞西尔，是麦克林在巴黎和华盛顿的同事）在这间大办公室的另一个小房间里，他自己则拥有一间独立办公室。除了下午茶以外，麦克林从不参与部下的活动，特别是从来没有邀请任何一个部下出去吃饭或喝一杯。约翰·凯恩克罗斯当时在财政部外汇管理处工作，此前他曾在供应部做过一段"有用的"（间谍术语）工作，他并不知道麦克林也是间谍。他安排了一场晚宴，招待这位与美洲事务相关的外交官，但"并不成功"，因为这位外交官看上去"困倦，差点喝醉"[9]。对麦克林来说，参加晚宴的真正危险在于他可能会喝醉，醉到无法掩饰他的厌倦。

战时的喧嚣尘埃落定，英国外交部恢复了许多之前的习惯，同时也在坚持一些之前一直坚持的做法，比如送信员穿着工装，拿着用红丝带系好的文件。红丝带这个官僚细节是"从莫卧儿帝国流传下来的"[10]。英国外交使团副团长马库斯·切克（Marcus Cheke）用羽毛笔写的一本外交礼仪手册刚刚出版，书中指导人们在葬礼上应该说什么，以及在晚宴上不应该说什么。其中提到在晚宴上提及生育控制是一件非常不礼貌的

278

事儿。即将上任的外交大臣、前工会领袖欧内斯特·贝文（Ernest Bevin）"用他粗短的手指"指着这些手册说，"要么拿走这些东西，要么我走"[11]，之后手册很快被收走了。整个部门只有四五名外交官级别的女性，其中两名在麦克林的部门。如果她们结了婚，就必须辞职；外交部不允许她们在南美洲工作，因为人们担心"她们很快就会在一些激进的拉丁裔人手中遭受'比死亡更糟糕的命运'，然后变得不可靠"[12]。

279　　　玛格丽特·安斯蒂（Margaret Anstee）是其中一名三等女秘书。最初，她在艾塞克斯村的一所学校工作，后来一直干到联合国副秘书长的职位。她记得麦克林在刚到任时"平静、从容、镇定地掌控着一切"[13]。而现在有人告诉她和其他部门的人，他"精神崩溃了……婚姻破裂了。我们都必须注意他的心理状态"[14]。当梅琳达怀孕的消息传出时，他们以为一切都"解决了"。玛格丽特·安斯蒂是工党的支持者，对期望社会公正直言不讳，但从她的老板麦克林在每日茶话会上所说的话来看，她认为他是一位"纯正的自由派人士"[15]，与自己完全相反。麦克林又回到了模范外交官的行列，再次成为速记室的宠儿，而在二战之前，他在那里被称作"花花公子"。他展现出的魅力和礼貌与刚刚离任的伯吉斯形成了鲜明的对比。达芙妮·卡罗尔走进房间做速记时，他总是站起来，"语速不紧不慢"，所有人"都很喜欢"他。[16]"唐纳德先生"似乎悄无声息地回到了正轨。

*

伯吉斯一去美国，安东尼·布朗特和约翰·凯恩克罗斯就成了伦敦"剑桥五杰"中仅有的两位活跃成员了。由于担心古琴科叛逃时两人受到牵连，两人被暂时停职，而这也恰逢布朗特在二战结束时离开军情五处，重新开始他艺术历史学家的职业生涯。布朗特成了考陶尔德艺术学院的院长兼国王绘画鉴定人。在这个职位上，他展现了令王室着迷的个性，以及令他们感到难以置信的才智。现在对莫斯科中心来说，麦克林充满不确定性，伯吉斯出了国，凯恩克罗斯没有从财政部找到他们感兴趣的东西，所以布朗特成了唯一在伦敦间谍联络站中与莫丁有联系的人。他借助与军情五处副总干事盖伊·利德尔的朋友关系传递他收集到的小道消息。让审美冷漠的布朗特不能接受的是，莫丁将他们的会面地点选在了伦敦西郊赖斯利普，这里都是一排排单调的半独立式房屋。

新职位使得麦克林这位独来独往的间谍在具有重大政治意义的朝鲜战争时期，在伦敦承担了一个具有重要影响力的职位，可以接触很多信息。杜鲁门总统在 11 月 30 日的新闻发布会上表示，美国将"采取一切必要措施来应对那里的军事局势"。当被问及这些措施是否可能包括使用原子弹时，他回答说："这些措施包括我们拥有的所有武器。"他补充说："一直有人在积极考虑使用（原子弹）。"[17] 当时，麦卡锡主义和减少对欧洲分裂的关注释放出巨大信号。英国担心美国会升级与中国的对抗。言论已经涉及核武器，这令人非常震惊。艾德礼首相当晚在下议院会议结束时宣布，他打算四天后乘机飞往华盛顿与杜鲁门会晤。麦克林手头有一份匆忙抄写的，有关首相访问华盛顿、纽约和渥太华的 40 页简报文件，其中包括艾德礼试图说服总统，关于避免侵犯中国东北边境和苏联可能干涉的风险。他在这个职位任职期间，一直把这份文件放在自己的保险箱里。

在身份快要暴露的那几年，麦克林差点自杀，他承受着巨大的心理压力，几近崩溃。虽然如此，他仍然看到了所有高级机密信息，尽管美国政府声称，美洲司"主要处理拉丁美洲事务"。所有与朝鲜战争有关的事务都经过外交部，他的办公桌上堆满了相关的文件。1951 年 1 月 25 日，当与通讯部的通讯员（Distribution Selector，他们都是这样称呼的）接触时，他更加确信自己"收到了所有他应该收到的有关朝鲜问题的电报"。他看到了有关北约部署、动员计划和基地的文件；看到了一些机密材料，其中详细说明了英国的过度扩张以及在中东的驻军"正中要害"[18]的情况；还看到了驻华盛顿大使弗兰克斯发来的一封最高机密级别的电报。一旦华盛顿会议确定杜

281 鲁门政府实际上没有考虑使用原子弹，在英国的主张下，他们的战略主旨实质上是希望将朝鲜战争的范围维持在朝鲜国内，而不是让中国牵涉其中。虽然美国发动了攻击，但它仍坚持将这一切视为苏联布的局。事实上，斯大林最初向中国提供了支持和武器，但在 1950 年 10 月 8 日，他通过莫洛托夫发送消息到北京，称"我们不同意你方派遣部队的决定，我们将不供应军事装备"[19]。西方盟友对此反响强烈，参谋长联席会议主席奥马尔·布莱德雷（Omar Bradley）将军"讽刺地询问，如果中国在朝鲜攻击美国部队不属于战争，那么中国对（当时英国管治的）香港的攻击是否属于战争"[20]。

斯大林认为："第三次世界大战即将到来。"世界上大多数国家都同意这一观点，不需要英国高级间谍的支持性佐证。麦克林绝望而孤独地离开开罗后，就与莫斯科中心失去了联系，现在他似乎更加平静了。他能够表达自己的政治确定性，因为他不再需要为了补偿自己的间谍行为而矫枉过正，他对外

交团队的同事更有信心了。尽管如此，他仍然对这场战争感到焦虑，因为这预示着他的意识形态和爱国主义之间第一次出现重大冲突。他对英国的现状和美国的右倾倾向非常不满。1949年12月，麦克林与尼古拉斯·亨德森共进午餐时，亨德森"震惊于他似乎站在朝鲜一边，而且不给别人表达不同意见的余地"[21]。同月，麦克林在旅行者俱乐部的午餐会上向西里尔·康诺利解释说，双方都忘记了朝鲜人也是"人民"，它们参与战争是为了保住自己的"威望"[22]。他公开自己的真实信仰，这虽然使他心灵得到解脱，但同时也失去了他职业中应有的外交公正性；如果莫斯科中心与他保持联系，他们也许能够引导他小心处理，回到原来的状态，但他们也可能会认为他在外交部的失误正好是舍弃他的正当理由。亨德森"看到（麦克林）关于朝鲜战争和美国政策的会议纪要时非常沮丧"。他写了一份"反驳纪要"。麦克林近乎很不友好地说亨德森"无权谈论他的会议纪要"[23]。麦克林还在一次关于朝鲜的会议纪要上发表了自己"危言耸听"的观点，说美国的侵略"正在把世界推向一场毫无意义的战争"[24]。

282

*

　　麦克林上班的第一个星期，一张无形的网就开始向他逼近。杰弗里·帕特森（Geoffrey Paterson）代表军情五处被派往华盛顿。他向伦敦方面转达了兰费尔的猜测，即1944年从纽约泄露的消息（苏联负责人曾在1944年6月说他们在"推罗"会面），以及1945年从华盛顿泄露的有关雅尔塔和战后欧洲的极具破坏性的消息可能来自同一来源。他们现在知道，戈尔斯基（假名格罗莫夫）作为"苏联大使馆的驻地站长"（Chief MGB resident）曾"接管在华盛顿特区的某些任务"，所以"假定 G 特工最初在纽约工作，后来又为【戈尔斯基】工作是合理的"。[25]换句话说，纽约的"G 材料"提供者可能与华盛顿的"G 特工"是同一个人。根据这一假设，他们开展了一些更严格的侦查工作，不过这一次侦查又是因为偏见无果而终。

截至 12 月 8 日，侦查特工终于发现了一份"确定的"标准清单："1944 年，G 特工"曾在大使馆工作；他的工作"包括处理丘吉尔和罗斯福之间的私人电报通信"；他获取了关于德国占领区分配的文件；亲自破译了丘吉尔写给罗斯福的一封电报；而且在关于铀的信息在内部流通之后，他获得了一份战时内阁高度机密的、有关铀的备忘录。名单上最后一批计划审查的人包括迈克尔·莱特、罗纳德·坎贝尔爵士、哈利法克斯勋爵和麦克林，他们猜测"G"可能是在这些人之后接触到这类文件的，因为根本不可能怀疑这些人。在这份绝密报告中提出的另外两个"可能的"和"可行的"情况，即 1945 年 3 月，这名间谍仍然可以接触机密信息，并且当时他的妻子和他一起住在华盛顿。根据这些标准，似乎实际上并没有相符的嫌疑人。筛查工作一直持续到 1951 年，恰是在麦克林开始对自己的新工作感到更加安全之际。

如果在这个阶段，侦查员能将这些信息与菲尔比费力掩饰的克里维茨基提供的证据联系起来，或者与四个人中的一个最近的行为联系起来（实际上是两个人中的一个，因为不管怎么想，也不会觉得哈利法克斯和坎贝尔有嫌疑），那么就会节省很多时间。18 个月前，在凯里·福斯特将泄密一事通知菲尔比之前，军情五处的亚瑟·马丁（Arthur Martin）曾建议，外交部应该对迈克尔·莱特进行安全审查，但是，凯里·福斯特则说服了他，"他说他认为没有必要这样做。"此外，德怀尔是军情六处的一名成员，忠诚又能干。他每天都在秘密地开展调查，但他在"教化"别人之前自己要先接受审查。[26]一般假设，所有曾在外交部门工作过的人都有着强烈的爱国主义道德感，而军情五处和军情六处喜欢调查别人的秘密，因此它们也并非完全可靠。历史证明，第二个假设也并非总是错的。

经判断，威尔弗里德·托马斯（Wilfrid Thomas）成了可能从大使馆泄密的人。在当时的情况下，他确实值得怀疑，因为他是解密室的负责人（大约有50名解密员、派发员和打字员，另外，外交官能够直接进入解密室），负责"解密"战时电报。托马斯现在担任英国驻纽约领事，他以前的职位也具有重大嫌疑，所以对他的调查意义重大。因此，凯里·福斯特向鲍比·麦肯齐（Bobbie MacKenzie）建议，他可以带着经验丰富的菲尔比去纽约协助调查。但是这有可能使托马斯有所警觉，所以"总的来说"[27]，也许麦肯齐和菲尔比在军情五处的对头帕特森和麦肯齐一起去更合适。我们只能猜测，对菲尔比来说，托马斯可能是一个更有用的掩人耳目的工具，从而迷惑对方。按照莫斯科中心的指令，麦克林要在现在的职位上多待一段时间。现在，菲尔比发现，麦克林的安稳日子已经所剩无几了，他迫切需要找到一种方法来完成第二项任务，即他接到的命令中的"营救"部分。

284

*

当大西洋彼岸实施这些举措时，麦克林一家似乎再次恢复了往日的和谐。梅琳达说，1950年的圣诞节假期，和之后的几个星期是"她婚姻生活中最幸福的一段时光"[28]。弗格斯和比尼开始在一所新学校上学，但患上了流行性腮腺炎和水痘等儿童疾病；他们一家住的房子很大，虽然有点旧；她自己也再次怀孕了。他们从开罗运过来的家具也到了，11 月，梅琳达的母亲邓巴夫人离开了欧洲。这一家人又恢复了往日的生活。最重要的是，在他们和解的最初几个月里，唐纳德的举止就像一位模范丈夫和好父亲。每天，上班之前他都会为梅琳达准备一杯早茶。而且，大部分时间他都避开了鸡尾酒会和下班后去酒吧的大潮，晚上 7：30 左右就回家。周末，他们会修整自己的大花园，有时会有朋友来帮忙。

后来，冷战开始，全球局势变得日益焦灼，他的酒量也开始日益增加，于是他开始独居。他的道德品行和爱国精神都无可指摘，现在他的生活似乎也恢复平静，就像在那个圣诞节假期，和家人在一起时，他像一个高级公务员那样悠闲地照顾家人和自家的花园。他似乎松了一口气，不再参与间谍活动，对华盛顿方面对他的调查进展也一无所知，但对共产党人身份的曝光和麦卡锡时代疯狂的政治迫害却了如指掌。随着世界的意识形态冲突愈加明显，右翼与左翼对立，他又成了一个中间派。但这一次他在莫斯科中心找不到出口，他觉得自己有了新的目标。他的酗酒也基本上没有得到治疗。随着言论环境的升级，他不得不继续做一名文雅的外交官。但在 1951 年初的几个月，他发现越来越难以克制自己的酗酒，很快就陷入了最终的恶性循环。

*

285　　1 月初，麦克林的档案中首次提到了他的酗酒行为，罗宾·奥佩尔（Robin Hooper）在手写的备忘录中提到此事。罗宾·

奥佩尔接替米德尔顿担任人事主管。佩辛斯·佩恩（Patience Pain）在外交部工作"。他从堂兄汉弗莱·斯莱特（Humphrey Slater）那里听到了一些消息，所以"来源比较可靠"。斯莱特曾经是一个共产主义者，并写了一部名为《女同谋》的小说。正如许多改变信仰的人一样，斯莱特现在"强烈地反共"。他是一名艺术家，有一次和麦克林一起参加派对，派对上还有罗德里戈·莫伊尼汉（Rodrigo Moynihan）和罗伯特·布勒（Robert Buhler）。当时梅琳达不在场，但菲利普·汤因比在。汤因比刚从中东回来，他的新未婚妻莎莉（Sally）陪着他。这两个曾被紧紧绑在一起的男人又重新开始了交往。派对上"喝了很多酒"，"显然有很多愚蠢的酗酒争论"。麦克林被斯莱特对共产主义或朝鲜的贬低激怒了。他说："当然，你知道，我是一名共产党员——已经有好几年了[29]！"不管这是不是为了激怒斯莱特，这些话在当时不会给他带来任何麻烦，因为这完全是谎言，大家都知道他不是党员，而且也从未是英国共产党的成员。从接受外交部的问询开始，麦克林就一直以体面的方式消除人们对他真实信仰的怀疑。但此时是一个糟糕的时刻。他重拾在开罗时的那种深夜酗酒的习惯，不知不觉地让自己产生负罪感。

斯莱特不喜欢麦克林，他把这次喝酒聊天的事告诉了他的堂弟佩辛斯·佩恩。尽管外交部和安全局正在努力侦查"荷马"的身份，人事部负责人会议记录末尾给出的官方说法是："显然，这（麦克林喝酒一事）不值得严肃对待，麦克林依然是一个努力工作的好同志，但是这事证明他在喝醉时容易说些不负责任的话。"[30]麦克林至少应该知道自己喝多了之后会表现出一些不得体的行为，但是在开罗公寓里发生的事经过《每

日快报》编辑的散布广为人知之后，也没有迹象表明这位美
洲司的负责人有过要对外交部负责的考虑。这"不值得严肃
286 对待"，虽然这句话在麦克林醉酒的轻率行为中显得微不足
道，但这间接地引起了官方注意，而且佩辛斯·佩恩偶然得来
的证据很快就显得重要起来。

＊

就像在开罗一样，麦克林可以"披上盔甲"，在办公室里
表现得温文尔雅。当他离开办公室，离开温暖的新家环境喝酒
的时候，他出乱子的次数越来越多。虽然他在过去的一年里努
力恢复健康，但梅琳达似乎已经对他的夜不归宿和宿醉无动于
衷；至少这一次，他既没有试图勒死她，也没有造成刑事损害
和让官方尴尬的情况。更多时候，他是一个好丈夫，好父亲，
也是一个合格的一家之主。也许她意识到他需要狂饮来释放自
己的压力，她能理解这一点。

戈伦韦·里斯在《苏德互不侵犯条约》签订时声称不再
信仰共产主义。他曾在军情六处工作，并在战后从事记者和学
术工作，同时与盖伊·伯吉斯保持着密切的友谊。然而，当他
的朋友去华盛顿时，他感到如释重负，因为"再也不会有人
总是深夜给你打电话，问你是否出去喝一杯，或者约着一起吃
午饭，却一直喝到晚上，直到第二天吃早饭的时候依然在一
起。"[31]1951 年初，里斯去了石像鬼俱乐部，这里是"知识分
子最爱去的地方"，麦克林上次见到里斯，还是 15 年前，这
么多年他们再未见面，也没有"理由去哪怕想一想"。但是这
次，麦克林走到里斯的桌前，"用一种极端咄咄逼人和威胁的
语气说，'我知道你的一切。你曾经是我们中的一员，可是你

出卖了我们'"。然后，他紧紧抓住桌子的边缘，跪下来，"他那张大白脸像月亮一样呈现在我的胸前，他用这个荒谬的姿势，对我连珠炮似的骂了一通"，直到"他摇摇晃晃地站起身来，跌跌撞撞地走开了"。[32]里斯苦苦思虑了几天，最后他断定麦克林仍然坚持他的"共产主义信仰"。随着时间的推移，他们变得越来越直言不讳。正因为如此，就没有必要再对以前的同路人"隐藏自己"[33]了。麦克林认为里斯是他的同路人，所以他可以向里斯透露自己的真实信念，因为他没有别的发泄口。当他喝得醉醺醺的时候，他会给自己带来危险，对别人也是一种威胁。他又一次迅速脱离了正轨。

287

福克斯和纳恩·梅在向吉姆·斯卡登坦白后都感受到了解脱。麦克林痛恨间谍这一阴暗的行业，他把间谍工作简明扼要地比喻成打扫厕所这种必须有人做的工作。在那个层面上，他很高兴能不置身游戏之中。即使没人支持他的理想主义，他也毫发无损。他总是喝得醉醺醺的，所以总是对自己所说的话的重要性和影响无法评估，经常不假思索的情况下说出真相。也许他仍然渴望逃离资本主义、帝国主义的世界，在这个世界上，只有少数人"背叛"了。也许他只是不知道该往哪里走。

他告诉珍妮塔·基，罗森鲍姆医生"曾说过，他偶尔的暴力行为是由于他从来没有在表面上发泄过自己的感情或激情，有些东西必须通过酒精释放出来，并采取暴力形式"[34]。他在白天，甚至是一生脸上都戴着一副完全令人信服的面具，因此当他确实试图泄露自己的秘密时，没有人会听他胡言乱语。在切尔西的一次聚会上，他对他的老朋友，也是最好的朋友马克·卡尔姆－西摩喊道："如果我告诉你我是共产主义特工，你会怎么做？"当然，卡尔姆－西摩对此没有回答，在他结结巴巴地想说什么的时候，麦克林继续喋喋不休地说着。

> "好吧，你不举报我吗？"
> "我不知道。找谁举报？"
> "嗯，我就是特工。去吧，举报我"。[35]

随后他又对国务院及其对朝鲜战争的处理方式进行了"抨击"。

第二天，卡尔姆－西摩有些动摇，于是去找西里尔·康诺利讨论这件事，因为他们都很了解麦克林，相信他所说的不可能是真的。他和康诺利认为这是"一次高浓度酒精刺激下的忠诚测试"[36]，而不是想停止继续生活在谎言中的有罪陈述。菲利普·汤因比无疑还记得开罗最后一场狂欢的前夜，他后来称："唐纳德喝醉后总是极度兴奋，说一些非常不着边际的话。他的唯一目的是让与他交谈的人感到惊讶和震惊。"[37]事实上，这些情节都能让我们窥见他的内心世界，就像开罗黎明破晓时分，当麦克林从扶手椅上向汤因比走来时，他所经历的一样真实。

麦克林与汤因比之间的友谊在石像鬼俱乐部也经历了痛苦的考验。除了梅琳达，汤因比是与麦克林关系最亲密的人。3月中旬，汤因比在《观察家报》上发表了一篇题为《阿尔杰·希斯和他的朋友们》的文章，回应美国最高法院驳回希斯的上诉。汤因比提醒他的读者，阿利斯泰尔·库克（Alistair Cooke）去年在他关于希斯和钱伯斯案的书中曾说过："阿尔杰·希斯的悲剧在于，在40年代末急剧变化的环境中，30年代的行为受到了不公正的评判。整整一代善良、通情达理的人都认为做共产主义者是一件正确的事，希斯却因此受到谴责。"问题是，钱伯斯为什么毁了自己的事业（他曾是《时代周刊》的编辑），现在却因为谴责希斯的行为而成了一个"隐士"。人们认为，当对希斯提出指控时，他仍然是一名泄密的共产主义者。用汤因比自己的话说，他"曾强烈反对共产主义"[38]，现在内心开始出现宗教精神，转而相信另一种信仰。这种以钱伯斯的职业生涯为代价的谴责是"自由精神的奇怪混淆，所以更喜欢阿尔杰·希斯表现出的正直和体面，而非惠特克·钱伯斯变心的事实"[39]。在最后一句话中，我们可以听到《圣经》中悔改的回声。

这篇文章发表几天后，麦克林又一次出现在石像鬼俱乐部，因为他错过了往常开往奥克斯特德（离韦斯特勒姆最近的车站）的通勤火车。毫无疑问，当他在那里看到汤因比时，他找了个借口应付梅琳达。"据唐纳德说，（钱伯斯）是一个两面派暴露狂，非常令人讨厌，任何人都不会向着他说话"，更不用说他最好的朋友汤因比了。麦克林喝得烂醉，手里还拿着酒杯，几乎不能动弹，他费力地朝汤因比打了一拳，使后者歪向乐队那边。"我就是英国的希斯"[40]，麦克林转过身去，背对着他忠实的朋友喃喃地说。这是 1936 年充满青春的理想主义和喧闹的蛇形游泳者，1950 年癫狂的公寓破坏者麦克林和汤因比最后一次见面。

*

在尼古拉斯·亨德森看来，麦克林"非常讨人喜欢……善良、体贴"，是他在办公室外会见面的少数几个外交部同事之一。麦克林重回工作岗位后，在搬到比肯肖之前，他们俩有一次一起去了一家酒吧。麦克林对亨德森说，他知道"酗酒的嗜好对他有不好的影响"，他感到"很苦恼"；他补充说，喝醉时，他"反对一切权威……像是叛逆的人"。他将这些怪到他的父亲唐纳德爵士头上，"他似乎不太认可他的父亲"[41]，也不同意父亲绝对禁酒的观点。小唐纳德知道他父亲为促进社会福利所做的不懈努力以及卓有成效的工作，也知道他赤胆忠心地为社会所做的巨大的贡献，他现在会对外坦诚地表达对父亲的钦佩，并为自己的一些行为感到羞愧。几个月前，唐纳德·麦克林对坎贝尔夫妇表达了他自己的共产主义信仰，这一信仰激发了他的良知，让他走向了绝望的边缘。事实上，小唐纳德在精神和正直方面很随他的父亲老唐纳德爵士，只是他自己不这么认为。

4月初，劳工部长帕克南勋爵［Lord Pakenham，后来的朗福德勋爵（Lord Longford）］出席了亨德森夫妇举行的一场晚宴。梅琳达像往常一样非常讨厌这些正式场合。她怀着七个多月的身孕，家里还有两个孩子要照顾，所以她有充足的理由不参加。帕克南是一个坚定的天主教徒和人道主义者。由于他的宗教和自由信仰，他"强烈反共"。麦克林与帕克南就"关于委派一名天主教徒到美国处理外交事务"争吵不休。最后，麦克林表现得尽可能不带任何外交色彩地说："这个政府——和其他镇压有色人种的英国政府一样糟糕。"然后，他就气愤地离开，然后冲进了石像鬼俱乐部。经过仔细观察，他的一位同桌客人指出："他看上去像个保守党人，说起话来像个共产主义者"。第二天，麦克林打电话给亨德森道歉，只是简单地说："这种事情经常发生。"[42]在1951年前四个月里，亨德森至少有五次与麦克林共进午餐或晚餐，后来他把这一事件解读成麦克林"对朝鲜表现出明显的同情"。他恰当地把这个夜晚看作一场"灾难"[43]。

麦克林的行为越来越异常，在石像鬼俱乐部里面和外面，他都不止一次制造灾难，所以他对亨德森的道歉也没有太多意义。但就在梅雷迪斯·加德纳取得突破的那个月，华盛顿的英国人终于开始拼凑谜题的碎片，麦克林是共产主义者和间谍的说法也变得更可信了。

*

就在麦克林摇摇晃晃地前往石像鬼俱乐部的同时，4 月 3 日英国驻美国大使馆安全部门负责人罗伯特·麦肯齐爵士从华盛顿来信说，他以及军情五处的帕特森和军情六处的菲尔比现在都坚定地认为，"G 材料"和"G 特工"肯定指的是同一个人，并与"Gomer"有关。早些时候的会议是在纽约举行的，已要求大使馆提供差旅记录，方便了解谁经常到纽约旅行。最重要的是，他们意识到，"荷马""在政策问题上发表了自己的观点"，而且显然是"一个热心的共产主义者"。他很可能不是为了金钱回报而工作，而是出于对某种意识形态的支持。负责人如此尊重"荷马"对某些情况的看法，这一事实促使麦肯齐推断出："苏联人非常重视这个特工的看法……因此，他应该身处要职。"[44] 由于菲尔比的掩护，以及外交部对"荷马"身份和资历的误判，安全局之前并未发现这一点。

麦肯齐开了这个头。现在他已经有了这个突破，他意识到菲尔比提供的关于克里维茨基的信息对他的重要性，于是他开始审查十多年前的证据。他把从 1944 年初到 1945 年 3 月之间待在华盛顿的人想了个遍，因为一开始他误认为第一封泄密电报是在 1944 年初的时候发出的；另外他还考虑了 1935 年到 1937 年一直待在伦敦的人，以及特勤局的正式员工，排除那些二战期间临时雇用的数百名工作人员。从中他发现了两个可

291

疑人员，即保罗·戈尔－布斯和迈克尔·莱特。第三个可疑人物就是唐纳德·麦克林。但根据记录，1944 年夏天之前麦克林一直没在华盛顿。下一步是弄清楚 1935 到 1937 年招聘的人员都包括谁，以及曾在伊顿公学和牛津大学学习过的人。这样一来排除了莱特的嫌疑。而戈尔－布斯两条都符合。麦克林当然没有去伊顿公学和牛津大学的学习经历，这又给了他一次机会。这样看来，戈尔－布斯就是那个泄密的人。

从这里开始，麦肯齐很快为自己的想法找到了根据。"G"是嫌疑人代号和真实姓名的第一个字母，也是"Gomer"的首字母，而"Gomer"是戈尔（Gore）的变位词。他们将这次绝密侦查向凯里·福斯特报告，福斯特也认可，特勤局在给特工命名时，经常使用某种形式的头韵或双关语暗示他的习惯或国家。戈尔－布斯曾是伊顿公学和牛津大学的古典学者，6 月 4 日（伊顿公学的庆祝日），他在华盛顿参加一个老校友晚宴时遇到麦肯齐（他是一位世袭男爵，也是伊顿公学校友），"如同遇到了知己"。"当时他用拉丁文起草了一份电报，向主管院长致意。"[45]如果麦肯齐知道这一点，他很可能会补充说，保罗·戈尔－布斯的姨妈是爱尔兰共和派和社会主义革命人士的康斯坦斯·马尔基耶维奇（Constance Markievicz），W. B. 叶芝（W. B. Yeats）的缪斯女神（这会满足克里维茨基暗示的波希米亚主义），以及 1919 年新芬党（Sinn Féin）政府的劳工部长，这比他的古典学术水平更能证明间谍活动的潜力。[*][46] 目

292

---

* 正直的贵族戈尔－布斯在法国也有一定的影响力。自他们一起在华盛顿工作后，戈尔－布斯只在 1950 年末见过麦克林一次。如他在回忆录《以伟大真理与敬意》（*With Great Truth and Respect*）中所说，当时麦克林正处于"堕落的阶段"，"堕落"是指"正变得支离破碎"。

前，关于他上任日期和上层内部出现的误判，为真正的"荷马"赢得了一个短暂的缓刑期。

在伦敦，凯里·福斯特发现麦肯齐的分析"非常有趣且有用"，尽管他对"新证据"刚刚曝光感到"不安"——这可能是对安全局的工作感到羞愧。他不禁回想到了 1949 年自己列的短名单，上面有巴尔福、梅金斯、哈多、莱特、戈尔-布斯和麦克林。结合克里维茨基的信息，最后是"巴尔福，可能有麦金斯，戈尔-布斯"。麦克林未在其列，因为"克里维茨基提供了更详细的信息"。这一点没有具体说明，但很可能指的是学校教育。排除梅金斯和巴尔福的年龄因素后，得出的结果与麦肯齐相同：戈尔-布斯——但前提是克里维茨基 20 世纪 30 年代所说的间谍与 40 年代的"G"是同一人，对此他们并没有证据。凯里·福斯特仍然不相信"一个高层人员"竟然是如此重量级的间谍，他要求在获得战时差旅记录时，应该先审一审"大使馆官邸的下级人员"。

与此同时，兰费尔一直问英国人的进度，并询问克里维茨基的证据。纳恩·梅和福克斯事件发生后，联邦调查局和英国方面在安全问题上关系变得紧张起来。联邦调查局对戈尔-布斯"过早下了结论"[47]，要求对其进行审讯，帕特森希望早些把他遣送回英国（他目前在华盛顿工作，这让他的上级们感觉有些棘手）。他们在试图夺回安全制高点的过程中，伴存着一种屈尊俯就的态度（夹杂着恐慌），也有一种避免助长"麦卡锡参议员和反政府政客"[48]的狂热情绪的正当期望。

麦肯齐先于安全局的同事和不那么绅士的联邦调查局得出了自己的结论，他决定坚持下去。他告诉菲尔比，有"50%的概率"戈尔-布斯就是那个间谍。毕竟，"在理想层面，戈

293

尔-布斯既是一位基督教科学家，又是一位禁酒主义者"[49]。那么菲尔比还想要什么证据呢？菲尔比内心很高兴，因为如果他们相信基督教科学派和禁酒就是"荷马"的标志，那么他们就大错特错了。菲尔比想尽量争取所有他能争取到的时间。他知道，如果这件事处理不当，麦克林就会在被安全转移前被揭穿，菲尔比自己的掩护也会就此毁掉，"剑桥五杰"就会像多米诺骨牌一样接连倒下。于是他欣然同意了麦肯齐的意见。

现在棘手的问题是，对于那些戈尔-布斯的不符合项，如何解释。麦肯齐注意到，1936年4月，戈尔-布斯被调到维也纳，而克里维茨基则提及，直到1937年，他才看到来自所谓的"荷马"的文件。这一点可以解释：这些文件可能是从维也纳而非伦敦发出的。不过，在德奥合并后期，驻内陆国奥地利的大使馆不太可能需要帝国国防委员会的会议记录。还有一种可能是，"克里维茨基看到的图片（他告诉他们他看到了会议纪要的照片）是以前的"[50]，这些照片最近才到戈尔-布斯手里，或者可能是他之前没能送出，于是便随身携带。不管怎样，1944年大使馆的差旅记录都不见了，因此，无论戈尔-布斯的纽约之行对不对得上，都无须解释。戈尔-布斯没有为某些从"维诺纳计划"获得并传到莫斯科的文件标注首字母，这"完全有可能"：戈尔-布斯能够在华盛顿一次性读完丘吉尔和罗斯福之间的通信文件等最机要的内容，那么他只会给最重要的文件标注首字母。又过了几个星期，帕特森逐渐意识到，在这种级别的间谍活动中，"我们是否对电报上的首字母附加了太多的意义"[51]。这里没有提到麦克林在相关的电报上做记号的行为，因为他可以随时从登记处取走这些电报。

4月11日，帕特森加入了寻找戈尔-布斯背叛证据的行列，同时强调，必须确保证据只由他、凯里·福斯特，菲尔比和麦肯齐保存。帕特森说："如果国王陛下通过联邦调查局、司法部部长、国务院以及国务卿艾奇逊先生听到任何有关我们怀疑的不愉快谣言，特别联邦调查局告发的，那就让人担心了"，"这都是自找麻烦，所有想要低调、谨慎地处理此事的希望都将破灭"。[52]真正的原因与其说是担心早日曝光，倒不如说是为了保全面子，因为"如果像福克斯的案子一样，他们又声称他们负责找出苏联情报系统在英国安插的一名特工的话，这是他们非常不想看到的"[53]。

*

尽管麦肯齐和他的团队称戈尔－布斯就是间谍，军情五处还是回到了正轨，而且在 4 月初取得了巨大进展，当时帕特森向伦敦递交了一份准确但未签名的备忘录。在有人指出 1944年 8 月 3 日的部分解密，以及 9 月 7 日的部分解密内容在"文体和内容"上有相似之处后，文学分析和日期核对（也许是在当天晚些时候）就开始发挥作用了。因此现在可以确定"G"和"Gomer"是同一个人。尽管还有"零碎信息"和许多"假设和转折"[54]，在纽约，每周四至五次会面，然后最终在一个周日提交文件材料的模式逐渐浮出水面。他们周末的会面印证了特工常驻华盛顿，也不再需要排查差旅文件了，因为排除了工作时间之外出差的可能性。

这些电报是在与特工在纽约会晤四天后发送到莫斯科的，但在 6 月 25 日第一次会面之后没有发出任何机密材料。这可能是因为间谍"之前一段时间不在岗位上"，"或者"是因为这是特工和负责人之间的第一次接触，所以他没有转交任何材料。

菲尔比了解所有事情的真相，此刻也有很多困难要克服。他深知，在寻找"特殊的人"方面，安全局比外交部高明得多。相比于那些列在嫌疑人名单中"令人压抑的守旧者"的名字，这位特殊的独行侠更讨厌外交谈判，而那些其他嫌疑人熟练掌握拉丁语，能够想到"荷马"这个名字。

这些暂时还未爆发，但非常准确的爆炸性消息被送往伦敦时，菲尔比的好运似乎依然存在。英国大使在 4 月中旬通知国务院，将把盖伊·伯吉斯召回伦敦。伯吉斯并不在名单之中，但经过一系列草率的工作以及醉酒后的无礼行为之后，2 月底前去南卡罗来纳州查尔斯顿的一次旅行成了压垮伯吉斯的最后一根稻草。伯吉斯当时去南卡罗来纳军事要塞学院（The Citadel）发表题为"英国：和平伙伴"[56]的演讲，为英国承认中华人民共和国辩护。在去军事学院的路上，伯吉斯因超速而被拦下两次，但他声称享有外交豁免权而得以脱身。开车带他前往的是年轻的黑人同性恋者詹姆斯·图尔克（James Turck）。第三次超速被拦下时，巡警声称外交官的司机不享有豁免权，当图尔克无意中透露这是他们今天第三次出现违规行为时，巡警表示外交官本人也不享有豁免权。弗吉尼亚州州长告知弗兰克斯此事，而弗兰克斯此时也已经受够了伯吉斯。为了不给莫斯科中心和菲尔比找麻烦，他命令伯吉斯返回伦敦。在美国的最后一个晚上，伯吉斯和菲尔比在纽约的一家中餐馆用餐，那里每个座位都播放着音乐，足以淹没他们的声音。伯吉斯收到一个"循序渐进"的简要指示，告诉他回到英国后应如何表现，如何提醒麦克林他现在随时都有可能暴露，以及如何制定一个潜逃计划。菲尔比在美国对他的朋友和间谍同僚伯吉斯说的最后一句话是："只是半开玩笑地说，'不要连你也走了。'"[57]

5 月 1 日，伯吉斯从纽约出发，当时他住在东 55 街 123 号，那里是唐纳德·麦克林毫不知情的弟弟艾伦的公寓。艾伦在英国政府的聘用期只剩几个星期的时间了。受哥哥的意识形态的影响，那个天真的年轻人的生活将发生不可挽回的变化。

296

*

乔治·凯里·福斯特和他的同事们开始向更深处挖掘，这无疑是受到了帕特森在华盛顿工作的鼓舞。他们最后"检查"了七名大使馆官邸负责人的个人档案，他们已经检查好几遍了。奥佩尔的手写备忘录浮出水面，里面记录了汉弗莱·斯莱特抱怨麦克林醉酒，以及麦克林说自己是一名长期共产党员（当时大家都觉得这是谎言），这一次可能被认为"具有直接的安全意义"[58]。如果在石像鬼俱乐部里有内奸，他们甚至可能已经招供了。麦克林的名字重新被写到了名单上，这样就可以与戈尔－布斯的生平和时间进行更集中的比较。17 日（一个办公室相对安静的星期六），怀特、詹姆斯·罗伯逊（James Robertson）和马丁代表安全局，帕特里克·赖利和凯里·福斯特代表外交部举行会议。会上一致认为，应该调查这两个人的政治主张，以及他们在 1944 年和 1945 年的行动。

军情五处将两人与克里维茨基的证据进行客观比较后，麦克林一栏比戈尔－布斯多了三个对勾：麦克林有机会看到 1937 年帝国防务委员会的会议记录，而当时戈尔－布斯在维也纳；同年，麦克林在伦敦获得了有关防御措施的材料；对于"是年轻贵族吗？"这个问题，针对麦克林的描述是，"他父亲是下议院议员，也获得了爵士头衔"，而针对社会地位较高的戈尔－布斯（祖父是一位准男爵，在爱尔兰拥有 39 平方英里的地产），"没有明显的理由支持此类描述"。三天后，凯里·福斯特与麦克林的前任——大使馆官邸负责人罗德里克·巴克莱（Roderick Barclay）交流，并证实他们到达时，梅琳达确实住在纽约，麦克林确实是在 6 月来纽约工作，本来是计划 7 月来，因为巴克莱得了流行性腮腺炎，不得不提前离开。所以，最后麦克林在那个月底收到了第一封电报。天平向麦克林这边倾斜了。戈尔－布斯后来成为外交大臣兼上议院议员，而他对此一无所知。他被排除嫌疑然后自由地从事自己的职业，而这份职业本来有可能是和他一起成为嫌犯的那个人的。

　　由于此案开始对他们非常信赖的朋友和同事不利，凯里·福斯特"强调，现在所有知道我们怀疑对象的人，都毫无例外地不相信麦克林可能是有罪的一方，并提出了许多相反的建议"[59]。因此，凯里·福斯特"担心"那些"过去"受到怀疑的人（包括兰肯和巴伦），以及曾处理过电报的格林登记处负责人兰德尔小姐，会再次受到调查。

　　虽然福斯特为他辩护，但凭借针对麦克林——美洲司负责人的证据，他家里的电话还是开始被窃听，并在当天受到了监视。麦克林夫人的电话上也被装了窃听器。也许是因为相信麦克林会把他所有的秘密都告诉他的精神分析师（她发誓不泄露这些秘密）埃尔娜·罗森鲍姆，所以她的电话也被安装了窃听器。[60]监视者得到了一份对他们的目标极其精确的描述："体型较大；宽肩；相貌英俊；胡子刮得很干净；听说他嗜酒，导致他的外表比平时略显邋遢。"[61]对于一个获得莫斯科给的代号 15 年的人来说，现在有必要从他自己国家这边给他起一个新代号——于是"柯曾"（Curzon）这一代号出现了。虽然几乎可以肯定的是，选这个名字是因为军情五处的总部莱肯菲尔德大厦位于柯曾街。这个名字的讽刺之处在于，已故外交大臣兼印度总督柯曾侯爵是一个热诚奉献的公务人员，他在麦克林 11 岁那年离世，而在当地官员的心中他一直在。跟这样一个熟悉而爱国的人物重名，可能是大家都不愿意相信他会是个叛徒。

4 月 23 日，也就是窃听行动开始实施的那天，英国外交部和军情五处决定将他们的"高度怀疑"告知军情六处，"因为菲尔比本人已经出现在画面中"[62]。迈克尔·莱特去了奥斯陆，证实梅琳达 1944 年曾住在纽约，而戈尔－布斯的夫人那时则在华盛顿陪在丈夫身边。莱特忍不住对梅琳达的"中下层阶级家庭"[63]和她的缺乏智慧进行了几次挖苦。

"玛丽皇后号"邮轮将喝得烂醉的盖伊·伯吉斯和他手里的情报指示送往了南安普敦。5 月 4 日外交部又举行了一次高级别会议。军情五处和英国外交部的负责人一致认为，应该将这些怀疑告诉联邦调查局，但要求他们暂时保持沉默，直到他们在"最多"两周内告知可以审问嫌疑人。麦克林现在是唯一受到怀疑的人。如果不能在两周内执行他们的决定，那么将对他们的声誉造成持久的损害，并进一步引起强烈的国际反响。但他们相信一切会好起来的。

*

1944 年 6 月 28 日，普拉夫丁在两人首次接触后笨拙地发出了第一封电报，正是这封电报中调查局发现了对唐纳德·麦克林极其不利的证据。这份文件中没有谍报信息，这意味着它可能只是对"荷马"和普拉夫丁之间的第一次会面的评论，与军情五处的怀疑不谋而合。解码的片段为：

你方编号 2712。谢尔盖（普拉夫丁）于 6 月 25 日与荷马会面。荷马未传递任何消息。7 月 30 日将在推罗（纽约）进行第二次会面。荷马在需要时，可以联系谢尔盖。西顿（伦敦）最初的指令已经被修改（34 个词无法复原）。前往推罗，他的妻子和她的母亲住在那里，妻子正待分娩……[64]

在梅琳达怀孕和生活安排的细节处理上严重缺乏间谍技巧，这些确凿的证据，使得外交部万分震惊，但是也不得不接受，唐纳德·麦克林——这个许多人希望他在适当的时候接管外交部，他们曾经攀附并保护的明星，竟然是"荷马"。默默无闻的天才梅雷迪斯·加德纳及其团队经过多年的努力发现，这些细节意味着"荷马"只有可能是一个人。几周后，当加德纳意识到他的解密意味着什么时，他"想到'就这样想！是我让他们这么做的'！我并不觉得自己很重要，但我对现实世界的影响比我作为一名语言学学者时更大"[65]。英国外交部副部长威廉·斯特朗（William Strang）爵士听到这一消息时脸色"煞白"——"我简直不敢相信"。[66]

*

如果要将麦克林绳之以法，就应该像福克斯和纳恩·梅一样，他必须认罪，否则就需要提供不损害"维诺纳计划"利益的证据。"维诺纳"属于机密信息，不能在法庭上公开。与此同时，这位美洲司司长干净利落地完成了自己的工作，参加了在旧印度办公室进行的茶话会。他大多数时候在晚上 6 点 19 分从维多利亚赶到奥克斯特德，开着他的"美国浅绿色大轿车"[67]从车站回他的新家，车上还挂着埃及的车牌；家里有刚刚被整理干净的花园，他怀孕的妻子以及两个儿子，他们俩现在说话都没有美国口音了。这名英国政府内部发现的最资深的间谍现在仍被允许按部就班地上班，他的同事和安全局对于如何逮捕他而犹豫不决，进而陷入无力状态，而且也觉得对他们最亲密的盟友无法交代——他们在最开始就怀疑他。

对麦克林本人来说，解决这个他不知道自己身处其中的困境的人此刻正航行在大西洋上——那个不大会伪装自己的盖伊·伯吉斯。

第 16 章 　终局

　　对于一个 18 个月前曾置身于危机中的人来说，这是一个深刻的讽刺。他在 18 个月前还十分低落，曾请求去苏联。很久之前他就希望有一次秘密会面，但在这种会面之前，他的生活似乎已经进入一种令人愉快的正常状态。梅琳达和麦克林有时会在早晨一起坐火车去伦敦，然后在维多利亚分开，之后梅琳达和弗格斯坐公共汽车去肯辛顿看望麦克林夫人（"代我向母亲问好!"[1] 他们在斯隆广场分开时，麦克林会大声喊道），麦克林在 10 点左右赶到办公室。4 月 26 日，这对夫妇在夏洛特街的施密特餐厅与另外一个人共进午餐，但监视他们的人并不认识这个人。施密特餐厅的菜很便宜，有匈牙利菜炖牛肉、香肠、烤猪肘和紫甘蓝，服务员是一些上了年纪、脾气火爆的德国人和奥地利人。这里是麦克林最爱去的地方，所以他选择这里享用他在伦敦的最后一餐。他和梅琳达聊起他们即将出生的孩子、聊起他们在埃及的朋友，以及和他们一起吃饭的这个人的婚姻。唐纳德"喝得烂醉"[2]，但和往常一样，他在 3 点 15 分回到了办公室。

　　4 月的最后一个星期六，唐纳德在午餐时间离开办公室，哥哥安迪从新西兰赶来维多利亚车站和他会合。星期一早上，安迪看完新房子和小侄子后，他们回到了伦敦，在花园里干活。接下来的一周他见了见他的老朋友们。麦克林和汤因比在旅行者俱乐部吃了午饭，和来肯特郡过夜的尼古拉斯·亨德森和马克·卡尔姆－西摩喝了几杯。要是一个人回家，麦克林在去维多利亚的路上总会在白厅的红狮酒吧停下来，喝一杯威士忌和苏打水，或者在威尔顿路的喷泉边喝一杯。301

最近没有爆发关于他是共产主义者或被他的朋友背叛的情况。从年初开始，他都是在嘉里克文学俱乐部、陆海军俱乐部或旅行者俱乐部这种高档场所吃午餐，有时候也会在那里吃晚餐。除了尼古拉斯·亨德森和卡尔姆－西摩，利斯·梅奥尔和汤因比也与他一起吃过午餐。他见了文化圈的一些朋友，包括西里尔·康诺利，作曲家基特·兰伯特（Kit Lambert）和哲学家弗雷迪·艾耶尔（Freddie Ayer）。[3]5 月 1 日，麦克林与时任外交部安全事务主管的乔治·凯里·福斯特共进午餐，但没有发现这两个人期间有什么不快：监视者只是简单地指出，麦克林没有说对军情五处"有用的话"[4]。有修养的"唐纳德爵士"似乎又一次在忍受放荡的"戈登"。他与埃尔娜·罗森鲍姆的最后一次约见是在 2 月中旬；在他最需要治疗师专业帮助的时候，他的出诊记录并不完整，而这次未能如约去见医生，也许只能说明在这段"最快乐的时期"（几个月）里，梅琳达和他觉得自己可以保持稳定。这段时期里，他们的孩子在学校很快乐，他的工作也很有趣，他们怀着对分娩本身的焦虑期待着孩子的出生。唐纳德·麦克林每天都生活在这种无知之中，完全不知道维诺纳、军情五处和莫斯科中心的发现和他们正在打的算盘，危险正在向他逼近，而这即将对他带来灾难性的影响。

*

5 月初，情况发生了变化。在这个月的第一个周末，麦克林夫人发现全家人"对彼此真心相待"[5]：唐纳德在和儿子们一起玩游戏，而且很少训孩子。接下来的那个周末，哈丽特·马林·希尔斯和她的新任丈夫杰伊（Jay）来拜访麦克林一家人，杰伊是一个纪录片制作人，他们见面时，麦克林显得非常沮丧和焦虑。在唐纳德和梅琳达的许多关键时刻，哈丽特都和他们在一起，而且在大多数情况下，哈丽特都是他们的知己。希尔斯夫妇是在傍晚抵达的，她期待着在新家看到一派和谐的画面，希望家人能够热情接待杰伊。麦克林夫妇只在 1 月份巴黎举行的婚礼上见过杰伊一面。哈丽特对她姐夫的"巨大变化"深感震惊，在开罗时他还十分低落。他不再像以前一样喝得烂醉如泥，而是"紧张和……极度焦虑"。面对一些不太熟的人时，麦克林通常会比面对自己更亲近的人时更好地表现自己。哈丽特、杰伊与麦克林进行了一次"非同寻常的谈话"。谈话中"麦克林公开支持共产主义"（以前，哈丽特只是听他"略微提及"自己的信仰），"虽然他没有说太多的话，但这也表明他是一位共产主义者"。[6]

虽然哈丽特当时并没有对这件事太当真，因为唐纳德经常装模作样地和她开玩笑。但是，他在酒吧里喝了酒之后和杰伊·希尔斯的谈话时又放下了自己的伪装，语气变得截然不同："他痛苦地抱怨他的生活和工作；他嘲笑自己每天在人群的裹挟之下前去伦敦上班……他厌倦了这一切，急切地盼望着被'放逐'。"[7]他可能预感到他的报应正在逐步逼近——也许他没看到他所知道的某些文件，也许他感觉到了上级略带尴尬的神情，或者他听到了被窃听的电话的水下回音。但即使是这样，他也不知道危险来自何方。他可以把自己重新开始的欲望向杰伊坦言。杰伊跟他的工作没有什么交集，麦克林不关心自己的国家，也不关心八卦社交圈，而仅仅关心自己的家庭和他自己，否则他也不会这样做。到了第二天，"他似乎又恢复了正常，前一天晚上的暴躁情绪被他甩到了脑后"[8]。他在办公室里总是把自己武装得很好，但当他猝不及防的时候他却做不到这样，就像他在外交部的同事、华盛顿的熟人弗雷德·埃弗森（Fred Everson）看到他时那样。埃弗森"对唐纳德破旧的衣服和阴郁印象深刻……他走起路来，沉默不语，双手深深地插进粗花呢大衣口袋里，含胸驼背"[9]。离开了他的家庭和这种联系，他似乎被他这么久以来努力跨越的世界打败了，现在筋疲力尽。

303

*

第二周的头几天，哈丽特和梅琳达待在乡下，而杰伊星期一早上和唐纳德坐火车来到伦敦。当时"玛丽皇后号"正好在南安普敦靠岸。安东尼·布朗特在那里遇见了盖伊·伯吉斯。自从他们在剑桥相遇以来，这对昔日恋人就一直保持着联系，就像伯吉斯在美国和菲尔比住在一起，违背了良好的间谍情报技术原则一样。他们径直来到布朗特位于大理石拱门附近的波特曼广场的一套装饰精美的公寓，急切地交换消息。第二天，布朗特在瑞斯里普遇到了莫丁熟知的"彼得"，他"非常担心"："彼得，有大麻烦了。盖伊·伯吉斯刚回到伦敦。'荷马'就要被捕了。军情五处……有一个线索直接指向麦克林。也就是几天的工夫，也许几个小时。"[10]

布朗特强调，应该考虑麦克林被捕的影响。如果揭露过去 15 年（现代史国际上最动荡的 15 年）的渗透和背叛的深度，他们中的其他人就会感到恐慌。虽然有些迟，但布朗特更加担心的是他听到的有关麦克林崩溃的消息："唐纳德现在的状态是这样的……一旦他们审问他，他就会崩溃。"[11]菲尔比告诉伯吉斯，监视意味着他们必须非常小心。莫丁需要几天时间才能收到莫斯科方面的指示。他们的到来传达了非常明确的信号："我们同意你组织麦克林出逃。如果他愿意，我们会在这里接应他。"[12]伯吉斯目前仍是外交部的正式雇员，正在等待关于他最近轻率行为的处罚。他与莫丁和莫丁的上级、伦敦联络人尼古拉·科罗温举行了会谈。他奉命让麦克林了解所有情况，并说服他叛逃。

*

304　　军情五处的情况就不那么明朗了。他们需要花比"几天"或"几个小时"更长的时间来商议如何处理"荷马"的案子。或许，他们需要几个星期，甚至更长。除了缺乏逮捕的证据外，如果没有证据，麦克林很可能"做一件庞蒂科夫做过的事"（叛逃）（他们指望即将出生的孩子能阻止这件事）。他们还面临着一个非常棘手的问题，那就是如何向联邦调查局透露这一尴尬的消息。他们还在纠结，是否要把这个间谍嫌疑人的身份告诉美国方面。兰费尔告诉帕特森："调查局想要采取行动。"帕特森含糊其词地说，亚历山大·哈尔彭"经常出入大使馆，当然能察觉出一些信息，而且他可能认识普拉夫丁。但剩下的就不合适了"[13]。最后，在5月5日，双方达成协议，政府通信中心、英国政府通信总部应该告诉阿灵顿厅他们正在处理"推罗"（纽约）泄密的事件，而且他们的怀疑现在集中在麦克林身上，"最多两周"之内将对他进行审问。但就在两周即将结束之际，出现了另一次尴尬的大转变——他们突然对华盛顿的事态发展失去了信心，决定"只有在审问完麦克林之后才能通知联邦调查局"[14]。

现在麦克林身后有两股势力在蠢蠢欲动，一股来自他自己的国家，另一股来自莫斯科中心。麦克林既为自己的国家，也为莫斯科中心立过大功。但就英国而言，外交上的耻辱正在战胜正义，同时莫斯科中心正在加快行动。

*

军情五处 A4 监视小组的"监视者"由 20 男 3 女组成，大部分是前特种部队的军官。[15]虽然"理想的监视者"应该"尽可能不像警察"[16]，但选中他们是因为他们视力好，听觉灵敏。选中的人一般中等身高，这样才不会因为过高或过矮而引起注意，而且他们穿着雨衣，戴着软毡帽；这也许是一种巧妙的双重欺骗，将间谍监视者自己也伪装成间谍。他们走在街角用手势互相交流，即使这样，他们在毕生谨慎的麦克林面前显然还是暴露无遗，这加剧了他的焦虑。[17]

面对这一事态的转变，苏联在伦敦的联络站仍然没有任何动静。多年来，A4 小组一直在监视他们位于肯辛顿花园边缘的大使馆。反过来，也有人在监视他们。苏联的反监视人员注意到，晚上或周末监视者都没有跟踪麦克林，这为他们实施逃跑计划提供了极大的便利：在这个仅有 1000 多人的小镇上，任何一个穿着雨衣、戴着软毡帽站在坦茨菲尔德村街角的人，都会十分引人注目。莫丁尖刻地说："在维多利亚，军情五处的人看到火车驶出车站，然后像善良的小职员一样回家了。"[18]丽贝卡·韦斯特用她一贯骄傲而尖刻的口吻说，他们说不用监视房屋，"这完全是废话，除非是一个房产经纪人试图把约克郡荒原上的一座城堡卖给一个特别值得信赖的外国罪犯"[19]。

305

A4 的另一个错误是没有针对性调整他们自己人（男性）的身高，麦克林的身高要高于普通人。在这年春天的一个下午，一位熟悉内情的副部长惊讶地看到麦克林"沿着对角线快速前进"穿过圣詹姆斯公园，而"另一个腿短得多的人"几乎是在"以同样的速度和固定的距离"奔跑。[20]一天，外交部助理次官帕特里克·赖利在吃完午饭回来的路上，在约克公爵台阶上看到了麦克林，他不知道"荷马"的身份，甚至不知道他的存在。麦克林当时"走得很快，看上去很匆忙。跟在他后面的那个人很容易就能认出来"[21]。约克公爵台阶位于白厅和蓓尔美尔街之间，蓓尔美尔街是麦克林经常光顾的绅士俱乐部的所在地，这里有旅行者俱乐部、皇家汽车俱乐部和改革俱乐部。5 月 15 日，蹩脚的监视者看到麦克林和伯吉斯从皇家汽车俱乐部以及改革俱乐部中走了出来。

*

306　　　与军情五处的不确定性以及与前一年的拖延形成鲜明对比的是，莫斯科中心目前正在有效地实施自己的计划。1945 年至 1948 年，菲利普·基斯利钦（Filip Kislitsyn）一直是苏联在伦敦的密码员，他的职责之一是处理盖伊·伯吉斯提供的资料。麦克林从开罗发出希望莫斯科中心解救的呼声之后，更紧迫的是在菲尔比报告说"荷马"快要落网时，基斯利钦与第一局局长（处理英美事务）雷纳上校（Colonel Raina）及其继任者、第二部门负责人帕维尔·格罗穆什金*（Pavel Gromushkin），

---

* 格罗穆什金没受多少教育，"只会讲大白话"。克格勃最喜欢拿他开玩笑的是，当他在国际妇女节给"某个女孩"颁奖时，他本来想说的是"让我们为她热烈鼓掌"，却说成了："光说还不够——用你们的双手祝贺她！"

还有戈尔斯基一起出席了在莫斯科中心举行的一次会议。戈尔斯基对和他的"顶级特工"[22]一起完成的这次圆滑过渡非常感兴趣。这是麦克林忠心耿耿、才华横溢的负责人在他们的合伙关系中的最后一次行动，此前他"被召回莫斯科，不再负责和麦克林联系，因为有人发现他隐瞒了一些关于亲戚的不光彩的事实"[23]。基斯利钦报告说："拟议（潜逃）计划的危险引起了很多担忧，而且许多计划提出之后都被驳回了。"[24]伪造英国护照需要花费很长时间，因为他们首先要制造出含有"正确纤维含量"[25]的纸张。但他们估计，如果这对夫妇能够想办法不用护照就抵达欧洲大陆，剩下的就好办了。[26]

*

麦克林知道，他的剑桥同窗一直和菲尔比一块住在华盛顿，伯吉斯的事业在白厅处于不温不火的状态。当伯吉斯联系他时，他一定已经意识到这对他自己的未来发展可能有重要意义。5 月 9 日伯吉斯到访外交部时，有人建议他在华盛顿惨败后考虑辞职，因为那是他最后一次机会。在菲尔比委托他执行这个极为敏感的任务期间，他不敢再以官方的身份露面。从那时起，伯吉斯就去剑桥参加使徒会的晚宴，并与"他的苏联方面联系人就唐纳德的逃亡问题"[27]举行了深入的会谈。伯吉斯常常早上就出现在改革俱乐部，"没刮胡子，穿得就像个流浪汉"[28]（尽管他总是戴着护身符般的伊顿公学旧领带，似乎是为了避免任何怀疑他可能是叛徒的嫌疑）。在俱乐部里，他表达着他"对美国人的强烈憎恨"[29]，正如弗吉尼亚·伍尔夫的外甥昆汀·贝尔（Quentin Bell）碰巧听到的那样。伯吉斯接到莫斯科中心通过莫丁和布朗特转达的指示后，14 日打电话给麦克林，约他第二天在改革俱乐部吃午饭。

这一通电话使得麦克林心绪不宁，又让他回到了过去最恶劣的行为状态。几周以来，他每天晚上都努力去赶通勤火车。这一天，就在他动身去改革俱乐部之前，他从办公室给梅琳达打了个电话，他已经整整一个月没打过电话了。他说会晚点回去，因为他想在回家的路上和伊莎贝尔·兰伯特（Isabel Lambert）喝一杯。梅琳达说代她向兰伯特问好。麦克林发现伯吉斯已经在俱乐部庄严而阴暗的大厅里等着他了。于是他们一块坐了25分钟，喝了几杯，然后沿着街道走到了皇家汽车俱乐部。那里的人不那么多，尤其是想跟他俩聊天的人不多。在过来的路上，麦克林说："我有大麻烦了，有人跟踪我。"他指着"两个像警察一样的男人，那两个人手里不断摆弄着几枚硬币"。[30]在接下来的一个半小时里，伯吉斯把他要告诉麦克林的消息说了出来——军情五处知道了他的秘密。

麦克林一点也不感到惊讶，甚至觉得可以随意与人分享伦敦的生活给他带来的心理压力："他们盯着我已经有一段时间了……我现在随时都在等传票。"当伯吉斯更进一步，说莫斯科中心和菲尔比同意他的看法，认为唯一的解决方案是让麦克林"逃跑"时，他"明显变得没有精神了"。沉默了很长时间后，他说他无力应对"即将到来的交锋"，他会"坦白一切"；他非常了解自己，他做不到"坚持数月，否认一切"。[31]但他不能忍受自己抛弃梅琳达和刚出生的孩子，军情五处也正是指望以此来要挟他。他会留下来，尽一个丈夫该尽的职责，报答他妻子在过去几年里或多或少使他回到正轨的忠诚。也许是受他老派的信誉思想的某种影响，他觉得自首总比被人发现撒谎好，而且也许最重要的是，既然他的秘密不再那么重要了，那么放下秘密可能会让他感到宽慰。正是这种宽慰促使纳恩·梅和福克斯决定坦白而非忍受监视者和怀疑所带来的压力——这一切都会成为他离开的绊脚石。两人在 3 点分开，麦克林回去工作，伯吉斯回去向伦敦联络人汇报。当天晚上，在他们接到报告后一小时内，莫斯科中心回电说："荷马必须同意出逃。"[32]

　　然后，这一天，历史的故事再次重现。麦克林在回办公室的路上，他在"旅行者俱乐部"停下来又喝了一杯，他是这家俱乐部的会员。在那里他勤奋地把公文包翻了个底朝天，这种做法可能是脑袋犯晕时分散注意力的最好方式。6 点他又给梅琳达打了电话。在他的电话被窃听的几个星期里，他没有从办公室给她打过电话。现在他一天打了两次电话，说明他的情绪很不稳定。他跟她说，他会晚点回家，因为他现在正和伊莎贝尔·兰伯特在梅菲尔区白马街哲学家弗雷迪·艾耶尔家喝酒，喝完他就会回家。艾耶尔曾是军情六处的战时特工，目前在伦敦大学当哲学老师。他是一个波希米亚人，非常聪明，思想开放自由（他结过四次婚，娶过三位妻子）。多年来被外交圈的惯例所困的麦克林从在外交部任职的第一天起，就一直在寻找这样一个人。兰伯特的丈夫是作曲家基特·兰伯特，他是一个不折不扣的酒鬼（于当年下半年死于饮酒引起的并发症）。他目前正在排练乐曲，马上就要在科芬园和皇家节日音乐厅表演了。伊莎贝尔是"一个迷人的……身材高挑，皮肤黝黑但又优雅的女人……她既是画家，又具备了勤奋的波希米亚人特征"[33]。战前她曾短暂地与梅琳达和唐纳德一样待在巴黎左岸。监视者注意到，伊莎贝尔和麦克林 8 点离开了艾耶尔的家，去了最近的酒吧。9点，他们又离开了。他们显然走路有些困难，然后又去了伊莎贝尔住处附近摄政公园边上的约克和奥尔巴尼酒吧，一直待到关门。

然后兰伯特回家了，麦克林继续他在英国国土上的最后一次饮酒狂欢。另一辆出租车把他送到了石像鬼俱乐部。11点后，他语无伦次地给焦虑的梅琳达打了电话，午夜后他又乘另一辆出租车去了西里尔·康诺利的摄政公园别墅。他使劲敲门，可能是希望菲利普·汤因比开门，汤因比和罗伯特·基在同一栋楼里有一套公寓。在一次宴会后，康诺利自己"虽然喝醉了但仍然清醒"，第一次看见麦克林"处于这种飘忽不定的状态"。"他开始在房间里走来走去，一边看着客人们，把他们区分成好人和坏人。然后出去躺在大厅里睡觉。他盖着大衣躺在石头地板上，就像素描本上描绘的避难所里的人物一样。"康诺利"把他弄到床上，给他准备了一顿舒服的早餐。一个字也没说"[34]。麦克林缺乏攻击性，这常常是他在压力下酗酒的一个特点，这一点在这场狂欢中值得注意。也许他真的准备好迎接接下来将要发生的事情，也许他是怀着向汤因比告别的困惑心情，或者是为了向陪伴他最久的同伴坦白将要发生的事，最后和他分享了最后一个也是最大的秘密。本来他的身体和精神都已经十分疲倦，潜逃本身将会更加复杂，而且压力会更大。

*

就在15日星期二，白厅召开了一次绝密会议。来自华盛顿的鲍比·麦肯齐，来自安全局的迪克·怀特、罗伯逊和马丁，以及来自外交部的凯里·福斯特参加了这次会议。会上主要是讨论美国方面的事情。在这次会议的六天前，梅金斯、帕特森、麦肯齐，当然还有金·菲尔比参加了在华盛顿的一次会面。菲尔比接着给伯吉斯写了一封信，暗示他赶快行动：伯吉斯的车仍在大使馆停车场里停着。菲尔比告诉他，"如果他不马上采取行动，就太晚了"。他的车将被"扔进垃圾堆"[35]。白厅的大佬们还是有些犹豫不决，但最终还是支持了驻华盛顿代表们得出的结论，即在审问麦克林之前，告诉联邦调查局他们对"荷马"身份的猜测是"不明智的"，因为害怕"泄密"（当然，这只是表面的原因）。这个决定将会给他们带来麻烦。

虽然大家在会面中没有提及，但是外交部每个人都意识到美国现在"强烈的反英情绪"[36]，正如英国迟迟不肯支持朝鲜战争之后，美国驻英国大使向外交大臣莫里森所描述的华盛顿的气氛那样。福克斯的爆料太猛，时间也太短，英国暂时不想爆出更多的高级间谍。与会者认为，他们有"三到四个星期"向联邦调查局掩饰身份，尽管他们承认这样做有风险，而且有许多问题"只能用谎言来回答"[37]。他们决定，鉴于"维诺纳计划"高度保密，他们最大的希望是在接下来的两个周内，麦克林没有认罪的情况下，寻找可以用来指控麦克林的证据。他们计划 5 月 28 日通知阿灵顿厅，然后 6 月 7 日再通知联邦调查局，最后 6 月 8 日审讯麦克林。这为菲尔比提供了一个极为方便的喘息空间，但他现在必须尽快把麦克林带出英国。他在给伯吉斯的信的结尾指出，这个夏天华盛顿"非常热"[38]。*

大伙依然在努力寻找当局已经掌握的情况的证据：18 日，

---

* 几周后，英国军情五处派安东尼·布朗特到伯吉斯的公寓四处查看，以免他们在申请搜查令时面临的冗长的手续和可能引起的公众关注。布朗特在伯吉斯的公寓里发现了这封信（并装进了口袋）。

"曾属于特殊行动执行局"，现属于伦敦南美联合银行的巴蒂·布弗里告诉盖伊·利德尔，梅琳达曾住在纽约。他认为梅琳达在1944年夏天怀孕了。布弗里摒弃了对外交官太太（特别是梅琳达）一如既往的偏见。他说，与其问她的丈夫迈克尔，不如和埃丝特·莱特（Esther Wright）问梅琳达在华盛顿的生活，因为她"比她丈夫聪明得多"[39]。其实，莱特早在1944年就已经证实了麦克林夫妇的居住安排。麦克林和克里维茨基的调查事件没有太多关联，所以当利德尔对布弗里说，他们"从战争开始"[40]就一直在寻找这名间谍，他简直是在睁眼说瞎话。

311

*

15日醉酒出游后，麦克林在那周剩下的时间里表现得像往常一样。赶火车前在酒吧喝了一杯，安排装修人员从25日他的生日那天开始，整修他们比肯肖的房子，在梅菲尔区的斯科特鱼餐馆与怀孕已久的梅琳达共进午餐。斯科特鱼餐馆的价格比施密特餐厅贵得多，服务和质量也都好得多：也许这次去吃饭是他意识到了这可能是他们最后一次在餐厅吃饭。第二天他见了卡尔姆－西摩和BBC制片人劳伦斯·吉列姆（Laurence Gilliam）。他16日和尼克·亨德森（Nicko Henderson）一块儿喝酒，谈到了孩子出生前后的休假计划；他临别时说道，尼克在孩子出生后"一定要来住一晚"[41]，因为他可以帮忙打理花园。他续订了季票，最后一个星期六把裤子丢在干洗店，和他的好兄弟一起吃午饭，不酗酒，不胡乱发泄制造骚乱。他的这些日常都给人留下了深刻的印象。他现在不是自己未来的掌舵人，但他可以平静地过好当下的生活。在过去的一个星期里，他8点15分就到家了，过着父慈子孝的小日子。

＊

虽然几天后吉姆·斯卡登拜访梅琳达时可能说了些什么，虽然她怀孕很久了，但现在很明显梅琳达知道她丈夫需要做什么，并且祝福他，甚至可能说她会不顾一切地支持他，就像他在二战前在巴黎见到她时，第一次告诉她他是特工时那样。她一定已经意识到，唐纳德在不坦白一切的情况下承受不了太多的审讯，（用莫丁的话来说）"他会很快屈服的"[42]。15日晚上发生的事进一步印证了她的想法。虽然她会被人可怜，甚至责难，孤独地留在一个她人生中待了不足十分之一光阴的国家里。但是，唐纳德在莫斯科自由地过一种新的生活可能，比在监狱里待上10年要好得多。面对逃离，麦克林表面上的镇静是因为得到了梅琳达的大力支持。就像去年秋天她给了他力量，让他回去工作一样，现在她在帮助他朝着更大的目标迈进。

在那一周里，英国国家安全局更加慌乱，不知道该做些什么来抓住麦克林。他们整理了一篇文章《对指控唐纳德·杜阿尔特·麦克林证据的评估》。评估文章泛泛地指出，证据还不够充分。理想的情况是，他们继续监视麦克林两到三个月，以获得"审讯所需的背景资料"，或者希望他能带他们找到可以确定一些线索的同伙。但是，即使他仍在从事间谍活动，也不能保证安全局能够得到他们想要的东西。也许在"当下公务员大清洗的机制"下，外交部可能会将他免职（斯大林清洗运动将马利、克里维茨基和其他许多人移出了间谍队伍，对这一运动的任何回应都是完全无意的）。但反思一下，最好还是坚持本周初商定的计划，因为这至少让安全局看起来是在与

312

联邦调查局充分合作，"减少相互指责"并"将联邦调查局独立指认麦克林的可能性降到最低"[43]。这是他们最担心的地方。帕特森现在几乎每天都在华盛顿和兰费尔见面。这位联邦调查局特工对尚不采取"行动"感到"相当沮丧"。[44]他认为这一行动仍然对其他嫌疑人不利，包括哈尔彭。他甚至没有提戈尔－布斯的名字，因为之前怀疑布斯也有可能是"G特工"。

*

自皇家汽车俱乐部的午宴以来，莫斯科和伦敦之间的通信从未停过。苏联国家安全部比英国方面更为果断。莫斯科中心务实却无情，因为担心麦克林可能会崩溃并坦白一切，或者担心失控的伯吉斯会把事情搞砸。莫斯科中心知道英国"手上不是有一个，而是两个筋疲力尽的特工"[45]。他们知道伯吉斯必须和麦克林一起走。另外，英国方面也开始监视伯吉斯（代号"伯克利"），因为电话窃听发现上周麦克林午餐前他俩突然进行了通话。如果他也离开，可能会为莫斯科解决两个难题，虽然现在伯吉斯别无选择。最重要的是，这样的话可能会保护菲尔比，因为他在华盛顿和军情六处，有着无法估量的价值。

午餐后的一周，即5月22日星期二，麦克林和伯吉斯再次见面。那天晚上他们在维多利亚附近的格罗夫纳酒店一块儿喝酒。伯吉斯一如既往迟到了40分钟。麦克林一刻钟后动身去坐火车。伯吉斯只需要一刻钟就能简单明了地传达完信息：麦克林很快就要走了，伯吉斯会通过某种方式和他一起走。

接下来的问题是如何把这两个人送出去，机场和港口肯定会有人监视。由于没有足够的时间来伪造足以乱真的证件，莫斯科中心本来想到了"那种经典的间谍小说装置,一艘潜艇出现在海岸某处的秘密地点"[46],但时间太短,而且此前差点引发第三次世界大战的风波也使得比奇角的风险较大。在这件事情中,布朗特最为冷静。他提醒莫丁,伯吉斯现在也快要崩溃了。他穿过摄政公园,想出了一个解决方案。周五晚上有游轮驶离英吉利海峡港口,在法国和英吉利海峡群岛短暂停留用餐和购物,然后在周日晚上返回。由于游轮上的游客不会被当成真离开英国,所以检查护照的可能性"几乎不存在"。法国当局也展现出"独特的管制措施"。游轮上的乘客大多是有私情的"商人和公务员"[47]以及他们的情妇,这对法国人来说也没什么大惊小怪的,对邮轮的管制也完全出于他们的自由裁量权。每到星期五时,监视者都会好好享受他们应得的周末休息时间。莫丁咨询了牛津街的一家旅行社,看到"法莱斯号"(Falaise,翻译名为"悬崖号",the Cliff)的启航时间是本周五。时间恰好是三天后。

314

*

第二天是 23 号,也就是星期三,伯吉斯与麦克林再次见面。这次是在斯隆广场的女王头酒吧吃午饭。对于这两名用餐者来说,这次会面时间依然非常短,只是为了在紧张的气氛中一方向另一方传达重要指令。他们 1 点 30 分到达这里,伯吉斯 2 点 5 分离开。不过他又回到麦克林身边多待了几分钟,之后俩人各自离开。麦克林随后走进了彼得·琼斯百货公司,表面上是看看比肯肖家中要用的吊灯,但可能只是想甩掉恼人的"尾巴"。一份监视报告说明了麦克林和伯吉斯两人的不同之处。这份报告可能超出了监视者的简述范围,他们只描述自己所看到的,而没有进行解释:

盖伊·伯吉斯似乎有心事。事实上，他显然非常担心。他点了一大杯杜松子酒……然后在酒吧里来回走动几秒钟，大灌几口纯净的烈酒，然后走出去，或者再点一杯，然后来回重复。

在公开场合，他常常表现出犹豫不决。显然，他的思想处于混乱之中。

"柯曾"和伯吉斯两人之间似乎在密谋着什么。在酒吧里无法听清他们的对话。伯吉斯似乎已经对"柯曾"吐露心声，因为当他们在一起时，"柯曾"的情绪并不稳定。[48]

315　　麦克林现在更加冷静了。他一年多前就要求去苏联，接受甚至期待开始他全新单一的生活。伯吉斯对莫斯科方面的指令显得更为震惊。

*

5月24日是星期四，天气温暖而晴朗，也是寒冷5月里的第一个晴天。麦克林早上到达维多利亚，像往常一样工作。与此同时，在大楼的另一部分，威廉·斯特朗爵士（负责外交事务的副国务大臣，Permanent Under-Secretary of State）与负责外交事务的国务次长（Deputy Under-Secretary）罗杰·梅金斯爵士，外交部助理次官帕特里克·赖利，外交部安全部门负责人乔治·凯里·福斯特，军情五处处长珀西·西利托爵士和西利托的副手兼继任者迪克·怀特在他宽敞的办公室里会谈。他们对谴责这样一位值得信赖的同事仍然非常谨慎。西利托承认，军情五处除了了解到1944年和1945年有人向苏联传递了情报信息，以及"1944年这名特工的妻子好像住在纽约"之外，没有收集到对麦克林不利的其他证据。虽然麦克林是"嫌疑最大的人",而且基于目前所了解的信息可以进行面谈,但是西利托很清楚,"过于重视巧合的重要性是非常危险的"[49]。

梅金斯指出,从政治角度看,"这可能是最糟糕时刻,发生的任何事情都有可能加剧美国的反英情绪",如果此事泄露出去,"将在美国引起轰动"。西利托提醒与会者,如果不这样做,他们将违反情报共享协议,并犯下"违背信仰"[50]的罪行。他还声称自己对胡佛有足够的影响力,可以让后者保持沉默。

他们制定了一份新的事件时间表,其中包括告诉阿灵顿厅和联邦调查局的时间,6 月 12 日,他们给胡佛发电报,然后 6 月 13 日西利托前往胡佛处,随后,他们在 6 月 18 日至 25 日审讯麦克林。他们推断,梅琳达的预产期为将在 17 日或 17 日前后。所以如果必要的话,他们可以在梅琳达待在护理院不在家的情况下搜查他们的房子。罗杰·梅金斯爵士曾向麦克林分享高级别原子研究工作信息。他证实,麦克林对一些文件一直保密,但他对这些文件丝毫没有兴趣,因为"如果不引起怀疑,就无法对此采取进一步行动"[51]。美洲司的副部长罗伯特·塞西尔后来表示,装有更多机密文件的箱子被扣留了,这些箱子"需要特殊钥匙"[52]才能打开。(最后,麦克林从各个方面都非常清楚地知道已经有人监视他了。)最后,大家一致同意,应该在 25 日星期五上午把事情告诉艾德礼首相和外交大臣莫里森,然后就可以开始执行这项曾被延期的计划。[53]

这边旨在决定麦克林未来命运的会议接近尾声,那边麦克林正步行 5 分钟去改革俱乐部与安东尼·布莱克(Anthony Blake)共进午餐。1934 年,托尼·布莱克和麦克林曾一起在圣雅屈度假,当时他们一行三人,还有一个是卡明 - 布鲁斯,

316

他现在是一名资深律师。布莱克是三人中唯一没有和法国老女人在假日里调情的人。他最近很少看到麦克林，因为他的这位剑桥老朋友之前去了美国和埃及，但当布莱克听说麦克林回来了的时候，他们就约好了这个日子。午餐时，麦克林谈到了他"近期的个人计划，但是没有暗示他打算逃跑"[54]。他计划暑假去法国，并邀请布莱克有空去坦茨菲尔德找他们。既然麦克林已经做出了一个决定，而且在最近承受各种压力的情况下，这个决定又不在他的掌控之中，麦克林这次的镇定也许是因为麻木，但非常让人震惊。那天伯吉斯也在改革俱乐部，而且有人看到两人信心十足地在 3 点一起离开。就在那时，伯吉斯向麦克林传递了第二天的日程安排。在办公室待了一个下午后，麦克林去维多利亚车站旁的温莎城堡酒吧喝酒，然后乘 6 点 48 分的车回家，这是他在英国度过的最后一晚。

*

317　　25 日星期五是唐纳德·麦克林 38 岁的生日，一切开始得悄无声息。两个儿子都得了麻疹，梅琳达筋疲力尽，内心充满恐惧。唐纳德自己也很沮丧，一想到第二天的计划就又激动不已。第二天他 10 点到达办公室，然后马上打电话给母亲，问她是否有时间一起吃午饭：她当时正和一个朋友吃午饭，所以没答应。如果那天她能见到她最疼爱的儿子，她相信他一定会"把自己的苦衷告诉她"，而她的恳求就会阻止他"离开"[55]。然而，她再也见不到自己最疼爱的儿子了。

麦克林的下一个电话打给了他结识最早、最亲密的朋友玛丽·坎贝尔和罗宾·坎贝尔。他们在头一年夏天曾接待过他。麦克林刚从剑桥大学毕业，在伦敦的那段时光他们就成了朋友。当时他在斯库恩斯学习，刚刚踏入社交舞会。玛丽说她会在午饭时间来接他，为他庆祝生日。他日记里唯一的一次约会是那天晚上计划去在贝尔格雷夫广场为阿根廷国庆日举行的招待会，但由于那天晚上他有生日晚餐，所以他就不去了。他还得准备去见在国务院工作的妹夫鲍勃·奥特金，以及妹妹南希。南希从贝鲁特出发，经马赛和多佛，来伦敦。麦克林在前几天就请假周六上午休息，理由是要去多佛接南希。

他到办公室后，他隔壁办公室的、工党顾问助理弗雷德里克·梅森（Frederick Mason）带来了从多米尼加共和国发来的一封电报。电报中说，多米尼加共和国的一名工会成员失踪，据说是被绑架了。麦克林"懒洋洋地瞥了一眼"[56]。即使是在普通的一天，热诚的外交家也不会对这种事感到兴奋。中午时分，他在院子里迎接玛丽·坎贝尔，还把自己那顶黑帽的帽檐翘了起来。按照他们去年总结的规律，这确实表明，他的精神状态很好：如果帽檐放了下来，麦克林的"情绪就非常不稳定，别人不得不小心翼翼地跟他相处"[57]。他常戴的领结也显得异常鲜艳。在苏豪区惠勒鱼餐厅牡蛎吧，唐纳德一边喝了半瓶香槟，一边吃了十几个牡蛎，"完全做回了自己"[58]。他们讨论着即将出生的孩子。如果是女孩，就叫她梅琳达。唐纳德计划在妻子梅琳达住院期间留在斯托克庄园的坎贝尔夫妇家。

他们离开惠勒酒吧前往施密特餐厅，与罗宾一起吃了顿午餐。酒吧里服务员的态度一点也不好，在那里他们碰见了西里尔·康诺利。康诺利上一次见到麦克林是在 10 天前，当时他给了麦克林一包早点。康诺利向"唐纳德·麦克林爵士"打了招呼，以"抹掉"上一次见面（的不快），并确认他现在所见到的就是那个"沉着、和善"的麦克林。汉弗莱·斯莱特

318

正在和康诺利共进午餐，看见他和麦克林和坎贝尔夫妇聊天，但"并没有参与其中，他不想再和麦克林来往"⁵⁹，因为之前他们在一次聚会上闹得很不愉快。这件事的披露在麦克林身份暴露的过程中是一个无心之举。那天下午晚些时候，康诺利从坎贝尔夫妇那里听说他的朋友"成熟而又可靠"⁶⁰，而且不需要经常去他的精神分析师那里就诊了。他对此感到很高兴。麦克林很自在——要愚弄一个像康诺利那样敏锐的批评家是不可能的——而且似乎决心让他的挚友们也放心，因为这是他们最后一次见面了。

麦克林坚持午饭他请客，虽然今天是给他庆祝生日。虽然施密特餐厅的菜品很便宜，他自己也不需要多少英国货币了，但他在回办公室的路上还是去旅行者俱乐部兑现了一张 10 英镑的支票。在旅行者俱乐部，他没有立即回去，而是给部门的杰弗里·杰克逊（Geoffrey Jackson）打了个电话，问他第二天是否"上班"，但没有像杰克逊想象的那样语无伦次，接着又"含糊其词地解释"⁶¹了请假去码头接他妹妹的事。在他向最亲密的朋友以及那古怪而又喜爱的餐馆和俱乐部，向他所知道的一切说再见之后，他的神经开始紧张起来，而这些不久后都成为证明他叛逃的证据。跟在他后面的人注意到他"站得很稳"⁶²，他最后一次离开外交部是在下午 3 点前。

319　　他见的最后一位访客是阿根廷公使衔参赞莱基萨蒙先生（Señor Leguizamon）。麦克林把有关英阿贸易谈判的详细笔记放在他的待发件托盘里，并给驻巴西大使内维尔·巴特勒爵士（Sir Nevile Butler）写了一封信。为了确保他不在期间同事们不会感到奇怪，他将头探到约翰·柯尔（John Curle）的门口，说他明天早上不在办公室。当三等秘书玛格丽特·安斯蒂把当天的最后一批文件交给他时，他说："明天你能自己处理吗？我来不了了，突然出了点事。"这位新成员对这种信任感到"受宠若惊"，并打趣说，美国没有迫在眉睫的革命需要应对。[63]

罗杰·梅金斯爵士是麦克林在美国原子能委员会的同事，也是外交部最后一个在伦敦见到麦克林的人，他的会议记录被完完全全地泄露给了莫斯科，而正是他将麦克林任命为美洲司负责人。他们在院子里偶然相遇。麦克林腋下夹着一个包，说他正要回家，并告知梅金斯他明天早上不在办公室，因为他要陪他妹妹。梅金斯以为他指的是梅琳达的妹妹哈丽特，两人在华盛顿经常见面。梅金斯转达了向哈丽特的问候。因为麦克林"当时最关心的是不要让他觉得有什么不对劲的地方"，所以就这样离开了。然而，第二天梅金斯的确意识到麦克林缺席可能真的有什么不对劲。他回到办公室，看看凯里·福斯特是否还在，但办公室里空无一人。梅金斯在参加社交活动时迟到了，"沉思片刻"后，他说服自己"（英国国家）安全局正在监视麦克林，已经有人在监视他的行动了，因此没有必要惊慌失措"[64]。麦克林踏上回家的火车时，外交部的人并不知道监视麦克林的人已经下班了。监视者对他最后一次的记录是"喝了一杯酒后，他踏上了下午 6 点 10 分的火车"[65]。

这也意味着，一旦他上了开往奥克斯特德的火车，接下来 24 小时发生的事情只有伯吉斯和梅琳达能知道——在他们经历了种种之后，她仍然把丈夫的最大利益放在心上，现在她即将受到前所未有的考验。

320

*

盖伊·伯吉斯花了多半天的时间收拾行李和打电话。他在维多利亚的大陆售票处（Continental Booking Office）为自己和伯纳德·米勒（Bernard Miller）买了当天晚上"法莱斯号"的船票。伯纳德·米勒是麦克林5月初从纽约回来时在"玛丽皇后号"上认识的一名医学生。伯吉斯还从马里波恩克劳福德街的一个车库租了一辆奶油色奥斯汀A40轿车，像往常一样在改革俱乐部吃了午饭，毫无顾忌地看英格兰北部的公路线路图，并跟俱乐部服务员一起讨论路线，还在老邦德街的君皇仕（Gieves）买了些漂亮利落的新衣服。回到公寓后，他收拾好了花呢套装、晚礼服、鞋子、袜子和他的一册合集版简·奥斯汀小说，之后和麦克林一样，是在6点左右最后一次离开伦敦。[66]他还随身带着"几本老旧的小伙伴"[67]：阿加莎·克里斯蒂的小说《罗杰·艾克罗伊德谋杀案》和《斯泰尔斯庄园奇案》。这些书很好带，因为在未来的日子里，以及他需要一个临时化名的时候，稍微读一下可能会有用。

*

那晚剩下的时间里，梅琳达是唯一的见证者，正如她在接下来的几周里讲述给吉姆·斯卡登听的那样。她告诉斯卡登，那天早上唐纳德从办公室打电话给她（后来她说她以为麦克林是在生日前一天打电话的），告诉她，他会带朋友罗杰·斯泰尔斯回家吃晚饭。但事实是，比肯肖住宅的窃听记录和唐纳德办公室的电话窃听记录都没有记录这次通话。因此，事实上他一定是在几天前当面告诉她的。她以前从未见过斯泰尔斯，但形容他大约35岁，黑头发，中等身材。唐纳德7点到家，斯泰尔斯半小时后到了，两人"在花园里闲逛了一会儿"，8

点左右坐了下来。[68] 晚餐"非常正常……三个温文尔雅的人随意友好地交谈"[69]。这顿饭本身就是她花了一天时间准备的"一场特别的表演"[70]。她不太清楚斯泰尔斯的"具体工作"是什么，但她认定斯泰尔斯是"出版界"的一员，因为"他的谈话主要是关于书的"[71]。两人在晚饭后突然宣布："他们要去见一个人，而且可能要晚上就走。"这让梅琳达"很生气"，因为两个孩子都得了麻疹，她的小姑子本来打算第二天带着她的丈夫一起过来（和唐纳德告诉外交部他早上要去多佛接他们的理由相反，他们是坐自己的车来的），而且她怀孕了身体很不舒服。但唐纳德说这件事"不能拖延"，于是上楼把他在开罗的一个市场上买的双提手牛皮格莱斯顿包、睡衣，以及"夜间随行包"[72] 一起打包。考虑到自己的情况，梅琳达显然"认为他的行为相当离谱"[73]，但无法阻止他上了斯泰尔斯的"新的、棕褐色的豪华轿车"，并在 10 点开车离开。她熬夜看了一会儿书，等着唐纳德回家。但事情越来越明朗，他的确在晚上离开了，于是梅琳达就上床休息了。[74] 他们的告别是否比她所说的更为热烈，或者他们前几天谈话的基调是什么，我们永远无从知晓了。

梅琳达不太担心自然没有想到周六早上会打什么电话，她保持了无线电静默。"格里斯特夫人和她年轻的女同事们"[75]，在莱肯菲尔德大厦军情五处的总部留意着被窃听的电话，直到晚上 8 点才有电话进来。当时南希·奥特金（娘家姓麦克林）打电话说他们从多佛出发，现在到了阿什福德，大约 9 点 30 到达。如果唐纳德所说的他们到达的时间是真实的，他周六早上本可以去上班的，而且还有足够的时间去接他们。但南希记错了（电话窃听内容可以证实），她说他们是 6 点到达的。他们一进屋梅琳达就告诉他们，唐纳德打电话说他要晚回来，他

321

们不用等他吃饭。餐桌只留了三个位子，所以南希和丈夫默认麦克林不在家，但似乎没有询问麦克林在哪里。[76]10点9分，

322 麦克林夫人打电话来，和南希商量第二天的安排：麦克林之前和他的母亲说，南希和她丈夫到了后先休息下，在他家吃了午饭后他们再一起去母亲家。母亲来电话时南希想再确认下，她和丈夫鲍勃沟通了下，然后回来和母亲说她和嫂子梅琳达说好了，大家一起去坦茨菲尔德吃午饭。

电话里没有提到唐纳德，此时他已经错过了从圣马洛到巴黎的火车。他在一家旅馆里换了一些钱，在1点18分乘出租车去雷恩搭火车，路上他感到毛骨悚然。唐纳德和伯吉斯刚在巴黎的一家咖啡馆吃了一顿汤类的丰富晚餐，就上了去伯尔尼的火车。[77]多亏梅琳达在电话中小心谨慎，他们一路上比较平安，因为梅琳达可能已经推断出电话被窃听了。格里斯特夫人和她的团队报告说："26日没有任何迹象……显示麦克林不在坦茨菲尔德。"[78]

*

第二天早上，南希发现梅琳达在浴室里帮孩子们洗澡，她意识到唐纳德好像不是去喝酒未归那么简单。南希还没来得及打招呼，梅琳达就抬起头来望着她说："你哥哥失踪了。"南希在过去几年里很少见到唐纳德，梅琳达的话让她"吃了一惊"："你什么意思，我哥哥失踪了？他是你丈夫，你难道不知道他去哪里了吗？"梅琳达一时无法回答："我觉得我们最好先做早餐，然后尽快动身去伦敦。"[79]

鲍勃和南希单独去了伦敦，把唐纳德失踪的消息告诉了她母亲，也说了他们事先没有得到任何消息。麦克林夫人"对

所发生的事情并没有感到非常惊讶"，她只是觉得"自责"[80]，因为她没有接受儿子的临时午餐邀请。那天晚上晚些时候，南希打电话给一个叫"迪"（Di）的人，提到"唐纳德和梅琳达"还在坦茨菲尔德。要么是出于对家庭的忠诚，以及保护母亲免受唐纳德酗酒之苦的需要超过了她战时在军情六处接受的训练，要么是梅琳达编造了一个故事，让南希相信唐纳德会在那时回来：他可能会喝得酩酊大醉回来，在他第二天必须去办公室之前会清醒过来。

323

到了星期一早上，当婆婆 8 点 17 分打电话给梅琳达，表示很遗憾得知唐纳德还没有回来，还问他前一天晚上回来过没，梅琳达听起来"非常难过"。麦克林夫人问她"是否一切都好"。她担心他俩的婚姻会再次出现问题，但梅琳达打消了她的疑虑。这一监听到的消息立即被报给了外交部，凯里·福斯特向军情五处证实，"柯曾"没有来，但"认为没有理由惊慌，因为他实际上请了一天的假"[81]。当凯里·福斯特向罗杰·梅金斯爵士确认时，梅金斯仍然认为麦克林一直在他们的视线之内。他说周一他好像也给麦克林放了一天的假。[82] 由于他们了解"柯曾"，这是英国人最冷静的一次。虽然梅琳达告诉杰弗里·霍尔，她在周一早上给外交部打了电话，但格里斯特夫人的监听记录显示，事实上，梅琳达打电话的时间是 5 月 29 日星期二上午 10 点 58 分，这时距离"法莱斯号"在南安普敦下锚已经过去 80 多个小时了，而她的丈夫——英国勤劳而聪明的公务员——在踏上新生活之路时，看了他熟睡的祖国最后一眼。随后两天的早晨，监视者在维多利亚一直等着，但并没有结果。他们的最后一份报告戏剧性地结束了："从那以后，开始了大规模的搜寻。"[83]

第 17 章　尘埃落定

　　1951 年 6 月 6 日傍晚，距离麦克林在英国待的最后一天又过去了 11 天，伦敦《每日快报》的头版即将刊登一则已经轰动全国的头条新闻：19 岁的英国皇家信号部队士兵艾伦·普尔（Alan Poole）用一把斯特恩式轻机枪射杀了一名警察，200 名武装警察在他肯特郡查塔姆海军小镇的家中对他进行围攻。

　　同一天晚上，《每日快报》法国分社社长拉里·索伦（Larry Solon）独自一人在巴黎郊区的森林餐厅（Restaurant du Forêt）用餐，他是一位身材魁梧、体格健壮、人际关系良好的老派记者，而这时餐厅提示有他的电话。索伦对于能在这找到他感到非常奇怪。一个带德国口音的人警告他，"不要对失踪人员的事儿到处打听"，并制止他"国际刑警般的胡说八道"。索伦前一天去了国际刑警组织总部，从《法兰西晚报》犯罪记者那里秘密得知，法国警方接到通知，要求密切关注两名"出去找乐子"的外交官，但他们不知道名字。索伦的国际刑警组织联系人告诉他，整个事件是英国政府的事，因为这是一次"政治逃脱"[1]。除非是绑架等民事罪行，否则国际刑警组织无法介入。

　　索伦意识到"这不是外交部员工在狂欢作乐后不知所踪的日常事件"，于是他晚饭吃了一半，赶紧叫了一辆出租车去

了另一个他喜欢去的酒吧——蒙马特附近的一个小酒馆。他得
在那里找一个帮手，这个人以前是一名警官，现在专门从事走
私，"因为他嗜爱干邑白兰地而丢掉了工作"，索伦告诉他不 325
要喝得不省人事，这样索伦能帮他赚到下一瓶酒钱。索伦在确
定有许多方法可以让两个没有证件的人偷偷出境而不被发现
后，他去了斯克里布酒店的酒吧见了一个叫文森特（Vincent）
的警方联系人。文森特说，在这种情况下，他所知道的事儿
"太大了"，无法开展："会有一场大爆炸。"他指责英国人
"愚蠢地等了一个星期才告诉我们这件事"，但他无意中说这
俩外交官"不可能"还在英国；"斯大林演了出好戏，这就类
似蒙特卡洛拉力赛。"于是索伦给英国大使馆的一个联系人打
了电话，对方只是简单地说："他们逃了。"[2]

　　索伦准备提交他职业生涯中最轰动的一篇报道，内容关于
"两名英国政府官员"叛逃"是为了去莫斯科……实现他们的
理想主义"[3]，他们可能会带着重要文件——这篇报道将替换
"查塔姆围攻事件"，占据《每日快报》头版。

*

　　那天晚上，在华盛顿时期友好的大使馆新闻专员，时任英
国首相艾德礼政府新闻发言人的菲利普·乔丹接到电话时正在
与马格里奇夫妇共进晚餐。接完电话后，他"脸色苍白"，然
后找借口说有"重要事情必须处理"。这是他第一次听说麦克
林失踪的事，也就是即将在第二天的报纸上刊登的事儿。基
蒂·马格里奇说，乔丹看起来"脸色惨白，好像他的世界彻底
垮了"[4]。第二天早上，她听说乔丹在夜里突发心脏病去世
了。当基蒂的丈夫马尔科姆和其他人写信给首相，建议给乔丹

的遗孀发放抚恤金时，首相断然拒绝。虽然乔丹对麦克林的不法行为一无所知，但因为他和麦克林的关系，所有的特别请求都注定不会通过。

*

326　　外交部意识到再保持沉默也是无济于事，他们想抓的人已经走了，他们也应该了结此事了。他们发出新闻稿，里面提及麦克林和伯吉斯两人的姓名，报称他们已经失踪，并向国民保证："由于他们未经许可擅离职守，两人已被停职，自 6 月 1 日起生效。"5

*

麦克林的副手罗伯特·塞西尔 5 月 29 日星期二从法国休假一周回来，他在去奥利机场的路上被要求出示护照，这一行为让他感到很吃惊。第二天，工作人员见到他时如释重负："谢天谢地，你总算出现了。"人们本来猜测他知晓他那个在巴黎、华盛顿和伦敦工作过的朋友兼老板没来上班的真正原因，现在他被排除在外了。当他听说伯吉斯也失踪了时，他只是半开玩笑地认为："这两个人可能是喝醉了酒出去狂欢，也许是和一个魁梧的法国水手搭讪，然后被毫不客气地扔进了塞纳河。"6

和世界其他地方的人一样，麦克林其他部门的同事也从《每日快报》和随后的新闻稿中知道了这件事。5 月 26 日周六麦克林嘱咐梅琳达近期的安排之后，一周过去了，麦克林依然没有出现。三等秘书玛格丽特·安斯蒂猜测梅琳达就是在那个时候早产了。麦克林的办公室井然有序，他的收件盘和发件盘里装的"恰恰是一名正常工作的员工周五晚上离开办公室前会放在桌上的文件，似乎信心满满还会回来：给人留下的期望不是太多……但也不是太少"。甚至在 30 号这天，也就是星期三，当"每个橱柜和抽屉"在"安全部门负责人的监视下"被"洗劫一空"时，他的同事们也开玩笑说"唐纳德做了一件跟庞蒂科夫一样的事"[7]，事情仍然不明朗。"英国外交部人员竟然会背叛他的国家，这是完全不可想象的"[8]，这一观念随着这一双重背叛而永远发生了改变。安斯蒂和她在三等办公室的同事们从来没有被问及麦克林在担任负责人的短暂时间里都做了些什么，或说了些什么。因为这毫无意义。

*

在过去的 10 天里，混乱和恐慌笼罩着白厅的高层，那些被瞒得严严实实的人也表现出了激动和惊慌。他们一直在玩一场绝望而又令人难以置信的追赶游戏，试图隐瞒所发生的一切。但他们也知道这不可能成功，在 29 日，也就是麦克林逃走后的周二，梅琳达报告丈夫失踪的当天，相关当局才提醒英国各港口留意。当晚，他们知道了"法莱斯号"的事，并联系了"驻巴黎的赖利先生的朋友"[9]，也就是军情六处的负责人，寻求他们的帮助。30 日，当麦克林在美洲司的办公室被搜查时，迪克·怀特正飞往巴黎（在他到达希思罗机场被发现护照过期后，尴尬地耽搁了一段时间），法国和法属北非的港口都进入了警戒状态。

同一天，也就是麦克林失踪五天后，除马德里外的所有西欧大使馆都接到了通知，建议他们请当地的安全机构提供帮助；然而，英国驻瑞士大使馆收到通知，"为了保密"，不要通知该国的"国内警察当局"，就好像任何事情都能够对莫斯

327

科中心的线人保密一样。[10]如果军情六处行动再快一些，并让瑞士警方介入，那么 10 年来最著名的两位叛逃者可能会在英国监狱度过他们的余生。

6 月 2 日，外交部发出电报称，如果看到失踪一周的外交官，要扣押他们的护照，接下来的几天里，各地大使馆也相继收到了失踪外交官的面部照片。在消息全面爆发的前一天，也就是 6 月 6 日，在南美各国大使馆，以及墨西哥、土耳其、希腊、黎巴嫩和埃及的"赖利先生的朋友"都得知了麦克林失踪的消息。6 月 14 日，也就是在他们从报纸上读到相关消息整整一周之后，以及在出逃事件发生三周之后，"除了铁幕后的哨所外（他们当时还未接到通知），所有哨所均告知当地安全部门，要求一旦嫌疑人出现，立刻查明他们的身份。"内阁于 6 月 8 日讨论了叛逃问题，11 日向下议院发表了简短声明，确认了四天来全国民众餐桌上热议的话题。乔治·威格（George Wigg）上校［后来在议会领导了导致约翰·普罗富莫（John Profumo）下台的反体制的指控］询问外交大臣，他是否可以"对某周日报纸上关于外交部普遍存在性变态行为的暗示进行调查"。赫伯特·莫里森机敏地回答说："我只能说，我在外交部待的时间可能还不够长，无法发表意见。"[11]

*

一旦决定不告诉美国人麦克林的早期身份，最明智的做法就是在《每日快报》曝光此事的前几天，军情五处意识到发生了什么后，立即让美国人知道麦克林叛逃的消息。如果错过这个机会，谨慎和礼貌的做法可能是从一开始就让他们参加英国大使馆和高级专员公署的多轮会谈。但是，当权派的尴尬和带有傲慢色彩的羞愧感占据了上风。6 月 7 日，美国国务院的通信接收设备上消息不断，以至于纸都用光了。美国国务卿艾奇逊对这些一条接一条的公报感到非常愤怒，他们国家最亲密的盟友（两国军队 10 年来第二次并肩作战）出了这么大的事，竟然瞒了他好几周，他命令新闻办公室不要浪费时间拿着资料撕页跑到他的办公室。最后，新闻办公室的一位秘书通过内线电话把材料读给艾奇逊的秘书听，艾奇逊的秘书再把这些材料整理出来，然后交给了她怒气冲冲的老板。[12] 其中的一些内容，如 "15000 名特勤局特工、侦察员、外交人员和警察正在西欧搜寻，检查咖啡馆、酒店、机场和妓院"，这是 "历史上最大规模的搜捕行动"[13]，这些消息使得当天上午的报道引起了轰动，也更让人气愤。后来，当极度尴尬的英国政府反过来又对麦克林所知的内容轻描淡写时，艾奇逊回忆起麦克林在华盛顿的时光，他惊叹地说道："天哪，他什么都知道！"[14]

同一天下午，艾奇逊出席了参议院对麦克阿瑟将军从联合国驻朝鲜部队司令部被解职的调查。当被问及他所掌握的有关 "最近显然涉及英国高级外交官" 的报道时，他只能回答说，他 "今天早上在广播中听说了这件事"，之后他 "向英国大使馆询问此事，但他们掌握的也只是广播中报道的内容"[15]。公众的政治羞辱更是使整件事火上浇油。

当菲尔比在 5 月底听说伯吉斯和麦克林一起离开了时，他感到很震惊：他们在纽约最后一晚，他在中国餐馆告诉伯吉斯不要这么做。他的 "惊愕并不是假装的"[16]，就像几秒钟前帕特森告诉他麦克林已经成功逃脱一样。当天晚些时候，菲尔比把他的照相机、复印用设备和其他间谍装备装进了他的汽车行李箱，开车到大瀑布城的树林里去了，他经常和詹姆斯·耶萨

329

斯·安格尔顿（James Jesus Angleton）一起去那里的波托马克河钓鱼，安格尔顿是中央情报局的创始人之一，不久就成了情报局反间谍部门的负责人。菲尔比意识到自己很快将不得不说出前所未有的谎言，所以就在那里埋藏了他的秘密技术的工具。

联邦调查局的罗伯特·兰费尔在 5 月 31 日得知伯吉斯和麦克林消失了，他以为他们是"不辞而别"[17]，他还在一直追查"荷马"的身份，而他的英国朋友并没有劝阻他别这样做。两年半以前他就知道了"荷马"的存在，但是他从来没有把这个代号和麦克林联系在一起。大使馆安全部门负责人麦肯齐向他的上级承认，"我们可能只能在这几天装作毫不知情"[18]，但他们一直努力这样做，直到《每日快报》和美国报纸于 6 月 7 日披露了这一消息。直到那时，菲尔比和杰夫·帕特森才羞愧地到联邦调查局大楼的办公室去见兰费尔。正如这位精明的特工所述："至少可以说，这是一次相当不舒服的会面。"[19]兰费尔并不是唯一想到菲尔比忠诚可能出问题的人："我没说太多。他们也没说太多。有一件事我很确定：我被军情五处骗了很长时间……我在想，'麦克林已经逃走了。伯吉斯曾在菲尔比家，现在也和麦克林一起逃走了。菲尔比肯定向麦克林告密了'。"[20]

在联邦调查局总部的另一处，约翰·埃德加·胡佛的办公室电传打字机传来紧急的声音，上面以各种方式拼写着麦克林的名字，但都没写对，要求提供 1943 年至 1945 年麦克林在纽约的住址，但是他从未在这座城市居住过，所以它根本不存在。这也说明美国执法部门和间谍机构对麦克林完全缺乏了解。在过去 3 年里，他们通力合作，煞费苦心地确定了麦克林的间谍身份。珀西·西利托爵士的办公室已经在调查航班，并讨论军情五处负责人此次访美的目的地，这是军情五处负责人一个月来第二次前往华盛顿，目的是为了与胡佛讨论英国军队内部的间谍问题。

为了掩饰自己的耻辱感，英国人在这件事情上摆出一副勇敢的面孔，似乎没有意识到他们可能会给盟友带来的羞辱。叛逃事件发生当天，罗杰·梅金斯爵士向威廉·斯特朗爵士提交了一份关于英美协议的文件，文件指出，从他最近的访美情况看，令人欣慰的是双方关系"似乎并不像他们从伦敦看到的那么糟糕"[21]。这一评论大概是基于他们对告知美方叛逃行为时间基准的判断，以及斯卡登和他的团队计划对麦克林进行审问的安排，但莫斯科中心的行动速度完全不同。

这一事件的破坏性和影响力胜过纳恩·梅、福克斯和庞蒂科夫事件，事情发生几周内，外交部的担心恐惧和傲慢狂妄交织在一起，对整个事件最初的缄口不言导致最终的破坏性变得更大。消息传出的当天，美国国务院对英国进行道义上的攻击。在华盛顿大使馆转交给外交部的一封电报中，他们"指出"[22]，对他们来说，"经常性醉酒，周期性的精神崩溃，性变态以及其他人类弱点都被视为具有安全隐患人格"。*[23]失踪事件发生一年后，凯里·福斯特在给外交部成员的一份备忘录中对这种态度秘密写了一封充满激情的攻击信，他说，虽然同性恋是非法的，也因此公开受到胁迫，但是"在王尔德（爱尔兰作家）和拜伦（英国作家）的国家都有非常受人尊敬的先例"[24]。

331

---

　*　对麦卡锡和他的追随者们来说，现在他们能够将同性恋和背叛等同，这对他们攻击国务院来说是个好消息。他们很快就宣称，仅在台湾就有 110 名美国国务院同性恋官员。

*

不管怎样，珀西·西利托爵士都会在 6 月中旬前往华盛顿，告诉联邦调查局麦克林很快就会被捕并接受审问。虽然现在珀西也很痛苦，而且英国和美国呈现不太合作的氛围，但是他依然想坚持自己的计划。珀西是格拉斯哥的一名高级警察，因在 20 世纪 30 年代打击当地的剃刀党而成名。不过，这段经历并不足以支撑他在华盛顿的艰难时刻。6 月 14 日，他给副手迪克·怀特的电报显示，为一个对盟友保守秘密的特勤局工作是一件多么棘手的事儿。在这个案子中，中情局现任局长和下任局长分别是沃尔特·比德尔·史密斯（Walter Bedell Smith）和艾伦·威尔逊·杜勒斯（Allen Welsh Dulles）。"杜勒斯直截了当地问我，我们是否早就从加密信息中知道了麦克林的活动。我委婉地说这件事不在我的管辖范围内，从而回避这个问题……他立马转移了话题。"[25]杜勒斯一直以绅士身份自诩，但他极不信任英国，对和英国保持密切关系的人以及他眼中的近亲结婚更是没有好感，这一点他在 20 世纪 20 年代在印度教书时，就已经从统治者和被统治者的角度进行了详尽的观察。不管他内心对英国的逃避做何反应，他怀疑菲尔比完全在情理之中。菲尔比是一个更现实的危险人物，比德尔·史密斯坚持把他召回伦敦接受吉姆·斯卡登的审问，询问他与伯吉斯的关系。

西利托在写给同事詹姆斯·罗伯逊的一封信中坦率地讲述了他对兰费尔和胡佛的愧疚之情。他在信中承认，他在首都的第一天就对他们"隐瞒了事实"（正如后来的一位公务员在谈到后来的一桩间谍事件时所说的）："我一直说我们是在 5 月 25 日首次收到（关于'荷马'）的材料，但是，其实早在一两周之前，我们就接到消息了……我承认，'柯曾'在逃走之前，一直处于我们的监视之下，但只是在伦敦，而且只是作为我们对所有七名重点嫌疑人调查的一部分。"26 "重点"一词非常让人振奋，感觉与叛逃前的一段时间相比，现在又多了六名嫌疑人。

332

　　西利托用一个夸张的、英国人描述天气的比喻来描述他的第二天：当他被"激烈地问责"时，"风吹得很冷"。调查局的人问他为什么没有把他设想的七名嫌疑人的名单都交出来，为什么他现在仍然没有交出来。兰费尔和他在联邦调查局的同事们非常愤怒，整件事情他们完全被蒙在鼓里，他们用一系列问题"轰炸"西利托，"这些问题显然是他们事先就想好的，让我根本无法作答"。他觉得他从"浑身湿透"的问责中出来时，"可能把事情弄得一团糟"，这对一个像他这样地位显赫的人来说有点难以适应。西利托本人的工作效率不是很高，所以他对【美国人】在得知消息后的一周内调查麦克林的速度，以及"完成这一任务的彻底程度"感到非常惊讶，他们甚至找到了麦克林从 1944 年起在华盛顿的法国女佣的名字，然后询问她是否还在乡下。虽然作为自己国家的特使和安全部门负责人，他可能感到尴尬，但他似乎对间谍泄露的情报和国家安全信息给英国和美国带来的后果毫不知情，也可能是毫不关心："说实话，我不能说我一直在非常努力地工作，这件事情也确实令人忧心。不过，我依然需要享受自己的生活……"27他可能希望自己在伊斯特本经营一家糖果店，这是他警察生涯结束后的退休计划。

*

叛逃六天后，"柯曾的妻子"和"柯曾的母亲"都在麦克林夫人的公寓里接受了斯卡登的盘问。梅琳达当时在婆婆家是为了等自己的母亲从巴黎来伦敦。艾伦·麦克林也在那里，他从纽约被召回，他原来是在纽约担任英国驻联合国大使格拉德温·杰布的私人秘书。在伦敦机场，当海关人员在他的护照上看到他的中间名和姓时，对他进行了盘问，似乎担心潜逃的麦克林再乔装打扮逃回英国。但大家都不知道唐纳德可能去了哪里。当时怀孕的梅琳达还未生产，威廉·斯特朗爵士一直不愿意把她牵扯进来，但当斯卡登偶然在麦克林夫人的公寓里遇见梅琳达时发现，她至少能够从伯吉斯的一张照片中认出"罗杰·斯泰尔斯"。

333

*

就在《每日快报》报道的第二天，麦克林夫人和梅琳达收到了前一天晚上 10 点从巴黎证券交易所广场邮局发来的电报，很显然，莫斯科中心在巴黎的工作人员已经保管电报好几天了，只是才发出来。麦克林夫人读道："我很好。不必担心。爱所有人。小唐（Teento）。"童年的绰号，"小唐"（Teeny Don）的缩写，清楚地表明电报出自麦克林之手；但地址中数字 7 的写法和文中的笔迹同样清楚地表明，这并不是他亲手所写。梅琳达收到的电报也出现同样的情况。文中坦茨菲尔德的位置写得不对，而且存在各种语法错误：

麦克林·梅琳达夫人。比肯肖。韦斯特汉姆附近的坦茨菲尔德。萨里郡。英格兰。

　　不得不出人意料地离开。非常抱歉。我现在很好。别担心，亲爱的。我爱你。请不要停止。爱我。

唐纳德

MRSMACLEANMELINDA. BEACONSHAW. TATSFIELD
NEAR WESTERHAM. SURREY. ENGLAND.

HAD TO LEAV UNEXPECTEDLY. TERRIBLY SORRY.

AM QUITE WELL NOW. DON'T WORRY DARLING.

I LOVE YOU. PLEASE DON'T STOP. LOVING ME.

DONALD[28]

　　军情五处和联邦调查局试图破译这封电报，他们把文中的英文字母拆开重组，希望找到点线索。他们发现较短的这封电报的长度恰好是较长电报的一半，较长电报的文字更多；他们想要找出这封满是拼写错误的电报背后的真正含义，他们甚至断言这是否表示唐纳德以前不是很好，现在很好，虽然没有什么依据。最后他们唯一得出的结论是，几乎可以确定唐纳德肯定参与了写电报，因此才会写"小唐"，但实际上这些电报都不是他写的。

334

　　各大报纸前一天的头版是追踪佛里特街爆炸事件，现在变成了这封神秘的电报。第二天的《每日电讯报》有三个大标题：

　　　　全欧洲都在追捕两个英国人
　　　　外交部人员无故失踪
　　　　巴黎电报之谜[29]

335   在世界各地，这个故事成了头条新闻。在纽约，有人明确表示，这两个人带走了"绝密数据"³⁰。麦克林本身研究过原子弹这个世纪热门主题，为媒体散布恐慌提供了肥沃的土壤。这是一个可以让记者兴奋不已、非常有创意的且会忙碌多年的故事。

*

有关逃犯的消息不断涌入。《每日邮报》悬赏 1 万英镑，奖励任何提供线索的人。有传言说这两个人躲在巴黎郊外的一座城堡里；也有人说他们在蒙特卡洛、柏林、那不勒斯、罗马、维也纳和巴塞罗那。"咖啡馆漫画家兼人脸辨认专家加斯顿（Gaston）"[31]在戛纳的一家酒吧认出了他们，也有人在布拉格的一家餐馆见过他们。无数自称知道线索的人来信提供线索。即使只是阅读这些信件并进行归档，也会占用大量的时间。一名妇女自称在纽约灰狗巴士站认出了麦克林，因为这个人有和麦克林一样的"乌黑的头发和突出的门牙"[32]。所有提供线索的人中，比较可信的是南斯拉夫铁路警卫杜尚·米利科维奇（Dušan Miljković），贝尔格莱德大使馆官邸负责人与他面谈，他自称6月3日清晨的火车上有两名与逃犯特征相符的男子从贝尔格莱德前往伊斯坦布尔。"他们的行李很少。"[33]

摄影师汉弗莱·斯彭德（Humphrey Spender）是诗人斯蒂芬的兄弟，恰巧也是格瑞萨姆中学的校友。他和作家杰弗里·格里格森（Geoffrey Grigson）为了拍摄《图片邮报》正在西部旅行，随后在沃明斯特的一家药店被抓，当时他们正在那里冲洗胶卷。这位勤奋的化学家很高兴他在威尔特郡发现间谍们在从事邪恶的间谍情报技术，于是把他们带到了当地的警察局，"警察问我们俩谁是伯吉斯，谁是麦克林"[34]，最后他们打电话让自己报社的编辑过来把他们领走了。

德国警方在贝根多夫的一列火车上逮捕了两名男子，最后却发现他们是同样在进行追捕行动的英国秘密情报局的"人物"。[35]"麦克林的一位老朋友"亲手将一封信交给了美国驻伦敦大使馆，其中载有麦克林5月24日口述的所谓"证词"，麦克林在信中说，由于他对官方机密的了解，他感到非常"困惑和担忧"，因为他了解"英美高层对话的内容"，英国政

336

府向美国"出卖领土"，他计划"跨过铁幕进入自由世界"，把他所了解的信息交给斯大林，及时提醒英国人民"从偷走他们命运的坏蛋手中夺回对自己命运的控制权"[36]。

在英国本土，热心的人们在"全国各地"看到了这两名伪装得很巧妙的男子。韦斯特勒姆的一位化学家打电话给军情五处，告诉他们一个高个男子周末来租他的暗室，自己冲洗照片，有一次还留下了一张烧焦的纸，上面印着外交部的徽章；他敢保证这个人的名字上了报纸。[37]半夜有人打电话给戈伦韦·里斯，告诉他有人看见伯吉斯离开雷丁车站去拜访他在桑宁家中的老朋友。

伯吉斯和麦克林目前依然下落不明，不过军情五处、外交部、国务院、联邦调查局和中央情报局消息灵通，受过高等教育的人士并不需要太多的猜测就能想到他们最终的下落。直到三年后世界另一端（苏联）出现了叛逃，真相才开始浮出水面。

*

弗拉基米尔·彼得罗夫（Vladimir Mikhailovich Petrov）体型肥胖，戴着眼镜。他曾在莫斯科的苏联国家安全部海事部门工作，国家安全部于1954年改称克格勃。他以前在瑞典任职，在那里一直关注着多瑙河下游、苏联帝国边缘的苏联商船海员，这让他领略了西方生活。1951年初，他被任命为苏联驻澳大利亚首都堪培拉大使馆的三等秘书，这让他非常高兴。但好景不长，澳大利亚安全情报组织（ASIO）很快就注意到他，"因为他沉迷于吃喝玩乐和酗酒"，这一点从他红润的外表就可以得到证明。澳大利亚安全情报组织开始"研究组织他叛变的方式和方法"[38]。1954 年 4 月 3 日，彼得罗夫接受了政治庇护和 5000 英镑，交出了他所有的文件。

虽然彼得罗夫带来的文件价值不大，他也没有从大使馆得到任何最新的密码本，但他最终带来了伯吉斯和麦克林的消息，这条线索已经断了三年。菲利普·基斯利钦也在堪培拉担任二等秘书，他之前在伦敦担任密码员，之后于 1949 年在莫斯科处理麦克林和伯吉斯寄出的文件；他的那部分内容太多，很多内容一直无法破译。[39]1953 年，当梅琳达再次在媒体上引起轰动时，基斯利钦告诉了彼得罗夫他对麦克林案的了解，以及莫斯科中心开会讨论此事的情况。他讲述了一个简单的计划，在外交部和安全局意识到他们失踪的时候，这两个人已经安全地踏上了苏联领土。

*

那个圣灵降临节的周末，有 200 名乘客在"法莱斯号"上，当最后一批抵达的乘客在跳板升起前几分钟出现时，大多数游客都已经安全地进入了客舱。这两名叛逃者将车遗弃在码头边，钥匙还插在点火开关上。第二天上午 9 点，"法莱斯号"在雨中靠岸后，麦克林和伯吉斯在甲板下一直保持着警觉，确保大多数船员都已下船，或待在圣马洛的咖啡馆和商店里。他们留在船上吃了最后一顿英式早餐咸肉煎蛋，由于在船上逗留的时间太长了，错过了圣马洛车站的发车时间，他们不得不坐出租车去 43 英里外的雷恩赶去巴黎的火车。又或者他们以为圣马洛车站被监视了，所以特意调整了自己离开的时间。出租车司机说："他们在坐车时几乎没有和我说一句话，互相之间也没有说话。"[40]司机把他们放在主广场，而不是雷恩的火车站：也许这

338

两个高大的英国人决定自己走入进站口，如果开车到入口可能更引人注意。

他们在当天下午到达了麦克林心心念念的巴黎；他们穿过城区，来到了奥斯特里茨车站，从那里赶上了开往瑞士首都伯尔尼的夜班火车，在 27 日星期日早上 6 点左右抵达。尼古拉斯·艾略特是伯尔尼车站的站长，他一直把金·菲尔比看作自己最好的朋友之一，尽管艾略特一次次遭到背叛。当他意识到麦克林和伯吉斯出逃的时候，一切都为时已晚。要是他们在两天后警报发出时赶到那里，他们可能中了艾略特的一个密探准备的"下毒的苏格兰威士忌酒"的计，因为他们接到命令要"不惜一切代价和一切手段"[41]逮捕嫌犯。由于没有英国海关和移民官员会检查他们的护照，所以他们不需要按照英国的纸质规格制作假护照，假护照就放在苏联大使馆里，是麦克林（可能是两人中更冷静、更有心理准备的一个）去取的。伯尔尼正在举行汽车展：这里到处都是陌生人，所以没有特别注意到他们俩。对苏联大使馆的监视还需要持续几天时间。

他们方案中的最大风险是：那天是周日，而他们选择的航线要到周二才有航班起飞。苏联方面认为人们会在周一意识到麦克林不见了，但他们没有考虑到近乎偏执的英国人在叛逃中表现出的困惑和沉默，更不用说梅琳达也同样保持了沉默。当激情消退时，这两个逃亡的人"在一家旅馆里松懈下来……没有任何狂喜的感觉"[42]。麦克林躺在床上，抽着烟，读着伯吉斯带来的那本简·奥斯汀小说合集，此刻他没有立即要处理的事，显得镇定而专注。同行的伯吉斯去城里看汽车展了。

周二，伦敦的追捕工作正式展开，这边他们则乘坐了斯德哥尔摩航班，在布拉格短暂停留。在布拉格，麦克林和伯吉斯

"立即和克格勃特工接头，由后者安排剩余事宜"[43]，他们注定
要在苏联领土上度过余生。当《每日快报》和英美当局得知　339
麦克林出逃的消息时，他们已经无从追踪了。6 月 12 日，盖
伊·利德尔在日记中写道："据英国政府通信总部报告，从 5
月 25 日起，伦敦和莫斯科之间的通信量增加了……两三天后，
来自伯尔尼的通信量也增加了，大约在 6 月 4 日或 5 日，来自
布拉格的通信量也增加了。"[44]这也验证了麦克林和伯吉斯的行
动，以及在送他们到新地点时所采取的谨慎措施。但这份报告
来得太晚，对追捕他们于事无补。

　　此后多年，在西方没有人再听到任何与他们有关的消息。

＊

　　唐纳德·麦克林离开了舞台，正要开始演绎他动荡人生的
最后一幕，这是他自少年时代以来，第一次不用再同时扮演两
个角色。而他的女主角一如既往地在一旁等候。

第18章　走进荒野

　　1951 年夏天酷暑难耐，在"叛逃事件"发生后的几个月里，梅琳达和她的孩子们一直被媒体围追堵截，忍受着极大的痛苦，就像一出公开的闹剧。这个消息在冷战时期称得上是热门新闻，可以极大地推高报纸销量，编辑们充分利用了"妻子在分娩前最后几天被抛弃，两个小男孩被掌握英国高层秘密的卖国贼父亲抛弃"等消息。威廉·斯特朗爵士考虑到梅琳达怀着孕，且承受着巨大的心理压力，所以下令在她分娩前和分娩后的短时间内不对她进行审问。但 5 月 30 日，当斯卡登以塞登之名，前去麦克林夫人位于肯辛顿的公寓进行调查时，他发现梅琳达在那里，正等着她母亲从巴黎飞回克伦威尔路附近的机场，当时飞机出现了延误。"柯曾太太"似乎"很沉默"，"很担心"，"生气而不是不安"。在离开的时候，斯卡登对梅琳达的印象是，她仍然认为唐纳德只是喝醉了，等到他"恶作剧"结束回来以后，这一切就不言自明了，同时，她对"外交部表现出的关心和仁慈"表示感谢。[1]

　　6 月 7 日，报纸报道了这一消息，而且新闻发布会点了麦克林的名字，梅琳达的家被媒体围得水泄不通，她也已经没有什么理由保持冷静了。当邓巴夫人赶到时，她首先指责英国外交部不相信她女儿提供的消息，后来又指责外交部对梅琳达不管不问。事实上，外交部什么忙也帮不上，他们所能做的就是告诉梅琳达不要对媒体透露任何信息。6 月 9 日，时任美洲司司长罗伯特·塞西尔出于担心，与妻子前往坦茨菲尔德，却发现梅琳达家大门紧锁，为了躲避记者和摄影师，百叶窗也拉上了。幸好弗格斯从楼上的窗户中看到了他们，梅琳达把他们请进屋里。她"非常痛苦"，在经历过死胎和流产后，她非常担心即将出生的这个孩子，现在唐纳德的工资已经停发，还有抵押贷款要付，她很担心钱的问题，不知道该如何照顾这些父亲失踪的孩子。这次探访后不久，梅琳达住进了医院，在麦克林失踪 20 天后，她生了一个女儿，取名梅琳达（Melinda，为便于区分，小时候人们叫她"粉红玫瑰"或"粉红妞"，后来被叫作"米姆西"），女儿的名字和唐纳德在他最后一天吃午饭时和玛丽·坎贝尔说的名字一样。在梅琳达住院的两周里，她的母亲和妹妹哈丽特一直待在坦茨菲尔德。

由于梅琳达第一胎是死胎，生孩子对她来说风险较大，因此她很久之前就计划产后要在医院多待一段时间。这一次，她觉得自己比以往更加相信宿命了，于是给唐纳德写了一封非同寻常的信，一直放在自己身边，直到两年后人们才在她的个人物品中发现这封信。但这封信她并没有给唐纳德，直到这封信出版的时候，唐纳德才和世界上其他读者一起看到它。这封信显示了梅琳达的巨大勇气，以及她对他们取得的成就表现出的自豪感。就在她不知道他是死是活的时候，他们之间的爱依然能支撑她勇敢面对各种困难——如果人们知道她过去几年到底经历了什么，她的这些品质就更显得弥足珍贵。这是她对唐纳德的忠诚，这是她表现出的宽宏大量，尤其是她对唐纳德的爱和赞扬，同时也是她的嘱托和承诺，即在她离开之后，他仍然会是孩子们的父亲：

> 我最亲爱的唐纳德：

>> 当你收到这封信的时候，我可能已经不在了，我无法当面告诉你我有多爱你，我有多为你感到骄傲。我唯一的遗憾是你可能无法亲口听我说这些话。

342

>> 有弗格斯和小唐纳德在我身边，我就已经心满意足了，我觉得这是我留在世上的、我们的爱的结晶。我真的很期待我们最小的这个孩子的到来。这种感觉就好像这是我第一次做母亲一样，我想我真的太爱这个孩子了。亲爱的，我从未忘记你爱我，我也会一直努力地活着，一直等到我们再次相聚的那一刻。

>> 献上我最深切的爱，祝愿你和我们的孩子幸福快乐。

>> 梅琳达[2]

*

在这个夏天以及之后的日子里，艾伦·麦克林成了斯卡登、外交部、麦克林夫人和梅琳达之间沟通的可靠桥梁。在接下来的几年里，警察司卡登和麦克林夫人成了朋友，甚至会给她带来些许慰藉，使她把自己儿子的声名狼藉当成一件很光荣的事。[*3]艾伦在这其中也发挥了搞笑的作用，就好像一个悲剧的故事需要喜剧元素来调剂一样。比如有一次，斯卡登告诉艾

---

* 南希·麦克林和母亲去了银行，一个"新来的女孩"要求她出示身份证件。她的母亲"以一种大得足以让整个银行都听见的声音说：'你是说你不知道我是谁吗？我是麦克林夫人，那位失踪外交官的母亲。'"

伦，军情五处已经彻底调查了逃犯留在"法莱斯号"上的物品，他可以去滑铁卢车站把东西取回来，办公室会派一辆车来接他和伯吉斯的继父巴塞特（Bassett）上校，然后一同前往。为了此行，麦克林夫人坚持给艾伦置办一套新衣服，而且还把他已故父亲留下的多年不用的过期润肤液拿了出来，把他打扮得衣着得体。最后，巴塞特上校穿着细条纹衣服，戴着圆顶礼帽，打扮得无可挑剔，身上散发着一股贵族气息。同行的还有吉姆·斯卡登。

　　滑铁卢车站的站长亲自把他们带到自己的大办公室，让他们翻查桌子上两个软塌塌的帆布包旁边摆着的"各种看起来很破旧的物品和衣服"。在场的人都"翻来翻去"，或多或少随意挑拣了一段时间之后，剩下的只有"一件非常脏，还有破洞的黑色睡衣"和一双"令人作呕的袜子"，上面都是洞，还"满是干涸的汗渍"。巴塞特上校特别讨厌来这，因为"他一直不喜欢盖伊·伯吉斯，而且特别看不惯妻子对伯吉斯的溺爱"[4]。艾伦和上校都坚持认为睡衣是对方亲属的，自己不应该认领。最后，艾伦"灵机一动"，他指出唐纳德一直认为穿睡衣是"违背自然的罪过"，所以睡衣不可能是唐纳德的。这一理由让上校无可辩驳，所以他极不情愿地把睡衣收下了，但是作为"礼尚往来"，他坚持称那双臭袜子一定是唐纳德的。出了车站后，艾伦立刻瞥见了车站大厅里有一个铁丝网垃圾箱，他一阵狂喜，赶紧把这些脏东西扔进了垃圾桶。到巴塞特上校的俱乐部后，三个人在门前分手告别，艾伦问斯卡登这一早上过得怎么样，那个幽默的家伙说："开心极了。"[5]

　　自从哥哥出事之后，艾伦发现自己在外交部待不下去了，除了辞职他别无选择，这时候的他只能展现自己温良醇厚的性

343

格。这一事件也成了各大报纸争相报道的新闻，因为他们渴望得到任何与麦克林有关的只言片语。外交部后来公开表示，经调查，艾伦没有与他哥哥同流合污。30 多年后，唐纳德有机会向艾伦解释说，他之前一直希望自己这个从小没有父亲、对他尊敬有加的弟弟，不要因为想效仿他而从事外交工作，但当时他没有机会与艾伦说这些。[6]后来，艾伦通过与维奥莱特夫人的儿子马克·伯翰·卡特的朋友关系，一直在为出版商威廉·柯林斯工作，后来他来到麦克米伦麾下，成了一名杰出的出版商，在这期间他充分发挥了自己的外交技巧，与外交大臣、首相和公司的董事长哈罗德·麦克米伦建立了深厚的友谊。

*

344　　虽然到了 7 月底，比肯肖的周围不再挤满记者，邓巴夫人也觉得局面得到了控制，但她依然认为这家人需要离开这里，去别处休息一段时间。他们计划去法国南部圣特罗佩附近的博瓦隆，梅琳达的妹妹凯瑟琳 8 月中旬在那里租了一套房子。就在他们出发前，邮递员上门，送来两封寄给邓巴太太的挂号信。两封信都来自苏黎世附近的圣加仑小镇，一封来自瑞士银行，另一封来自瑞士联合银行。每封信里面都有一张罗伯特·贝克（Robert Becker）先生开给梅琳达·邓巴太太的 1000 英镑的银行汇票。当初邓巴太太借给女儿和女婿 2000 英镑*买下比肯肖的房子，所以现在邓巴太太收到这笔钱可能不是巧合，之所以使用罗伯特·贝克这个名字，可能是因为麦克林的名字太过敏感，不宜直接使用。

---

*　相当于今天的 7.5 万英镑（约合 10.4 万美元）。

梅琳达和她的母亲都不认识叫罗伯特·贝克的人，于是她们联系了军情五处。军情五处立即派侦探前往圣加仑，但当他们想要调查汇款人时，瑞士银行直接拒绝了，这家银行拒不透露客户的详细情况，不过他们确认了银行汇票所附表格中的内容，即贝克曾住在苏黎世中央酒店，并给了一个纽约地址。联邦调查局证实，贝克先生所说的地址是在中央公园中央的某个地方。邓巴夫人从实际情况出发，希望能让她把支票兑现，因为即使把支票退回去也没有什么意义。

两天后，梅琳达收到了一封写给她的信，这次信上有她丈夫的亲笔签名。信中没有注明日期，也没有地址，但邮戳是赖盖特和雷德希尔的，此地离坦茨菲尔德 25 英里。信中字迹歪歪扭扭，却是一封十分有感情的、充满爱意的信，这封信向官方读者证实梅琳达对他的失踪毫不知情，表达了没有陪在梅琳达身边的遗憾，他希望家人不会因为他的消失而遭受太多的痛苦，但是他并没有透露他自己的下落；信中麦克林表达了他对家人的爱，以及他寄来的钱，希望这可以改善家里的状况，让他的家人，包括他刚出生的女儿即使再也见不到他了，也依然可以生活得好一些：

亲爱的： 345

　　一个去英国的朋友说他会把这封信带给你，我很高兴能再次与亲爱的你联系。我不能告诉你我为什么离开或者我在哪里。我相信我们之间的爱会让你相信我。亲爱的，我一直想着你，把你紧紧地放在我的心上，我相信你也是一样。

　　我不知道你是怎么想我的，走的时候一分钱也没有给你留下。我安排了一位朋友寄给你 2000 英镑。把钱寄到你母亲那里会简单一些，但这当然是为你准备的。

哦对了，我听说了小梅琳达出生的好消息！你真棒，亲爱的。我很开心，更为你感到高兴。我想知道她的皮肤是否黝黑……就像所有梅琳达家的孩子一样；性格安静还是活泼呢？也许你自己也还不知道。我能想象你们俩在一起的情景。

告诉孩子们我一直很想他们。我希望弗格斯能在我不在的时候能帮你生炉子*，做家务。我不知道唐纳德的病怎么样了，出麻疹的时候会不会自己处理。请替我抱抱他。

请代我向母亲转达我对她特别的爱，告诉她我的心一直与你们在一起，我相信，她那么勇敢，一定不会为此担心，也不会感到沮丧。我也非常想念安迪、南希和艾伦，请向他们转达我的爱。

但这封信最主要是写给你的，亲爱的，我想说你是我生命的一部分，我觉得你永远与我同在，所以希望你，不管发生什么，都要相信我的爱。要相信我，并且一定要开心。我一定会再写信给你的，而且我很好，我一切都好。

亲爱的，给你我全部的爱。

唐纳德[7]

虽然他自己也在经历着极大的痛苦，但他一定能猜到英国此时正在发生的事，他想支持梅琳达，告诉人们她确实毫不知

---

* 一种每天烧焦炭的炉子。

情，以防别人胁迫她招认。

梅琳达多年来一直把这封情书放在手提包里。她母亲注意到，这封情书给她带来了巨大的力量。两年多以后，有一次她以为这封情书丢了，曾一度非常惊慌失措。当她对自己的未来前路表示担忧时，她丈夫的话一定在某种程度上让她相信她当初对他的支持是对的，他们在一起的生活有着某种高尚的追求，这种追求和想达到的目的是她如果仅作为一个普通的巴黎左岸少女达不到的。

但这封信也最终确认了她的丈夫为外国势力效力，因为他在瑞士的一家银行存的钱比他一年的工资还多，这使得军情五处对她的态度发生了转变：他们因为找不到麦克林而勃然大怒，把气撒在梅琳达身上。斯卡登膝盖受了伤，所以换成了另外一名军官来找她谈话，他们指责她一定知道麦克林的共产主义思想，甚至可能和他是同伙。梅琳达说，她"勃然大怒"，并对警察说，在他拿出具体证据之前，"我永远不会相信他是叛国者"[8]。在斯卡登友好、细致、详细的记录中找不到这位警官的来访记录。几天后，梅琳达不顾外交部的劝阻，离开英国前往法国南部，这让她如释重负。起初，媒体一直盯着这家人不放，但很快，由于拿不到实质性的新闻而且跟踪的费用过于高昂，迫使他们慢慢开始转移注意力。但后来这家人悲伤地发现别墅里的电话线被切断了，他们没法与外界联系。一个月后，全家人回到了坦茨菲尔德。

*

在写信给梅琳达一周后，唐纳德又给他的母亲写了一封信，信的笔迹更像他自己的。他希望不久的将来能再见到她，

"虽然我自己还不能向你解释，但离开是最好的办法，我没有做过任何令我感到羞耻的事，也没有做任何让你蒙羞的事。[9]"麦克林夫人一直到死都坚信，她最宠爱的儿子一定是在莫斯科做双重间谍[10]，为英国服务（斯大林和贝利亚也一直在考虑这种可能性），她还从这封信中得出一个令人欣慰的想法：他仍然在追随她已故丈夫所追求的爱国主义正义之路。当斯卡登意识到对麦克林夫人的调查毫无价值时，他选择把麦克林夫人的这种想法当成一个善意的谎言，并没有劝阻她放弃这个念头。

347

*

接下来的几个月对这家人来说尤其艰难。在了解叛逃者的政治经历之后，外交部成立了卡多根事件调查委员会，以防其他不法分子加入他们的行列。但外交部真正采取的行动就是在1952年初，对所有人进行积极审查，并特别关注那些有前科的人。他们对梅琳达不感兴趣，也不再对她表示同情，媒体也不再关注梅琳达。梅琳达靠着自己微薄的收入和母亲给她的钱生活。弗格斯和唐纳德在学校里经常遭到欺负，同学们嘲笑他们，说他们那个卖国的父亲已经死了。另一件最重要的事是，梅琳达非常想念麦克林，这段痛苦的经历使她开始考虑自己对麦克林的感情以及她的未来，但是极少人关心她、关注她。1952年的圣诞节就这么匆匆过去了，这一年结束了。第二年春天，梅琳达在伦敦医院做了一次小手术，她在开罗时认识的克莱尔·霍林沃斯前来探望她。梅琳达告诉霍林沃斯，她决定重新开始自己的生活，她不再爱唐纳德了，但他现在音信全无，她不知道该怎么做：或许她应该回美国，现在她对过去三年的经历感到筋疲力尽，她想让孩子们的生活稳定些，包括给她刚出生的小女儿一个安稳的家。正如霍林沃斯的丈夫杰弗里·霍尔所说："她就像一个久病而且虚弱的病人，再也无法恢复体力了。"[11]无论她和唐纳德在 1951 年 5 月那段梦幻般的日子里说了什么，她身上的疲惫和不安都是真实的。在叛逃发生一周年那天，媒体又来了，她绝望地写信给哈丽特："我不知道是该表现得难过还是该高兴：人们约我出去，但我已经变得非常敏感，几乎所有的社交活动都让我筋疲力尽，这一切让我觉得可怕。我真的觉得自己比以往任何时候都更接近发疯的边缘。"[12]霍尔感觉到梅琳达似乎陷入了一种"黑色抑郁……确信她的婚姻生活完全结束了，永远不会再重新开始"[13]。

邓巴太太一再强调，希望梅琳达离开英国。弗格斯在复杂的中学环境中也遭遇了更严重的歧视，最终梅琳达同意从 9 月开始，在日内瓦住上一段时间。于是她满心忧伤，离开了这个他们曾经真正拥有过的唯一的家，曾经带给他们短暂快乐的家，把房子租给了陌生人。出发前，她接受了军情五处的最后一次问话，再次否认自己知道丈夫的背叛行为，并对《每日快报》说："我等我丈夫的消息已经等了一年多了。现在为了我的孩子们，我要开始新的生活……我可能还会回英国处理一些事情，但我再也不会回到这里生活了。"[14]

离开英国后，梅琳达先与哈丽特一起去诺曼底度假，那里阴雨连绵，根本无法让她心情愉悦。9 月 3 日，她开着自己新的美国雪佛兰汽车前往日内瓦，这是她母亲送给她的礼物，也是她开始新生活的象征。

*

在关于麦克林的流言蜚语愈传愈多的日子里（尤其是在

认识麦克林的朋友之间），梅琳达离开了英国。1952 年 9 月 21 日，唐纳德的朋友西里尔·康诺利在《星期日泰晤士报》上发表了两篇长篇文章，其中的一篇后来发表在一本名为《失踪的外交官》的书中。在文章中，他直言不讳地描述了麦克林的酗酒、伯吉斯的同性恋问题，以及麦克林在外交部最后那段时间的所作所为，并大胆地猜测了此二人背叛行为的起源和实施方法。

离开后的梅琳达已不在内政部的管辖范围内，但麦克林夫人的电话仍处于被窃听状态，以防她的儿子可能从别处给她打电话，或者有苏联口音的人与她联系，给她带来什么消息，虽然这样的事情不太可能发生。当听到这些新闻时麦克林夫人觉得非常震惊，就像是一位母亲（在维多利亚女王统治时期长大的母亲）读到"一个孩子对爱的渴望得不到满足……最终可能尝试成为一名革命者"[15]时那般震惊。她在电话中对她的亲戚巴迪·德维特（Buddy Devitt）说，"写这些东西的康诺利就像一个透过肮脏的窗户看世界的肮脏小孩"，但其他读者的总体印象是这家人"似乎对这些文章不屑一顾"[16]。帕特里克·利·费尔莫尔（Patrick Leigh Fermor）将前情报部部长（也就是英国驻法国大使达夫·库珀）参加的一个午餐会描述为"一场时常发生的愤怒和愤慨的风暴……【达夫】脸涨得通红，血管清晰可见，因为康诺利竟然说他的朋友们是酒鬼、叛徒、虐待狂、布尔什维克等，利用他朋友的失败赚钱……"利·费尔莫尔是这次聚会上唯一大声斥责这篇描述失踪人员文章的人，虽然没有向在场的人描述新的内容，但"重申他们只是普通的人……而非目前在媒体上出现的诡诈和有罪的反面形象"[17]。康诺利的文章可谓首开先河，随后的几年里，市面上涌现了一大批相关的书籍和文章，这些文章不断虚化，把一些猜测的内容伪装成了事实，其中一些故事也传到了苏联，故事的主角麦克林对这里面夸张和不准确的内容感到非常愤慨。然而，当时麦克林并不知道伦敦知识界对他和伯吉斯的故事有多痴迷。

梅琳达把两个男孩送进日内瓦的国际学校之后，就向他们解释了他们父亲的情况，随后她和哈丽特说："孩子们最大的担心似乎是我可能也会消失……弗格斯很害怕【唐纳德】可能在办公室做了什么错事，当他有一天回国时，外交部会非常生气。小唐纳德说，也许他去了印度……那是一个很好的藏身之地。"[18]梅琳达向孩子们强调了他们父亲的道德和政治信仰，他的力量和善良。弗格斯随后在和小伙伴一起玩战争游戏时宣称："我爸爸想停止一切战争。"[19]

后来，这一家人搬到阿尔卑斯山街上一间能看到湖景的阴暗小公寓里，在那里安顿下来。但梅琳达此时仍然"非常沮丧"，她现在要独自一人抚养孩子，这是一件非常令人同情且非常艰难的事，她不知道如何"鼓起勇气来开始新的生活"[20]。她去巴黎看望了哈丽特，哈丽特从来没有见过她情绪如此低落。艾伦10月初去日内瓦看望她。他们一起猜测唐纳德现在是否在铁幕后面，如果有人邀请她，她是否愿意去找他；她"坚定地"说她不会。[21] 1953 年元旦，她写信给妹妹，说她"最高兴的是，看到 1952 年终于过去了"，虽然整整一年没有听到丈夫的消息，她似乎已经习惯了，但她"仍然处于一种悲惨不稳定的状态"，有"一种可怕的感觉，几乎任何事情都可能把我推向悬崖"[22]。不管之前他们在一起的生活有多么起伏不定，这是 22 岁他们认识以来，梅琳达第一次发现她已经

350

和那个在个人思想和政治信仰上都不顾一切、恪守承诺的男人
彻底失去了联系。

*

斯大林于 1953 年 3 月去世。在尼基塔·赫鲁晓夫领导的
政变之后，安全部门主管贝利亚于 12 月被处死（其中一项指
控是他是英国间谍）。冷战持续升级。如果没有这两人的无情
控制，苏联似乎会变得更加开放。

斯大林去世后，梅琳达变了。她只要离开家稍久一些就会
变得焦虑不安，她似乎相信斯大林去世后，唐纳德会设法与她
取得联系。她表现出异乎平常的优柔寡断，在选家庭度假地时
也一直犹豫不决。同年 5 月，她告诉母亲，她打算接受一些美
国朋友的邀请去马略卡岛，她在 6 月 10 日买了票，准备等孩
子们 30 日一放学就离开。她写信给哈丽特说，她"满怀激动
351　地准备离开"[23]，收拾衣服，处理事务，并准备好将公寓转租。
到了 30 日，她又突然改变了主意，决定到山上呼吸新鲜空气，
于是带着孩子们去了偏远的阿尔卑斯山区小镇萨嫩莫泽
（Saanenmöser）。五天后，她就回来了，说这次旅行"非常令人
失望"，然后她又要重新预订去马略卡岛的机票。7 月 23 日，在
经历了那场完全不在计划内的登山之旅之后，她们重新开始了
马略卡岛之旅，比原计划晚了将近一个月。马略卡岛是一个可
以与苏联国家安全部的某位使者进行秘密会面的理想地点。

大卫·A. 威尔逊（D. A. Wilson）是贸易委员会一位非常
古板的公务员，他住在马略卡岛的卡拉纳雅达，这是"一个
奇怪的地方，有一个小的外国殖民地，这里大部分是美国
人"[24]。他说梅琳达的朋友，一个叫道格拉斯·麦克基洛普

（Douglas MacKillop）的美国人"很明显是一个同性恋"，而且大家都知道这家人"很快就要离开去别的地方了"，因为梅琳达给了麦克基洛普的女佣"很多衣服和化妆品等"，即使按照美国奢侈的标准来衡量，这也显得"不同寻常"。弗格斯和比尼在海滩上认识了一个新玩伴，他们一起拍了照片。弗格斯和比尼对他们的新玩伴说："我们要走了，我们也不知道要去哪里，所以你没法把照片邮寄给我们了。"[25]

在岛上玩了几个星期后，他们一家于 9 月 7 日星期一回到了日内瓦，却发现新学期要 15 日才开学，整整推迟了一个星期。据梅琳达的母亲说，11 日星期五，梅琳达从集市上回来时"看上去兴高采烈"（她每周都会去集市）。她解释说，在集市上，她碰见了在开罗时认识的老朋友罗宾·缪尔（Robin Muir），他邀请她们一家去他在泰里特的别墅与他和他的妻子共度周末，别墅就在日内瓦湖的另一端。梅琳达的母亲说她和保姆两人可能照顾不过来这么多孩子时，梅琳达轻松地说，不用考虑孩子，因为缪尔有一个"专用保姆"[26]。别墅的位置似乎不大好找，缪尔说那天下午会在蒙特勒一家酒店的大厅与她会合。那天早上，梅琳达还兑现了一张 60 英镑的大额支票，给刚会走路的小梅琳达买了一些新衣服，还结清了一笔未付的车库账单。由于说好只去一个周末，所以他们带的衣服很少，他们 3 点离开时，男孩们穿着灰色法兰绒套装和运动衫钻进了雪佛兰车。周日晚上他们还没有回来，邓巴太太开始慌了。星期一下午 3 点 30 分，她通知了英国驻日内瓦领事。

352

*

就像两年三个月以前，一位瑞士出租车司机是最后一个在英国见到麦克林的人一样，一位奥地利车站的搬运工也是最后一个在 1953 年 9 月 11 日见过梅琳达和她的三个孩子的人。那天下午，有位男士给他们买了票，他们把行李放在了洛桑车站的一个储物柜里（后来得知，梅琳达不知什么时候把她大部分衣物都拿走了）；梅琳达把雪佛兰留在了车站的停车库里。列车上的列车员后来描述说，孩子的母亲问她能否在苏黎世换乘，当时她身边的两个男孩在火车上玩着玩具枪，米姆西手里拿着一个红头发的洋娃娃。最终他们成功了，他们换乘了一辆开往奥地利施瓦察赫的列车。到那里后，搬运工彼得·盖泽（Peter Geiser）把他们的行李搬上了一辆等候在一旁、挂着萨尔斯堡车牌号的大轿车上，这辆车开去了维也纳。在半路上，他们又换了车，去往奥地利苏占区的一个小机场。* 然后，他们"登上了一架小型军用飞机"[27]，飞机将他们送到了莫斯科。

*

飞机着陆后，他们在离机场不远的迪纳摩足球场附近的苏维埃酒店与唐纳德团聚。他们成功地避开了记者敏锐的目光，受到了"苏联官员"的欢迎，其中包括来自伦敦的尤里·莫丁，这次团聚就是他策划的。莫丁以前没有见过麦克林，在等飞机降落时首次相识，他对麦克林的印象是，非常"冷漠"和"疏远"，因为他们"没有谈论任何特别的事情"。在梅琳达与麦克林分开多年之后，在历经种种事情之后，她时时刻刻学着伪装自己，但是她却那么值得怜悯和同情。这次半公开的会面让她感到极度紧张。麦克林也处于一种非常复杂的情绪状

353

---

　　* 二战后，奥地利一直处于被占领状态，直到 1955 年结束。

态，"有内疚、有爱意……"面对他几乎认不出的儿子，以及被他抛弃而且还没见过面的女儿，他不知道该站在哪里。他"几乎没有拥抱他的妻子"[28]。他对这个家庭在他离开他们以后的两年中所发生的变化知之甚少，他可以想象他们在那段时间里的一些生活状况，而他们对他的遭遇却一无所知。外交部美洲司、旅行者俱乐部、施密特餐厅，以及开往奥克斯特德的晚班火车上的那位文雅的外交官已经消失了，取而代之的是一位说俄语的无名小卒，他曾抛弃了自己的孩子。

麦克林夫妇一家前往麦克林居住的城市，他们在那里度过接下来的两年。[29]"所以最后终于成功了！"[30]菲利普·基斯利钦在苏联驻堪培拉大使馆听到他们的到来时欣喜若狂，这是他们1951 年计划的最后一部分——待到麦克林撤离之后，在一个不确定的日期，以不确定的方式"把麦克林的妻子接出来"[31]——现在已经实施。

*

消息立刻传开了。凯瑟琳·马林接到电话时，有一位美国记者和她一起住在巴黎。在 1951 年 6 月的一次事先计划好的方案中，梅琳达收到了一封电报，里面有很多文字错误，内容十分混乱，但用了一个关键的家庭昵称来证实了它确实出自麦克林之手。这封信是在泰里特交到梅琳达之手的，据说梅琳达当时在那里过周末：

　　非常抱歉延误了与您的联系没有预料到的情况出现了我要在这里多待一些时间请通知学生们大约一个星期后回来一切都很好粉红玫瑰美丽的形式来自所有梅琳达的爱

TERRIBLY SORRY DELAY IN CONTACTING YOU
UNFORESEEN CIRCIONSTANCES HAVE ARISEN AM
STAYING HERE
LONGER PLEASE ADVISE SCHOOLBOYS RETURNING
ABOUT A WEEKS TIME ALL EXTREMELY WELL PINK ROSE
IN MARVELLOUS FORM LOVE FROM ALL MELINDA[32]

354 　　媒体自然不关心他们夫妻分别的两年中梅琳达所遭受的痛苦, 转而攻击梅琳达。媒体不再同情这个"可悲而孤独的人", 而是把她塑造成了一个诡计多端的骗子, 一个外国骗子。麦克林的妻子愚弄了许多人, 她一定有两个目的: 与丈夫团聚, 并败坏英国的名声。[33]

　　10 月 22 日, 梅琳达饱受创伤的母亲收到了一封手写书信, 信是用廉价的灰蓝色信纸写的, 来源不明, 邮戳是开罗的。这要么是一个拙劣的玩笑, 要么是一个毫无希望的企图, 想要暗示梅琳达可能真的回到了开罗。就像唐纳德的第一封信一样, 它没有透露任何内容, 但与那封信不同的是, 在浓浓的悲伤中表达了对重逢的期许:

　　亲爱的妈妈:

　　　　我知道您会很担心, 但请相信我, 我们都很好。我真心希望您能理解, 我深切地明白我的离去会给您带来多大的悲痛和担忧。我们非常想念您。您是我们生命的一部分。我们将永远想念您。

　　　　请相信我, 亲爱的妈妈, 除了这样做我也别无选择。

　　　　献上我们对您、凯茜和哈丽特的爱。

再见，但不是永远——

梅琳达[34]

当邓巴太太悲伤地走进女儿的公寓时，她觉得自己彻底低估了自己的女儿，她发现梅琳达有 3 个孩子的护照照片，这些照片是 5 月时以史密斯夫人的名义拍摄的。现在一张照片也没有了。梅琳达还带走了她珍爱的禄来福来相机（Rolleiflex）。吉姆·斯卡登以他一贯的诗意笔调指出，"她可能把它带到了荒野中"[35]，这句话可能是双关，呼应了一位母亲和祖母内心的阴郁。

这封信（9 个月后登到了报纸上）寄到以后，又过了好多 355 年，梅琳达·邓巴才再次收到关于女儿的消息。在唐纳德·麦克林再次对苏联发挥价值之前，苏联一直保守着秘密。

第 19 章　弗雷泽同志

　　麦克林在莫斯科生活和工作的时间几乎相当于他在英国外交部当间谍时间的两倍。前些年他内心中的巨大分歧引发的情绪突变和暴怒已不复存在；以前，他的父母、他的婚姻、他的工作、他的间谍活动、他的学校教育，以及他所处时代的重大事件，它们相互分裂，然后在他爱国主义和良知之间的易燃空间里相互冲突，而这些分裂现在都荡然无存，或者是终于得到了承认，不再对他的精神状态构成威胁。他一生中的戏剧性经历还远未结束，但前路已然明朗。他对自己的命运有了一定的控制权，对自己也有了更强的掌控，以往同时为英国和苏联效力的经历对他产生的冲击也有所减弱。与其他叛逃者不同的是，他现在找到了一个可以与之共处的自己。

＊

　　1955 年底，伊恩·弗莱明（Ian Fleming）刚刚出版了奇幻无比的詹姆斯·邦德历险记的第三部《月球探险者》。作为《星期日泰晤士报》的外籍经理，他决定"在苏联来场突击"[1]。总书记赫鲁晓夫和总理布尔加宁参与的"苏联新综艺节目"[2]已经结束了对印度和缅甸的访问，即将访问英国。弗莱明认为他的报纸应该进行第一次媒体采访，于是派远东明星记者理查德·休斯（Richard Hughes）带着六瓶威士忌去采访赫鲁晓夫。* 等了 1 个月休斯也没有见到赫鲁晓夫，弗莱明致电休斯，要求他在 2 周后回国，"因为你的主要任务似乎无法完成"。5 天后，竞争对手《世界新闻报》采访了赫鲁晓夫，赫鲁晓夫在采访中否认伯吉斯和麦克林在苏联。休斯敷衍地采访了高龄的莫洛托夫。休斯通过他们的外交大臣给两位领导人寄了一封信，信中明确表示，对这两名叛逃者的这种"旷日持久、徒劳而荒谬的沉默政策"[3]将影响他们出访英国的效果。人们只知道四年前他们乘坐出租车从圣马洛去了雷恩，此后再没有人见到过他们。1954 年，从彼得罗夫传来一些消息，之后，"可怜而诚实"的梅琳达和三个孩子开始了大逃亡，其余的情况仍然是一个谜，这些情况会时不时地激起媒体的兴趣，同时也让其家人和朋友感到痛苦和困惑。

1956 年 2 月 12 日，经过 2 周的惬意之行，休斯喝足了伏特加，正收拾行装，准备赶乘飞机离开时，国家饭店房间里的电话铃响了，他被紧急叫到 101 号房间。我们只能推测，房间的选择可能是一种微妙的苏联式讽刺，就在 7 年前，在乔治·奥威尔的《1984》中，司法部曾用这个数字表示人们最害怕之事。5 个人坐在一张铺着白布的桌子前，周围摆满了维多利亚时代的小摆件，壁炉上方为大理石钟，椅子套着椅套。其中"一个高个子男人穿着蓝色西装，系着红色领带"，站了起来，伸出手。"'唐纳德·麦克林'，他木然一笑说"[4]，休斯立刻清醒过来。会面只有 5 分钟。麦克林多少有些沉默，抽着"一支长长的苏联香烟"，伯吉斯则友善得多，但是也没谈太多休

---

* 休斯是约翰·勒卡雷的《荣誉学生》（*The Honourable Schoolboy*）中老克劳人物形象的原型。

斯感兴趣的话题。这是麦克林近 30 年来最后一次接受报纸采

358　访。第二天，关于两人的新闻就出现在了英美两国的早餐桌
上，他们还活着，在四年半的新闻封锁后，人们终于知道他们
的下落了。休斯因其独家报道获得了《星期日泰晤士报》老
板奖励的 1000 英镑。

　　这份声明显然是叛逃者自己撰写的，因为"对我们过去行
动的猜测"可能会妨碍"英苏谅解"。他们前往苏联"是为了
增进苏联和西方之间的谅解"，但英国和美国政府都对这一目标
不感兴趣，而"如果想要和平"，这一目标将至关重要：从格瑞
萨姆中学的国际联盟，到梅琳达传达给他的儿子们关于其共产
主义的信息，我们知道，和平一直都是麦克林理想主义的磁石。
叛逃者承认，他们从剑桥时代起就是共产主义者，但否认曾经
是"共产主义特工"（为了在回国时保护他人和自己）。他们是
政治难民，而不是间谍。就麦克林而言，他说找不到一个不谈
论"共产主义威胁"或理解"美国在远东和欧洲政策的愚蠢和
危险"的当权者（大概指的是他在外交部的同事），更别提他在
伦敦任美洲司司长这一最后职位了。"外交部和安全局有自己的
计划"，通过窃听和跟踪他来阻碍他未来的职业生涯，于是，他
"决定来到苏联，尽他所能从那里增进东西方之间的了解"。[5] 这
就是他正在做的工作，在与休斯的谈话中，当要求他撕下伪装，
承认自己的背叛行为时，他很不高兴。整个发言半真半假，最
后一点至少符合他对自己正直的政治觉悟和道德良知的感觉，
并体现出他打算如何度过余生。

　　《星期日泰晤士报》一篇短评表示，"这份声明留下了许

359　多未解的问题，即使对密切关注此事的人来说也是如此"，比
如他们离开英国的途径，以及梅琳达和孩子的下落。短评认为

"苏联读者可能很难理解"[6]，因为苏联媒体上关于这次叛逃的报道很少。

*

布尔加宁和赫鲁晓夫访问英国期间，双方的"谅解"甚至因为"波多尔行动"出现倒退。当时，英国皇家海军授勋上尉"破坏者"莱昂内尔·克拉布（Lionel "Buster" Crabb）在朴次茅斯港意图检查苏联方面派出、接出访领导人回国的"奥尔忠尼启则号"巡洋舰的龙骨、舵和螺旋桨。克拉布潜入水里后再也没有上来；大约 14 个月后，一位渔民捕捞到其尸体，双手和头颅都已不在。第二天晚上，赫鲁晓夫在首相安东尼·艾登（Anthony Eden）为苏联人员举行的晚宴上，略微含蓄地提到了"奥尔忠尼启则号"（Ordzhonikidze）和"失踪或遗失的财产"。[7]《真理报》则报道得很直白，谴责了"针对那些友好来访人员的可耻的水下间谍行动"[8]。伯吉斯和麦克林的声明使人觉得欲盖弥彰，并没有使两国的外交关系顺利推进多少。"波尔多行动"只是表明了冷战的严重程度。

*

1951 年 6 月，麦克林和伯吉斯度过了在莫斯科的第一个夜晚，他们在酒店一楼"俯瞰克里姆林宫的巨大阳台"[9]，并享用了一顿丰盛的晚餐。他们喝伏特加喝到烂醉，直到凌晨 3 点。这样的狂欢是莫斯科中心处理精神创伤旅客的理想方式。第二天，麦克林从宿醉中恢复过来，使劲回想发生了什么事，而伯吉斯则出去继续寻酒作乐。但这种快活的日子不可能一直继续。苏联主要是想听取这两位筋疲力尽的特工的汇报，了解他们掌握的情况，然后决定接下来如何处理这两个人。

360　　　他们被派往古比雪夫，这座伏尔加河畔的城市在1935年之前（及1991年之后）一直被叫作萨马拉。它不对外国人开放，由军队和莫斯科中心控制，苏联公民只有持特别通行证才能进入。1941年10月，当纳粹迅速进攻500英里外的莫斯科时，政府人员被疏散至此，这里比较安全，而且有无线电设施和秘密设备。这是一个气氛压抑、污染严重的工业化城市，大部分战争武器都源自此处。没有记者会在这里沉闷的街道或无趣的酒吧里碰到伯吉斯或麦克林。伯吉斯向英国下议院议员汤姆·德里伯格（Tom Driberg）抱怨说："这简直就像19世纪星期六晚上的格拉斯哥。"[10]这两人，一个脾气暴躁，满腹闲言碎语，另一个则越来越显示出他父亲的高尚品格，虽然不得不同进同出，住一间公寓，但他们注定不会成为灵魂伴侣。

　　　在莫斯科第一个夜晚的景象很快便消失了。他们在伏龙芝街被"克格勃【原文如此】部队安排在日夜看守的小房子里……出于各种目的的软禁"[11]，无论他们走到哪里，都有人跟着他们。一开始是问外交政策以及和他们联系的人，后来很快就变成全面问讯。在苏联人的思维模式中（最偏执的是医生所谓的针对斯大林的"阴谋"，以及野蛮地围捕残存的犹太知识分子），这两个从祖国逃离的人甚至可能在苏联充当双重间谍。苏联国家安全部的一名看守说，他们要"回忆很多内容，提供新信息，对不同的文件进行评论，阐述'剑桥五杰'向苏联提供的信息"[12]。他们详细询问麦克林在伦敦、巴黎、开罗，特别是华盛顿的工作内容，以及他所遇到的人和事。苏联国家安全部特工接连从莫斯科赶过来，翻阅过去15年的档案记录。这期间，麦克林在这座阴暗的城市里步履维艰，他阅读经典著作，开始学习俄语，准备迎接他可以重新开始生活的那一天。

然而斯大林仍然牢牢控制着这个国家，他们的未来也不甚明朗。苏联国家安全部的行事方式让他们觉得如果自己的行踪被英国人发现，就会被暗杀。无论他们是真正的苏联特工，还是被苏联利用，好像都难逃死亡厄运。麦克林的一位苏联知识分子朋友后来指出，麦克林被授予了"红旗勋章。他也可能被枪杀"[13]。直到1953年斯大林去世，国家安全部部长贝利亚才不再要求他"坦白"双面间谍行为，并排除遗漏任何有宣传价值的信息。[14]这也产生了意想不到的后果，激怒了英国媒体和公众，因为他们意图抓取意想不到的新闻的幻想破灭了。

361

麦克林和伯吉斯不得不使用化名，以免泄露自己的行踪。麦克林可以重新摆正心态，摆脱被鄙视的间谍活动和狡诈的恶毒勾当。麦克林化名马克·彼得罗维奇·弗雷泽（Mark Petrovich Frazer），这一名字取自人类学家詹姆斯·弗雷泽爵士（Sir James Frazer）。弗雷泽爵士的《金枝》是知识分子的"圣典"[15]。诗人 T. S. 艾略特在《荒原》注记中提到了"被绞死的弗雷泽之神"，麦克林鄙视艾略特关于战争的政治主张。巧合的是，弗雷泽于1920年与苏格兰长老会成员唐纳德·麦克林爵士一起获得了剑桥大学的荣誉学位；年轻的唐纳德在精神分析思想方面也有一定的经验，从这一点上来说，他选择这一名字也不难理解，弗雷泽的著作中有很著名的一章"杀死神王"，在书中，他的人神开始为他的"年轻而更有活力的继任者"[16]的权力让路，后来被杀，而这个继任者很可能是他的儿子。

在古比雪夫灰暗的环境中，这种由他选择的名字而产生的联想可能会给困境中的麦克林带来一些支撑，给他一种崇高的使命感。当时他流亡在外，没有家人，没有朋友，在世界上没有立足之地，未来一片渺茫。弗雷泽之所以具有"传奇"色彩，是因为他是一个政治流亡人员，一个因政治观点而在英国受到迫害的工会领袖。1914 年弗雷泽出生于爱丁堡，父亲一直是历史学教授，于 1932 年去世，母亲是一名家庭主妇。他毕业于爱丁堡当地的一所大学。关于这位博学的知识完美主义者移居国外的原因，他后来的同事们并没有深入探究。当麦克林一家搬到首都后，梅琳达成为娜塔莎·弗雷泽（Natasha Frazer），当时她偶尔为每周的英文报纸《莫斯科新闻》翻译俄语故事。一直到 20 世纪 60 年代中期，麦克林的一个朋友还不知道弗雷泽的真实身份，直到他发现有人拿摄像机拍弗雷泽，他才有所察觉。[17] 到 1972 年，麦克林成为莫斯科知识界公认的受人尊敬的一员，他的书即将以真名用俄语出版，这时他才写信给他的雇主说"以后请把我当作唐纳德·多纳尔多维奇·麦克林"，并在信上署名"弗雷泽"。[18] 回顾那些战战兢兢的日子，他直言道："没有人知道我们为什么在那里"[19]。斯大林去世后，他既为自己的安全感到宽慰，也为未来共产主义和平繁荣的可能性感到宽慰。

后来，斯大林和贝利亚逝世，"他们遭受迫害的噩梦"[20] 结束，麦克林终于在苏联过上了正常的生活。伯吉斯经常喝得酩酊大醉，在古比雪夫四处游荡，甚至寻衅滋事。有一次，他在一场斗殴中被打掉了牙齿。麦克林努力摆脱酗酒的恶习，最后在一家戒毒所接受了戒酒治疗。他在一所学校找到了一份教英语的工作。20 年前他从剑桥毕业时，本是打算做一名英语教

362

师的，后来改变主意，申请到外交部工作。梅琳达和孩子们从瑞士过来与麦克林团聚的时候，为了避开伯吉斯，全家人搬到了走廊另一边的一间小公寓里。

*

梅琳达讨厌古比雪夫，她自己也承认，在这个"非常落后、非常压抑"的城市里，她"非常不快乐"。在这份教学工作中，"他（麦克林）对眼前的苏联现状也感到非常沮丧和幻灭"[21]。他是一个现实主义者，不会像 20 世纪二三十年代的那些人那样乐观，做不到对苦难视而不见。麦克林放弃了他原本的事业、他的苏荷餐厅、他的母亲、他在比肯肖的家（梅琳达离开后，比肯肖的房子被邓巴夫人卖掉了），以及从奥克斯特德开出的通勤火车，他习惯了古比雪夫的生活，"他就……保持平衡和乐观"，他很高兴在后斯大林时代遇到的人中，至少有少数人不再相信苏联的官方意识形态。[22]所有的这些成了他在苏联度过余生的生活主题。孩子们被送到了当地的学校，成了模范公民，他们也恢复了名誉，全家在 1955 年搬到莫斯科。

到了首都之后，麦克林就安顿下来找合适的工作。他成了一名记者，笔名马卓夫斯基（Madzoevsky），这样苏联人更容易接受他的观点，他的观点就不会被那些了解弗雷泽的人当作来自西方的声音。他们从一个小公寓搬进了"布尔沙亚·多罗戈米洛夫斯卡亚（Bolshaya Dorogomilovskaya）大街上一套华丽的六室公寓……风格是斯大林时代最纯粹的风格，崭新宏伟且装饰得很华丽，俯瞰着莫斯科河"。[23]麦克林夫妇选的都是"精致的家具和西方的小摆件"，莫斯科河变得更像自己的家了。有一种明显的 SW1 的味道。[24] * 麦克林的研究被比作"一位四五十年代的剑桥教授的研究"，他的研究对象包括《泰晤士报》的航空邮件版（airmail edition）、一个版本的《特罗洛普》、格拉德斯通传记、牛津大学的印刷品等"现有的高端作品"[25]。

364 　他们自己的照片和家居用品都是从伦敦郊外的陆军和海军商店仓库运来的，这些物品在比肯肖的房子出售后就存放在那里。他可以向剑桥的"鲍尔斯和鲍尔斯"（Bowes and Bowes）订购新书，"鲍尔斯和鲍尔斯"是一家出版社，出版社需先告知军情五处，确认可以提供新书后，再和英格兰银行联系，兑现支票。当金·菲尔比抵达莫斯科时，他也从"鲍尔斯和鲍尔斯"订书，这两个人都在追格雷厄姆·格林（Graham Greene）和约翰·勒卡雷（John le Carré）的新小说。流亡的间谍于是回归了他们书迷式的年轻理想主义形成的地方——城市里的书商那里。从爱德华时代到之后的新生代，最好的当代英国小说麦克林都会看，这也形成了他欣赏的现代风格。他"时而悲伤，时而顺从，时而轻率，时而恍惚，时而愚蠢"[26]。然而，虽然有这些英国的元素，他在苏联时并没有对英国有什么怀念之情。

*

1956 年 2 月，随着赫鲁晓夫发表"秘密报告"谴责斯大林，苏共二十大继续吹拂着改革的风，斯大林时期的问题，包括西伯利亚集中营在内，现在已被公开承认。对于麦克林坚持了一生的事业，也终于不必再隐藏了，他加入了共产党。麦克林给弟弟艾伦在梅菲尔的出版社发了一封电报，询问邓巴夫人

---

　*　SW1 是伦敦骑士桥和贝尔格莱维亚的邮政区域。

目前的住址（艾伦起初担心这是伪造的，因为末尾签名是"给你最好的爱，老朋友"，他哥哥更有可能叫他"老家伙"[27]），沉默了五年之后，麦克林又与家人和朋友建立了联系。梅琳达写信给仍然悲痛欲绝的母亲，表达自己在勇敢地面对现在的处境（尽管意识到那些人可能会在铁幕的两边读她的信），她明白自己的选择会带来无尽的苦难，"但请相信我，我做的是对的，不要后悔……唐纳德很高兴再次与家人团聚。对我们来说这绝对是最好的地方。这里的生活各方面都很好，孩子们可以自由选择职业，接受良好的教育和培训。"[28]她说住在有电视和兼职女佣的公寓里很快乐。年轻的梅琳达最喜欢读的是比阿特丽克斯·波特（Beatrix Potter）写的关于彼得兔的书，彼得兔是经典的英国食草动物形象。8 岁的小唐纳德附上了一张俄文便条，上面写着他希望自己能很快学会用英语写作。

365

一旦入党并定居莫斯科，麦克林就没有必要隐藏其政治倾向了。他坚持有原则的、政治开放的、面向全球的视角，世界和平是他一贯的追求。和弟弟取得联系后，麦克林很高兴可以和弟弟用书信（通过莫斯科的主要邮局）沟通艾伦在麦克米伦出版社的工作。他写道，"很遗憾哈罗德·麦克姆（Harold MacM）是外交大臣时我没能在他手下工作"，就好像他辞去了这份工作，去为英国外交部的竞争对手公司工作一样。在他不安地出席并密切关注美国原子能委员会会议十年后，他可以说："我们的国家领导人花了近 10 年的时间才承认苏联不会攻击任何人。再过 10 年，他们才会说：'哦，好吧，为什么不禁止核弹并裁军呢？'"[29]

1956 年，菲利普·汤因比"写了一张谨慎的便条，询问【唐纳德】是否愿意通信"，并附言道："唐纳德在莫斯科有没有碰巧看到和戈登【他对嗜酒的唐纳德的称呼】类似的人?"起初，他收到的都是一些"官话"，内容包括"苏联发展的大河开始解冻"之类的宣传，这让他感到痛苦，但当麦克林自己的附言说他"必须承认【戈登】确实时不时地冲进我的房间"[30]，他才松了一口气。他们两人进行了热烈的政治交流。麦克林为苏联对匈牙利起义的镇压进行了辩护，回想起他早期担任外交官的日子，他对法国和苏联政府没有干预西班牙内战感到遗憾。在麦克林看来，"匈牙利将迎来更好的生活……"[31]汤因比发现那封信和其陈述的主张（在西方人看来很荒谬）难以回答，他们之间漫长而坎坷的友谊化为乌有。[32]麦克林终于可以自由地做一个共产主义者，在刚开始的时候，他似乎没法做到思想独立，这与他父亲去世后他在剑桥的经历如出一辙。以前，即使是向最亲密的旅伴也没法坦白自己的一切，现在他可以在这个一半主动选择、一半被动强加的社会中自由发展了。如果他和汤因比回想起他们深厚的友谊，会发觉离战前他们首次相遇的白领结成人礼舞会已经过去 20 多年了。

他还在一些信中提到，他有空的时候，喜欢在乡间别墅周围的农村"探索"，这个地方"对孩子们来说很好，周围可以游泳、钓鱼、骑自行车、采蘑菇、看电影"[33]。乡间别墅是一座两层的乡间小屋，租给那些喜欢派对的人，位置在莫斯科东北 20 英里处的卡洛夫斯卡亚河畔的松林里。那里的设施有限，只有电，取暖只能靠烧木头，喝水也只能从村里的一口公用井里取水。这一家从泰里岛那个小山村出来的两代人，经历了一系列的剧变、诡计和无数次的搬家，现在麦克林夫妇很适应这里的生活。在莫斯科，他们可以进入专为苏联精英准备的特殊商店，还可以从丹麦进口罐装食品和饮料。不管是在时间上还是在地点上，他们都觉得过得很好。

　　唐纳德非常适应现在这种田园般的生活，他最初不理解为什么他的生活归于平静，他的朋友们依然不与他联系，他认为这是出于政治原因，而不是因为他背叛了那些在他最低落的时候照顾过他的人。他想知道，在他从开罗回来后收留他的人——玛丽·坎贝尔保持沉默不语，是因为她"厌恶匈牙利"[34]，还是其他原因。在这里他的政治信仰可以得到充分发挥，但以往的友谊却难以为继。现在对他来说，仿佛一旦内心的痛苦平息了，不再需要掩饰，他的性格就变了，不像以前那么脆弱。也许有一个因素使他难以接受自己的背叛，那就是，尽管他很确信自己是正确的，但羞愧感还是如此深刻。麦克林不喜欢回顾过去的生活：谈到苏联时，他会用"我们"和"我们的"。不像菲尔比，他对写回忆录不感兴趣，他经常对《晨星报》的一位记者朋友说，回首往事时，他有一种"情感障碍"[35]。"很久以前，那是一种完全不同的生活，是一段痛苦的日子，一切都'透过磨砂玻璃'看得清清楚楚：他不愿回想这件事[36]。"双重生活的压力减轻了，他酗酒也不那么严重了。他那消极的酗酒时代是在另一个国家，另一种精神状态下度过的。

367

*

　　彼得罗夫的证据曝光后，英国政府于 1955 年 9 月发表了一份关于伯吉斯和麦克林的白皮书。这本白皮书不过是在粉饰，为官方在与这两人逃脱行为中缺乏远见找借口。《泰晤士报》的社论以"太少也太迟"为题，总结了它的影响。同样，作为对白皮书的回应，新闻记者亨利·费尔利（Henry Fairlie）

在《旁观者》中创造性的使用了"机构"一词，用来概括由"与两名失踪男子同属一个阶层的人""行使权力的整个官方和社会关系矩阵"。[37]费尔利将维奥莱特·伯翰·卡特女士划为"杰出的机构成员"，这引起了阿斯奎斯女儿的极大愤怒，她声称这种评论意味着她把自己的影响力当作"背叛的外衣"[38]——这种说法并不符合逻辑，因为费尔利表达的立场是，这个新被称为"机构"的组织根本不接受背叛的想法。当时的外交大臣哈罗德·麦克米伦总结了该机构的情感立场，他表示："外交部将此案视为个人伤害，就像是家庭、船只或军团遭到类似袭击一样。"[39]

当局希望通过他们的防御性和不诚实的白皮书，以及下议院辩论来结束这一事件，紧接着又对审查程序进行了旷日持久的修改。几个月后这些人的再次出现引发了新的外交问题，比如英国大使馆的成员如果看到两个失踪的同事应该如何行事。相关指令提出，如果在招待会上遇到伯吉斯或麦克林，工作人员"应避免与他们接触，但不必仅仅因为他们在场就离开"。然而，"如果这是一个纯粹的英苏外交场合，东道主应该明白，如果麦克林或伯吉斯在场，英国大使馆的工作人员将会离开"。但是，与喜欢抛头露面的伯吉斯不同，麦克林竭尽全力避开他的同胞，比如在马尔科姆·萨金特爵士在莫斯科举办的音乐会上，他发现自己坐在大使馆人员旁边，就马上离开了。帕特里克·赖利在向外交部汇报时表示，希望发现叛逃者的时候，法令规定他们不用必须离开公共表演场所，就像当时的情况中，他从苏联东道主那里拿到了12张票，如果他们离开，这些座位都得"空着，十分明显"[40]。叛逃者的护照无法续签，但即便如此，有一个叫唐纳德·麦克林的人向大使馆申请英国签证时，还是发生了一场乌龙，最后确定实际情况是，只是住在莫斯科的一个名叫麦克林的澳大利亚人，想带着他的拉脱维亚妻子去伦敦旅行。[41]

撇开萨金特音乐会不谈，麦克林更喜欢那些能让他在外交政策事务和学术辩论中继续保持浓厚兴趣的活动；他始终对社交活动感到不自在。1961 年，他开始了新工作——在世界经济与国际事务研究院（IMMO）工作，该研究所是分析海外国家的经济政策、外交政策、国内政策和军事政策的研究中心。作为研究员和教师，他为该研究所的杂志撰写论文，该杂志的基调是，如果他所相信的制度奏效，党就必须真诚地接纳知识分子，而不是怀疑他们，将他们流放。他常年讲授的一门课程是关于英国的第一届工党政府，工党政府在他父亲任职前不久执政，他在该研究所写了一篇论文，后来收录在他的著作《苏伊士事件后的英国外交政策》。他宣称，在他的一生中，他的"工作满足感"来自"作为研究所的分析员"处理外交部的"知识问题"，而不是来自从事使他如此痛苦的外交表演或秘密间谍活动。[42]

麦克林总是站在受到不公正对待的一方，密切关注持不同政见者。他与志同道合的知识分子交好，其中包括亚历山大·索尔仁尼琴（Alexander Solzhenitsyn），"因相似的反对派观点而走在一起"。他们会一起讨论报纸上找不到的政治和文学新闻。[43]他一如既往地忠于自己的良知，站在苏联社会知识分子的边缘，正如他曾想站在英国人的立场上一样。比如，当他得知一个他略为了解的女孩的家人因散发"反动言论"传单而被捕后，他在接下来的一次最高苏维埃选举的选票上写道："像奥尔加·伊夫（Olga Ioffe）这样的女孩被关在精神病院，

369

我不能参加选举。"[44]

　　虽然他支持镇压 1956 年匈牙利起义，但到了 1968 年，随着他对苏联的想法不断发展和公开反对苏联的信心不断增强，他开始反对 1968 年以"华沙条约"之名入侵捷克斯洛伐克（这与他早年在外交部的经历，和允许希特勒占领捷克斯洛伐克的《慕尼黑协定》如出一辙）。在世界经济与国际事务研究院成员宣布支持苏联行动的那天，他只能通过获准缺席才能避免在世界经济与国际事务研究院惹出麻烦。[45]

　　20 世纪 70 年代，持不同政见的历史学家罗伊·梅德韦杰夫（Roy Medvedev）写了一本关于斯大林和斯大林主义的书，当时他正在寻找"个别历史学家，老布尔什维克和其他作家"[46]来阅读这本书，并补充评论，其中一位作者提出他可以征求马克·彼得罗维奇·弗雷泽的意见。弗雷泽继续帮助不懂英语的梅德韦杰夫翻译英文文本。伦敦出版商哈钦森的罗利·特里维廉利安（Raleigh Trevelyan）向他提议（但没有结果），他应该写一本"关于苏联人民"[47]的书，与多丽丝·莱辛（Doris Lessing）写的关于非洲的书、肯尼思·泰南（Kenneth Tynan）写的关于美国的书，以及戴安娜·库珀（Diana Cooper）写的关于法国的书一起组成系列丛书。艾伦·麦克林曾向他的哥哥提议，他可以整理一份最有趣的俄文作品清单，供麦克米伦翻译，但同样没有结果。

*

370　　麦克林自己的书于 1970 年首次在英国和美国出版，然后被译成俄文。这是他博士论文的扩展，论文内容与他在剑桥大学时计划的关于加尔文主义和资产阶级的论文截然不同，尽管在他的学术生涯中反复出现过许多相同的主题。他在书的开头就强调，这条直线可以解释他目前的研究过程："在驻外部门工作了 16 年后，我发现自己有必要找一份新的职业，我认为……我最能够胜任的是……尽可能客观地不断研究当代英国外交政策。"[48]他博士论文题目为"1956～1968 年英国外交政策的问题"，这其中的"问题"二字暴露了他的倾向。这本书分为三个部分：对其他西方大国的政策，对第三世界的政策和对共产主义大国的政策。他的立场是，英美同盟现在是反共的，而且英国走的这条道路，无论是在英国处于苏联核武器射程之内的时候大谈特谈战争，还是鲁莽地过多增加国防开支以至于威胁到了本国的经济发展，都存在毁灭自己的危险，后者危险更大。英国未能接受失去帝国地位的事实，而且"错误率是一个函数，分子是迅速变化的战后力量，分母是所有帝国主义体系（尤其是英国）的劣势"[49]。总的来说，英国的国家领导人并没有看到这个国家以同样的方式在衰落。

这一论点很有说服力，麦克林以前的同事应该很熟悉他的写作风格，因为他在流亡期间展示了自己对外交政策的精通。在他看来，美国的经济侵略比共产主义和"把共产主义强国的政策问题当作英国外交政策中的主要问题"更危险，这与他作为英国外交部美洲司司长的备忘录是一致的。英国政府找不到任何理由禁止这本书出版，因为它经过了充分的研究和严密的论证，明显带有社会主义倾向，但并不是很绝对（这也支持了出版商的说法，即这本书没有经过苏联人民委员会外交部门的"编辑"）。他在世界经济与国际事务研究院内部备受尊重，因此他可以自由批评苏联卷入军备竞赛。他呼吁解决体制内"创造性"和"黑暗"倾向之间的冲突。事后来

371

看，这听起来像是一个对他有生之年无法看到的公开化（glasnost）的预先诉求。这本书出版 10 年后，他写信给一位朋友，说他觉得苏联的"现任领导人"更关心的是为自己"保住权力"，而不是"释放苏联人民的能量"[50]，但他仍然对苏联人民抱有这样的信心。

这本书在英国备受重视。麦克林甚至接受了 BBC 电台的简短采访，来为新书宣传。除了表示他相信英国的权力和影响力至少在未来 20 年将会增加外，这 4 分钟的采访大部分是在提醒他的采访者，他已签有协议，不回答任何超出他本书内容的问题。虽然《每日邮报》对他冷嘲热讽，盲目地将他长期持有的政治观点视为"苏联式思维和风格"[51]，但该报还以恭敬的评论称赞他的工作，这让他想起了自己在外交部的年度评价。唐纳德·卡梅伦·瓦特（Donald Cameron Watt）在《星期日泰晤士报》上称这位"昔日的叛徒……的作品非常清晰和客观地描述了他所了解的部分英国外交政策……记录的内容无可挑剔"[52]。他在 57 岁时完成了他的论文，并将其作为一本受人尊敬的书出版，这似乎是他注定要过的更简单生活的一部分。他用专业知识表达了他的政治信仰，展示了他的求知欲，并分享了自己一贯的、专注的世界观。

*

麦克林从来没有成为"暮光之旅的叛逃者，衣衫褴褛，幻想破灭，不知道自己是如何来到那里的"[53]。他并不是为了自己的利益而寻找英国出版公司，他只是想满足自己对新闻的渴求，而这些新闻能够进一步体现他的知识兴趣。他不愿在伯吉斯沉醉的地方接受采访。他已经关上了通往那个世界的大门。当艾伦的密友、《观察家报》的爱德华·克兰克肖（Edward Crankshaw）去莫斯科时，伯吉斯在一天之内就和他取得了联系，他们在一起待了很长时间。当伯吉斯代表克兰克肖给麦克林打电话时，梅琳达表示很想见他，"但唐纳德不同意"。谈话结束时，伯吉斯称他信仰共产主义的同伴是"一个爱摆架子的人"[54]，然后挂断了电话。

梅琳达的母亲和妹妹们曾来过莫斯科，但麦克林的母亲没有来过。相反，她经常收到称呼她为"亲爱的王后"或"亲爱的女王"的信，信上署名是他儿时的昵称"小唐"，信中详细描述了她孙子孙女作为苏联模范后代的各种成就：弗格斯暑假在集体农场工作，而比尼和米姆西则分别去了男生和女生少先队员营地，在那里耕种土地，玩有益健康的游戏，学习农作和园艺技能，学习"明辨是非……社会主义或资本主义"[55]政治学，为成为优秀的苏联成年人做好准备。他把自己的生活描绘成一种在知识上、社交上和家庭上都非常满足的状态。

1962 年，当有传言说伯吉斯和麦克林将很快返回英国时，伦敦官方机构内一片哗然。据传言，伯吉斯是因为患有心绞痛，想要最后再回一次英国；麦克林是因为他母亲的身体每况愈下。虽然没有明确的证据表明两人希望回国，但相关当局还是对他们下了逮捕令，以防万一。同年 7 月，麦克林家里的"蜂后"（麦克林的母亲）进入生命的最后几天，麦克林的电报给了她些许安慰，艾伦在回电中说："她真的为你和你的新生活感到高兴，没有什么遗憾和担忧。"[56]六名便衣警察参加了在佩恩举行的葬礼，以防麦克林持假护照回来。她微薄的遗产被寄到了莫斯科。

第二年夏天，伯吉斯死于心绞痛、肝病和动脉硬化。尽管

373 麦克林"很少见到盖伊，而且伯吉斯和麦克林这两个名字已经像斯旺＆埃德加，或者德本汉姆＆佛利伯蒂（英国知名百货公司名）一样，成为密不可分的组合，这让麦克林感觉很奇怪"[57]，他还是在伯吉斯的葬礼上发表了讲话。金·菲尔比最终在贝鲁特坦白了自己的背叛行为，他在贝鲁特做过《观察家报》的记者，并于同年早些时候叛逃，尽管他刚刚获得了苏联公民身份，并继承了伯吉斯的 4000 本书，但看守人仍不允许他参加葬礼。麦克林在叛逃时如释重负地写道："猎犬又在叫了，但这次我不是狐狸，连狐狸的一半都算不上。"[58]30年前，菲尔比在基尔本的餐厅里与麦克林见面，成功招募了他，这次他很快就让这位剑桥大学的年轻毕业生有充足的理由为他来到莫斯科感到后悔。

*

菲尔比是对唐纳德·麦克林一生影响最大的人。他让麦克林开始为苏联效力，在沃尔科夫的指认中解救了麦克林，帮助他在关键时刻逃到了苏联，免于被捕和审讯。现在，他背叛了身边每一个人，也最终背叛了自己的同伙特工。间谍和背叛，感觉就"像是麦克林洗手间里的洗漱套装"，对菲尔比来说，这是一种令人兴奋的力量源泉。菲尔比现在是克格勃的"中上阶层官员"[59]，收入丰厚。当菲尔比的第三任妻子——美国人埃莉诺（Eleanor）和他一起待在莫斯科时，他俩和麦克林夫妇每周会共度两三个晚上，一起看芭蕾舞，或者只是吃晚饭、打桥牌。埃莉诺和梅琳达都是流亡者，对她们来说，如果在市场上看到葡萄柚，会讨论上五分钟，而男人则更理智，因

为他们更熟悉这里的环境。埃莉诺·菲尔比认为唐纳德很自负，梅琳达很有趣，但由于"极度紧张并且高度神经质，她有一个令人讨厌的习惯，就是不停地重复自己的话"，而且她追求"西方资本主义的奢侈品"[60]，母亲寄来的食品和衣服只部分满足了她这种渴望。尽管如此，埃莉诺还是很高兴在流亡期间有了一个"新的沟通对象"。在莫斯科期间，她意识到麦克林夫妇又遇到了新麻烦，唐纳德有时还是会喝得酩酊大醉。他可能会对身边的人"莫名其妙地粗鲁无礼"，就好像他"喝了化身成基尔博士的药"。[61]邓巴夫人在 1959 年去了莫斯科之后也发现了这一点，她说，"麦克林一家的生活并不完全和谐"[62]，这一措辞更像是外交部的说法，而不是邓巴夫人的说法。麦克林夫妇现在因意识形态和地理位置联结在一起，另外，鉴于唐纳德对国际外交事务的精通，他们还常常谈论"革命到来时他们本可以在意大利和巴黎度过美好时光"。

374

1964 年夏天，埃莉诺回到美国看望女儿，体验了一些西方奢侈品，当时她经常收到丈夫的来信，菲尔比在信中描述了和麦克林夫妇一起去波罗的海国家度假，一起住在乡间别墅，一起在莫斯科用餐，之后越来越多地就只提及梅琳达一个人。埃莉诺的护照在抵达美国时被没收，直到年底她才得以返回莫斯科；梅琳达用她在美国的美元账户支付了强制逗留的费用。回来后，埃莉诺发现丈夫"坐立不安，心烦意乱"，喝酒喝得比她以前见过的还要多（尽管她在离开前就经常发现他"迷失在酒精的迷雾中"[63]），而且在一场"激烈的争吵"之后，他与唐纳德决裂，争吵中麦克林指责菲尔比是为英国工作的双重间谍。圣诞节和新年过得很痛苦，埃莉诺和梅琳达在麦克林的乡间宅邸一起越野滑雪，听梅琳达抱怨："唐纳德已经变得相当不可理喻，我再也不能和他一起生活了。"[64]

　　埃莉诺向丈夫提出了她的怀疑。菲尔比声称他陪着梅琳达只是"想让【梅琳达】的生活更幸福"[65]，因为她在过去的 15 年里一直很痛苦。而唐纳德却无能为力。不管最后这句话是不是真的（如果是真的，酗酒将是一个主要原因），这次相遇标志着菲尔比夫妇婚姻生活的正式破裂。回到美国之前，克格勃在机场送给埃莉诺一束郁金香。想到丈夫竟背叛了他伟大的"思想战友"和她，她在临终前简短地写道"没有人能真正认识另一个人"[66]。梅琳达搬去和金·菲尔比一起住了。他们在一起生活了三年，孩子们和唐纳德住在一起。后来，菲尔比认识了一个比自己小 20 岁的鲁菲娜（Rufina），一个波兰和俄罗斯混血女孩，这个女孩成了他第四任妻子。梅琳达回到了丈夫身边，1968 年唐纳德再次发誓戒酒，这次是永远戒酒，但两年后她搬到了附近的公寓自己住。他们不同寻常的婚姻最终还是结束了。

　　麦克林什么都知道，但在写给家里的信中对此只字未提，而梅琳达和菲尔比最终还是上了新闻。1968 年《星期日泰晤士报》发表了一系列文章，这些文章是菲利普·奈特利（Phillip Knightley）创作菲尔比传记的基础；而莫斯科方面没有任何消息。尽管麦克林现在可以胜任自己的工作并开始规划未来，但当他的婚姻最终要结束时，他可能会怀着某种遗憾回想梅琳达给予他的支持，他曾经历过恐怖的赫卢安之行，第二年离开了开罗。他还回想起他们在英国度过的最后几天以及在一起生活的日子。或许他会觉得，在他完整的自我中，他不再需要一个与自己分享秘密的人。

　　菲尔比离开之后，麦克林夫妇身边出现了乔治·布莱克

（George Blake）。布莱克于 1969 年逃到莫斯科，他曾是朝鲜战争的战俘，在那期间成了间谍，他戏剧性地逃离了沃姆伍德·斯克拉比斯监狱（原本被处以英国法庭最长的 42 年徒刑）。麦克林在布莱克身上看到了一位思想家朋友的影子，布莱克也在世界经济与国际事务研究院工作，研究中东和阿以冲突问题。布莱克钦佩这位长辈的工作能力，并认同他"强烈的加尔文主义倾向"，同时认为他是"改革的先知"。[67] 布莱克再婚并有了孩子后，两家人曾共度圣诞节。麦克林和布莱克分享自己的藏书室，并把自己那顶沾满污渍的旧花呢帽子送给了布莱克。藏书室里的书有格雷厄姆·格林的间谍小说和约翰·勒卡雷的《锅匠、裁缝、士兵、间谍》，书中那些对间谍世界中模棱两可、忠诚分裂的虚构描述，对现实生活和极度矛盾的间谍来说"在想象力上接近真相"[68]。

376

*

麦克林吸了一辈子的烟，支气管炎频繁发作，这是他吸烟上瘾造成的。1971 年 11 月，他进行了膀胱肿瘤切除术，其中一些肿瘤是恶性肿瘤。但他在 60 多岁的时候还一直在忙碌而充实地工作，有一次他说他已经从酗酒狂变成了工作狂。同年，小唐纳德"比尼"和他的妻子露西［美国著名共产主义者乔治·汉纳（George Hanna）的女儿］，以及他们四个月大的儿子搬到了莫斯科的一间一室公寓，但第二年很快就搬到了英国。1973 年，麦克林的儿子弗格斯与妻子奥尔加和儿子德米特里一起离开，进入伦敦大学学院攻读现代史。学校的管理机构当时就是否应该准许弗格斯入学产生了争论，但最终做出了正确的决定，让其入学，因为他父亲的罪名不应该追究到孩子身上。唐纳德写信给弟弟艾伦，表达了他对"小弗格"在英国如何谋生的担忧。同年，米姆西和她的第一任丈夫德米特里·林尼克（Dmitri Linnik）去了她的出生地，虽然她对这个国家一点印象也没有。最残酷的打击是，1979 年她也永远离开了，还把麦克林最爱的外孙女［第四个孩子，梅林杜什卡（Melindushka）］带去了美国。讽刺的是，正是麦克林在苏联政界的崇高地位才让他的子女能够获得签证，离开这个国家；他利用自己的影响力来达到这一目的，因为他感到"内疚，因为他使（他们的生活）偏离了轨道"[69]。当他们的配偶和密友前来探望时，他让他们发誓不向新闻界或圈外人讲述他们的经历，维护他在苏联为自己创造的沉默的尊严。

在他们女儿离开前不久，梅琳达搬回了美国，在纽约皇后区森尼赛德（Sunnyside）定居下来，终于结束了近 40 年的忍耐和分裂，坚韧和崩溃，忠诚和背叛。她一直活到 2010 年，有时会接受 FBI 的约见，但从未与可能公开任何事情的任何人交谈。她离开苏联时，唐纳德的身体已经开始衰弱，确诊癌症之后，他的最后几年几乎在医院中度过。忠实的管家娜杰日达·彼得罗夫娜（Nadezhda Petrovna）照看着他。他还在见学生，还在写文章，哀叹赫鲁晓夫的改革在勃列日涅夫时代没能继续，表达对英国的外交政策和 1982 年的马尔维纳斯群岛战争的强烈意见，他想从路透社社长那里了解他所能了解的、关于英国新首相玛格丽特·撒切尔的一切，他和他以前的同胞们从未见过这样的领导人。[70]1979 年，撒切尔在下议院披露安东尼·布朗特是"剑桥五杰"之一，此前安东尼·布朗特曾被授予免于起诉和保密的特权，以换取他的合作（无疑是为了避免当权者的尴尬），麦克林拒绝向英国或苏联媒体发表任何评论。

1982 年 12 月，儿子弗格斯来探望他。1983 年初，弟弟艾伦见到了他，这是 30 多年来他们第一次见面，当时唐纳德正在接受肺炎治疗。两个大男人在机场"像孩子一样羞怯地握手"。在一起的三天里，两人"尽情畅谈"，主要是"谈论（他们的）童年"[71]。他们都不讨论"吉姆（斯卡登）和他的继任者"[72]不知道的任何事情。

*

去世五天前，唐纳德·麦克林将唯一采访他的机会留给了英国的一家报纸。他穿着一件英式人字形花呢夹克和"（曾经适合去白厅穿的）一条不协调的灰色细条纹裤子"，在公寓里接受了《观察家报》马克·富兰克兰（Mark Frankland）的采访。他沉稳冷静，担心自己的病情使他无法在研究所工作，也没有提及自己现在遭受的痛苦。他没有提到间谍活动，但他解释说，他对撒切尔领导下的英国外交政策感到困惑，回想起他在白厅的日子，"当时我们认为我们的工作是充当苏联人和美国人之间的调解人"。这就是这位"世界政治人物"[73]如何看待自己的，直到后来证明调解是不可能的，他不得不做出选择。

从这个意义上说，麦克林一直到临终前都始终是一名外交官，他努力使透过自己的成长经历和时间看到的这个世界变得更加公平，更加和平。他也是一个持不同政见者，他坚定自己的观点，但并不一定要表达出来。终其一生，他相信"趋同"，相信"苏联和西方的制度最终会找到一个中间地带，它们之间的分歧也会逐渐消失"[74]。他和所有优秀的共产主义者

378

一样，但又和许多被他落在身后的同胞不同，他着眼于未来，而不是过去。在采访中，他给不在身边的家人发去临终消息，表示"因我而遭到连累的可怜的弟弟"，以及他的孩子们"是这个世界上让我最担心的人"[75]。

*

唐纳德·麦克林于 1983 年 3 月 6 日逝世，享年 69 岁。他的葬礼在研究所的大会堂举行，"他是研究所的杰出成员"[76]。同样作为叛逃者的他的朋友乔治·布莱克回忆道，很多人"向这个深受爱戴、钦佩和尊敬的人深情告别……并不是因为他是一名著名的间谍，而是因为他是一个善良、公正的人"[77]。在他的悼词中，布莱克谈到了《圣经》中关于正义的人的故事，他们的存在能够说服上帝不要摧毁一个罪恶的城市。麦克林是个无神论者，却是这些正义者之一。苏联政府报纸《新闻报》没有提及他的间谍活动，而是将他描述为一个"道德高尚"的人，"把他的全部有意识的生命献给了社会进步和人道主义的崇高理想"[78]。

葬礼之后，麦克林的愿望得以实现。他的骨灰被儿子弗格斯带回佩恩老家，葬在他父母的坟墓旁，和他的两个哥哥葬在一起。他的下葬是在天黑后借着火把的光悄悄进行的，对于这样一位著名的间谍来说，这是偶然的，但也是恰当的，原因很简单也很实际，艾伦·麦克林很晚才到，他的仪式必须从简，要在媒体得到消息之前结束。下面的内容是圣保罗写给哥林多教会的第一封信：

爱让我们不计较过错，不因别人的罪孽而得意，只因真理而喜乐。

　　没有什么是爱不能面对的，爱的信念、爱的希望和爱的坚韧永无止境。[79]

*

　　唐纳德·麦克林的思想意识源于他维多利亚时代经常去教堂做礼拜的父母的启发，然后在大罢工、大萧条和法西斯主义抬头的无神论氛围中形成。他致力于为绝大多数人追求和平与正义，即《新闻报》所说的人道主义。他的思想意识和充实的秘密生活使他能够在"大清洗"和《苏德互不侵犯条约》的签订时仍保持自己的核心信仰，当许多人都放弃时，他继续为自己坚信的东西而努力：反抗美国的资本主义霸权和原子能力量。因为这样纯粹的坚持，他在开罗沦落为酒鬼，之后变得更加痛苦。他想去往莫斯科的请求没有得到回应时，他感到非常痛苦，因为他背叛了自己的国家，却没有实现更高的目标。

　　晚年他写道："我一点也不后悔做了当时和现在我都视为应履职责之事。我对自己执行任务的过程并不感到骄傲，以前没有，现在也没有。"因为他并不喜欢"地下工作"中固有的"欺骗性和危险性"。不管他对铁幕背后生活的方方面面感到多么失望，他生前一直相信苏联及其"新社会比旧社会更有希望克服我们固有文明中的重大弊病和不公正"[80]。他多年前最好的朋友马克·卡尔姆－西摩觉得自己被一个他曾经深爱和信任的人深深背叛了，但他写信给艾伦·麦克林时说，唐纳德"是我们这个时代的受害者，我会坚持认为他是一位高尚的受害者，无论他受到了多么严重的误导"[81]。

380　　如果他不是69岁去世，那么他就会看到越来越多的开放举措，可能就会觉得他的生活不像他的理想主义和背叛行为所表现的那样四分五裂。这是一种完全一分为二的生活：一方面是有抱负、受人尊敬的英国公务员，另一方面是莫斯科的知识分子。在这两种情况下，他都与传统思维背道而驰。如果当初没有被敏锐又侥幸的梅雷迪斯·加德纳等人揭露，他或许能够在不承担莫斯科中心的义务的情况下成功走完整个外交生涯，最终像他的父亲一样在自己的时代备受尊敬，而在后世几乎没有人记得。

　　事实上，矗立在英国一个宁静乡村的教堂墓地边上的这个简单而永恒的凯尔特十字架下，是两个同名人的遗骸，他们都属于自己的时代，有着崇高的理想，积极乐观，有着强烈的良知。他们有着相似但不同的信仰和真理，他们对自己的信仰和真理保持坚定，也许是过于执着的坚定。尽管他的生命已经结束，但唐纳德·麦克林对创造一个更美好的世界的希望却得以延续。他最终也回到了他曾经服务和背叛过的国家，葬在了他父亲的墓旁，他服从了父亲告诉自己听从自己良知的教诲，但背离了父亲的爱国主义精神，因为他服从了自己的世俗信仰。

后　记

2015 年初，当我听说有关唐纳德·麦克林在军情五处和外交部的大量文件最终将于英国国家档案馆公布时，我才意识到麦克林是一个对英国而言具有重要意义的人物，我的生活中一直有他的影子，因此，我很想去探寻有关他的故事。

这个故事涉及我的祖父和外祖父。我的外祖父罗杰·梅金斯贯穿整本书。他和麦克林最初作为美国原子能委员会的两名英国外交官在华盛顿共事——但梅金斯未能和麦克林一样，获得"全域通行证"。同他职业生涯中遇到的所有外交官员一样，梅金斯对麦克林的评价也很高，并让麦克林担任美洲司司长一职。这一任命后不久，梅金斯了解到麦克林的背叛行为，并且知道他很快就要接受审讯。1951 年 5 月 25 日下午他们在院子里偶然相遇，这也让梅金斯成为外交部中最后一个见到麦克林的人。当时他还让麦克林给其妹妹带好，以为她在这里过周末。当时梅金斯并不知道监视麦克林的人周末不上班，这让他后来一度感到非常诧异并带有一丝恼怒。后来，时不时会有舆论暗示，英国外交部（尤其是梅金斯）和军情五处曾串通一气，让麦克林叛逃，因为由英国外交部去审判这样一位高级官员，着实让其为难。直到 1955 年白皮书发表之际，梅金斯才最终免除任何与此相关的指控。

我的祖父沃根·菲利普斯是一名艺术家。1926 年英国大罢工期间，他担任骑警在伦敦东区和码头巡逻时，看到了那些处境艰难的工人，此后便立志成为一名共产主义者（结果被我的曾祖父剥夺了继承权）。我引述了他在西班牙内战期间的一些信件（当时他是一名救护车司机，一次工作中，炮弹炸毁了停在他旁边的救护车，而他也因此受伤，并从战场返回），信中描述了英国的共产主义信仰者对左翼事业的品德高尚的一些看法。沃根和麦克林一样，也是一位意志坚定的思想家，他相信共产主义是通往世界和平和社会公正的唯一道路。和麦克林一样，在斯大林"大清洗"事件曝光之后，甚至在《苏德互不侵犯条约》加速第二次世界大战爆发之后，他仍然坚持自己的信念。麦克林在去世前几天接受《观察家报》采访时说，他并不担心斯大林主义死灰复燃，他希望共产主义现在就能够蓬勃发展。沃根于 1993 年去世，而那时苏联已经解体。苏共失去执政党地位后，我问他怎么看这件事，他说斯大林对共产主义事业而言有消极的影响，但共产主义制度本身是正确的，它还会再次出现，而且会取得成功。我认为一直秉承共产主义思想的麦克林如果再多活几年，也会说类似的话。

最后要说的是，艾伦·麦克林是我们家族的朋友，也是一名出版商，他在我加入麦克米伦出版社之前刚刚退休。我母亲在结婚前曾在他那工作过。艾伦留下了大量丰富的作品，备受人们爱戴和尊敬。

致　谢

首先，非常感谢我的挚友本·麦金太尔，他是一位杰出的 383
作家，是第一个与我讨论出版一本关于唐纳德·麦克林的书的
人。同时他也向英国国家档案馆提出申请，希望公布唐纳德·
麦克林的相关资料。在整本书的写作过程中，学识渊博、才华
横溢的他给予了我莫大的鼓励和支持。

我还要特别感谢本·麦克林，允许我查阅他父亲艾伦·麦
克林在剑桥大学图书馆的未编目文章，并把他南希姑妈未出版
的回忆录借给我。此外，他还拿出宝贵的时间帮助我加深对他
伯父的了解。安德鲁·洛尼是盖伊·伯吉斯传记的作者，也
是一名间谍方面的研究专家。感谢他分享关于间谍这一话题
的深刻见解以及相关联系人。感谢杰夫·安德鲁斯，与我分
享了他的著作《影子人》，并且与我开展了深入的交流，使
我在本书中对麦克林在格瑞萨姆中学和剑桥的岁月有了深入
的了解。

非常感谢杰森·汤因比。要写关于唐纳德·麦克林的书，
就必须查阅藏于牛津伯德雷恩图书馆的菲利普·汤因比的未编
目日记和文章，感谢杰森·汤因比允许我查阅这些资料。

感谢伯德雷恩图书馆、剑桥大学图书馆、英国国家图书馆
和国家档案馆的工作人员对本书的创作给予的无私帮助。感谢
霍尔特格瑞萨姆中学的丽兹·拉比和西蒙·金德，以及剑桥圣

三一学院的亚历山德拉·布朗向我展示并介绍了他们档案库中的材料。关于外交部的历史及其组成方面的疑问，感谢罗莎琳德·普尔弗马赫给予的迅速答复。感谢格莱布·乌彭斯基在俄罗斯所做的大量研究。

感谢以下所有人，他们牺牲自己宝贵的时间与我交流，分享自己的知识、意见和见解：玛格丽特·安斯蒂夫人，已故；特里·布谢尔；格林·坎贝尔；尼娜·坎贝尔；米兰达·卡特；乔治·凯里；特蕾莎·谢尔法斯；德莫特·克林奇；达芙妮·科本；大卫·康韦尔；梅丽莎·科斯比；罗伯特·埃尔菲克；鲍勃·埃文斯；詹姆斯·福克斯；杰里米·哈钦森，已故；乔希·爱尔兰；德里克·约翰斯；琳达·凯利；约翰·兰彻斯特；戴尔德丽·利瓦伊；麦克米伦子爵夫人，已故；弗吉尼亚·梅金斯；约翰·米勒；约翰·莫里森；理查德·诺顿 – 泰勒；莫莉·诺维奇；菲利斯·帕克；迈克尔·兰德尔；丹尼尔·罗德韦尔夫人；菲利普·肖特；保罗·斯特拉德威克；伊尼戈·托马斯；娜塔莎·沃尔特；卡罗琳·韦斯特莫尔和安娜·惠特克罗夫特。

罗伯特·麦克鲁姆、本·麦金太尔、贾尔斯·弥尔顿及约翰·朱利叶斯·诺维奇早期便阅读了本书的手稿，并向我提出许多宝贵的修改意见。

由于长期从事出版工作，我很清楚优秀的出版商应该具备哪些特质。感谢出版商伦敦鲍利海出版公司的斯图尔特·威廉姆斯与纽约 W. W. 诺顿出版社的约翰·格洛斯曼，特此表达对他们崇高的赞誉和钦佩之情。他们从一开始就给予我全力支持，在编辑上精益求精，通力合作且极具创造力。感谢安娜·索菲娅·瓦茨和莉迪亚·布伦茨在本书出版过程中给予的宝贵指导意见。感谢来自鲍利海出版公司的克洛伊·希利和塞里·麦克斯韦·休斯，以及纽约诺顿出版社的瑞秋·萨尔茨曼，感谢他们在本书营销和宣传工作中付出的艰辛努力。能与两家出版社合作，我倍感荣幸。彼得·詹姆斯是一位出类拔萃的编辑，我曾和他一起合作过很多本书。这次与他的合作也充满乐趣，受益颇多。安东尼·希比斯利学识渊博，对审校工作一丝不苟，修改了书中存在的问题。克里斯托弗·菲普斯编辑的索引无可挑剔。如果书中出现任何错误，均是我的疏忽，如有任何批评，都可向我提出。

385

感谢本书的代理商——伦敦 Rogers，Coleridge & White 公司的娜塔莎·费尔韦瑟和纽约的艾丽丝·切尼，她们从本书最初构思到最终出版的整个过程，都给予我非常多的支持和鼓励。感谢他们以及他们的团队，特别是罗杰斯、柯勒律治和怀特公司的马克斯·爱德华兹，感谢他们在整个过程中所付出的努力和提出的创造性想法。

最后也是最重要的一点，感谢我的妻子费莉西蒂和儿子纳特在写这本书的过程中，以及在过去和未来的日子里给予我的坚定不移的支持。

关于版权材料、作者及出版商的引用许可，特别感谢：Rogers，Coleridge & White 公司和西里尔·康诺利本人允许我引用其作品《失踪的外交官》；感谢 David Higham Associates 公司和 Faber & Faber 公司，以及路易斯·麦克尼斯本人允许我引用其作品《秋天日志》和《冰岛来信》；感谢本·麦克林允许我引用艾伦·麦克林创作的《不，我撒谎了，这是星期二》；感谢帕特里克·加勒特允许我引用杰弗里·霍尔的《失踪的麦克林夫妇》；感谢维罗妮卡·罗德威尔允许我引用罗伯特·塞西尔的《分裂的生活》；感谢詹森·汤因比允许我引用菲利普·汤因比的日记和信件；感谢兰登书屋允许引用 Hutchinson 出版的安德鲁·博伊尔《背叛之风》中的内容。

参考文献

档案

牛津伯德雷恩图书馆

英国国家图书馆报纸档案馆

剑桥大学图书馆

美国联邦调查局网上数据库

格瑞萨姆中学

邱园英国国家档案馆

华盛顿特区美国国家档案馆

剑桥大学圣三一学院

书籍

Aldrich, Richard *The Hidden Hand: Britain, America and Secret Intelligence* (London, 2001)

Andrew, Christopher *The Defence of the Realm: The Authorised History of MI5* (London, 2009)

—— *Secret Service: The Making of the British Intelligence Community* (London, 1985)

Andrew, Christopher and Dilks, David, eds *The Missing Dimension: Governments and Intelligence Communities in the Twentieth Century* (London, 1984)

Andrew, Christopher and Gordievsky, Oleg *KGB: The Inside Story* (London, 1990)

Andrew, Christopher and Mitrokhin, Vasili *The Mitrokhin Archive: The KGB in Europe and the West* (London, 2000)

—— *The Mitrokhin Archive II: The KGB and the World* (London, 2005)

Andrews, Geoff *The Shadow Man* (London, 2015)

Annan, Noel *Our Age: The Generation that Made Post-war Britain* (London, 1990)

Anstee, Margaret *Never Learn to Type* (Chichester, 2004)

Auden, W. H. 'Honour', in Graham Greene, ed., *The Old School* (London, 1934)

Auden, W. H. and MacNeice, Louis *Letters from Iceland* (London, 1937)

Balfour, John, *Not Too Correct an Aureole* (Wilton, 1983)

Banville, John *The Untouchable* (London, 1998)

Beckett, Francis *Enemy Within: The Rise and Fall of the British Communist Party* (Woodbridge, 1998)

Bennett, Alan *Single Spies* (New York, 1998)

Berlin, Isaiah *Affirming: Letters 1975–1997*, ed. Henry Hardy and Mark Pottle (London, 2015)

Bew, John *Citizen Clem: A Biography of Attlee* (London, 2016)

Blake, George *No Other Choice* (London, 1990)

Blunt, Wilfrid Scawen *My Diaries 1888–1914* (New York, 1923)

Blythe, Ronald *The Age of Illusion* (London, 1963)

Bohlen, Charles *Witness to History 1929–1969* (New York, 1973)

Bonham Carter, Violet *Champion Redoubtable: The Diaries and Letters 1914–45*, ed. Mark Pottle (London, 1998)

Borovik, Genrikh *The Philby Files: The Secret Life of the Master Spy* (New York, 1994)

Bower, Tom *The Perfect English Spy: Sir Dick White and the Secret War* (London, 1995)

Boyle, Andrew *The Climate of Treason: Five Who Spied for Russia* (London, 1979)

Brendon, Piers *The Dark Valley: A Panorama of the 1930s* (London, 2000)

Bruce-Lockhart, Logie *Now and Then, This and That* (Dereham, 2013)

Bullock, Alan *Hitler and Stalin: Parallel Lives* (London, 1991)

Bushell, Terry *Marriage of Inconvenience: An Anglo-Soviet Alliance* (London, 1985)

Cairncross, John *The Enigma Spy: An Autobiography* (London, 1997)

Campbell, William *Villi the Clown* (London, 1981)

Carpenter, Humphrey *Benjamin Britten* (London, 1992)

Carter, Miranda *Anthony Blunt: His Lives* (London, 2001)

Cave Brown, Anthony *Treason in the Blood* (London, 1995)

Cecil, Robert *A Divided Life: A Biography of Donald Maclean* (London, 1988)

Christiansen, Arthur *Headlines All my Life* (London, 1961)

Churchill, Winston *The Second World War: The Gathering Storm* (London, 1948)

—— *The Second World War: The Hinge of Fate* (London, 1951)

—— *The Second World War: Closing the Ring* (London, 1952)

—— *The Second World War: Triumph and Tragedy* (London, 1954)

CIA *A Fixation on Moles: James J. Angleton, Anatoly Golitsyn and the 'Monster Plot': Their Impact on CIA Personnel and Relations* (Washington DC, 2013)

Conant, Janet *The Irregulars: Roald Dahl and the British Spy Ring in Wartime Washington* (New York, 2008)

Connell, John *The Office* (London, 1958)

Connolly, Cyril *The Missing Diplomats* (London, 1952)

Costello, John *Mask of Treachery: The First Documented Dossier on Blunt, MI5 and Soviet Subversion* (London, 1988)

Costello, John and Tsarev, Oleg *Deadly Illusions* (London, 1993)

Damaskin, Igor and Elliott, Geoffrey *Kitty Harris: The Spy with Seventeen Names* (London, 2001)

Davenport-Hines, Richard *An English Affair: Sex, Class and Power in the Age of Profumo* (London, 2012)

Deacon, Richard *The Greatest Treason* (London, 1989)

Deakin, Nicholas, ed. *Radiant Illusion: Middle-Class Recruits to Communism in the 1930s* (Edenbridge, 2015)

Deighton, Anne, ed. *Britain and the First Cold War* (London, 1990)

Driberg, Tom *Guy Burgess: A Portrait with Background* (London, 1956)

Fahmy, Isis *Around the World with Isis* (London, 2003)

Fisher, John *Burgess and Maclean* (London, 1977)

Frankland, Mark *Child of my Time* (London, 1999)

Gardiner, Juliet *The Thirties: An Intimate History* (London, 2010)

Garrett, Patrick *Of Fortunes and War: Clare Hollingworth, First of the Female War Correspondents* (London, 2016)

Gentry, Curt J. *Edgar Hoover: The Man and the Secrets* (New York, 1991)

Gillies, Donald *Radical Diplomat: The Life of Lord Inverchapel* (London, 1999)

Gladwyn, Lord *Memoirs* (London, 1972)

Glees, Anthony *The Secrets of the Service* (London, 1987)

Gordievsky, Oleg *Next Stop Execution* (London, 1995)

Gore-Booth, Paul *With Great Truth and Respect* (London, 1974)

Gouzenko, Igor *This Was my Choice* (London, 1948)

Greene, Graham, ed. *The Old School: Essays* (Oxford, 1984)

Hamilton, Ian *Keepers of the Flame: Literary Estates and the Rise of Biography* (London, 1992)

Hamrick, S. J. *Deceiving the Deceivers* (New Haven, 2004)

Haslam, Jonathan *Near and Distant Neighbours: A New History of Soviet Intelligence* (Oxford, 2015)

Hastings, Max *The Korean War* (London, 1987)

Hastings, Selina *Rosamond Lehmann* (London, 2002)

Haynes, John Earl and Klehr, Harvey *Venona: Decoding Soviet Espionage in America* (New Haven, 1999)

Haynes, John Earl, Klehr, Harvey and Vassiliev, Alexander *Spies: The Rise and Fall of the KGB in America* (New Haven and London, 2009)

Henderson, Nicholas *New Friends and Modern Instances* (London, 2000)

Hennessy, Peter *Having It So Good: Britain in the Fifties* (London, 2006)

—— *Never Again: Britain 1945–1951* (London 1993)

—— *The Secret State: Preparing for the Worst 1945–2010* (London, 2010)

Herken, Gregg *The Brotherhood of the Bomb* (New York, 2002)

—— *The Winning Weapon: The Atomic Bomb in the Cold War 1945–1950* (Princeton, 1981)

Herman, Arthur *Joseph McCarthy* (New York, 2000)

Hermiston, Roger *The Greatest Traitor: The Secret Lives of Agent George Blake* (London, 2013)

Hoare, Geoffrey *The Missing Macleans* (London, 1955)

Hobsbawm, Eric *Age of Extremes: The Short Twentieth Century 1914–1991* (London, 1995)

—— *Interesting Times: A Twentieth-Century Life* (London, 2001)

Holzman, Michael *Donald and Melinda Maclean: Idealism and Espionage* (New York, 2014)

—— *James Jesus Angleton* (Amherst, 2008)

Howarth, T. E. B. *Cambridge between Two Wars* (London, 1978)

Hughes, Richard *Foreign Devil: Thirty Years of Reporting from the Far East* (Warwick, NY, 2008)

Ireland, Josh *The Traitors* (London, 2017)

Isaacs, Jeremy and Downing, Taylor *Cold War* (London, 1998)

Jeffery, Keith *MI6: The History of the Secret Intelligence Service 1909–1949* (London, 2011)

Kennedy, David M. *Freedom From Fear: The American People in Depression and War 1929–1945* (Oxford, 1999)

Kern, Gary *A Death in Washington: Walter G. Krivitsky and the Stalin Terror* (New York, 2004)

Knight, Amy *How the Cold War Began* (New York, 2006)

Knightley, Phillip *Philby: KGB Masterspy* (London, 1998)

—— *The Second Oldest Profession: The Spy as Bureaucrat, Patriot, Fantasist and Whore* (London, 1986)

Koestler, Arthur *Darkness at Noon* (London, 1940)

—— *Scum of the Earth* (London, 1941)

Krivitsky, W. G. *In Stalin's Secret Service* (New York, 2000)

Lamphere, Robert J. and Schachtman, Tom *The FBI-KGB War: A Special Agent's Story* (New York, 1986)

Lawford, Valentine *Bound for Diplomacy* (London, 1963)

Lehmann, John *I Am my Brother* (London, 1960)

—— *The Whispering Gallery* (London, 1955)

Leigh Fermor, Patrick *Dashing for the Post: Letters* ed. Adam Sisman (London, 2016)

Lewis, Jeremy *Cyril Connolly: A Life* (London, 1997)

Liddell, Guy *The Guy Liddell Diaries*, vols 1 and 2, ed. Nigel West (Abingdon, 2005)

Lownie, Andrew *Stalin's Englishman: The Lives of Guy Burgess* (London, 2015)

Luke, Michael *David Tennant and the Gargoyle Years* (London, 1991)

Macintyre, Ben *A Spy Among Friends: Kim Philby and the Great Betrayal* (London, 2014)

McKinstry, Leo *Operation Sealion* (London, 2014)

Maclean, Alan *No, I Tell a Lie, It Was the Tuesday: A Trudge through his Life and Times* (London, 1997)

Maclean, Donald *British Foreign Policy Since Suez* (London, 1970)

Maclean, Fitzroy *Take Nine Spies* (London, 1978)

Macmillan, Harold *The Macmillan Diaries: The Cabinet Years 1950–1957* ed. Peter Catterall, (London, 2003)

MacNeice, Louis *Selected Poems* ed. Michael Longley (London, 1998)

Maisky, Ivan *Diaries* ed. Gabriel Gorodetsky (New Haven and London, 2015)

Martin, David C. *Wilderness of Mirrors* (New York, 1980)

Marton, Kati *True Believer: Stalin's Last American Spy* (New York, 2016)

Mather, John, ed. *The Great Spy Scandal* (London, 1955)

Mayall, Lees *Fireflies in Amber* (Wilton, 1989)

Miller, John *All Them Cornfields and Ballet in the Evening* (Kingston-upon-Thames, 2010)

Milne, Tim *Kim Philby: A Story of Friendship and Betrayal* (London, 2014)

Modin, Yuri *My Five Cambridge Friends* (New York, 1994)

Montefiore, Simon Sebag *Stalin: The Court of the Red Tsar* (London, 2003)

Moorehead, Alan *The Traitors: The Double Life of Fuchs, Pontecorvo and Nunn May* (London, 1952)

Morgan, Kevin *Ramsay MacDonald* (London, 2006)

Motion, Andrew *The Lamberts* (London, 1986)

Mount, Ferdinand *Cold Cream: My Early Life and Other Mistakes* (London, 2008)

Newton, Verne W. *The Cambridge Spies: The Untold Story of Maclean, Philby and Burgess in America* (published in the UK as *The Butcher's Embrace*) (New York, 1991)

Orwell, George *Coming Up for Air* (London, 1939)

Overy, Richard *The Morbid Age: Britain between the Wars* (London, 2009)

Page, Bruce, Leitch, David and Knightley, Phillip *Philby: The Spy Who Betrayed a Generation* (London, 1968)

Partridge, Frances *Everything to Lose: Diaries 1945–1960* (London, 1985)

—— *Julia: A Portrait of Julia Strachey* (London, 1983)

Pearce, Martin *Spymaster: A Life of Maurice Oldfield* (London, 2016)

Penrose, Barrie and Freeman, Simon *Conspiracy of Silence: The Secret Life of Anthony Blunt* (London, 1986)

Perkins, Anne *A Very British Strike: 3–12 May 1926* (London, 2006)

Perry, Roland *Last of the Cold War Spies: The Life of Michael Straight* (Boston, 2005)

Petrov, Vladimir and Evdokia *Empire of Fear* (London, 1956)

Philby, Eleanor *Kim Philby: The Spy I Loved* (London, 1968)

Philby, Kim *My Silent War: The Autobiography of a Spy* (London, 1968)

Philby, Rufina *The Private Life of Kim Philby: The Moscow Years* (London, 1999)

Pincher, Chapman *Their Trade is Treachery* (London, 2014)

—— *Treachery: The True Story of MI5* (Edinburgh, 2012)

Plokhy, S. M. *Yalta: The Price of Peace* (New York, 2010)

Powell, Anthony *To Keep the Ball Rolling: Memoirs* (London, 1983)

Purdy, Antony and Sutherland, Douglas *Burgess and Maclean* (London, 1963)

Purvis, Stewart and Hulbert, Jeff *Guy Burgess: The Spy Who Knew Everyone* (London, 2016)

Ranelagh, John *The Agency: The Rise and Decline of the CIA* (London, 1987)

Read, Anthony and Fisher, David *The Deadly Embrace: Hitler, Stalin and the Nazi-Soviet Pact* (London, 1988)

Rees, Goronwy *A Chapter of Accidents* (London, 1971)

Reynolds, David *From World War to Cold War* (Oxford, 2006)

Riordan, Jim *Comrade Jim: The Spy Who Played for Spartak* (London, 2009)

Roberts, Andrew *'The Holy Fox': The Life of Lord Halifax* (London, 1991)

Robertson, K. G., ed. *War, Resistance and Intelligence* (Barnsley, 1999)

Romerstein, Herbert and Breindel, Eric *The Venona Secrets: Exposing Soviet Espionage and America's Traitors* (New York, 2000)

Rose, Kenneth *Elusive Rothschild: The Life of Victor, Third Baron* (London, 2003)

—— *King George V* (London, 1983)

Sandbrook, Dominic *Never Had It So Good: A History of Britain from Suez to the Beatles* (London, 2005)

Sansom, Major A. W. *I Spied Spies* (London, 1965)

Shirer, William L. *The Collapse of the Third Republic: An Enquiry into the Fall of France in 1940* (New York, 1969)

Sinclair, Andrew *The Red and the Blue: Intelligence, Treason and the Universities* (London, 1986)

Skelton, Barbara *Tears before Bedtime* (London, 1993)

Skidelsky, Robert *John Maynard Keynes: The Economist as Saviour 1920–1937* (London, 1992)

—— *Oswald Mosley* (London, 1990)

Smith, Michael *The Spying Game: The Secret History of British Espionage* (London, 2004)

Spender, Stephen *Journals 1939–1983* (London, 1985)

Stansky, Peter and Abrahams, William *Julian Bell* (Stanford, 2012)

Straight, Michael *After Long Silence* (London, 1983)

Strauss, Lewis L. *Men and Decisions* (New York, 1962)

Sudoplatov, Pavel *Special Tasks: Memoirs of an Unwanted Witness* (New York, 1994)

Thomas, Gordon *Secret Wars: One Hundred Years of British Intelligence Inside MI5 and MI6* (New York, 2009)

Trevor-Roper, Hugh *The Secret World* (London, 2014)

Tusa, Ann and John *The Berlin Blockade* (London, 1988)

US Department of Energy *The New World: A History of the United States Atomic Energy Commission vol. 1: 1939–1946* (Washington DC, 2013)

Vansittart, Lord *Lessons of my Life* (London, 1943)

Walter, Natasha *A Quiet Life* (London, 2016)

Weinstein, Allen and Vassiliev, Alexander *The Haunted Wood: Soviet Espionage in America in the Stalin Era* (New York, 1999)

West, Nigel *Manhunt: Searching for Soviet Spies in British Intelligence* (London, 1989)

—— *Venona: The Greatest Secret of the Cold War* (London, 1999)

West, Nigel and Tsarev, Oleg *Crown Jewels: The British Secrets Exposed by the KGB Archives* (London, 1998)

West, Rebecca *The New Meaning of Treason* (London, 1964)

Wevill, Richard *Diplomacy, Roger Makins and the Anglo-American Relationship* (Ashford, 2014)

注　释

TNA：国家档案馆，邱园，伦敦。标记为 KV 的引文指安全服务档案，FCO 指外交部档案，PREM 指首相办公室档案，CAB 指内阁办公室档案，CSC（Civil Service Commission）指文官队伍委员会。

FBI：联邦调查局，华盛顿特区。

USNA：美国国家档案馆，华盛顿特区。

序　言

1. Fisher, *Burgess and Maclean*, p. 120.

2. Cecil, *A Divided Life*, p. 113.

3. Connolly, *The Missing Diplomats*, p. 29.

4. 同上书，p. 35。

5. Lownie, *Stalin's Englishman*, pp. 237–8.

6. Hoare, *The Missing Macleans*, p. 5.

7. 同上书，p. 6。

8. TNA KV 2/4143.

9. Cecil，引用文献同上，p. 143。

10. TNA KV 2/4140.

11. 引用文献同上，p. 10。

第 1 章　思想纯粹

1. Gerald Holtom memoir, 1985, Gresham's School archives.

2. 1935 Foreign Office reference, Gresham's School archives.

3. Holtom，引用文献同上。

4. Wansbrough – Jones, TNA KV 2/4140.

5. Alan Maclean obituary, *Daily Telegraph*, 2. 10. 06.

6. Sir Donald Maclean 的文件，Bodleian Library, Oxford。

7. 同上。

8. *The Times*, 17. 6. 32.

9. Philip Williamson, *Dictionary of National Biography*.

10. 同上。

11. J. M. Barrie, *The Times*, 17. 6. 32.

12. *The Times*, 16. 6. 32.

13. Nancy Maclean，未出版回忆录，"Past Imperfect"。

14. TNA FCO 158/186.

15. Cecil，引用文献同上 p. 10，转引自 Asquith's diaries。

16. Alan Maclean, *No, I Tell a Lie...* p. 3.

17. 同上。

18. *The Times*, 16. 6. 32.

19. *The Times*, 17. 6. 32.

20. Hoare，引用文献同上，p. 42。

21. 同上。

22. 对 Viscountess Macmillan 的采访，18. 11. 15。

23. A. Maclean，引用文献同上，p. 9。

24. N. Maclean，引用文献同上。

25. A. Maclean，引用文献同上，p. 2。

26. Page, Leitch and Knightley, *Philby*, p. 33.

27. 同上书，p. 33 – 4。

28. Auden, *The Old School*, ed. G. Greene p. 9.

29. 对 Simon Kinder 的采访，Gresham's 28. 9. 15。

30. 与 Liz Larby 的通信，Gresham's School, 2015。

31. Howarth, *Cambridge between Two Wars*, p. 142.

32. J. R. Eccles, *Cooperation in School Life*, 转引 Cecil, 同上书, p. 14。

33. Bruce – Lockhart, 同上书, p. 110。

34. 同上。

35. J. R. Eccles, *My Life as a Public School Master*, 同上书。

36. Berthoud to Patrick Dean 18. 10. 55. TNA FCO 158/8.

37. 同上。

38. *Daily Mail*, 3. 5 26。

39. Osbert Sitwell, 转引自 Perkins, *A Very British Strike*, p. 121。

40. Newton, *The Cambridge Spies*, p. 61.

41. Rajani Palme Dutt, *Communist International*, June 1926, 转引自 Perkins, 同上书, p. 243。

42. Page, Leitch and Knightley, 引用文献同上, p. 33。

43. 转引自 Andrews, *The Shadow Man*, p. 15。

44. 同上书, 第 10 页。

45. Deutsch report, 转引自 West and Tsarev, *The Crown Jewels*, p. 207。

46. TNA KV 3/442.

47. J. Bridgen, "Frank McEachran 1900 – 1975" in K. Bucknell and N. Jenkins, eds, *W. H. Auden: The Map of All my Youth*, 转引 Andrews, 同上书, p. 21。

48. 同上。

49. McEachran, The Unity of Europe, 转引 Andrews, 同上书, P. 21。

50. Boyle 对 Klugmann 的采访, 23. 8. 77, 转引 Andrews, 同上书, p. 22。

51. 同上书, p. 24。

52. *The Gresham*, 28. 3. 31.

53. *The Grasshopper*, 1931, Gresham's School Archives.

54. Boyle 对 Klugmann 的采访, 转引 Boyle, 同上书, p. 59。

55. Andrews, 同上书, p. 25。

56. Auden, memoir, Gresham's School Archives.

57. 脚注"对我的承诺"，"Last Will and Testament"，from Auden and MacNeice, *Letters from Iceland*，p. 235。

58. 对 John Lanchester 的采访，4. 11. 15。

59. Debate of 11. 10. 30, *The Gresham*, 18. 10. 30.

第 2 章　敢于质疑

1. Granta，18. 10. 33.

2. Granta，8. 11. 33.

3. Howarth，同上书，p. 142。

4. Andrews，同上书，p. 28。

5. Howarth，同上书，p. 143。

6. New Statesman 9 – 12 – 33，转引自 Skidelsky, *Keynes：The Economist as Saviour*，p. 515。

7. A. Blunt, "From Bloomsbury to Marxism"，转引自 Andrew and Gordievsky, *KGB*，p. 166。

8. Bensusan – Butt obituary, *Independent*，23. 10. 11.

9. 转引自 Andrew and Gordievsky，同上书，p. 145。

10. Skidelsky, *Oswald Mosley*，pp. 37 – 8.

11. Penrose and Freeman, *Conspiracy of Silence*，p. 47.

12. Costello, *Mask of Treachery*，p. 165.

13. Howarth，同上书，p. 147 。

14. Rose, *King George V*，p. 369.

15. Klugmann, introduction to J. Clark, ed. , *Culture and Crisis in Britain in the 30s*，转引 Andrews，同上书，p. 36。

16. Clark，同上书，p. 146。

17. "Labour Market Trends"，Government Statistical Service，January 1996.

18. Statistics from CPGB website.

19. Straight, *After Long Silence*, p. 61.

20. Cecil, 同上书, pp. 20 – 1。

21. Leonard Forster, 转引自 Boyle, 同上书, p. 62。

22. *Communist International*, March 1919.

23. 转引自 Boyle, 同上书, p. 69。

24. 同上书, p. 22。

25. TNA KV 3/442.

26. Lownie, 同上书, p. 41。

27. Penrose and Freeman, 同上书, p. 89。

28. TNA KV 3/442.

29. Cecil, 同上书, p. 23。

30. *Granta*, 20. 5. 32.

31. Page, Leitch and Knightley, 同上书, p. 35。

32. Lownie, 同上书, p. 30。

33. Connolly, 同上书, p. 18。

34. TNA FCO 158/184.

35. 同上。

36. Boyle, 同上书, p. 107。

37. 同上书, p. 66。

38. 同上书, p. 67。

39. *Spectator*, 17. 6. 32.

40. Boyle, 同上书, p. 67。

41. N. Maclean, 引用文献同上。

42. Boyle interview with Christopher Gillie, 转引自 Boyle, 同上书, pp. 67 – 8。

43. Sir Donald Maclean 的文件, Bodleian Library, Oxford。

44. Klugmann, 转引自 Costello and Tsarev, *Deadly Illusions*, p. 184。

45. TNA KV 2/4157.

46. Pat Sloan, ed. *John Cornford: A Memoir*, 转引自 Penrose and Freeman,

同上书，p. 94。

47. Lownie，同上书，p. 43。

48. Skidelsky，*Keynes*，p. 496.

49. *Silver Crescent*，Michaelmas，1933.

50. Hobsbawm，*Interesting Times*，p. 123.

51. *Cambridge Left*，Winter 1933 – 4.

52. *Silver Crescent*，Lent，1934.

53. *Granta*，7. 3. 34.

54. Boyle 对 Christopher Gillie 的采访，转引自 Boyle，同上书，p. 113。

55. 同上书，p. 107。

56. TNA KV 2/4140.

57. TNA KV 2/4141.

58. Hoare，同上书，pp. 135 – 6。

59. Modin，*My Five Cambridge Friends*，p. 95.

60. TNA KV 2/4141.

61. 同上。

62. 同上。

63. 同上。

64. TNA K V 2/4150.

65. 同上。

66. 同上。

67. 同上。

68. 同上。

69. Letter in Trinity Hall archive，Cambridge.

70. TNA KV 2/4141.

71. Cecil，同上书，p. 37。

第 3 章　孤儿

1. Andrew and Mitrokhin，*The Mitrokhin Archive*，p. 76.

2. Cave Brown, *Treason in the Blood*, p. 159.

3. 转引 Page, Leitch and Knightley, 同上书, p. 58。

4. K. Philby, *My Silent War*, p. xxxii.

5. Kim Philby, 转引自 Andrew, *MI5*, p. 169。

6. Lownie, 同上书, p. 52。

7. Andrew and Mitrokhin, 同上书, p. 73。

8. Andrew, 同上书, p. 170。

9. Cave Brown, 同上书, p. 63。

10. Andrew and Mitrokhin, 同上书, p. 75。

11. 同上书, p. 74。

12. Cairncross, *The Enigma Spy*, p. 63.

13. 转引 Borovik, *The Philby Files*, pp. 29 – 30。

14. 转引自 Andrew and Mitrokhin, 同上书, p. 87。

15. Borovik, 同上书, p. 42。

16. 转引自 Haslam, *Near and Distant Neighbours*, p. 72。

17. F. Maclean, *Take Nine Spies*, p. 237.

18. 同上。

19. Maclean tutorial file, Trinity Hall archive, Cambridge.

20. TNA KV 2/4140.

21. TNA CSC 11/171.

22. Borovik, 同上书, p. 45。

23. Philby, memoir in KGB files, 转引 Tsarev and Costello, 同上书, p. 186。

24. *Communist International*, March 1919.

25. Cecil, 同上书, p. 34。

26. Borovik, 同上书, p. 46。

27. Andrew, 同上书, p. 174。

28. Maclean KGB file 83791, 转引自 Costello and Tsarev, 同上书, p. 187。

29. Costello and Tsarev, 同上书, p. 94。

30. Deutsch KGB file 32826，转引 Costello and Tsarev，同上书，PP. 193 – 4。

31. Macintyre，*A Spy among Friends*，p. 25.

32. Cairncross，同上书，p. 26。

33. 转引自 Andrew，同上书，p. 174。

34. Carter，*Anthony Blunt*，p. 3.

35. *Glasgow Herald*，26. 3. 40.

36. Cecil，同上书，p. 39。

37. Page, Leitch and Knightley，同上书，p. 90。

38. 对 Viscountess Macmillan 的采访，18. 11. 15。

39. Connolly，同上书，p. 17。

40. 对 Viscountess Macmillan 的采访，18. 11. 15。

41. 对 Lord Hutchinson 的采访，19. 7. 16。

42. 同上。

43. 同上。

44. 同上。

45. Mount，*Cold Cream*，p. 47.

46. Toynbee diary 20. 12. 35，Philip Toynbee 发表的文章，Bodleian Library，Oxford。

47. 来源同上，14. 4. 35。

48. 来源同上，21. 7. 36。

49. Philip Toynbee，"Maclean and I"，*Observer*，15. 10. 67.

50. Toynbee diary，21. 7. 36.

51. Toynbee，"Maclean and I"，来源同上。

52. Page, Knightley and Leitch，同上书，p. 82。

53. Macintyre，同上书，p. 190。

54. Connolly，同上书，p. 19。

55. 转引自 Newton，同上书，p. 64。

56. 谈话转引自 Boyle，同上书，p. 127。

57. TNA KV 2/4157.

58. 对 Viscountess Macmillan 的采访。

59. A. Maclean，同上书，pp. 18 – 19。

60. Cave Brown，同上书，p. 171。

61. Carter，同上书，p. 161。

62. Hobsbawm，同上书，p. 102。

63. Lawford, *Bound for Diplomacy*, pp. 191 – 2.

64. 同上书，p. 189。

65. 转引自 Boyle，同上书，p. 114。

66. Cairncross，同上书，p. 65。

67. TNA FCO158/209.

68. TNA KV 6/144.

69. TNA FCO 158/186.

第 4 章　诗人

1. Modin，同上书，p. 97。

2. F. Maclean，同上书，p. 237。

3. Lawford，同上书，p. 235。

4. A. J. P. Taylor, *English History 1914 – 45*，转引自 Holzman, *Donald and Melinda Maclean*，p. 85。

5. Brendon, *The Dark Valley*, p. 35.

6. Andrew，同上书，p. 174。

7. K. Philby, Stasi training video, *BBC News*, 4. 4. 16.

8. K. Philby, *My Silent War*, p. xxix.

9. Andrew and Mitrokhin，同上书，pp. 81 – 2。

10. 同上。

11. Maclean KGB file 83791. 转引自 Costello and Tsarev，同上书，p. 199。

12. TNA KV, 2/1008.

13. TNA KV, 2/1009.

14. TNA KV, 2/1008.

15. Haslam, 同上书, p. 71。

16. Modin, 同上书, p. 97。

17. Maclean KGB file, 转引自 Costello and Tsarev, 同上书, p. 200。

18. 同上。

19. 同上书, pp. 200 – 1。

20. TNA FCO 158/253.

21. Maclean KGB file, 转引自 Costello and Tsarev, 同上书, p. 201。

22. TNA FCO, 158/25.

23. Brendon, 同上书, p. 309。

24. Wogan Philipps to Rosamond Lehmann, 27. 4. 37, 作者个人文件。

25. Ian Jack, *Independent*, 21. 11. 15.

26. 转引自 Gardiner, *The Thirties*, p. 64。

27. Cecil, 同上书, p. 45。

28. N. Maclean, 引用文献同上。

29. Carter, 引用文献同上, 图片说明文字。

30. MacNeice, *Autumn Journal* vi, in his *Collected Poems*.

31. *Documents on British Foreign Policy*, 转引自 Cecil, 同上书, p. 46。

32. Brendon, 同上书, p. 332。

33. 转引自 Gardiner, 同上书, p. 392。

34. Ireland, *Traitors*, p. 9.

35. Gardiner, 同上书, p. 393。

36. Taylor, *English History 1914 – 45*, 转引自 Holzman, 同上书, p. 89。

37. Brendon, 同上书, p. 331。

38. To Dennis Ogden, 1980, A. Maclean 的文章, 引用自同上书。

39. TNA FCO 158/186.

40. 同上。

41. 转引自 Cecil, 同上书, p. 46。

42. Brendon, 同上书, p. 332。

43. Cairncross, 同上书, pp. 56 – 7。

44. West and Tsarev, 同上书, p. 208。

45. Andrew and Mitrokhin, 同上书, p. 108。

46. Connolly, 同上书, p. 17。

47. 同上书, p. 20。

48. 同上书, p. 21。

49. TNA FCO, 158/186.

50. 同上。

51. Andrew and Gordievsky, 同上书, p. 106。

52. Damaskin and Elliott, *Kitty Harris*, p. 153.

53. Brendon, 同上书, p. 403。

54. Walter Krivitsky, Spartacus – educational. com.

55. Andrew and Mitrokhin, 同上书, p. 102。

56. Michael Voslensky, Nomenklatura, 转引自 Kern, *A Death in Washington*, p. 101。

57. TNA KV 2/1022.

58. TNA KV 2/2008, 转引自 Andrew, 同上书, p. 180。

59. Damaskin and Elliott, 同上书, p. 185。

60. 同上书, p. 148。

61. 转引自 Hermiston, *The Greatest Traitor*, p. 126。

62. TNA KV 2/805.

63. Andrew and Mitrokhin, 同上书, p. 107。

64. Damaskin and Elliott, 同上书, p. 151。

65. 同上书, p. 162。

66. 同上书, p. 163。

67. Undated letter in Maclean KGB file, 转引自 Costello and Tsarev, 同上

书，pp. 211 - 12。

68. Costello and Tsarev，同上书，p. 210。

69. 同上书，p. 211。

70. Damaskin and Elliott，同上书，p. 171。

71. Orlov, Handbook (1963)，转引自 Costello and Tsarev，同上书，p. 210。

72. 同上书，p. 177。

73. Deutsch KGB file 32826，转引自 Costello and Tsarev，同上书，pp. 193 - 4。

74. F. Maclean，同上书，p. 237。

75. TNA FCO 158/186.

76. 同上。

77. TNA KV 2/4140.

78. Damaskin and Elliott，同上书，p. 182。

79. Andrew，同上书，p. 185.

第 5 章　光之城

1. D. Maclean, *British Foreign Policy since Suez*, p. 9.

2. Lawford，同上书，p. 289。

3. Shirer, *The Collapse of the Third Republic*, p. 339.

4. Hugh Ragsdale, *The Soviets, the Munich Crisis and the Coming of World War Two*，转引自 Holzman，同上书，p. 105。

5. *Foreign Relations of the United States* (*FRUS*) 1938，vol. 1，转引，同上书，p. 106。

6. Cecil，同上书，p. 51。

7. Phipps telegram 24. 9. 38，来源同上。

8. 转引自 Brendon，同上书，p. 461。

9. MacNeice ，同上书，vii。

10. 转引自 Brendon，同上书，p. 577。

11. Post - 1976 to Dennis Ogden, A. Maclean 的文章，Cambridge University

Library。

12. Lehmann, *The Whispering Gallery*, p. 282.

13. TNA KV 4/16.

14. Read and Fisher, *The Deadly Embrace*, p. 30.

15. Borovik, 同上书, p. 143。

16. Damaskin and Elliott, 同上书, p. 183。

17. 同上书, p. 186。

18. Maclean KGB file 83791, 转引自 Costello and Tsarev, 同上书, pp. 215 – 16。

19. Obituary, *Independent*, 29. 9. 96.

20. 同上。

21. Damaskin and Elliott, 同上书, p. 184。

22. 同上书, p. 185。

23. Cecil, 同上书, p. 53。

24. 同上。

25. 同上。

26. Lawford to Cecil, 来源同上。

27. Patrick Reilly 的文章, Bodleian Library, Oxford。

28. Cecil, 同上书, p. 53。

29. Cecil in Andrew and Dilks（eds）, *The Missing Dimension*, P. 174.

30. Cecil, "Legends Spies Tell", *Encounter*, April 1978.

31. Cecil, *A Divided Life*, p. 53.

32. Maisky, *Diaries*, p. 57.

33. 转引自 Boyle, 同上书, p. 178。

34. Maisky, 同上书, p. 192。

35. FRUS1939 vol. 1, 转引自 Holzman, 同上书, p. 117。

36. Jeffery, *MI6*, p. 312.

37. Brendon, 同上书, p. 580。

38. 同上书，p. 216。

39. 同上书，p. 219。

40. Modin，同上书，p. 81。

41. To Dennis Ogden 26. 1. 80，A. Maclean 的文章，来源同上。

42. Cairncross，同上书，pp. 79 – 80。

43. 同上书，p. 82。

44. 转引自 Macintyre，同上书，p. 48。

45. Rees, *A Chapter of Accidents*, p. 149.

46. Andrew and Mitrokhin，同上书，p. 150。

47. 一个"定时炸弹"，Lownie，同上书，p. 103。

48. Andrew and Mitrokhin，同上书，p. 113。

49. 转引自 Fisher，同上书，p. 67。

50. Koestler, *Scum of the Earth*, pp. 30 – 1.

51. *The Times*, 21. 11. 79，转引自 Carter，同上书，p. 241。

52. Gardiner，同上书，p. 186。

53. MacNeice，同上书，xxiv。

54. Cecil, *A Divided Life*, p. 55.

55. Maisky，同上书，p. 244。

56. 同上书，p. 252。

57. 同上。

58. Newton，同上书，p. xviii。

59. TNA KV 2/802.

60. TNA KV 2/802.

61. Andrew and Mitrokhin，同上书，p. 981。

62. TNA KV 2/805.

63. FO minutes 24. 5. 39, 25. 5. 39, 26. 5. 39，引自 Kern，同上书，p. 192。

64. Memorandum by Mallet, TNA K V 2/802.

65. TNA KV 2/802.

66. FBI WFO 65 – 5648.

67. TNA KV 2/815.

68. Andrew and Mitrokhin，同上书，p. 65。

69. TNA KV 2/816.

70. Newton，同上书，p. 19。

71. TNA KV 2/805.

72. Andrew，同上书，p. 264。

73. Liddell, *The Guy Liddell Diaries*，vol. 1，p. 62.

74. TNA KV 2/805.

75. 转引自 Martin, *Wilderness of Mirrors*，p. 6。

第 6 章 左岸的浪漫

1. Cecil, *A Divided Life*，p. 58.

2. Fisher，同上书，p. 70。

3. Hoare，同上书，p. 45。

4. Neil Pearson Rare Books website.

5. TNA KV 6/144.

6. Hoare，同上书，p. 33。

7. 同上书，p. 36。

8. TNA FCO158/191.

9. Natasha Walter, "Spies and Lovers"，*Guardian*，10. 5. 03.

10. Cecil, *A Divided Life*，p. 59.

11. TNA KV 2/4150.

12. TNA KV 2/4143.

13. Hoare，同上书，p. 47。

14. Connolly，同上书，p. 21。

15. 转引自 Cecil, *A Divided Life*，p. 60。

16. Toynbee, "Maclean and I"，来源同上。

17. Damaskin and Elliott，同上书，p. 191。

18. 同上书，p. 192。

19. 同上。

20. Maclean KGB file 83791，转引自 Costello and Tsarev，同上书，p. 217。

21. 同上书，p. 215。

22. TNA KV 2/4150.

23. Borovik，同上书，p. 151。

24. Damaskin and Elliott，同上书，p. 196。

25. 同上书，p. 197。

26. 同上书，p. 190。

27. TNA FCO158/186.

28. Sir John Balfour to Boyle，转引自 Boyle，p. 300。

29. Hoare，同上书，p. 49。

30. 同上。

31. TNA KV 2/4150.

32. Koestler，同上书，p. 166。

33. Page, Leitch and Knightley，同上书，p. 100。

34. Cecil, *A Divided Life*, pp. 49 – 50.

第7章　闪电战与巴巴罗萨行动

1. Gilbert, *Finest Hour*, pp. 568 – 71.

2. 转引自 *New York Times Magazine*，3. 7 – 60，p. 31。

3. Cecil, *A Divided Life*, p. 63.

4. Fisher，同上书，p. 81。

5. N. Maclean，引用来源同上。

6. Maisky，同上书，p. 289。

7. Fisher，同上书，pp. 80 – 1。

8. Cecil, *A Divided Life*, p. 65.

9. 同上。

10. TNA KV 2/4140.

11. 转引自 Andrew and Mitrokhin，同上书，p. 109。

12. Andrew and Gordievsky，同上书，p. 130。

13. Cairncross，同上书，p. 90。

14. Vladimir Borkovsky，转引自 Costello and Tsarev，同上书，p. 218。

15. 同上。

16. Borovik，同上书，p. 135。

17. Churchill, *The Second World War*：*Their Finest Hour*，转引自 Boyle，同上书，pp. 187 - 8。

18. Letter to Cecil，转引自 Cecil，*A Divided Life*，p. 65。

19. Hoare，同上书，p. 50。

20. Colin Perry，转引 Ziegler，*London at War*，p. 112。

21. Lehmann，*l Am my Brother*，pp. 80 - 1.

22. TNA KV 2/4143.

23. Boyle，同上书，p. 201。

24. Maclean KGB file 83791，转引 Costello and Tsarev，同上书，p. 219。

25. Carter，同上书，p. 268。

26. West and Tsarev，同上书，p. 145。

27. Cairncross，同上书，pp. 80 - 1。

28. 同上书，p. 92。

29. Andrew and Mitrokhin，同上书，p. 120。

30. Rees，同上书，p. 155。

31. Luke，同上书，p. ix。

32. 同上书，p. 145。

33. Holzman，同上书，p. 153 及后页。

34. Hoare，同上书，p. 51。

35. 同上书，p. 51。

36. Andrew and Gordievsky, 同上书, p. 212。

37. Bullock, *Hitler and Stalin*, p. 786.

38. Maisky, 同上书, p. 365。

39. A. Blunt, 未出版回忆录。

40. KGB files, 转引自 Andrew, 同上书, p. 273。

41. Andrew and Mitrokhin, 同上书, p. 157。

42. Bower, *The Perfect English Spy*, p. 83.

43. 转引 Haslam, 同上书, p. 127。

44. Tsarev and West, 同上书, p. 161。

45. 同上。

46. Haynes and Klehr, *Venona*, pp. 25 - 8.

47. 同上书, p. 29。

48. 同上书, p. 30。

49. N. West, *Venona*, pp. 3 - 4.

50. Haynes and Klehr, 同上书, p. 31。

51. 同上。

52. Lamphere and Schachtman, *The FBl - KGB War*, p. 84.

53. Cecil, *A Divided Life*, p. 67.

54. Hoare, 同上书, P. 51。

55. Boyle, 同上书, p. 251。

56. Connolly, 同上书, p. 25。

57. Boyle, 同上书, p. 251。

58. TNA FCO158/186.

59. TNA FCO158/186.

60. TNA FO 371/42556, 转引自 Kerr, 同上书, p. 95。

61. Winston Churchill, *Blood, Sweat and Tears*, 转引自 Newton, 同上书, p. 66。

第8章 荷马

1. Roberts, "The Holy Fox", pp. 380 – 1.

2. 同上。

3. Modin, 同上书, p. 101。

4. Fisher, 同上书, p. 82。

5. FBI 对 Hal Dunbar 的采访, FBI WFO 65 – 5648。

6. Fisher, 同上书, p. 83。

7. Newton, 同上书, p. 82。

8. TNA KV 6/144.

9. Hoare, 同上书, p. 52。

10. TNA KV 6/143.

11. TNA KV 2/4143.

12. *Washington Post*, 22. 12. 10.

13. TNA KV 6/143.

14. TNA FO 115/3610, 转引自 Holzman, 同上书, p. 162。

15. Andrew and Mitrokhin, 同上书, p. 165。

16. NSA files, 转引自 Holzman, 同上书, p. 169。

17. A. Maclean 的文章, 引用来源同上。

18. Andrew and Gordievsky, 同上书, p. 260。

19. NSA files, 转引自 Holzman, 同上书, p. 171。

20. Venona 1105 – 1110 2/3. 8. 44, 转引自 Haynes and Klehr, 同上书, p. 54。

21. 同上。

22. 同上书, p. 172。

23. Djilas, *Conversations with Stalin*, 转引自 Bullock, 同上书, p. 942。

24. Haynes and Klehr, 同上书, p. 54。

25. Balfour, *Not Too Correct an Aureole*, p. 260.

26. 同上。

27. 与 Boyle 的对话，转引自 Boyle，同上书，p. 300。

28. Boyle，同上书，pp. 290 – 1。

29. 转引自 Conant，*The Irregulars*，p. 25。

30. Michael Ignatieff，*Isaiah Berlin*，转引自 Holzman，同上书，p. 165。

31. 同上书，p. 166。

32. Berlin to Boyle，转引自 Boyle，同上书，p. 292。

33. Holzman，同上书，p. 165。

34. Berlin to Boyle，转引自 Boyle，同上书，p. 292。

35. Berlin，*Affirming*，p. 121.

36. Kennedy，*Freedom from Fear*，p. 457.

37. Holzman，同上书，p. 166。

38. R. West，*The New Meaning of Treason*，p. 222.

39. R. West，同上书，p. 222。

40. Holzman，同上书，p. 175。

41. Venona 1271 – 4，7. 9. 44，转引自 Haynes and Klehr，同上书，p. 53。

42. Bullock，同上书，p. 939。

43. FBI WFO 65 – 5648.

44. 同上。

45. Hoare，同上书，p. 54。

46. Cecil，"Legends Spies Tell".

47. TNA KV 6/144.

48. 对 Phyllis Parker 的采访，27. 10. 16。

49. FBI，来源同上。

50. Boyle 对 Hoare 的采访，转引自 Boyle，同上书，p. 292。

51. FBI，来源同上。

52. Cecil，*A Divided Life*，p. 73.

53. TNA FCO 158/186.

54. Holzman，同上书，p. 182。

55. Newton，同上书，pp. 67 – 8。

56. 同上。

57. KGB file 43173，转引自 Weinstein and Vassiliev，*The Haunted Wood*，p. 230。

58. KGB file 35118，转引自同上来源。

第9章　铁幕

1. Montefiore，*Stalin*，p. 424.

2. Andrew and Mitrokhin，同上书，p. 173。

3. 同上。

4. Churchill，*Triumph and Tragedy*，p. 303.

5. Andrew and Gordievsky，同上书，p. 274。

6. Plokhy，*Yalta*，p. 78.

7. Montefiore，同上书，p. 428。

8. 同上。

9. Andrew and Mitrokhin，同上书，p. 176。

10. Andrew and Gordievsky，同上书，p. 277。

11. Bullock，同上书，p. 956。

12. USNA Leahy file，转引自 Newton，同上书，p. 74。

13. R. West，同上书，pp. 21 – 2。

14. TNA ECO 850/185，转引自 Newton，同上书，p. 75。

15. Venona 1815 30. 3. 45，转引自 Hamrick，*Deceiving the Deceivers*，p. 75。

16. Venona 714 8. 3. 45. 转引自 N. West，同上书，p. 128。

17. Venona 1517 7 – 3 – 45. 转引自 N. West，同上书，p. 130。

18. 同上书，p. 134。

19. Hamrick，同上书，p. 35。

20. David Stout，*New York Times*，18. 8. 02.

21. K. Philby，同上书，p. 68。

22. TNA KV 4/196.

23. Burgess KGB file，转引自 N. West, *Crown Jewels*, p. 171。

24. Modin，同上书，p. 156。

25. Cecil 对 Robin Denniston 的采访，转引自 Cecil, *A Divided Life*，p. 77。

26. Newton，同上书，p. 87。

27. A. Maclean 的文章，引用来源同上。

28. TNA FCO 158/186.

29. Newton 对 Alsop 的采访，转引自 Newton，同上书，p. 68。

30. 同上书，p. 89。

31. Newton 对 Hickerson 的采访，引用来源同上。

32. Gore – Booth, *With Great Truth and Respect*, pp. 374 – 5.

33. D. Maclean，同上书，p. 54。

34. 转引自 Holzman，同上书，p. 218。

35. 转引自 Hoare，同上书，p. 142。

36. Hoare，同上书，p. 147。

37. Cecil, *A Divided Life*，p. 73.

38. TNA KV 2/4141.

39. 未注明日期邮件，1956, letter to Alan Maclean, A. Maclean 的文章，引用来源同上。

40. TNA FCO 158/186.

41. Hoare，同上书，p. 54。

第 10 章　远雷

1. K. Philby，同上书，p. 119。

2. Macintyre，同上书，p. 95。

3. TNA FCO 158/193.

4. 同上。

5. K. Philby，同上书，p. 119。

6. Macintyre，同上书，p. 98。

7. Andrew，同上书，p. 344。

8. K. Philby，同上书，p. 128。

9. Andrew，同上书，p. 113。

10. Gouzenko，*This Was My Choice*，p. 306.

11. Andrew and Mitrokhin，同上书，p. 181。

12. Lamphere，同上书，p. 83。

13. Newton，同上书，p. 94。

14. Moorehead，*The Traitors*，p. 19.

15. 同上书，p. 21。

16. Andrew，同上书，p. 344。

17. 同上书，p. 343。

18. 转引自 Romerstein and Breindel，*The Venona Secrets*，p. 13。

19. Moorehead，同上书，p. 43。

20. 同上书，p. 46。

21. 转引自 Newton，同上书，p. 125。

22. Report of Royal Commission，Ottawa，转引自 Cecil，*A Divided Life*，p. 77。

23. H. Montgomery Hyde，*Atom Bomb Spies*，转引自 Andrew，同上书，p. 348。

24. Andrew，同上书，p. 203。

25. TNA KV 4/158，同上书，p. 351。

26. TNA CAB 130/20，转引自 Hennessy，*The Secret State*，p. 90。

27. K. Philby，同上书，p. 167。

28. *World – Telegram*，转引自 *New Yorker*，13. 10. 48。

29. A. J. Liebling，同上。

30. Weinstein and Vassiliev，同上书，p. 88。

31. *Time*，9. 8. 48।

32. Elizabeth Bentley, *Out of Bondage*, 转引自 Andrew and Gordievsky, 同上书, p. 228 – 9。

33. 同上书, p. 283。

34. Akhmerov to Moscow, 25. 6. 44, Venona files, 转引自 Weinstein and Vassiliev, 同上书, p. 98。

35. 同上书, p. 100。

36. KGB file 75405, 转引自 Weinstein and Vassiliev, 同上书, p. 104。

37. 同上。

38. Haynes, Klehr and Vassiliev, *Spies*, p. 400.

39. KGB file 75405, 转引自 Weinstein and Vassiliev, 同上书, p. 108。

40. FBI Vaults.

41. Hennessy and Townsend, " The Documentary Spoor of Burgess and Maclean".

42. Newton, 同上书, p. 123。

43. 同上书, p. 125。

44. N. West, 同上书, p. 17。

45. Haynes and Klehr, 同上书, p. 8。

46. Wright, *Spycatcher*, p. 180.

47. *Daily Telegraph*, 20. 8. 02.

48. David Stout, *New York Times*, 18. 8. 02.

49. Romerstein and Breindel, 同上书, pp. 10 – 11。

50. Newton, 同上书, p. 101。

51. 转引, 同上书, p. 103。

52. Modin, 同上书, p. 120。

53. Dept of State, Press Conferences, 转引自 Newton, 同上书, pp. 103 – 4。

54. *FRUS* 1945, vol. 8, 转引, 同上书, p. 104。

55. Modin, 同上书, p. 120。

56. USNA 767. 68119, 转引自 Newton, 同上书, pp. 106 – 7。

57. TNA FCO 371/48699，同上书，p. 107。

58. Modin，同上书，p. 120。

59. TNA FCO 371/48699，转引自 Newton，同上书，p. 107。

60. 同上。

第 11 章　全域通行证

1. Herken, *The Brotherhood of the Bomb*, p. 62.

2. Truman, *Year of Decision*，转引自 Cecil，同上书，p. 71。

3. Bohlen, *Witness to History*, p. 237.

4. Truman, *Years of Trial and Hope*，转引自 Boyle，同上书，p. 297。

5. Herken，同上书，p. 103。

6. Costello and Tsarev，同上书，p. 218。

7. Herken，同上书，p. 106。

8. Makins，未出版回忆录。

9. 同上。

10. Holzman，同上书，pp. 238 - 9。

11. Modin，同上书，p. 199。

12. Newton，同上书，p. 134。

13. TNA FCO 115/4313，转引，同上书，p. 180。

14. Hennessy, *Never Again*, p. 353.

15. Strauss, *Men and Decisions*, p. 256.

16. Newton，同上书，p. 149。

17. FBI WFO 65 - 5648.

18. Holzman，同上书，p. 248。

19. Cecil, *A Divided Life*, p. 84.

20. Holzman，同上书，p. 240。

21. Cecil, *A Divided Life*, p. 83.

22. Newton，同上书，p. 168。

23. TNA CAB 81/132，转引自 Hennessy, *The Secret State*, p. 33。

24. Newton，同上书，p. 134。

25. TNA KV 2/4140.

26. FBI WFO 65 – 5648.

27. 同上。

28. 转引自 Boyle，同上书，p. 301。

29. TNA KV 2/4143.

30. 同上。

31. 同上。

32. Cecil, *A Divided Life*, p. 79.

33. Gillies，同上书，p. 183。

34. R. West，同上书，p. 227。

35. Gillies, *Radical Diplomat*, p. 188.

36. Boyle，同上书，p. 302。

37. Cecil, *A Divided Life*, p. 79.

38. 同上。

39. Boyle，同上书，p. 301。

40. Boyle，同上书，p. 80。

41. Hoare，同上 pp. 48 – 9。

42. TNA KV 2/4143.

43. Cecil, 'Legends Spies Tell'.

44. 对 Phyllis Parker 的采访，27. 10. 16。

45. 同上。

46. Hoare，同上书，p. 59。

47. Cecil, *A Divided Life*, p. 78.

48. 同上书，pp. 78 – 9。

49. KGB file 43173. 转引自 Weinstein and Vassiliev，同上书，pp. 290 – 1。

50. 脚注 "可以叫我马歇尔将军"，Isaacs and Downing, *Cold War*, p. 45。

51. 转引，同上书，p. 52。

52. TNA FCO 115/4359.

53. TNA FCO 115/4348. 转引自 Newton，同上书，p. 195。

54. 同上书，p. 196。

55. Cecil, *A Divided Life*，p. 85.

56. TNA FCO 115/4348，转引自 Newton，同上书，p. 196。

57. 转引自 Martin，同上书，p. 51。

58. TNA FCO 158/186.

59. 同上。

60. 转引自 Newton，同上书，p. 22。

61. FBI WFO 65 – 5648.

第 12 章　尼罗河之乱

1. 转引自 Newton，同上书，p. 159。

2. 同上书，p. 218。

3. 同上。

4. TNA FCO 141/1377.

5. TNA FCO 158/85.

6. TNA KV 4/470.

7. Newton，同上书，p. 225。

8. Hoare，同上书，p. 55。

9. Connolly，同上书，p. 27。

10. Holzman，同上书，p. 273。

11. Newton，同上书，p. 226。

12. 同上。

13. Hamilton, *Keepers of the Flame*，p. 127.

14. W. S. Blunt, *My Diaries*，p. 12.

15. Fisher，同上书，p. 87。

16. 对 Colin Campbell 的采访，8.9.15。

17. Fisher，同上书，p. 88。

18. 同上。

19. FBI summary report，转引自 Newton，同上书，p. 237。

20. N. Maclean，引用来源同上。

21. Hoare，同上书，p. 58。

22. Cecil, *A Divided Life*, p. 95.

23. 转引自 Newton，同上书，p. 229。

24. Hoare，同上书，p. 57。

25. 同上书，p. 58。

26. K. Philby，同上书，p. 171。

27. *Sunday Times Insight*, 8. 10. 67.

28. Hoare，同上书，pp. 57 - 8。

29. 对 Colin Campbell 的采访，8.9.15。

30. TNA FCO 158/186.

31. Hoare，同上书，p. 58。

32. Modin，同上书，pp. 163 - 4。

33. 同上。

34. Holzman，同上书，p. 277。

35. FRUS1949 vol. 6，转引自 Holzman，同上书，p. 278。

36. 同上书，p. 288。

37. TNA FCO 141/1377.

38. Andrew and Mitrokhin，同上书，p. 202。

39. Modin，同上书，p. 164。

40. 同上。

41. Andrew and Mitrokhin，同上书，p. 202。

42. Modin，同上书，p. 164。

43. Conversation Derek Johns 11. 5. 16.

44. 转引自 Andrew，同上书，p. 377。

45. KGB file 43173，转引自 Weinstein and Vassiliev，同上书，pp. 291 – 2。

46. Haynes and Klehr，同上书，p. 49。

47. Lamphere and Schachtman，同上书，p. 19。

48. 同上书，p. 82。

49. Modin，同上书，p. 192。

50. Lamphere and Schachtman，同上书，p. 127。

51. TNA KV 4/470.

52. Lamphere and Schachtman，同上书，p. 129。

53. Fahmy, *Around the World with Isis*, p. 27.

54. 同上书，p. 27。

55. TNA KV 2/4141.

56. Fahmy，同上书，p. 27。

57. TNA FCO 158/186.

58. E. Philby, *Kim Philby*, p. 158.

59. TNA FCO 158/186.

60. Balfour，同上书，p. 114。

61. Sansom, *Spied Spies*, p. 234.

62. 同上。

63. 同上书，p. 236。

64. Page, Leitch and Knightley，同上书，p. 203。

65. Cecil，同上书，p. 100。

66. TNA FCO 158/237.

67. N. Maclean，引用来源同上。

68. 对 Viscountess Macmillan 的采访，18. 11. 15。

69. TNA FCO 158/186.

70. Letter to Alan Maclean 10. 7. 76, A. Maclean papers, Cambridge.

71. Mayall, *Fireflies in Amber*, p. 81.

72. TNA FCO 158/186.

73. 同上。

74. Mayall，同上书，p. 77。

75. Page, Leitch and Knightley，同上书，p. 205。

76. Mayall，同上书，p. 79。

77. 同上书，p. 81。

78. Page, Leitch and Knightley，同上书，p. 205。

79. 同上。

80. 对 Colin Campbell 的采访，8. 9. 15。

81. 来自 Nina Campbell 的信息，21. 7. 16。

82. Reilly papers, Bodleian.

83. TNA KV 2/4143.

84. Lamphere and Schachtman，同上书，p. 129。

85. TNA FCO 158/1.

86. TNA FCO 158/1.

87. TNA KV 6/141.

88. Lamphere and Schachtman，同上书，p. 129。

89. TNA KV 4/470.

90. TNA FCO 158/1.

91. TNA KV 4/471.

92. TNA KV 6/141.

93. 同上。

94. Bower 对 Carey Foster 的采访，转引自 Bower，同上书，p. 91。

95. K. Philby，同上书，p. 167。

第 13 章 坍塌

1. Cecil，转引自 Andrew and Dilks，同上书，p. 188。

2. Lamphere and Schachtman，同上书，p. 130。

3. 转引自 Andrew，同上书，p. 378。

4. TNA KV 6/141.

5. K. Philby，同上书，p. 145。

6. 同上书，p. 147。

7. 同上书，p. 165

8. 转引自 N. West，同上书，p. 147。

9. A. Maclean，同上书，p. 100。

10. Lamphere，同上书，p. 135。

11. TNA KV 2/2146，转引自 Andrew，同上书，p. 388。

12. A. Maclean，同上书，p. 101。

13. Moorehead，同上书，p. 119。

14. 同上书，p. 120。

15. Lamphere and Schachtman，同上书，p. 136。

16. 转引自 Newton，同上书，p. 235。

17. Borovik，同上书，p. 272。

18. 同上书，p. 273。

19. FBI interviews，引自 Newton，同上书，pp. 237 – 8。

20. 同上。

21. TNA FCO 158/186.

22. Andrew，同上书，p. 267。

23. TNA FCO 158/2.

24. 同上。

25. K. Philby，同上书，p. 167。

26. Modin，同上书，p. 164。

27. 同上。

28. 同上。

29. 同上。

30. Andrew and Mitrokhin，同上书，p. 202。

31. 转引自 Cecil, *A Divided Life*, p. 170。

32. TNA FCO 158/157.

33. TNA KV 6/140.

34. TNA KV 2/4140.

35. 同上。

36. 同上。

37. 同上。

38. Toynbee, "Maclean and I", 引用来源同上。

39. Toynbee diary 14 – 4 – 50.

40. TNA FCO 158/186.

41. Toynbee diary 22. 4. 50.

42. TNA KV 2/4143.

43. Toynbee diary 26. 5. 50.

44. Toynbee, "Maclean and I", 引用来源同上。

45. 同上。

46. Toynbee diary, 转引自 Holzman, 同上书, pp. 300 – 1。

47. Toynbee, "Maclean and I", 引用来源同上。

48. TNA FCO 158/186.

49. FBI WFO 65 – 5648.

50. Hoare, 同上书, p. 62。

51. Toynbee, "Maclean and I", 引用来源同上。

52. FBI WFO 65 – 5648.

53. Hoare, 同上书, p. 62。

54. Toynbee, "Maclean and I", 引用来源同上。

55. Toynbee diary 9. 5. 50.

56. TNA FCO 158/186.

57. Hoare, 同上书, p. 62。

58. Toynbee, "Maclean and I", 引用来源同上。

59. 转引自 Mount，同上书，p. 48。

60. TNA KV 6/143.

61. Toynbee diary 10. 5. 50.

62. TNA FCO 158/186.

63. Newton，同上书，p. 240。

64. 同上。

65. 同上。

66. TNA KV 2/4140.

67. Hoare，同上书，p. 63。

第 14 章　和解

1. TNA FCO158/186.

2. 同上。

3. 同上。

4. 同上。

5. 转引自 Hoare，同上书，pp. 64 – 5。

6. 同上。

7. TNA FCO 158/186.

8. Fisher，同上书，p. 97。

9. 同上。

10. TNA FCO 158/186.

11. 同上。

12. TNA KV 2/4140.

13. TNA KV 2/4143.

14. TNA KV 2/4141.

15. Hoare，同上书，p. 65。

16. TNA KV 2/4143.

17. TNA KV 2/4140.

18. Fisher, 同上书, p. 98。

19. TNA FCO 158/186.

20. Andrew, 同上书, p. 421。

21. Cecil, *A Divided Life*, p. 110.

22. TNA KV 2/4140.

23. *Daily Express*, 17. 5. 50.

24. TNA FCO 158/186.

25. 同上。

26. Toynbee diary 10. 5. 50.

27. TNA FCO 158/186.

28. Partridge, *Everything to Lose*, p. 121.

29. TNA KV 2/4140.

30. TNA FCO 158/186.

31. Sansom, 同上书, p. 237。

32. Hoare, 同上书, p. 68。

33. Jung, *Memories*, *Dreams*, *Reflections*, 转引自 Cecil, *A Divided Life*, p. 109。

34. TNA FCO 158/4.

35. TNA KV 2/4140.

36. 同上。

37. TNA KV 2/4141.

38. Luke, 同上书, p. ix。

39. Cecil, *A Divided Life*, p. 112.

40. 同上书, p. 113。

41. TNA KV 2/4143.

42. Cecil, *A Divided Life*, p. 113.

43. Robin Campbell, 转引自 Page, Leitch and Knightley, 同上书, p. 217。

44. Andrew, 同上书, p. 391。

45. TNA KV 6/144.

46. Rees，同上书，p. 180。

47. Lownie，同上书，p. 190。

48. 同上书，p. 196。

49. Rees，同上书，p. 195。

50. K. Philby，同上书，p. 166。

51. TNA KV 2/4140.

52. 转引自 Page, Leitch and Knightley，同上书，p. 217。

53. TNA FCO158/186.

54. Connolly，同上书，p. 29。

55. Hoare，同上书，p. 69。

56. 同上书，p. 70。

57. 同上书，p. 71。

58. Cecil, *A Divided Life*, p. 111.

59. Connolly，同上书，p. 29。

60. Hoare，引用文献同上书，p. 71。

61. 同上。

62. 同上。

63. Cecil, "Legends Spies Tell".

64. TNA FCO 158/186.

65. TNA FCO 158/177.

66. Fisher，同上书，p. 101。

67. TNA KV 2/4150.

68. Partridge，同上书，p. 182。

69. TNA KV 2/4141.

70. A. Blunt，同上。

71. TNA FCO 158/237.

72. 同上。

73. TNA FCO 158/186.

74. TNA KV 6/142.

75. TNA FCO 158/237.

76. 转引自 Connell, *The Office*, p. 327。

77. Modin, 同上书, p. 182。

78. TNA FCO158/186.

79. TNA FCO 158/189.

80. Letter to Alan Maclean 29.11.50, A. Maclean 的文章, 引用来源同上。

第 15 章 柯曾

1. K. Philby, 同上书, p. 168。

2. Modin, 同上书, p. 181。

3. TNA FCO 158/1.

4. TNA FCO 158/2.

5. TNA FCO 158/1.

6. TNA KV 6/140.

7. TNA KV 6/141.

8. Anstee, *Never Learn to Type*, p. 78.

9. Cairncross, 同上书, pp. 129 – 30。

10. Anstee, 同上书, p. 78。

11. 同上书, p. 72。

12. 同上书, p. 69。

13. 同上书, p. 77。

14. 同上。

15. 同上。

16. 对 Daphne Coburn 的采访, November 2015。

17. Hastings, *The Korean War*, p. 214.

18. TNA FCO 158/24。

19. Bullock，同上书，p. 1037。

20. Hastings，同上书，p. 219。

21. TNA KV 2/4143.

22. Connolly，同上书，p. 30。

23. TNA KV 2/4143.

24. Modin，同上书，p. 184。

25. TNA KV 6/142.

26. TNA KV 6/140.

27. 同上。

28. Hoare，同上书，p. 72。

29. TNA KV 2/4140.

30. 同上。

31. Rees，同上书，p. 190。

32. Rees，*Sunday Times*，16. 1. 72.

33. 同上。

34. TNA KV 2/4143.

35. Connolly，同上书，p. 31。

36. 同上。

37. TNA KV 2/4143.

38. Toynbee，"Maclean and I"，引用来源同上。

39. Toynbee，"Alger Hiss and his Friends"，*Observer*，18. 3. 51.

40. Connolly，同上书，p. 33。

41. TNA KV 2/4143.

42. 同上。

43. 同上。

44. TNA KV 6/142.

45. 同上。

46. Gore – Booth，同上书，p. 375。

47. TNA KV 6/142.

48. 同上。

49. K. Philby，同上书，pp. 170 – 1。

50. TNA KV 6/142.

51. 同上。

52. 同上。

53. TNA KV 6/144.

54. 同上。

55. K. Philby，同上书，p. 171。

56. Lownie，同上书，p. 219。

57. K. Philby，同上书，p. 171。

58. TNA KV 6/142.

59. 同上。

60. TNA KV 2/4140.

61. 同上。

62. TNA KV 6/142.

63. 同上。

64. 转引自 N. West，同上书，p. 132。

65. BBC Radio 418. 3. 98.

66. Cecil, *A Divided Life*, p. 117.

67. TNA KV 2/4140.

第 16 章　终局

1. TNA KV 2/4140.

2. 同上。

3. TNA FCO158/189.

4. TNA KV 2/4143.

5. TNA KV 2/4141.

6. Hoare，同上书，p. 73。

7. 同上。

8. 同上书，p. 74。

9. Cecil, *A Divided Life*, p. 139.

10. Modin，同上书，p. 200。

11. 同上。

12. 同上书，p. 201。

13. TNA KV 6/142.

14. 同上。

15. Macintyre，同上书，p. 148。

16. Harry Hunter，转引自 Andrew，同上书，p. 335。

17. Macintyre，同上书，p. 148。

18. Modin，同上书，p. 207。

19. R. West，同上书，p. 238。

20. Cecil, *A Divided Life*, p. 139.

21. Reilly 的文章，Bodleian。

22. TNA FCO 158/7.

23. TNA KV 2/4151.

24. Petrov and Petrov, *Empire of Fear*, p. 272.

25. Gordievsky，同上书，p. 140。

26. Gordievsky, *Next Stop Execution*, p. 140.

27. A. Blunt，同上。

28. Lownie，同上书，p. 228。

29. 同上。

30. Page, Leitch and Knightley，同上书，p. 224。

31. Modin，同上书，p. 202。

32. 同上。

33. Motion, *Vie Lamberts*, p. 235.

34. Connolly，同上书，p. 34。

35. K. Philby，同上书，p. 172。

36. 转引自 Cecil, *A Divided Life*，p. 124。

37. TNA KV 6/142.

38. Bower，同上书，p. 110。

39. TNA KV 6/142.

40. TNA KV 4/473.

41. TNA KV 2/4143.

42. Modin，同上书，p. 203。

43. TNA KV 6/142.

44. 同上。

45. Andrew，同上书，p. 424。

46. Modin，同上书，p. 205。

47. 同上。

48. Andrew，同上书，p. 425。

49. TNA KV 6/143.

50. 同上。

51. 同上。

52. Cecil, *A Divided Life*, p. 139.

53. TNA KV 6/143.

54. TNA KV 2/4150.

55. TNA KV 2/4141.

56. Cecil, *A Divided Life*, p. 140.

57. Page, Leitch and Knightley，同上书，p. 214。

58. TNA KV 2/4143.

59. 同上。

60. Connolly，同上书，p. 35。

61. Cecil, *A Divided Life*, p. 142.

62. TNA KV 2/4140.

63. Anstee，同上书，p. 81。

64. Makins，同上。

65. TNA KV 2/4140.

66. Lownie，同上书，pp. 237 - 8。

67. A. Maclean，同上书，p. 108。

68. TNA KV 6/143.

69. Hoare，同上书，p. 7。

70. Driberg，*Guy Burgess*，p. 96.

71. TNA KV 2/4140.

72. 同上。

73. TNA KV 2/4143.

74. Hoare，同上书，p. 7。

75. TNA KV 2/4143.

76. N. Maclean，同上。

77. Driberg，同上书，p. 97。

78. TNA KV 2/4143.

79. N. Maclean，同上。

80. 同上。

81. TNA KV 2/4140.

82. 保密信息。

83. TNA KV 2/4143.

第 17 章　尘埃落定

1. Mather, ed. , *The Great Spy Scandal*, pp. 11 - 15.

2. 同上。

3. *Daily Express*, 7. 6. 51.

4. Boyle，同上书，p. 382.

5. FO press release, 7. 6. 51.

6. Cecil, *A Divided Life*, p. 1.

7. Anstee, 同上书, P. 82.

8. 同上。

9. TNA KV 6/144.

10. 同上。

11. Lownie, 同上书, p. 251.

12. Newton, 同上书, p. 325.

13. 同上书, p. 326。

14. 引自 Purdy and Sutherland, *Burgess and Maclean*, p. 100。

15. TNA FCO 371/90931.

16. K. Philby, 同上书, p. 172。

17. TNA KV 2/4146.

18. 同上。

19. Lamphere and Schachtman, 同上书, p. 231。

20. Newton, 同上书, p. 333。

21. 转引 Cecil, *A Divided Life*, p. 147。

22. TNA PREM 8/1524.

23. Ranelagh, *The Agency*, p. 235.

24. TNA FCO 158/254.

25. TNA KV 6/144.

26. 同上。

27. 同上。

28. Mather, 同上书, p. 83。

29. *Daily Telegraph*, 8. 6. 51.

30. *New York Daily News*, 7. 6. 51.

31. *Daily Mail*, 8. 8. 51.

32. FBI, 转引自 Cecil, *A Divided Life*, p. 151。

33. TNA FCO 158/211.

34. H. Spender, *London Review of Books*, 3. 5. 81.

35. Aldrich, *The Hidden Hand*, p. 422.

36. FBI Vaults。

37. Purdy and Sutherland, 同上书, p. 175。

38. TNA FCO 158/7.

39. Andrew and Gordievsky, 同上书, p. 323。

40. *The Times*, 8. 6. 51。

41. Cave Brown, 同上书, p. 430。

42. Driberg, 同上书, p. 98。

43. Modin, 同上书, p. 209。

44. TNA KV 4/473.

第 18 章　走进荒野

1. TNA KV 2/4140.

2. Hoare, 同上书, pp. 16 – 17。

3. N. Maclean, 同上。

4. A. Blunt, 同上。

5. A. Maclean, 同上书, pp. 102 – 3。

6. Cecil, *A Divided Life*, p. 156.

7. TNA KV 2/4145.

8. Hoare, 同上书, p. 27。

9. TNA FCO 158/4.

10. 对 Viscountess Macmillan 的采访, 18. 11. 15。

11. Hoare, 同上书, p. 80。

12. 同上。

13. 同上。

14. Mather, 同上书, pp. 99 – 100。

15. Connolly，同上书，pp. 15 – 16。

16. TNA KV 2/3426.

17. Leigh Fermor letters, *Dashing for the Post*, p. 66.

18. 转引自 Hoare，引用文献同上书，p. 87。

19. TNA KV 2/4150.

20. 同上。

21. TNA FCO 158/191.

22. 转引自 Hoare，同上书，p. 89。

23. 转引，同上书，p. 90。

24. TNA FCO 158/7.

25. 同上。

26. TNA FCO 158/90.

27. 同上。

28. Modin，同上书，p. 246。

29. FBI 1250859 – 1.

30. Petrov and Petrov，同上书，p. 271。

31. 同上书，p. 273。

32. Mather，同上书，p. 119。

33. *Spectator*, 14. 10. 55.

34. TNA FCO 158/191.

35. TNA KV 2/4150.

第 19 章　弗雷泽同志

1. Hughes, *Foreign Devil*, p. 107.

2. 同上。

3. 同上。

4. 同上书，p. 121。

5. Driberg，同上书，pp. 121 – 4。

6. *Sunday Times* 13.2.56.

7. Macintyre，同上书，p. 199。

8. 同上。

9. Penrose and Freeman，同上书，pp. 351 – 2，Nigel Burgess 在他叔叔的葬礼后，由麦克林向莫斯科展示。

10. Driberg，同上书，p. 100。

11. Miller，*All Them Cornfields*，p. 53.

12. Lownie，同上书，p. 284。

13. Roy Medvedev，*The Times*，31.5.83.

14. Miller，同上书，p. 53。

15. Cecil，*A Divided Life*，p. 165.

16. 同上。

17. Campbell，*Villi the Clown*，p. 232.

18. Piotr Cherkasov，"Homer's Second Life"，*Izvestia*，25.5.03.

19. Cecil，*A Divided Life*，p. 164.

20. TNA KV 2/4154.

21. FBI 对 Melinda Maclean 的采访，FBI 1250859 – 1。

22. Bushell，*Marriage of Inconvenience*，p. 17.

23. Modin，同上书，p. 246。

24. E. Philby，同上书，p. 81。

25. 对 Bob Evans 的采访，18.12.15。

26. Toynbee 的文章，Bodleian。

27. TNA KV 2/4154.

28. 同上。

29. TNA FCO 158/11.

30. *Observer*，15.10.67.

31. TNA FCO 158/11.

32. *Observer*，15.10.67.

33. Toynbee 的文章, Bodleian。

34. 同上。

35. Bushell, 同上书, p. 18。

36. 同上。

37. *Spectator*, 23. 9. 55.

38. *Spectator*, 30. 9. 55.

39. Hansard 7. 11. 55.

40. TNA FCO 158/11.

41. *Daily Express*, 11. 10. 60.

42. To Dennis Ogden 16. 3. 76, A. Maclean 的文章, 引用来源同上。

43. Medvedev, *The Times*, 31. 5. 83.

44. Medvedev, *Washington Post*, 19. 6. 83.

45. Frankland, *Child of my Time*, p. 174.

46. 同上。

47. TNA KV 2/4161.

48. D. Maclean, 同上书, p. 9。

49. 同上书, p. 220。

50. To Dennis Ogden, 1980, A. Maclean 的文章, 引用来源同上。

51. *Daily Mai*, 4. 5. 70.

52. *Sunday Times*, 3. 5. 70.

53. 对 Bob Evans 的采访, 18. 12. 15。

54. TNA KV 2/4130.

55. Gordievsky, 同上书, p. 61。

56. TNA KV 2/4158.

57. Toynbee 的文章, Bodleian。

58. To Alan Maclean 13. 7 – 63. A. Maclean 的文章, 引用来源同上。

59. Cave Brown, 同上书, p. 537。

60. E. Philby, 同上书, p. 82。

61. Riordan, *Comrade Jim*, p. 171.

62. TNA KV 2/4161.

63. Cave Brown, 同上书, p. 545。

64. E. Philby, 同上书, p. 119。

65. 同上书, p. 169。

66. Macintyre, 同上书, p. 279。

67. Blake, *No Other Choice*, p. 268.

68. Bushell, 同上书, p. 18.

69. Blake, 同上书, p. 271。

70. 对 John Morrison 的采访, 9. 11. 15。

71. A. Maclean, 同上书, p. 108。

72. 同上。

73. *Observer*, 13. 3. 83.

74. 对 Philip Short 的采访, 4. 1. 16。

75. *Observer*, 13. 3. 83.

76. Blake, 同上书, p. 272。

77. 同上。

78. *Washington Post*, 12. 3. 83.

79. 1 Corinthians 13：5.

80. To Dennis Ogden 16. 3. 76, A. Maclean papers, 引用来源同上。

81. Culme – Seymour to Alan Maclean 13. 3 – 83, 来源同上。

索　引

（索引页码为原书页码，即本书页边码）

插图列表

1. 格温德琳·玛格丽特·德维特和孩子们。从左到右：唐纳德·麦克林；伊恩·麦克林；格温德琳·玛格丽特，麦克林夫人；安德鲁·麦克林。Wikimedia Commons, public domain.

2. 罗伯特·唐纳德·道格拉斯·麦克林爵士，1927 年，可能摄于霍克湾。Wikimedia Commons, public domain.

3. 奥莱特·伯翰·卡特夫人，麦克林一家的好友，同时是老唐纳德的政治盟友和上司阿斯奎斯的女儿。Wikimedia Commons, public domain.

4. 位于霍尔特的格瑞萨姆中学，这里是自由派思想家的摇篮。Wikimedia Commons, public domain.

5. 1933 年 3 月剑桥休战纪念日游行，后发展成巷战。麦克林在第二排，旗子下方。Wikimedia Commons, public domain.

6. 20 世纪 30 年代的青年唐纳德·麦克林和盖伊·伯吉斯。© TPG IMAGES

7. 英国驻巴黎大使馆官员，巴黎是战时英国忙乱外交的枢纽。麦克林是后排个头最高的人。Wikimedia Commons, public domain.

8. 年轻时的梅琳达·马林，她与麦克林的长期婚姻是一

场爱情和忠诚的纠葛，充满戏剧性和神秘感。© TPG IMAGES

9. 罗杰·梅金斯爵士，麦克林在驻华盛顿大使馆工作时的顶头上司。在伦敦任职期间，梅金斯爵士也是外交部最后一个在英国见到麦克林的人。Wikimedia Commons，public domain.

10. 1945 年 2 月雅尔塔会议上，丘吉尔和罗斯福掌握的情报斯大林几乎全部知道。丘吉尔身后是外交大臣安东尼·伊登，伊登身后是英国驻莫斯科以及（战后）驻华盛顿大使阿奇博尔德·克拉克·科尔爵士。Wikimedia Commons，public domain.

11. 苏联内务人民委员会沃尔特·克里维茨基将军 1937 年叛逃，但难逃命运的捉弄。他曾经警告相关部门说英国外交部有两名间谍，但过了十多年相关部门才开始调查他的证词。Wikimedia Commons，public domain.

12. 梅雷迪斯·加德纳，语言学家和密码破译天才，其参与的"维诺纳计划"对找出渗透者起到关键作用。Wikimedia Commons，public domain.

13. 美国联邦调查局特工罗伯特·兰费尔，原是伐木工，后成为间谍追击者，曾对英国同行的拖拉感到震惊和失望。Wikimedia Commons，public domain.

14. 在美国陆军信号情报总部弗吉尼亚州阿灵顿厅工作的密码学家，这里也是"维诺纳计划"的总部。Wikimedia Commons，public domain.

15. 唐纳德·麦克林和他的女儿米姆西在英国比肯肖的乡间别墅附近。在苏联，他选择了一个新的身份——马克·彼得罗维奇·弗雷泽（以剑桥人类学家詹姆斯·弗雷泽爵士名为参考）。Wikimedia Commons，public domain.

16. 菲利普·汤因比，麦克林的好友、酒友以及他疯狂肆意行为的记录者。Wikimedia Commons，public domain.

17. 英国外交部主楼，英国权力与地位的象征，无法相信这里曾藏着一个高级间谍。Wikimedia Commons，public domain.

18. 乘坐"法莱斯号"不需要护照，即便是抵达法国圣马洛时也不需要。Wikimedia Commons，public domain.

19. 唐纳德·麦克林和盖伊·伯吉斯被苏格兰场和国际刑警通缉时的通缉令照片。© TPG IMAGES

20. 梅琳达·麦克林带着孩子们出国。失踪外交官的妻子（右二）和她的三个孩子中的两个，一个男孩和一个女婴（最左被抱者）今天（周日）在诺霍特机场步行登机去国外定居。他们将前往巴黎，经停瑞士（唐纳德和盖伊·伯吉斯于 1951 年 5 月失踪）。英国伦敦，1952 年 7 月 20 日。© TPG IMAGES

21. 弗拉基米尔·彼得罗夫，1954 年。麦克林神秘失踪三年后，叛逃者彼得罗夫交代了首批线索。Wikimedia Commons，public domain.

22. 俄罗斯萨马拉的盖伊·伯吉斯和唐纳德·麦克林纪念牌。Wikimedia Commons，public domain.

23. 苏联 1990 年 CPA 6266 邮票（特工金·菲尔比）。Wikimedia Commons，public domain.

24. 唐纳德死后与自己的父亲唐纳德·麦克林爵士葬在了一起。白金汉郡佩恩。Wikimedia Commons，public domain.

25. "剑桥五杰"。从左往右：唯美主义追随者安东尼·

布朗特。"血十字"约翰·凯恩克罗斯。英国外交部极具天赋的语言学家唐纳德·麦克林。性格外向、喜欢出风头的盖伊·伯吉斯（1963 年于莫斯科去世）。偶然出现在麦克林生命中，影响他未来 30 年人生轨迹的金·菲尔比。© TPG IMAGES

图书在版编目（CIP）数据

代号"孤儿"：剑桥间谍之谜／（英）罗兰·菲利
普斯（Roland Philipps）著；李桂春译 . -- 北京：社
会科学文献出版社，2023.11

书名原文：A Spy Named Orphan：The Enigma of
Donald Maclean

ISBN 978 - 7 - 5201 - 9347 - 4

Ⅰ. ①代… Ⅱ. ①罗… ②李… Ⅲ. ①唐纳德·麦克
林 - 生平事迹 Ⅳ. ①K835.617 = 5

中国版本图书馆 CIP 数据核字（2021）第 229662 号

代号"孤儿"：剑桥间谍之谜

著　　者／〔英〕罗兰·菲利普斯（Roland Philipps）
译　　者／李桂春

出 版 人／冀祥德
责任编辑／张　骋
责任印制／王京美

出　　版／社会科学文献出版社·甲骨文工作室（分社）（010）59366527
　　　　　　地址：北京市北三环中路甲 29 号院华龙大厦　邮编：100029
　　　　　　网址：www. ssap. com. cn
发　　行／社会科学文献出版社（010）59367028
印　　装／三河市东方印刷有限公司

规　　格／开本：889mm × 1194mm　1/32
　　　　　　印张：16.25　插页：0.5　字数：372 千字
版　　次／2023 年 11 月第 1 版　2023 年 11 月第 1 次印刷
书　　号／ISBN 978 - 7 - 5201 - 9347 - 4
著作权合同
登 记 号／图字 01 - 2019 - 1367 号
定　　价／99.00 元

读者服务电话：4008918866